Das gesunde Kochbuch für DIABETIKER

Das gesunde Kochbuch für DIABETIKER

280 Rezepte zum Genießen

Reader's Digest
Deutschland · Schweiz · Österreich

Titel der englischen Originalausgabe *Diabetes Cookbook*

Deutsche Ausgabe
Übersetzung: Regine Brams für Redaktionsbüro Klaeger
Redaktion und Satz: Redaktionsbüro Cornelia Klaeger, München
(Berechnung der Brot- und Kohlenhydrateinheiten: Charlotte Funk)

Reader's Digest
Redaktion: Anne Diener-Steinherr, Falko Spiller
Grafik: Gabriele Stammer-Nowack
Bildredaktion: Christina Horut
Prepress: Andreas Engländer
Produktion: Thomas Kurz

Redaktionsdirektorin: Suzanne Koranyi-Esser
Redaktionsleitung: Dr. Renate Mangold
Art Director: Susanne Hauser

Leitung Produktion Buch: Norbert Baier

Druck und Binden
Printer Portuguesa, Rio de Mouro, Portugal

2. Auflage 2010

Die in diesem Buch enthaltenen medizinischen Informationen sind kein Ersatz für eine ärztliche Diagnose und Behandlung. Der Verlag empfiehlt allen Patienten mit Krankheits- bzw. Schmerzsymptomen, sich an einen Arzt zu wenden. Das vorliegende Buch ist sorgfältig erarbeitet worden. Dennoch erfolgen alle Angaben ohne Gewähr. Weder Autoren noch Verlag übernehmen eine Haftung für eventuelle Nachteile oder Schäden, die aus den im Buch enthaltenen praktischen Hinweisen resultieren.

US 4414 H/G

Printed in Portugal

ISBN 978-3-89915-366-8

Besuchen Sie uns im Internet:
www.readersdigest.de

Inhalt

Gut leben mit Diabetes

In der Vergangenheit folgte auf die Diagnose „Diabetes“ ein Gespräch mit dem Arzt, in dem erklärt wurde, dass ein Leben mit dieser Krankheit drastische Ernährungsveränderungen nach sich ziehen würde: Kein Zucker mehr. Weniger Kohlenhydrate. Fettarmes Essen. Gedämpftes Gemüse in Massen. Schluss mit verführerischem Restaurant-Essen. Keine Desserts – es war einfach nur deprimierend, entmutigend, ärgerlich.

Doch zu welch anderen Empfehlungen kommen die Experten ein paar Jahre später! Dank anhaltender intensiver Diabetesforschung hat sich eine völlig neue Linie in Sachen Ernährung ergeben: Leckeres Essen ist angesagt. Rigide Beschränkungen sind vorbei; intelligente Variationen sind erwünscht. Die modernen Empfehlungen lauten: köstlich, gesund und fantasievoll soll das Essen sein, mit einem vernünftigen Blick auf die richtige Mischung an Nährstoffen und auf die Portionsgröße.

Dieser neue Ansatz basiert auf einem eher intuitiven Umgang mit Diabetes. Diabetes ist ein Zustand, in dem der Blutzuckerspiegel (Glukosespiegel) ungewöhnlich hoch ist. Glukose benötigt der Körper, um daraus Energie zu gewinnen. Ist die Energiegewinnung aus Glukose im Körper gestört, kann sich das beispielsweise durch Müdigkeitserscheinungen bemerkbar machen. Es gibt zwei Hauptursachen für die Entstehung von Diabetes: Die Bauchspeicheldrüse produziert nicht genug Insulin, oder die Körperzellen sind insulinresistent – das heißt, sie reagieren kaum noch auf Insulin, Glukose kann nicht in die Zellen hineingelangen und bleibt im Blut.

Heute weiß man, dass es beim Leben mit Diabetes in der Hauptsache darum geht, den Blutzuckerspiegel unter Kontrolle zu halten. Dafür gibt es drei wichtige Methoden:

1. Vergewissern Sie sich, dass Ihr Körper genug Insulin zur Verfügung hat, damit Glukose in die Zellen gelangen kann. Möglicherweise ist dafür eine dauerhafte Insulintherapie (Injektionen oder Tabletten) nötig.

2. Gewöhnen Sie sich einen Lebensstil an, durch den größere Blutzuckerschwankungen vermieden und die Zellen weniger insulinresistent werden. Ganz oben sollten für Sie Gewichtsabnahme und mehr Bewegung stehen.

3. Stellen Sie Ihre Ernährung um – sie muss alle notwendigen Nährstoffe enthalten, die Sie brauchen, und darf keine starken Blutzuckerschwankungen verursachen. Nehmen Sie regelmäßig Mahlzeiten – Haupt- und Zwischenmahlzeiten – zu sich.

Dieses Kochbuch unterstützt Sie bei der Umsetzung des dritten Punktes. Es hilft Ihnen, sich gesund, köstlich und ausgewogen zu ernähren und dabei den Blutzuckerspiegel stabil zu halten. Auf den nächsten Seiten erfahren Sie Wissenswertes über Diabetes und darüber, wie Sie sich diabetesgerecht ernähren können. Sie werden feststellen: Trotz Diabetes kann man ohne allzu großen Aufwand gut und schmackhaft essen.

Lebensmittel-Wissen

Vorbei sind die Zeiten, in denen ein Ernährungsprinzip für alle Diabetiker galt. Schließlich sind Schwere, Ursache und Auswirkung der Erkrankung, aber auch Lebensweise und Lebensumstände bei jedem Betroffenen anders. Deshalb ist es so wichtig, nach der Diagnose „Diabetes" mit einer Diabetesberaterin einen individuellen Ernährungsplan aufzustellen. Dieser sollte darauf abgestimmt sein, ob Sie abnehmen müssen, wie ausgeprägt Ihr Diabetes ist, welche Essgewohnheiten/Lebensmittelunverträglichkeiten Sie haben und wie Ihre Lebensumstände sind – z. B. ob Sie für eine Familie kochen, ob Sie berufstätig oder überwiegend zu Hause sind.

Diabetes auf einen Blick

Alle Zellen brauchen Glukose, um daraus Energie zu gewinnen. Diabetes ist ein Zustand, in dem der Mechanismus, durch den Glukose in die Zellen gelangt, gestört ist. Daraus ergibt sich, dass sie sich im Blut ansammelt, während die Zellen mit Glukose unterversorgt sind. Es gibt zwei Typen von Diabetes:

Diabetes Typ 1

Dieser Diabetestyp besteht, wenn die insulinproduzierenden Zellen in der Bauchspeicheldrüse zerstört sind und kein Insulin mehr gebildet wird. Typ-1-Diabetiker benötigen immer eine Insulintherapie. Ohne diese würden die Blutzuckerwerte gefährlich steigen, was zu Herzerkrankung, Erblindung, Koma oder sogar zum Tod führen kann.
Die Stoffwechselstörung beginnt meist schon im Kindesalter bzw. vor dem 40. Lebensjahr und bleibt lebenslang bestehen; bis jetzt gibt es keine Heilung. Typische Symptome sind:

- Hohe Glukosewerte im Blut
- Hohe Glukosewerte im Urin
- Häufiges Urinieren
- Extremer Durst und trockener Mund
- Extremer Gewichtsverlust
- Schwäche und Erschöpfung
- Unscharfes Sehen
- Stimmungsschwankungen

Diabetes Typ 2

Bei diesem Diabetestyp produziert der Körper zwar Insulin, aber nicht genug. Häufig werden die Körperzellen resistent gegenüber Insulin – sie reagieren nicht mehr auf das Hormon, und Glukose kann nicht mehr in die Zellen gelangen. Diese Diabetesform ist meist mit Übergewicht verbunden und entwickelt sich langsamer. Diabetes Typ 2 ist wesentlich häufiger als Typ 1. Oft spürt der Betroffene nichts (nur selten äußert sich Typ-2-Diabetes durch Symptome), sondern die Erkrankung wird bei einer Routineuntersuchung beim Arzt festgestellt. Wenn Sie glauben, Sie könnten an Diabetes leiden, konsultieren Sie unbedingt Ihren Arzt. Die Wahrscheinlichkeit, an Diabetes zu erkranken, wird zu einem gewissen Prozentsatz vererbt. Aber erst wenn Übergewicht, Bewegungsmangel und eine unausgewogene Ernährung hinzukommen, entsteht Diabetes.

Dennoch, es gibt bei Diabetes Ernährungsrichtlinien, die für alle Betroffenen gelten. Schwerpunkte: Zusammenstellung und richtige Zubereitung der Lebensmittel sowie die Anzahl der Mahlzeiten. Diabetiker sollten auf eine gesunde, ausgewogene Kost mit wenig gesättigten Fetten, Zucker und Salz, aber reichlich Obst und Gemüse und der optimalen Menge an stärkereichen Lebensmitteln (Brot, Kartoffeln, Nudeln, Reis) achten. Im Folgenden werden die Hauptnährstoffe kurz erläutert, damit Sie wissen, worauf es bei diabetesgerechter Ernährung ankommt.

Kohlenhydrate

Die meiste Energie bezieht der Körper aus Kohlenhydraten. Es gibt zwei Formen: **Einfache Kohlenhydrate** werden leicht zu Glukose abgebaut, dazu zählen Haushaltszucker und zuckerhaltige Getränke. **Komplexe Kohlenhydrate** sind langkettige Zucker, die meist zusammen mit Ballaststoffen und anderen Nährstoffen im Lebensmittel enthalten sind. Der Körper benötigt mehr Zeit, um diese Kohlenhydrate zu verdauen. Fast alle Getreide und Gemüse liefern komplexe Kohlenhydrate.

Kohlenhydrate werden leicht in Zucker gespalten, weshalb sie den größten Einfluss auf Ihren Blutzuckerspiegel haben.

Der glykämische Index

Die neueste Forschung basiert auf dem glykämischen Index (GI). Dieser Wert drückt aus, welche Speisen den Blutzucker mehr und welche ihn weniger ansteigen lassen. Je schneller ein Lebensmittel während der Verdauung abgebaut wird, umso schneller steigt der Blutzuckerspiegel an. Weil das Hauptanliegen der Diabetestherapie darin besteht, den Blutzuckerspiegel den ganzen Tag über relativ konstant zu halten, sollten Sie Lebensmittel, die einen raschen Anstieg des Blutzuckers verursachen, begrenzen. Diese haben einen hohen GI. Lebensmittel mit einem niedrigen GI sorgen für einen langsameren Blutzuckeranstieg und sollten deshalb bevorzugt gegessen werden.

Bis vor einiger Zeit glaubte man, dass die gleiche Menge Kohlenhydrate denselben Effekt auf den Blutzuckerspiegel habe, unabhängig davon, aus welchem Lebensmittel sie stammten. Heute weiß man, dass unterschiedliche Kohlenhydrate sich unterschiedlich auf den Blutzuckerspiegel auswirken. 30 g Brot haben beispielsweise nicht genau denselben Effekt wie die entsprechende Menge Obst oder Nudeln.

DEN GI ANWENDEN

Jedes Lebensmittel hat einen GI-Wert, der seiner Wirkung auf den Blutzuckerspiegel entspricht. Doch kann man nicht einfach Lebensmittel mit niedrigem Wert auswählen. Der GI drückt nämlich aus, wie schnell der Blutzucker ansteigt, wenn ein Lebensmittel nur für sich (pur) verzehrt wurde. Tatsächlich essen wir aber mehrere Lebensmittel gleichzeitig: Brot mit Butter oder Margarine; Kartoffeln mit Fleisch oder Gemüse.

Lebensmittel mit hohem GI sind nicht schlecht. Bei einer gesunden Ernährung geht es darum, die richtige Mischung an Lebensmitteln zu finden. Das erleichtert nicht nur die Kontrolle des Blutzuckers, sondern sichert auch die Zufuhr an vielen wertvollen Nährstoffen. Berücksichtigen Sie bei Ihren Mahlzeiten viele stärkereiche Lebensmittel, aber nur wenig Fett, Salz und Zucker. Die gute Nachricht ist, dass Sie den GI einer kompletten Mahlzeit durch Verwendung von Lebensmitteln mit niedrigem GI senken können. Versuchen Sie deshalb, ein Lebensmittel mit niedrigem GI in jede Mahlzeit einzubauen, um den GI zu senken.

Verwenden Sie diese Tabelle als grobe Orientierung für den GI beliebter Lebensmittel. Verarbeitete Lebensmittel können in ihrem GI schwanken.

NIEDRIGER GI	MITTLERER GI	HOHER GI
Fruktose	Vollkornbrot, fein	Traubenzucker (Glukose)
Vollkornbrot mit ganzen Körnern	Müsliriegel mit Trockenfrüchten	Cornflakes u. a. gesüßte Frühstückszerealien
Pasta (selbst gemacht aus Hartweizengrieß)	Müsli	Baguette
Erbsen, Möhren	Haferflocken	Weißer Klebreis
Salzkartoffeln	Vollkorn-Butterkekse	Kartoffelpüree
Zuckermais	Brauner Reis	Pommes frites
Orangen, Äpfel, Birnen, Pfirsiche	Couscous	Gebackene Kartoffeln
Joghurt	Rote Bete	Waffeln
Erdnüsse	Ananas	Traubenzuckerhaltige Getränke
	Eiscreme	Sportgetränke
	Honig	
	Konfitüre	

Einfache Kohlenhydrate – wie sie in Süßigkeiten und Kuchen stecken – werden so rasch abgebaut, dass der Körper innerhalb kürzester Zeit regelrecht mit Glukose überflutet wird. Kein Wunder also, dass Kohlenhydrate lange Zeit als Feind Nummer eins für Diabetiker gehalten wurden. Aber unterschiedliche Kohlenhydrate wirken unterschiedlich auf unseren Blutglukosespiegel. Es ist deshalb wichtig, den glykämischen Index von Lebensmitteln zu verstehen (siehe Kasten links), damit Sie auch weiterhin Ihre Lieblingsspeisen genießen können, ohne sich zu schaden.

Wer eine strenge kohlenhydratarme Diät einhält, tut sich eventuell keinen Gefallen, denn Kohlenhydrate sind die beste Energiequelle für den Körper. Und weil sie im Vergleich zu Fett nur die Hälfte an Kalorien liefern, kann ein Ernährungsplan, der reichlich komplexe Kohlenhydrate enthält, viel abwechslungsreicher gestaltet werden. Zudem ist das Risiko, an Gewicht zuzunehmen, deutlich niedriger.

Entscheidend ist, Kohlenhydrate nicht als gleich zu betrachten. Kuchen und Brokkoli liefern beide hauptsächlich Kohlenhydrate, aber es sind sehr unterschiedliche Lebensmittel. Viele kohlenhydratreduzierte Diäten unterscheiden nicht zwischen Lebensmitteln. Sie begrenzen einfach alle Kohlenhydrate, ohne darauf zu achten, woher sie stammen.

Lebensmittel mit einfachen Kohlenhydraten enthalten viel Zucker; doch zusätzlich liefern sie oft auch viel Fett und nur wenig Vitamine, Mineralstoffe und andere wertvolle Nährstoffe.

Diabetesberater empfehlen, dass stärkehaltige Kohlenhydrat-Lebensmittel (also Lebensmittel, die komplexe Kohlenhydrate enthalten) die Grundlage jeder Mahlzeit sein sollten. Sie halten den Blutzucker relativ ausgeglichen. Vor allem Getreide, Kartoffeln, Brot, Nudeln, Reis und Haferflocken tun Menschen mit Diabetes gut.

Zucker-Zusammenhang

Es gibt für Menschen, die an Diabetes erkrankt sind, eigentlich keinen Grund, auf Zucker vollständig zu verzichten. Wie sich ein zuckerhaltiges Getränk oder Essen auf den Blutzucker auswirkt, hängt nicht nur von der Zuckermenge ab. Auch wie ein Gericht gegart wurde, welche Zutaten kombiniert wurden und was dazu gegessen wird, hat einen Effekt auf den Blutzucker. Wenn man ein zuckerreiches Getränk zwischen den Mahlzeiten trinkt, wird es schnell vom Körper aufgenommen und verursacht einen steilen Blutzuckeranstieg. Wird Zucker jedoch als Bestandteil einer Mahlzeit aufgenommen, verursacht er einen langsameren Anstieg des Blutzuckerspiegels.

Süßstoffe wie Aspartam und Acesulfam wirken sich nicht auf den Blutzucker aus. Sie können Gerichte (nach dem Kochen!) oder Getränke damit süßen. Wer regelmäßig Süßstoff verwendet, sollte unterschiedliche Sorten nehmen.

Komplexe Kohlenhydrate

Sie werden langsamer verdaut als einfache Kohlenhydrate und kommen zusammen mit anderen Nährstoffen, vor allem mit Ballaststoffen, in Lebensmitteln vor. Ballaststoffe sind nichts anderes als unverdauliche Pflanzenfasern, beispielsweise Getreidespelzen oder Apfelschalen. Was ist denn nun so gut an Ballaststoffen? Unlösliche Ballaststoffe (z.B. in Vollkorngetreide und in Kartoffelschalen) quellen mit Flüssigkeit auf und sättigen daher schneller. Außerdem wird dadurch die Verdauung verlangsamt, deshalb hält das Sättigungsgefühl länger an. Unlösliche Ballaststoffe binden verwertbare Abfallstoffe im Darm nicht, sondern „fegen" ihn regelrecht aus und halten ihn dadurch sauber. Lösliche Ballaststoffe (z.B. in Bohnen und Linsen) können dazu beitragen, den Cholsterinspiegel zu senken, und so das Herz schützen. Auch sie helfen, den Blutzuckerspiegel konstant zu halten (siehe Kasten Seite 10).

Ballaststoffe sind nicht die einzigen willkommenen Begleiter von komplexen Kohlenhydraten. Studien zufolge könnte der tägliche Verzehr von Vollkornprodukten, bestimmtem Gemüse und Hülsenfrüchten eine wichtige Rolle im Schutz vor Krankheiten spielen. Möglicherweise verhindern die sekundären Pflanzenstoffe in Brokkoli die Entstehung bestimmter Krebserkrankungen; die Schwefelverbindungen der Zwiebel tragen eventuell zu einer Senkung des Cholesterinspiegels bei – wichtig für Diabetiker; Haferflocken und einige Sojaprodukte helfen vermutlich ebenfalls, den Cholesterinspiegel zu senken.

Fett in Lebensmitteln

Fette sind chemische Verbindungen, die die Wissenschaftler als Lipide bezeichnen. Sie enthalten etwa doppelt so viel Energie wie Kohlenhydrate oder Eiweiß. Fett ist nur dann ein Problem, wenn man davon zu viel und dann auch noch von der weniger gesunden Sorte isst. Fettmoleküle aus der Nahrung werden im Körper gelagert, und das führt zu mehr Gewicht. Die fettähnlichen Stoffe, die sich im Blutstrom bilden, schaden zudem Herz und Kreislauf.

Genau wie bei Kohlenhydraten ist es falsch, einfach nur von „Fett" zu sprechen. Es gibt drei Hauptgruppen von Fetten. Fett, das bei Raumtemperatur fest ist, nützt Ihrer Gesundheit am wenigsten. In erster Linie betrifft dies Butter, Käse und das Fett von Fleisch. Während dieses Fett (bekannt als gesättigtes Fett) unglaubliche Mengen an Energie liefert, bietet es wenige gesundheitliche Vorteile. Im Gegenteil: Es hat den schädlichsten Einfluss auf das Blutcholesterin, was Sie anfällig für Herzerkrankungen machen kann.

Fette, die bei Raumtemperatur flüssig sind (hauptsächlich Pflanzenöle wie Maiskeim-, Oliven- oder Rapsöl) werden in zwei Kategorien eingeteilt: die mehrfach ungesättigten und die einfach ungesättigten Fette. Beide sind gesundheitsfördernd, aber die letzteren sind die besten. Es gibt Hinweise, dass einfach ungesättigte Fette das HDL-Cholesterin erhöhen; wichtig für Diabetiker, weil sie ein erhöhtes Herzerkrankungsrisiko haben. Außerdem wurde nachgewiesen, dass diese Fette die Insulinresistenz senken können.

Dann gibt es noch die Fischöle, auch Omega-3-Fettsäuren genannt. Sie sind lebenswichtig für uns und stecken in Fettfischen wie Lachs, Hering, Makrele, Thunfisch und Sardinen. Der Verzehr von

Fettfisch trägt vermutlich dazu bei, das Risiko von Herz-Kreislauf-Erkrankungen zu senken. Essen Sie also möglichst einmal in der Woche fettreichen Fisch.

Transfettsäuren werden in der Lebensmittelindustrie eingesetzt, um Pflanzenfette (Öle) zu härten. Margarine ist wohl das klassische Beispiel dafür. Industriemargarine (zur Herstellung von Fertigprodukten) weist einen relativ hohen Gehalt, reine Pflanzenmargarine dagegen nur Spuren von Transfettsäuren auf. In Studien wurde nachgewiesen, dass Transfettsäuren den Cholesterinspiegel erhöhen können.

Salz

Ein zu hoher Salzkonsum steht im Verdacht, den Blutdruck und damit das Risiko für Herz-Kreislauf-Erkrankungen zu erhöhen. In Mitteleuropa liegt die tägliche Salzaufnahme durchschnittlich bei mehr als 10 g pro Person. Dabei stammt der größte Teil aus Fertigprodukten. Experten empfehlen eine Salzaufnahme von nur 6 g (etwas mehr als 1 TL) am Tag. Bedenken Sie: Bei den Nährwertangaben auf Lebensmittelpackungen ist nicht der Gehalt an Salz (NaCl), sondern der an Natrium (Na) angegeben. Nehmen Sie diesen Wert mit 2,4 mal, um zu ermitteln, wie viel Salz in 100 g des Produkts steckt.

Hier einige Salzspartipps:

- Messen Sie die Salzmenge, die Sie zum Kochen verwenden, ab, und verringern Sie diese allmählich. Wenn in den Rezepten dieses Buchs „salzen“ angegeben ist, fügen Sie bitte nur wenig Salz zu, um den Geschmack etwas zu betonen. Eine Prise genügt meistens schon.
- Vermeiden Sie Nachsalzen bei Tisch: Verbannen Sie den Salzstreuer.
- Experimentieren Sie mit Kräutern und Gewürzen; verwenden Sie beispielsweise frisch gemahlene Gewürze wie Pfeffer aus der Mühle sowie getrocknete und frische Kräuter.
- Wem schwach gesalzenes Essen einfach nicht schmeckt, der kann auf Speisesalzersatz (Diätsalz) ausweichen.
- Um Dressings ein feines Aroma zu verleihen, können diese mit Balsamico-Essig oder Zitronensaft abgeschmeckt werden.
- Lesen Sie Lebensmitteletiketten sorgfältig: Salz verbirgt sich auch hinter Natriumchlorid, Mononatriumglutamat oder Natriumbikarbonat.
- Essen Sie weniger gesalzene Nüsse, Chips oder pikantes Gebäck – greifen Sie lieber zu frischem Obst.

Füllende Ballaststoffe

Ballaststoffreiche Lebensmittel sättigen relativ rasch. Weil unser Körper Ballaststoffe nicht verdauen kann, liefern Lebensmittel, die viel davon enthalten, meist auch wenig Kalorien. Außerdem erleichtern die unverdaulichen Faserstoffe die Kontrolle des Blutzucker- und des Cholesterinspiegels. Es gibt also gute Gründe für eine ausreichende Aufnahme von Ballaststoffen. Insgesamt sollten es 30 g am Tag sein. So geht's:

- **Ein Frühstück mit Getreide (Vollkorn) und Obst liefert etwa ein Drittel Ihres täglichen Bedarfs an Ballaststoffen. 100 g Frühstückszerealien aus Vollkorn enthalten immerhin etwas mehr als 8 g Ballaststoffe; Haferflocken zwar weniger, aber lösliche.**
- **Essen Sie ungeschältes Obst und Gemüse (gründlich gewaschen), wann immer es möglich ist. Beim Schälen von Kartoffeln geht etwa ein Drittel der Ballaststoffe verloren. Die Samen in Beeren, Kiwis und Feigen liefern ebenfalls Ballaststoffe.**
- **Greifen Sie zu Vollkornbrot, am besten zu solchem, das ganze Getreidekörner enthält. Lesen Sie bei abgepacktem Brot das Etikett: Nicht jedes dunkle Brot ist ein Vollkornbrot; möglicherweise enthält es kaum mehr Ballaststoffe als Weißbrot. Übrigens: In einem Vollkornbrötchen stecken knapp 5 g, in einer Scheibe Weizenvollkornbrot etwa 7,5 g Ballaststoffe.**
- **Bohnen und Linsen sind eine hervorragende Quelle für Ballaststoffe. Lassen Sie sie möglichst ganz; ihre Haut muss dann nämlich erst im Körper aufgebrochen werden, bevor die Hülsenfrüchte verdaut werden können. Und das bedeutet: Der Blutzucker steigt noch langsamer an. Mischen Sie rote oder weiße gegarte Bohnenkerne unter einen Salat oder kochen Sie eine deftige Bohnen- oder Linsensuppe.**
- **Essen Sie mehr Gemüse. Es liefert ebenfalls Ballaststoffe und schmeckt wunderbar in Aufläufen, Eintöpfen, Suppen oder Salaten, auf Brot und mit Pasta. Ob Sie frisches oder gefrorenes Gemüse verwenden, spielt keine Rolle.**
- **Trinken Sie viel. Wer ballaststoffreich isst, muss ausreichend Flüssigkeit aufnehmen (siehe S. 15), denn die Ballaststoffe können sonst zu Verstopfung führen.**

• Gesalzene und geräucherte Produkte wie Schinken, Speck und Wurst, Räucherfisch sowie Fertig- oder Halbfertigprodukte enthalten oft viel Salz. Bevorzugen Sie deshalb frischen Fisch, frisches Fleisch und Gemüse. Sie liefern von Natur aus nur wenig Salz.

Gewichts-Bewusstsein

Der häufigste Rat für Diabetiker lautet: Achten Sie auf Ihr Gewicht! Je mehr Fett Sie mit sich herumschleppen, desto insulinresistenter werden Ihre Zellen. Weil 70–80 % der Diabetiker übergewichtig sind, wird das Thema Gewicht immer wieder angesprochen. Für viele Betroffene würde eine Gewichtsabnahme von nur 4,5 kg genügen, um den Blutzucker auf ein gutes Niveau zu bringen.

Das Angebot an Diätprodukten wächst ständig. Und unterschiedlichste Schlankheitsdiäten haben in den letzten Jahren Furore gemacht, doch wir werden nicht dünner, sondern – ganz im Gegenteil – immer dicker.

Heutzutage sind eiweißreiche, kohlenhydratarme Diäten der letzte Schrei. Sie basieren darauf, dass weniger Kohlenhydrate in der Ernährung bedeuten, dass dem Körper weniger Glukose für die Energiegewinnung zur Verfügung steht. Stattdessen verbrennt der Körper eigenes Fett, was schließlich zu Gewichtsverlust führt. Das Problem dabei ist allerdings, dass eiweißreiche Lebensmittel häufig auch viel gesättigtes Fett enthalten. Zahlreiche Ernährungswissenschaftler kritisieren diese Diäten, weil sie langfristig gesundheitliche Probleme verursachen könnten. Neuere Studien haben ergeben, dass diese Diäten eventuell zu Nierenschäden führen können. Weil Diabetiker ohnehin schon zu Nierenproblemen neigen, ist es ratsam, eiweißreiche Diäten zu meiden.

Wenn Sie immer wieder neue Diäten ausprobieren, können Sie leicht in die Diätfalle tappen. Diäten locken meist mit dem Versprechen, dass Sie in kurzer Zeit viel Gewicht verlieren und auf Dauer schlank bleiben. Das ist natürlich viel verführerischer als die vernünftigen Ernährungspläne, zu denen Ernährungsexperten raten. Aber – das wissen Sie ja – es ist eben die kontinuierliche, vernünftige Gewichtsabnahme, die langfristig zum Erfolg führt, ohne Ihrer Gesundheit zu schaden.

Am einfachsten nehmen Sie so ab: Verbrennen Sie mehr Kalorien am Tag, als Sie zu sich nehmen – Sie werden Pfunde verlieren. Um das zu erreichen, müssen Sie sich nur ein bisschen mehr bewegen und ein bisschen weniger essen. Achten Sie auf eine ausgewogene und abwechslungsreiche Ernährung, die

Essen für zwei

Für Schwangere, bei denen sich ein Schwangerschaftsdiabetes entwickelt hat, ist eine ausgewogene Ernährung unerlässlich – für die Gesundheit und eine komplikationslose Schwangerschaft. Damit können Probleme wie Bluthochdruck vermieden werden.

Eine werdende Mutter benötigt erst ab dem 4. Schwangerschaftsmonat täglich nur 300 Kalorien mehr. Untergewichtige Frauen und diejenigen, die ihre körperlichen Aktivitäten nicht einschränken, benötigen möglicherweise mehr. Viele Frauen glauben, während der Schwangerschaft „für zwei essen" zu müssen – doch das führt zu Gewichtszunahme, was den Diabetes verschlechtert. Hier ein paar Tipps bei Schwangerschaftsdiabetes:

- **Wenig Zucker. Während der Schwangerschaft gelangt Zucker schnell ins Blut; mehr Insulin ist nötig, um den Blutzucker zu regulieren. Schwangerschaftshormone sorgen aber dafür, dass das Insulin seine Wirkung vorübergehend nicht richtig entfalten kann.**
- **Achten Sie auf Fett. Denken Sie daran: Das Gewicht, das Sie zunehmen, fördert die Insulinresistenz. Sie brauchen nur wenig Fett für sich und das Wachstum des Ungeborenen.**
- **Essen Sie ballaststoffreich. Verstopfung ist ein häufiges Problem in der Schwangerschaft. Eine ballaststoffreiche Ernährung hilft dagegen (siehe Kasten Seite 10). Trinken Sie genug – mindestens 1,5 bis 2 l am Tag.**
- **Gönnen Sie sich ein Betthupferl. Frauen mit Schwangerschaftsdiabetes neigen nachts zu niedrigen Blutzuckerwerten. Das kann durch einen Imbiss, der eiweißreich ist und komplexe Kohlenhydrate enthält, vermieden werden.**
- **Essen Sie regelmäßig: Nehmen Sie mindestens drei Mahlzeiten plus einen Abendimbiss zu sich; eventuell noch eine Zwischenmahlzeit. Zwischen den Mahlzeiten sollten gleiche Zeiträume liegen. Lassen Sie keine Mahlzeit aus – das könnte eine Hypoglykämie verursachen, die dem Ungeborenen und Ihnen schadet.**

komplexe Kohlenhydrate und wertvolle Fette beinhaltet. Dieses System funktioniert tatsächlich und stimmt auch noch fast völlig mit den neuesten Ernährungsempfehlungen für Diabetiker überein.

Wenn sich gesunde Ernährung tatsächlich auf Kalorien bezieht, wie viele sollte man dann am Tag aufnehmen? Der Kalorienbedarf schwankt von Mensch zu Mensch in Abhängigkeit von Größe, Tätigkeit und Grundumsatz. Eine Diät, die weniger als 1200 Kalorien am Tag liefert, enthält oft nicht die notwendigen Vitamine und Mineralstoffe, die man aufnehmen sollte. Eine solche Diät sättigt meist auch nur unbefriedigend und wird deshalb oft nicht durchgehalten.

500 g entsprechen 3500 Kalorien. Um also in einer Woche 500 g an Gewicht zu verlieren, müsste man täglich 500 Kalorien extra durch Bewegung abbauen oder eben 500 Kalorien weniger aufnehmen. Möglich ist auch eine Kombination aus beidem. Um 1 kg in der Woche zu verlieren, müssen 1000 Kalorien am Tag zusätzlich eingespart bzw. verbraucht werden – ein ziemlich einfaches Prinzip.

Es geht jedoch nicht nur darum, was auf dem Teller liegt. Wichtig ist auch, dass Sie Ihre Einstellung zu Ihrer Gesundheit und Ihrem Körpergewicht überprüfen. Entscheidend ist: Sie können Ihr Idealgewicht nur erreichen, wenn Sie es ernsthaft wollen. Als Erstes sollten Sie sich also klar machen, ob Sie wirklich abnehmen wollen. Wenn dem so ist, können Sie sich überlegen, wie Sie das aktiv erzielen können. Bedenken Sie: Es hat einige Zeit gedauert, um das jetzige Gewicht zu erreichen, genauso wird es einige Zeit dauern, das Gewicht wieder zu verlieren – Sie brauchen also Geduld!

Denken Sie sich schlank! Stellen Sie sich vor, wie es ist, Idealgewicht zu haben: Sie fühlen sich energiegeladen und machen endlich all die vielen Dinge, die Sie so gern tun würden, wenn Sie schlanker wären. Genießen Sie von nun an Essen als Teil einer neuen und gesunden Lebensweise. Allein schon der Gedanke, schlanker zu sein, kann dazu führen, dass man weniger nach Essen verlangt und dementsprechend weniger isst.

Portionsgrößen müssen passen

Eine perfekte Mahlzeit sollte eine nicht zu große und nicht zu kleine Portion eines leckeren Gerichts sein. Nach dem Essen sollten Sie nicht zu „voll", aber auch nicht mehr hungrig sein. Sie sollten sich wohl und zufrieden fühlen.

Kleinere Portionen zu essen ist entscheidend für Diabetiker. Dadurch können Lieblingsspeisen, auf die man nicht verzichten möchte, mit gutem Gewissen genossen werden. Ist es z. B. nicht wunderbar, trotz Diabetes auch bei Süßem zugreifen zu dürfen? Es darf allerdings nur eine kleine Portion nach einer Mahlzeit sein.

Die Ernährungsrichtlinien für Diabetiker erlauben eine große Vielfalt an Lebensmitteln, unter denen man wählen kann, aber die Portionsgröße hat nach wie vor eine große Bedeutung. Es mag zwar unwichtig erscheinen, ob man nun ein Stück Huhn oder einen Teelöffel Öl mehr verwendet, aber diese 100 Kalorien mehr machen es schwieriger, Gewicht zu verlieren oder den Blutzucker im Griff zu behalten.

Einige Beispiele für „richtige" Portionen:

- 1 Scheibe Roggenmischbrot (50 g)
- 85 g–100 g mageres Rindfleisch oder Huhn (Hähnchenbrust)
- 115 g–140 g gegartes Fischfilet (nicht in Teighülle frittiert)
- 2 gehäufte EL gekochter Reis oder gegarte Nudeln
- 1 mittelgroße Kartoffel
- 25 g Käse (z.B. Emmentaler) oder 40 g fettreduzierter Käse
- 125 g Joghurt
- Obst und Gemüse: siehe S. 14

Eine andere Richtlinie ist, dass man häufiger essen soll. Das heißt, nehmen Sie am Tag lieber öfter kleinere Mahlzeiten und zwischendurch ein paar gesunde Snacks

Apfel oder Birne?

Bei Menschen, deren Taillenumfang größer als der Hüftumfang ist (Apfel-Typ), ist die Wahrscheinlichkeit, einen Herzinfarkt zu erleiden, höher als bei Menschen, deren Taillenumfang kleiner als der Hüftumfang ist (Birnen-Typ). Das Verhältnis von Taille zu Hüfte (der Taille-Hüfte-Quotient) gibt also Auskunft darüber, wie hoch das Herzinfarktrisiko ist. Um den Taille-Hüfte-Quotient zu berechnen, wird der Taillenumfang durch den Hüftumfang geteilt (Taille/Hüfte). Bei einer Frau sollte der Wert 0,85, bei einem Mann 1,0 nicht überschreiten.

zu sich als drei Hauptmahlzeiten. Studien haben gezeigt, dass dies nicht nur den Blutzuckerspiegel stabil hält, sondern auch den Cholesterinspiegel senken kann. Wie Sie die Mahlzeiten über den Tag verteilen sollten, hängt von mehreren individuellen Faktoren und der Ausprägung des Diabetes ab. Erarbeiten Sie gemeinsam mit einer qualifizierten Diabetesberaterin Ihren täglichen Mahlzeitenplan.

Die Bedeutung von Obst und Gemüse

Die meisten von uns essen zu wenig Obst und Gemüse, vor allem wenig frisches. Dabei gehören diese Lebensmittelgruppen unbedingt zu einer ausgewogenen Ernährung. Forschungen haben immer wieder ergeben, dass frisches Obst und Gemüse das Wohlbefinden auf unterschiedlichste Weise unterstützen.

Orangefarbene und gelbe Früchte sind reich an Betakarotin; dieses kann im Körper in Vitamin A umgewandelt werden. Alle Obstsorten enthalten Vitamin C, besonders Zitrusfrüchte. Die Vitamine A, C und E sind Antioxidanzien und helfen, vor verschiedenen Infektionen und vermutlich auch vor der Entstehung einiger Krebserkrankungen zu schützen. Darüber hinaus haben die meisten Obstsorten einen niedrigen glykämischen Index (siehe S. 8).

Gemüse erhöht den Blutzuckerspiegel nicht sehr stark und liefert nur wenig Kalorien. Gemüse gehört zu den nährstoffdichtesten, kalorienärmsten Nahrungsmitteln, die es gibt. Wenn Sie sich mit Gemüse vollgegessen haben, werden Sie keinen Platz mehr für weniger Gesundes, Kalorienreiches haben.

Wie lange kann man Obst und Gemüse ohne Nährstoffverluste lagern?
Hitze und Licht können Vitamine in Obst und Gemüse zerstören. Bewahren Sie Obst und Gemüse nicht zu lange im Kühlschrank oder an einem kühlen und dunklen Platz auf. Die meisten Nährstoffe enthält es erntefrisch. Durch Schälen und Zerkleinern gehen einige bereits verloren.

Beeinträchtigt Zerdrücken oder Auspressen den Nährwert?
Durch Zerdrücken von Obst und Gemüse werden Pflanzenfasern aufgebrochen, und die Struktur wird verändert. Dies erhöht den glykämischen Index, was einige Vorteile abschwächt. Wenn Sie Püree oder Saft sofort nach der Zubereitung zu sich nehmen, kommen Sie in den Genuss aller Nährstoffe. Trinken Sie Saft immer zu einer Mahlzeit. Das hilft, den Blutzuckeranstieg zu verlangsamen.

Gegartes Gemüse und Obstsalat können so langweilig sein …
Es gibt unendlich viele Möglichkeiten, Obst und Gemüse interessant zuzubereiten; das beweisen Ihnen die Rezepte in diesem Buch. Auch exotischere, ungewöhnlichere Zutaten sind mittlerweile in gut sortierten Supermärkten oder Lebensmittelabteilungen von Kaufhäusern zu bekommen. Probieren Sie diese einfach mal aus, um Gerichten eine neue Note zu verleihen. Versuchen Sie beispielsweise den Papaya-Avocado-Salat (siehe S. 184) oder den Kürbis-Mais-Topf auf karibische Art (siehe S. 153).

Nützliche Tipps

- **Wiegen Sie sich nur einmal pro Woche. Ihr Gewicht schwankt von Tag zu Tag, deshalb ist es nicht sinnvoll, sich täglich zu wiegen. Ein kontinuierlicher Verlust von 500 g–1 kg in der Woche erzielt langfristig bessere Ergebnisse als eine Diät, die Ihnen eine Abnahme von 10 kg im Monat verspricht.**
- **Setzen Sie sich realistische Ziele, beispielsweise eine Gewichtsreduktion von 2,5–3 kg im Monat. Belohnen Sie sich mit einem Kino- oder Theaterbesuch oder mit einem Buch, wenn Sie Ihr Ziel erreicht haben.**
- **Geben Sie Essen auf kleinere Teller, so sehen die Mahlzeiten größer aus.**
- **Nehmen Sie Ihre Mahlzeiten am Tisch ein, begrenzen Sie Snacks am späten Abend und beim Fernsehen.**
- **Lenken Sie sich ab, wenn Sie spüren, dass Sie sich beim Essen nicht zügeln können. Machen Sie z. B. einen Spaziergang oder nehmen Sie ein Bad.**
- **Kaufen Sie nicht mit leerem Magen ein, sondern stets erst, nachdem Sie eine (Zwischen-)Mahlzeit zu sich genommen haben. So lassen Sie sich nicht verführen, beim Einkauf einen Snack zu kaufen und diesen gleich zu essen. Lesen Sie auf den Produktetiketten den Kalorien- und Fettgehalt.**
- **Körperliche Aktivität tut auch Ihrer Seele gut. Je mehr Kalorien Sie am Tag verbrennen, umso schneller verlieren Sie an Gewicht. Planen Sie Bewegung in Ihren Tagesablauf ein.**

Wie viel Obst und Gemüse sollte man am Tag essen?
Um Gesundheit und Wohlbefinden zu erhalten, sollte man 400 g Obst und Ge-

müse täglich zu sich nehmen. Das entspricht fünf Portionen von je 80 g. Bedenken Sie, dass Kartoffeln zu den komplexen Kohlenhydraten zählen, also nicht mitgerechnet werden dürfen.

Was ist eine Portion?

- 1 mittelgroße Frucht wie Apfel, Banane oder Orange
- 1 große Scheibe Melone oder Ananas
- 2 Pflaumen, Aprikosen, Satsumas
- 2–3 EL frisches oder eingemachtes Obst
- 1 EL Trockenobst
- 150 ml frischer Fruchtsaft
- 2–3 EL rohes oder gegartes Gemüse
- 1 Schälchen Salat

Zählen Fruchtsaft, Trockenobst und Gemüse, das in fertigen Gerichten steckt, mit zu den fünf Portionen?
Wie Sie in der Liste sehen können, zählen Fruchtsaft und getrocknete Früchte mit. Saft sollte generell nur eine Portion am Tag ausmachen, weil die Ballaststoffe entzogen wurden. Hülsenfrüchte wie Bohnen und Linsen zählen auch nur einmal am Tag, weil sie Nährstoffe, die z. B. in Gemüse wie Spinat, Möhren und Tomaten stecken, nicht enthalten.

Also: 80 g Linsensuppe zählen als eine Portion, und weil durchaus 80 g Tomaten in einer Portion Tomatensuppe aus der Dose sein können oder 80 g Gemüse in einem fertigen Gemüsegericht, könnte man theoretisch die fünf Portionen täglich durch Fertiggerichte decken. Wie auch immer – es ist ernährungstechnisch sinnvoll, die fünf Portionen aus einer Mischung von frischem, gegartem und fertig zubereitetem Obst und Gemüse zusammenzustellen.

Darf ich so viel Obst essen, wie ich mag?
Das hängt von Ihren persönlichen Umständen ab. Wenn Sie Ihren Blutzucker messen, dann sollten Sie bedenken, dass Lebensmittel unterschiedlich auf den Blutzucker wirken. Frisches Obst enthält viel natürlichen Zucker und kann deshalb den Blutzucker schneller und stärker erhöhen als Gemüse. Wichtig ist, dass Sie herausfinden, wie Obst auf Ihren Blutzucker wirkt. Eine Möglichkeit ist, eine definierte Portion Obst zu essen und nach ein paar Stunden den Glukosespiegel zu messen – einige Obstsorten erhöhen ihn eventuell mehr als andere. Nur so können Sie die Unterschiede feststellen.

Wie Nährstoffe die Gesundheit fördern

Wie bereits erwähnt, enthalten viele Nahrungsmittel von Natur aus Mikronährstoffe – Substanzen mit gesundheitsfördernden, vielleicht manchmal heilenden Eigenschaften. Weil mit Diabetes das Risiko für einen hohen Cholesterinspiegel, Herz-Kreislauf-Erkrankungen, Nierenschäden und Bluthochdruck steigt, sollten Sie zur Vorbeugung auf einige Nahrungsmittel in Ihrem Speiseplan besonderen Wert legen. Hier sind einige Beispiele:

- **Knoblauch** kann den Cholesterinspiegel und den Blutdruck senken. Verantwortlich dafür ist der sekundäre Pflanzenstoff Allizin. Alle Mitglieder der Alliumfamile – Zwiebeln, Knoblauch, Lauch und Schalotten – können zur Senkung von Cholesterinspiegel und Bluthochdruck beitragen.
- **Rotwein** könnte eine Rolle beim Schutz vor Herz-Kreislauf-Erkrankungen spielen. Allerdings ist der regelmäßige Genuss von Alkohol speziell für Diabetiker nicht unbedingt empfehlenswert (siehe Kasten Seite 15). Wissenschaftler vermuten, dass der positive Effekt beim Rotwein von einem Flavonoid ausgeht, das sich in der Schale der Trauben befindet. Diese Substanz heißt Resveratrol. Es scheint also schon zu genügen, wenn Sie eine Hand voll roter Trauben essen oder ein Glas roten Traubensaft trinken oder auch mal ein Glas Rotwein zu einer Mahlzeit.
- **Haferflocken und Soja** sind höchstwahrscheinlich beide in der Lage, den Cholesterinspiegel zu senken.

- **Lutein** wurde in Spinat und anderen dunkelgrünen Blattgemüsen nachgewiesen. Möglicherweise hilft dieser sekundäre Pflanzenstoff, einer Makuladegeneration vorzubeugen, der Hauptursache für Sehprobleme im Alter.
- **Folsäure** aus Obst, Gemüse, Hülsenfrüchten und Getreide scheint den Homocysteinspiegel des Blutes senken zu können. Hohe Homocysteinwerte sind ein Risikofaktor für die Entwicklung von Herz-Kreislauf-Erkrankungen, Herzinfarkt und diversen Gefäßleiden.

Flüssigkeit

Jede Zelle Ihres Körpers braucht Flüssigkeit – die Muskeln, das Blut und das Gehirn bestehen jeweils zu mehr als 70 % aus Wasser. Wasser ist der wichtigste „Nährstoff", den Ihr Körper täglich benötigt. Es reguliert die Körpertemperatur, transportiert Nährstoffe und Sauerstoff zu den Zellen und Abfallstoffe aus den Zellen, Wasser hilft Nieren und Leber zu entgiften, löst Vitamine und Mineralstoffe und schützt den Körper vor Verletzungen. Bereits eine geringe Dehydration (Austrocknung) kann sich durch Symptome wie Schwäche und Verstopfung äußern. Trinken von Wasser in ausreichenden Mengen kann einigen Krankheiten, wie z. B. Nierensteinen, vorbeugen; eventuell verringert es auch das Darmkrebsrisiko. Dennoch – die meisten Leute trinken nicht genug.

Wasser ist das Beste. Milch, ungesüßte Fruchtsäfte, Tee und Kaffee tragen aber auch zur Flüssigkeitsaufnahme bei. Alkoholhaltige Getränke zählen nicht, weil sie den Flüssigkeitsverlust fördern. Trinken Sie deshalb zu alkoholischen Getränken die gleiche Menge Wasser als Ausgleich.

Gewöhnen Sie sich an, immer eine Flasche Wasser griffbereit zu haben, damit Sie bei Arbeit und Freizeit an das Trinken erinnert werden. Warten Sie nicht mit dem Trinken, bis Sie sich durstig fühlen. Das könnte bereits ein erstes Anzeichen von Dehydration sein. Bedenken Sie: An heißen und schwülen Tagen sowie bei schweißtreibenden Aktivitäten ist Ihr Flüssigkeitsbedarf erhöht.

Ein bisschen darf es schon sein

Darf ein Diabetiker Alkohol zu sich nehmen? Ja. Es sei denn, der Arzt hat aus medizinischen Gründen empfohlen, ganz auf Alkohol zu verzichten. Ein paar Dinge sollten Sie über Alkohol aber wissen: Erstens senkt Alkohol den Blutzuckerspiegel. Zweitens ist er kalorienreich (beinahe wie Fett), liefert aber nur wenige Nährstoffe. Hier ein paar Tipps für den Umgang mit Alkohol:

Genießen Sie Alkohol mit Essen. Das Essen wirkt wie ein Schwamm, indem es einen Teil des Alkohols aufsaugt. Die Wirkung auf den Blutzuckerspiegel wird dadurch abgeschwächt. Einen ähnlichen Effekt hat es, wenn Sie ein alkoholisches Getränk langsam und schluckweise trinken oder es mit zuckerfreier Flüssigkeit verdünnen.

Trinken Sie keinen Alkohol, wenn Ihr Blutzucker niedrig ist. Wenn Sie täglich konsequent Ihren Blutzucker messen, werden Sie bewusst entscheiden können, ob Sie an diesem oder jenem Tag Alkohol trinken oder nicht trinken sollten. Meiden Sie Alkohol, wenn Ihr Blutzucker niedrig ist!

Maximale Alkoholmengen dürfen nicht überschritten werden: Frauen sollten nicht mehr als 15 g reinen Alkohol, Männer höchstens 30 g täglich aufnehmen. Das sind Höchstmengen – weniger ist besser.

Planen Sie möglichst zwei oder drei alkoholfreie Tage in der Woche ein.

Der Alkoholgehalt einiger Getränke:

- 125 ml Wein (1 Glas): 12 g Alkohol
- 50 ml Sherry: 8 g Alkohol
- 500 ml Bier (Export oder Pils): 20 g
- 100 ml Sekt: 10 g

Alkohol kann eine Hypoglykämie verursachen (Unterzuckerung, siehe Kasten Seite 275), wenn Sie Insulin bekommen; Je höher der Alkoholgehalt ist, umso wahrscheinlicher kann ein Getränk eine Hypoglykämie auslösen. Die folgenden Tipps helfen, dies zu verhindern:

- Trinken Sie keinen Alkohol auf nüchternen Magen! Essen Sie stets etwas dazu, vor allem auch danach, denn der hypoglykämische Effekt von Alkohol kann Stunden anhalten.
- Wählen Sie Getränke mit niedrigem Alkoholgehalt; lassen Sie die Finger von Diät-Bier o. ä., es enthält möglicherweise mehr Alkohol.
- Wenn Sie gern Hochprozentiges trinken, sollten Sie es mit zuckerfreien Getränken wie Diät-Cola strecken.
- Wenn Sie Ihre Kohlenhydrate addieren, dürfen Sie die aus alkoholischen Getränken nicht mitrechnen.

Trinken Sie weniger Alkohol, wenn Sie abnehmen möchten – keinesfalls mehr als 85 g in der Woche.

Kleine Gerichte

Pfannküchlein mit Beeren

Die Küchlein sind schnell gemacht und passen gut zu einer Tasse Tee oder Kaffee, eignen sich aber auch als schlichtes Dessert. Mit honiggesüßtem Quark und saftigen Beeren sind sie unwiderstehlich.

Vorbereitung **10 Minuten** Garzeit **15–20 Minuten** *Für etwa 24 Stück*

125 g Mehl
1 Messerspitze Backpulver
2 TL Zucker
1 verquirltes Ei
1 EL zerlassene Butter
150 ml fettarme Milch
4 TL Sonnenblumenöl

Zum Anrichten
100 g Heidelbeeren
1 TL flüssiger Honig
100 g Himbeeren
200 g Magerquark

1 Mehl und Backpulver in einer Schüssel mit dem Zucker mischen. In die Mitte eine Mulde drücken. Ei, Butter und etwas Milch hineingeben. Nach und nach alles miteinander verrühren. Dabei Milch zugießen, bis ein relativ dicker, glatter Pfannkuchenteig entstanden ist.

2 Um die fertigen Pfannkuchen warm zu halten, eine große flache Form im 80 °C heißen Backofen erwärmen. Ofen ausschalten und die Form mit einem Geschirrtuch auslegen. Eine große Pfanne heiß werden lassen. Mit 1 TL Öl ausstreichen.

3 Den Teig über die Spitze (nicht über die Seiten!) eines Löffels so in die Pfanne laufen lassen, dass gleichmäßige Kreise entstehen. 4–6 Pfannkuchen auf einmal backen. Darauf achten, dass genug Platz zwischen den Küchlein bleibt, damit sie leicht gewendet werden können. In etwa 2 Minuten fast gar backen, bis sich auf der Oberfläche Blasen bilden und die Unterseiten goldbraun sind.

4 Pfannkuchen wenden; weitere 2 Minuten backen, bis auch die oberen Seiten goldbraun sind. In die vorbereitete Form geben, das Tuch darüberschlagen und die Pfannkuchen im Ofen warm halten, bis alle gebacken sind. Die Pfanne stets mit 1 TL Öl fetten, bevor neuer Teig hineingegeben wird.

5 Heidelbeeren mit Honig verrühren. Himbeeren zufügen. Die Beeren etwas zerdrücken, dabei einige Früchte ganz lassen. Die Pfannkuchen warm mit Beeren und Quark servieren.

Varianten

Für **Apfelküchlein** 1 Apfel vom Kerngehäuse befreien, in kleine Würfel schneiden und mit einer Prise gemahlener Gewürznelke unter den Teig rühren.

Für **herzhafte Parmesan-Kräuter-Küchlein** den Zucker weglassen. Stattdessen 1 EL Schnittlauchröllchen, 1 EL gehackten Oregano und 2 EL geriebenen Parmesan mit dem Mehl mischen. Die Pfannkuchen mit Frischkäse und Cocktailtomaten servieren.

Das gesunde Plus

- Selbst gemachte Pfannkuchen enthalten weniger Fett und Zucker als fertig gekaufte. Serviert man sie zudem noch mit fettreduziertem Frischkäse oder Magerquark anstelle von Schlagsahne oder anderen fettreichen Milchprodukten, bleibt der Fettgehalt im akzeptablen Bereich.

Nährwerte pro Stück 47 kcal, 2,2 g Eiweiß, 1,7 g Fett (0,5 g davon gesättigte Fettsäuren), 5,4 g Kohlenhydrate (0,3 BE, 0,5 KE), 0,5 g Ballaststoffe. Liefert auch Vitamin B_{12}.

Rosinenbrot mit Zimt

Dieses fruchtig-würzige Gebäck schmeckt schon pur wunderbar, ist aber mit etwas Honig oder Marmelade erst recht ein Genuss. Wenn Sie es vor dem Bestreichen auch noch toasten, duftet der ganze Raum sofort herrlich nach Zimt.

Vorbereitung **20 Minuten,** plus **1 Stunde** Ruhezeit Backzeit **30 Minuten** *Für 1 großes Brot (16 Scheiben)*

- 450 g Vollkornweizenmehl
- 1 ½ TL Salz
- 2 TL gemahlener Zimt
- 1 Päckchen Trockenhefe (7 g)
- 115 g Rosinen
- 50 g Zucker
- 50 g Butter
- 250 ml fettarme Milch, mehr zum Bestreichen
- 1 Ei, leicht verquirlt

1 Eine Brotform (20 cm lang) fetten und dünn mit Mehl ausstreuen. Mehl, Salz und Zimt in eine große Schüssel sieben, Kleie aus dem Sieb dazuschütten. Hefe, Rosinen und Zucker unterrühren und eine Mulde in die Mitte drücken.

2 Butter und Milch erwärmen, bis die Butter geschmolzen und die Milch lauwarm ist. In die Mulde der Mehlmischung gießen, das verquirlte Ei zufügen. Alles zu einem weichen Teig verrühren.

3 Den Teig auf eine leicht bemehlte Arbeitsfläche geben und 10 Minuten kneten, bis er glatt und elastisch ist. Zu einem Laib formen und in die vorbereitete Form geben. Mit eingeölter Frischhaltefolie oder einem Geschirrtuch bedecken und an einem warmen Ort etwa 1 Stunde gehen lassen, bis sich das Teigvolumen verdoppelt hat.

4 Gegen Ende der Ruhezeit den Backofen auf 220 °C vorheizen. Brotlaib mit Milch bestreichen. 30 Minuten backen. Das Brot ist gar, wenn es beim Klopfen auf die Unterseite hohl klingt. Falls das Brot gegen Ende der Backzeit zu braun wird, dieses mit Alufolie abdecken.

5 Das Brot auf ein Kuchengitter stürzen und abkühlen lassen. In Folie gewickelt, hält es sich 2–3 Tage.

Variante

Aus dem Teig können Sie auch **Nussschnecken mit Ahornsirup** backen. Dafür die Rosinen weglassen und den gekneteten Teig zu einem 23 cm großen Quadrat ausrollen. 30 g weiche Butter und 4 EL Ahornsirup mit einem Schneebesen verrühren. Teig damit bestreichen; 125 g fein gehackte Datteln und 50 g gehackte Walnüsse darüberstreuen. Teig aufrollen (wie eine Biskuitroulade) und in 9 Scheiben schneiden. Diese in 3 Reihen mit je 3 Scheiben nebeneinander in eine gefettete quadratische Form (18 × 18 cm) legen. Mit geölter Frischhaltefolie bedecken. An einem warmen Ort etwa 30 Minuten gehen lassen. Folie entfernen. Schnecken mit Milch bestreichen und mit 2 TL braunem Zucker bestreuen. Im vorgeheizten Ofen bei 200 °C etwa 25 Minuten backen. Auf einem Kuchengitter auskühlen lassen, dann voneinander trennen. Das Gebäck ist in einer gut verschlossenen Dose etwa 3 Tage haltbar.

Das gesunde Plus

- Durch Milch und Ei wird das Brot mit Eiweiß und weiteren Nährstoffen angereichert.
- Rosinen – wie anderes Trockenobst auch – liefern Energie in konzentrierter Form, außerdem Ballaststoffe und Kalium.

Nährwerte pro Scheibe

156 kcal, 5 g Eiweiß, 4 g Fett (2 g davon gesättigte Fettsäuren), 26 g Kohlenhydrate (2 BE, 2,3 KE), 3 g Ballaststoffe. Gute Quelle für Selen. Liefert auch Eisen, Folsäure, Kupfer, Niazin, Vitamin B_1, Vitamin B_6, Zink.

Räucherfisch-Soufflé

Ein duftiges, hoch aufgegangenes Soufflé beeindruckt – und dabei ist es ganz einfach gemacht: Dieses besteht unter anderem aus Fisch, Milch, frischen Kräutern und gehackten Tomaten. Direkt aus dem Backofen und mit frischem, knusprigem Brot serviert, schmeckt es am besten.

Vorbereitung **etwa 35 Minuten** Garzeit **35 Minuten** *Für 4 Portionen*

300 g mageres geräuchertes Fischfilet (z. B. Forelle oder Schellfisch)

300 ml fettarme Milch

1 TL Butter

1 EL geriebener Parmesan

1 EL Semmelbrösel

3 EL Speisestärke

3 Eier, getrennt

250 g Tomaten, gehäutet, entkernt und gewürfelt

1 TL körniger Senf

2 EL fein gehackte Petersilie

2 EL feine Schnittlauchröllchen

Salz und Pfeffer

1 Eiweiß

1 Fischfilet und Milch in einen Topf geben und erhitzen. 8 Minuten köcheln lassen, bis das Fischfleisch sich mit einer Gabel leicht zerteilen lässt. Fischfilet in der Milch etwas abkühlen lassen. Herausnehmen und zerteilen, Haut und eventuelle Gräten dabei entfernen. Milch beiseitestellen und abkühlen lassen.

2 Den Backofen mit einem Backblech darin auf 190 °C vorheizen. Eine Souffléform (1,7 l Inhalt) dünn mit der Butter ausfetten. Parmesan und Semmelbrösel mischen und die Form damit gleichmäßig ausstreuen. Überschüssige Krumen herausschütteln und beiseitestellen.

3 Die Speisestärke mit etwas Einweichmilch glatt verrühren. Die restliche Milch in einem kleinen Topf bis kurz vor dem Aufkochen erhitzen. Unter ständigem Rühren zur Stärkemischung gießen. Das Ganze in den Topf geben und unter ständigem Rühren aufkochen, bis eine dicke Sauce entstanden ist.

4 Die Sauce in eine große Schüssel gießen. Die Eigelbe mit einem Schneebesen nacheinander darunterschlagen. Fisch, Tomaten, Senf, Petersilie und Schnittlauch unterrühren, alles salzen und pfeffern.

5 Alle Eiweiße zu nicht zu steifem Schnee schlagen. Ein Viertel des Eischnees zum Auflockern unter die Sauce heben, dann den restlichen Eischnee darunterziehen.

6 Die Soufflémasse mit einem Löffel in die vorbereitete Form füllen und mit der restlichen Parmesan-Brösel-Mischung bestreuen. Im heißen Ofen 35 Minuten backen, bis das Soufflé schön aufgegangen und goldbraun ist. Sofort servieren.

Das gesunde Plus

- Zahlreiche Fischarten sind gute Vitamin-B_{12}-Lieferanten. Dieses Vitamin unterstützt den Körper bei der Verwertung von Eiweiß aus der Nahrung und bei der Herstellung roter Blutkörperchen.
- Milch liefert eine beachtliche Menge Nährstoffe. Die meisten davon befinden sich im fettfreien Anteil. Fettarme und entrahmte Milch enthalten also keinesfalls weniger von diesen Substanzen als Vollmilch.
- Indem man die Soufflémasse mit Speisestärke statt mit Butter andickt, reduziert man den Fettgehalt erheblich.

Foto Seite 25

Nährwerte pro Portion 250 kcal, 25 g Eiweiß, 9 g Fett (3 g davon gesättigte Fettsäuren), 19 g Kohlenhydrate (1 BE, 1 KE), 1 g Ballaststoffe. Ausgezeichnete Vitamin-B_{12}-Quelle. Reich an Niazin, Selen, Vitamin A. Liefert auch Eisen, Folsäure, Kalium, Kalzium, Kupfer, Vitamin B_1, Vitamin B_2, Vitamin B_6, Vitamin C, Vitamin E, Zink.

Verlorene Eier mexikanische Art

Servieren Sie zum nächsten Brunch diese pochierten Eier mit warmen mexikanischen Tortillas, einer frischen Tomaten-Chili-Salsa und – zum Darüberstreuen – geriebenem Käse, Frühlingszwiebeln und Koriandergrün.

Vorbereitung und Garzeit **35 Minuten,** plus **30 Minuten** Marinierzeit *Für 4 Portionen*

4 große oder 8 kleine Weizentortillas (zusammen etwa 160 g)

1 TL Essig

4 Eier

85 g Edamer, geraspelt

6 EL stichfester Magerjoghurt

4 Frühlingszwiebeln, gehackt

gehacktes Koriandergrün zum Bestreuen

Limettenschnitze zum Garnieren

Tomaten-Chili-Salsa

5 Tomaten, fein gehackt

1 frische rote Chilischote, entkernt und fein gehackt

1 kleine rote Zwiebel, fein gewürfelt

1 kleine Knoblauchzehe, fein gehackt

2 EL fein gehacktes Koriandergrün

1 EL natives Olivenöl extra

2–3 TL Limettensaft (oder nach Geschmack)

Salz und Pfeffer

1 Für die Salsa die gehackten Tomaten mit Chili, Zwiebel, Knoblauch und Koriandergrün verrühren. Öl, dann Limettensaft nach Geschmack zugeben. Beiseitestellen, 30 Minuten durchziehen lassen. Anschließend mit Salz und Pfeffer abschmecken.

2 Den Backofen auf 180 °C vorheizen. Die Tortillas aufeinanderstapeln, in Alufolie wickeln und zum Aufwärmen für 10 Minuten in den Ofen legen. Packungsanweisung beachten!

3 Inzwischen eine Pfanne halb mit Wasser füllen. Dieses bis kurz vor den Siedepunkt erhitzen; Hitze reduzieren, damit das Wasser nicht aufkocht. Essig hineingeben. Die Eier nacheinander vorsichtig in das Wasser aufschlagen und 3–4 Minuten darin pochieren. Die Eigelbe gegen Ende der Garzeit mit dem heißen Essigwasser beschöpfen. Die gegarten Eier mit einem Schaumlöffel aus dem Wasser heben und auf Küchenpapier abtropfen lassen.

4 Die warmen Tortillas auf Teller verteilen (1 große oder 2 kleine pro Teller) und mit etwas Salsa bestreichen. Eier daraufsetzen, salzen und pfeffern. Restliche Salsa, Käse, Joghurt und Frühlingszwiebeln sowie Koriandergrün und Limettenschnitze zum Selbstbedienen dazu servieren.

Variante

Dazu schmeckt **Frijoles refritos**, eine berühmte mexikanische Bohnensauce. Dafür 1 Dose weiße Bohnen (410 g) abgießen und abtropfen lassen. 1 EL Sonnenblumenöl in einer Pfanne erhitzen. 1 fein gehackte Knoblauchzehe und 1 Messerspitze gemahlenen Kreuzkümmel zugeben; kurz anbraten. Bohnen und 120 ml Wasser zufügen. Zugedeckt 5 Minuten köcheln lassen, bis die Bohnen sich leicht zerdrücken lassen. Die Bohnen mit einer Gabel grob zerquetschen, dann offen weitere 3 Minuten köcheln lassen, länger, falls die Sauce zu dünnflüssig ist. Abschmecken.

Das gesunde Plus

- Tortillas sind eine prima Alternative zu Brot. Genau wie dieses liefern sie wertvolle komplexe Kohlenhydrate.
- Tomaten enthalten viel Vitamin C. Das meiste davon befindet sich in der geleeartigen Flüssigkeit, die die Kerne umgibt.

Foto Seite 25

Nährwerte pro Portion 450 kcal, 21 g Eiweiß, 17 g Fett (6 g davon gesättigte Fettsäuren), 55 g Kohlenhydrate (4,6 BE, 5,6 KE), 3 g Ballaststoffe. Ausgezeichnete Quelle für Vitamin A, Vitamin B_{12}. Reich an Kalzium, Niazin, Vitamin C, Vitamin E, Zink. Liefert auch Eisen, Folsäure, Kalium, Kupfer, Selen, Vitamin B_1, Vitamin B_2, Vitamin B_6.

Gefüllte Eier auf Salat

Gefüllte hart gekochte Eier sind nicht nur als Partyhäppchen beliebt – nein, bereits zum Brunch machen sie sich gut auf einem Buffet, besonders wenn sie attraktiv mit Gemüsestreifen und Feldsalat angerichtet werden. Servieren Sie dazu frisch gebackenes Vollkorn- oder Mehrkornbrot.

Vorbereitung und Garzeit **25 Minuten** *Für 4 Portionen*

6 große Eier, mit Raumtemperatur

1 ½ EL fettarme Mayonnaise

1 ½ EL fettarmer Joghurt

½ TL Senfpulver oder 1 TL mittelscharfer Senf

100 g Möhre, fein geraspelt

2 EL Schnittlauchröllchen

Schnittlauchhalme zum Garnieren

Estragondressing

1 EL natives Olivenöl extra

1 TL Estragonessig

¼ TL Dijon-Senf

Salz und Pfeffer

Orange-grüner Salat

1 Möhre

1 kleine Fenchelknolle

2 Zucchini

100 g Feldsalat

1 Zuerst die Eier hart kochen. Diese dafür in einen großen Topf geben und mit lauwarmem Wasser bedecken. Aufkochen, dann bei schwacher Hitze 7 Minuten köcheln lassen. Die Eier mit einem Schaumlöffel herausheben und in eine Schüssel mit kaltem Wasser geben. Abkühlen lassen.

2 Für das Dressing Olivenöl, Essig und Senf mit Salz und Pfeffer nach Geschmack in ein Schraubdeckelglas geben. Kräftig schütteln; beiseitestellen.

3 Eier pellen und längs halbieren. Die Eigelbe mit einem Teelöffel herauslösen und in eine Schüssel geben. Die Eiweißhälften beiseitelegen.

4 Für die Füllung Mayonnaise, Joghurt, Senfpulver bzw. Senf, Möhre und die Hälfte des Schnittlauchs zu den Eigelben geben und alles gut mischen. Mit Salz und Pfeffer abschmecken. Mit einem Teelöffel die Eigelbmischung in die Eihälften füllen.

5 Möhre, Fenchel und Zucchini mit einem Sparschäler oder auf dem Küchenhobel längs in dünne Bänder schneiden; mit dem Feldsalat in eine Schüssel geben. Das Dressing noch einmal durchschütteln, dann über den Salat gießen und alles mischen.

6 Den Salat auf vier Teller verteilen und jeweils 3 gefüllte Eihälften daraufsetzen. Mit Schnittlauchhalmen garnieren.

Varianten

Exotisch wird die Füllung, wenn Sie die Eigelbe mit 3 EL Light-Frischkäse (0,2 % Fett), 1 TL Currypaste, 2 fein gehackten Frühlingszwiebeln und der geraspelten Möhre mischen.

Reichern Sie die Füllung einmal mit 2–3 fein gehackten Radieschen an.

Das gesunde Plus

- Wegen ihres hohen Cholesteringehalts haben Eier einen eher schlechten Ruf. Zu Unrecht, denn man weiß mittlerweile, dass sich bei den meisten Menschen der Verzehr cholesterinreicher Nahrungsmittel nicht auf das Blutcholesterin auswirkt.
- Zerkleinern Sie das Gemüse erst kurz vor dem Anrichten, damit es viele Vitamine behält.
- Wenn Sie Mayonnaise nicht pur benutzen, sondern mit Joghurt mischen, verringert das den Fettgehalt der Füllung erheblich.

Nährwerte pro Portion

210 kcal, 12 g Eiweiß, 15 g Fett (3,5 g davon gesättigte Fettsäuren), Kohlenhydrate 6 g (0 BE, 0 KE), 3 g Ballaststoffe. Ausgezeichnete Quelle für Vitamin A, Vitamin B_{12}. Reich an Folsäure, Vitamin B_2, Vitamin E, Zink. Liefert auch Eisen, Kalium, Kalzium, Kupfer, Niazin, Selen, Vitamin B_1, Vitamin B_6, Vitamin C.

Gefüllte Eier auf Salat *Seite 24*

Tomaten-Pecorino-Clafoutis *Seite 26*

Räucherfisch-Soufflé *Seite 22*

Verlorene Eier mexikanische Art *Seite 23*

Tomaten-Pecorino-Clafoutis

Für diese herzhafte Version eines klassischen französischen Desserts werden Tomaten in einem leichten, mit geriebenem Schafskäse aromatisierten Teig gebacken. Zum Brunch können Sie statt mehrerer kleiner einen großen Clafoutis backen – dafür Tomaten und Teig einfach in eine runde Backform geben.

Vorbereitung **20 Minuten** Garzeit **30–35 Minuten** *Für 4 Portionen*

- Öl für die Förmchen
- 450 g Cocktailtomaten
- 4 EL Schnittlauchröllchen
- 75 g alter Pecorino, grob gerieben
- 3 große Eier
- 3 Eiweiß
- 50 g Mehl
- 3 EL Crème légère oder Schmand
- 300 ml fettarme Milch
- Salz und Pfeffer

1 Den Backofen auf 190 °C vorheizen. 4 ofenfeste Förmchen (je 12–15 cm Ø) dünn mit Öl auspinseln. Die Tomaten in den Förmchen verteilen; mit Schnittlauch und Käse bestreuen.

2 Die Eier zusammen mit den Eiweißen schaumig schlagen. Nach und nach das Mehl, dann Crème légère oder Schmand sowie die Milch unterarbeiten, bis ein dünnflüssiger, glatter Teig entstanden ist. Mit Salz und Pfeffer würzen.

3 Den Teig über die Tomaten in den Förmchen gießen. Mit Pfeffer aus der Mühle würzen und 30–35 Minuten backen, bis er gestockt und aufgegangen ist sowie etwas Farbe angenommen hat.

4 Die Clafoutis aus dem Ofen nehmen und vor dem Servieren etwas abkühlen lassen – die Tomaten sind innen sehr heiß.

Varianten

Sie können Tomaten und Teig auch in einer großen Form (etwa 23 cm Ø und 5 cm hoch) backen. Die Backzeit beträgt 35–40 Minuten.

Für einen **Gouda-Zwiebel-Clafoutis** 250 g rote Zwiebeln schälen und in schmale Spalten schneiden. In 1 EL Olivenöl in etwa 5 Minuten goldbraun braten. In der letzten Minute 1 EL frische Thymianblättchen mitbraten. Die Zwiebeln auf dem Boden einer ofenfesten Form (etwa 23 cm Ø) verteilen. 100 g mittelalten Gouda raspeln und bis auf 1 Handvoll auf die Zwiebeln streuen. Den Teig wie im Hauptrezept beschrieben zubereiten und über die Zwiebeln gießen. Alles einmal durchrühren, dann mit dem restlichen Käse bestreuen und mit ein paar Thymianzweiglein belegen. Im heißen Ofen 35–40 Minuten backen, bis der Teig aufgegangen und goldbraun ist.

Das gesunde Plus

- Pecorino ist ein italienischer Hartkäse aus Schafsmilch. Er ist – wie Parmesan – recht fettreich. Wegen seines kräftigen Aromas braucht man aber nur kleine Mengen.
- Die Zugabe von Eiweißen verringert die Anzahl der benötigten Eier und sorgt für das erforderliche Teigvolumen.
- Tomaten enthalten Lykopin. Das ist ein sekundärer Pflanzenstoff, der möglicherweise vor Prostata-, Blasen- und Bauchspeicheldrüsenkrebs schützen kann, wenn regelmäßig Tomaten gegessen werden.

Foto Seite 25

Nährwerte pro Portion 310 kcal, 20 g Eiweiß, 20 g Fett (9 g davon gesättigte Fettsäuren), 17 g Kohlenhydrate (1 BE, 1,2 KE), 1,5 g Ballaststoffe. Ausgezeichnete Quelle für Kalzium, Vitamin B_{12}. Reich an Niazin, Vitamin A, Vitamin B_2, Vitamin C, Vitamin E, Zink. Liefert auch Eisen, Folsäure, Kalium, Kupfer, Selen, Vitamin B_1, Vitamin B_6.

Erdbeer-Joghurt-Shake

Im Sommer, wenn sonnengereifte Erdbeeren voller Aroma und Vitalstoffe angeboten werden, tut dieses erfrischende Getränk besonders gut. Es ist im Handumdrehen fertig und eignet sich als morgendlicher Muntermacher, aber auch als (flüssige) Zwischenmahlzeit.

Vorbereitung **5 Minuten** *Für 4 Portionen*

500 g reife Erdbeeren, geputzt

Saft und abgeriebene Schale von 1 großen Orange

150 g fettarmer Joghurt

1 EL Zucker (nach Belieben)

Zum Garnieren (nach Belieben)

4 kleine Erdbeeren

4 kleine Orangenscheiben

1 Die Erdbeeren mit Orangensaft, Orangenschale und Joghurt in die Küchenmaschine oder in den Mixer geben und fein pürieren. Die Mischung nach Belieben mit dem Zucker süßen.

2 Soll der Shake besonders glatt werden, diesen durch ein feinmaschiges Sieb passieren, um die Kernchen zu entfernen.

3 Das Getränk auf Gläser verteilen. Nach Belieben mit Erdbeeren und Orangenscheiben garnieren. Dafür die Beeren bzw. Orangenscheiben einschneiden und auf die Glasränder stecken.

Varianten

Pürieren Sie mit den Erdbeeren 1 in Scheiben geschnittene Banane. Das macht die Mischung noch cremiger und süßer. Also erst probieren, bevor Sie Zucker zugeben.

Wenn Sie statt der Erdbeeren getrocknete Aprikosen verwenden, erhalten Sie ein Getränk, das reich an Betakarotin und löslichen Ballaststoffen ist. Dafür 200 g weiche Trockenaprikosen in 1 l Earl-Grey-Tee 30 Minuten einweichen. Abkühlen lassen, dann die Früchte mit der Flüssigkeit in den Mixer geben. Orangenschale und -saft sowie den Joghurt zugeben und alles glatt pürieren. Nach Belieben mit Süßstoff süßen. Vor dem Servieren mit gehackten Nüssen oder Trockenfrüchten und gerösteten Haferflocken bestreuen.

Das gesunde Plus

- Fast alle handelsüblichen Joghurts enthalten lebende Joghurtkulturen. Aus dem Etikett geht das nicht immer hervor, doch wenn der Joghurt im Supermarkt in der Kühlung steht, können Sie ziemlich sicher sein, dass es sich um einen mit lebenden Kulturen handelt. Ein solcher wurde nicht wärmebehandelt (was die nützlichen Bakterien zerstören würde). Die Darmflora gerät durch Stress, Medikamente (z.B. Antibiotika) oder eine unausgewogene Ernährung leicht aus dem Gleichgewicht. Regelmäßiger Verzehr von lebenden Joghurtkulturen hilft, die Darmgesundheit zu erhalten.
- Zuckerhaltige Getränke können den Blutzuckerspiegel schnell in die Höhe treiben. In diesem Rezept verlangsamt der Joghurt den Blutzuckeranstieg. Trinken Sie zuckerhaltige Getränke möglichst zum Essen und nicht zwischen den Mahlzeiten.

Foto Seite 29

Nährwerte pro Portion 55 kcal, 3 g Eiweiß, 0,5 g Fett (0,2 g davon gesättigte Fettsäuren), 11 g Kohlenhydrate (1,1 BE, 1,5 KE), 1 g Ballaststoffe. Ausgezeichnete Quelle für Vitamin C. Liefert auch Folsäure, Kalzium.

Saftiger Melonensalat

Dieser Obstsalat besteht aus einer Mischung aus Melone, Beeren, Birne und Gurke, die in Melonenhälften serviert wird. Wenn Sie möchten, können Sie die Früchte vorher in Orangensaft marinieren – eventuell mit einem Schuss Campari. Blitzblaue Borretschblüten dienen hier als wohlschmeckende Garnitur.

Vorbereitung **20–25 Minuten** Marinierzeit **20 Minuten** *Für 4 Portionen*

1 kleine Honigmelone

1 kleine Cantaloupe- oder Charentaismelone

200 g Erdbeeren, in Scheiben geschnitten

1 Birne, in 2,5 cm große Stücke geschnitten

¼ Salatgurke, in 1 cm große Würfel geschnitten

1 Karambole (Sternfrucht), in etwa 5 mm dicke Scheiben geschnitten

2 EL gehackte Minze- oder Zitronenmelisseblätter

Borretschblüten zum Garnieren (nach Belieben)

1 Die Melonen quer halbieren; die Samen herausschaben. Mit einem Kugelausstecher oder einem kleinen Löffel das Fruchtfleisch herauslösen und in eine große Schüssel geben. Melonenschalen beiseitestellen.

2 Erdbeerscheiben, Birnenstücke und Gurkenwürfel zu den Melonenkugeln geben. Einige Karambolenscheiben für die Garnitur beiseitelegen, die restlichen hacken und unter das Obst heben.

3 Minze- oder Melisseblätter zufügen und alles behutsam mischen. Die Schüssel mit Frischhaltefolie bedecken, den Salat zum Durchziehen 20 Minuten kalt stellen.

4 Die Wände der Melonenschalen innen mit einem Esslöffel glätten. Den Salat in die Schalen geben. Mit den restlichen Karambolenscheiben und nach Belieben mit Borretschblüten garnieren.

Varianten

Das Obst nach Belieben mit 1 TL Sirup, z. B. Holunderblütensirup, marinieren.

Als Vorspeise oder Zwischenmahlzeit lässt sich der Salat so abwandeln: Nur 1 Melone (Honig- oder Cantaloupe), die Erdbeeren und das Gurkenstück sowie 1 Apfel anstelle der Birne verwenden. Teller mit Salatblättern, etwas Brunnenkresse und gehackter Frühlingszwiebel auslegen. Den Salat mit körnigem Frischkäse darauf anrichten, mit gehackter Minze und gerösteten Pinienkernen bestreuen.

Das gesunde Plus

- Diese Obstmischung liefert reichlich Ballaststoffe und Vitamine, insbesondere Vitamin C und Betakarotin (aus der orangefleischigen Melone), zwei bedeutende Antioxidanzien.

Nährwerte pro Portion 100 kcal, 1,5 g Eiweiß, 0 g Fett, 12 g Kohlenhydrate (2,6 BE, 3,2 KE), 2 g Ballaststoffe. Ausgezeichnete Quelle für Vitamin C. Reich an Vitamin A. Liefert auch Folsäure.

Saftiger Melonensalat *Seite 28*

Apfelaufstrich mit Trockenobst *Seite 31*

Erdbeer-Joghurt-Shake *Seite 27*

Beeren-Passionsfrucht-Salat *Seite 30*

Beeren-Passionsfrucht-Salat

Frische Beeren sind Sommer pur. Zarte Himbeeren, aromatische Erdbeeren, pralle Heidelbeeren oder schwarzrot glänzende Brombeeren – sie alle sind saftig und betören mit säuerlich-süßem Aroma. Die Passionsfrucht spielt hier eine eher untergeordnete Rolle, sie verleiht dem Salat aber eine interessant herbe Note.

Vorbereitung **10–15 Minuten** *Für 6 Portionen*

500 g Erdbeeren, halbiert

150 g Himbeeren

100 g Brombeeren

100 g Heidelbeeren

je 100 g Rote und Schwarze Johannisbeeren, von den Rispen gestreift, ohne Stielchen

2 kleine Passionsfrüchte

1 EL Zucker

Saft von ½ Zitrone oder Limette

1 Die Beeren in einer ausreichend großen Schüssel mischen.

2 Die Passionsfrüchte halbieren. Ein Sieb auf die Schüssel mit den Beeren setzen und das Fruchtfleisch der Passionsfrüchte mitsamt den Kernchen hineingeben. Mit einem Löffelrücken Fruchtfleisch und Kernchen kräftig hin- und herstreichen, um den Saft herauszudrücken. Die Kernchen bleiben im Sieb zurück. Ein paar davon herausnehmen und beiseitelegen.

3 Zucker und Zitronen- oder Limettensaft zu den Beeren geben und behutsam untermischen. Den Salat mit den beiseitegelegten Passionsfruchtkernen bestreuen und sofort servieren oder kurz kalt stellen.

Varianten

Reichern Sie den Salat nicht mit Passionsfrucht, sondern mit 3 EL Johannisbeerlikör an.

Passionsfrüchte weglassen und den Salat stattdessen mit Pfirsich-Aprikosen-Sauce servieren. Dafür 2 vollreife Pfirsiche schälen und pürieren. Mit 2–3 EL Zucker, 2–3 TL Zitronensaft und 1 Spritzer Mandelaroma abschmecken. 8 weiche getrocknete Aprikosen sehr fein würfeln; zum Pfirsichpüree geben. Als Spiegel auf Portionsteller gießen, Salat darauf anrichten.

Das gesunde Plus

- Schwarze Johannisbeeren enthalten von allen Beeren am meisten Vitamin C: in 100 g stecken 200 mg. Die gleiche Menge Erdbeeren bringt es auf 77 mg, Himbeeren auf 32 und Brombeeren auf 15 mg. Heutzutage weiß man, dass Vitamin C nicht nur vor Skorbut schützt (einer Krankheit, zu deren Symptomen Zahnfleischbluten, rissige Haut und eine Neigung zu heftigen Blutergüssen gehören), sondern vor allem das Immunsystem stärkt. Außerdem wirkt Vitamin C als Antioxidans und hilft so dabei, die Entstehung von Herz-Kreislauf-Erkrankungen zu verhindern. Möglicherweise beugt es auch Krebserkrankungen vor.
- Dieser Obstsalat ist nicht nur reich an Ballaststoffen und Vitamin C, sondern liefert dank der Passionsfrüchte auch Betakarotin – wichtig für gesunde Haut und gutes Sehen – und Vitamin E, ein bedeutendes Antioxidans. Vitamin E wird in seiner Wirkung durch andere Vitamine, beispielsweise Vitamin C, unterstützt. Deshalb ist die Obstzusammenstellung hier besonders gut für die Gesundheit.

Foto Seite 29

Nährwerte pro Portion 55 kcal, 1 g Eiweiß, 0 g Fett, 12 g Kohlenhydrate (1 BE, 1,5 KE), 3 g Ballaststoffe. Ausgezeichnete Quelle für Vitamin C. Liefert auch Folsäure, Vitamin E.

Apfelaufstrich mit Trockenobst

Streichen Sie dieses feinherbe, duftende Püree einmal statt Butter auf Brötchen oder Toast – himmlisch! Die im Rezept angegebenen Mengen reichen für mehr Aufstrich, als vier Leute zum Frühstück essen. Bewahren Sie den Rest im Kühlschrank auf. Der Aufstrich passt auch zu Käse oder statt Gewürzgurken zu einem Bauernfrühstück.

Vorbereitung und Garzeit **etwa 45 Minuten** Kühlzeit **mindestens 1 Stunde** *Für 1 kg*

500 g Kochäpfel (z. B. Boskoop), geschält, von den Kerngehäusen befreit und gehackt

250 g weiche getrocknete Birnen, in Stücke geschnitten

250 g weiche getrocknete Aprikosen, in Stücke geschnitten

350 ml Apfelsaft

½ TL Lebkuchengewürz

1 ½ TL Zitronensaft oder Zitronensaft nach Geschmack (nach Belieben)

1 Äpfel, getrocknete Birnen, getrocknete Aprikosen, Apfelsaft und Lebkuchengewürz sowie 125 ml Wasser in einen Topf geben. Bei starker Hitze unter gelegentlichem Rühren aufkochen lassen.

2 Die Mischung bei schwacher Hitze offen 30 Minuten köcheln lassen, bis das Obst zerfallen und keine Flüssigkeit an der Oberfläche sichtbar ist. Dabei häufig rühren, damit nichts am Topfboden ansetzt.

3 Den Topf vom Herd nehmen und die Mischung etwas abkühlen lassen. Probieren: Ist das Mus zu süß, kann dies mit etwas Zitronensaft gemildert werden.

4 Das Fruchtmus in der Küchenmaschine oder im Mixer zu einem dickflüssigen Püree verarbeiten.

5 Den Aufstrich vor dem Servieren auskühlen lassen. Er hält sich zugedeckt im Kühlschrank bis zu 2 Wochen.

Varianten

Für einen **würzigen Fruchtaufstrich mit Pflaumen** die getrockneten Birnen und Aprikosen durch 500 g weiche getrocknete Pflaumen ersetzen und statt Apfelsaft Orangensaft verwenden. Anstelle des Lebkuchengewürzes die Samen aus 3 Kardamomkapseln nehmen.

Für einen **Vanille-Aprikosen-Aufstrich** statt der getrockneten Birnen mehr Aprikosen nehmen und Orangen- statt Apfelsaft verwenden. Das Lebkuchengewürz weglassen, stattdessen eine aufgeschlitzte Vanilleschote mitköcheln.

Probieren Sie weitere köstliche Kombinationen wie beispielsweise Äpfel, getrocknete Cranberrys und abgeriebene Orangenschale oder Äpfel und getrocknete Pflaumen mit Ingwerpulver und winzigen frischen Ingwerwürfeln.

Das gesunde Plus

- Äpfel liefern reichlich lösliche Ballaststoffe (Pektin) und enthalten Vitamin C.
- Getrocknete Aprikosen sind eine gute Kaliumquelle. Außerdem liefern sie Eisen, Karotinoide und das B-Vitamin Niazin.
- Getrocknete Birnen und Aprikosen reichern die Nahrung mit Ballaststoffen an.
- Trockenobst enthält konzentrierte Süße, weshalb man für einen Aufstrich wie diesen keinen Zucker zusetzen muss. Handelsübliche Konfitüre aus frischen Früchten kann bis zu 70 % aus Zucker bestehen, das ist doppelt so viel, wie natürlicherweise in diesem Aufstrich steckt.

Foto Seite 29

Nährwerte pro 30 g	40 kcal, 0,5 g Eiweiß, 0,1 g Fett, 10 g Kohlenhydrate (0,8 BE, 1 KE), 1 g Ballaststoffe. Liefert Vitamin C.

Geflügelsalat mit Estragon

Tahin, eine Paste aus gemahlenen Sesamsamen, ist vor allem in der Küche des Orients eine beliebte Zutat. Inzwischen gibt es sie in jedem gut sortierten Supermarkt. In diesem Rezept reichert sie das Dressing des bunten Hähnchensalats an und macht es herrlich cremig. Dazu passen warme, knusprige Brötchen.

Vorbereitung **25 Minuten** Garzeit **15 Minuten** *Für 4 Portionen*

2 Hähnchenbrustfilets (etwa 300 g)

350 ml Hühner- oder Gemüsebrühe

1 kleines Bund Estragon

1 kleine Zitrone

3 schwarze Pfefferkörner

2 EL Tahin

Salz und Pfeffer

1 Chicorée (etwa 150 g)

150 g junger Spinat

2 Orangen

30 g Mandelblättchen, geröstet

Das gesunde Plus

- Hühnerfleisch liefert reichlich Eiweiß und Vitamine der B-Gruppe.
- Wenn man Hähnchenbrust ohne Haut verwendet, ist der Fettgehalt des Gerichts deutlich geringer, als wenn man sie mitessen würde.
- Mandeln enthalten viel Fett; das meiste davon besteht jedoch aus gesunden einfach ungesättigten Fettsäuren.

1 Die Hähnchenbrustfilets nebeneinander in einen flachen Topf legen und mit Brühe begießen. Blättchen von den Estragonzweigen abzupfen und beiseitelegen. Die Stängel mit der Teigrolle zerdrücken, damit sie ihre ätherischen Öle freigeben. Ebenfalls in den Topf geben. Mit einem Sparschäler einen Streifen Zitronenschale abschneiden; mit den Pfefferkörnern in den Topf geben.

2 Die Brühe bei mittlerer Hitze aufkochen, dann bei schwacher Hitze zugedeckt etwa 15 Minuten köcheln lassen, bis das Fleisch weiß und durchgegart ist.

3 Hähnchenfilets mit einem Schaumlöffel aus der Brühe heben und auf einen Teller geben. Abkühlen lassen. Brühe durch ein Sieb in einen Krug gießen, Estragonzweige, Zitronenschale und Pfefferkörner entfernen. Brühe aufbewahren. Das Fleisch nach dem Abkühlen in dicke Streifen schneiden.

4 Tahin in eine Schüssel geben. Mit 4 EL Brühe cremig rühren, Falls nötig, noch 1–2 EL Brühe zugeben, um das Dressing zu verdünnen. Die Zitrone auspressen und den Saft unter das Dressing rühren. Die Estragonblätter hacken – das soll etwa 1 EL gehackte Blättchen ergeben – und unterrühren. Das Dressing mit Salz und Pfeffer abschmecken.

5 Den Chicorée quer schräg in etwa 1 cm dicke Scheiben schneiden. Mit den Spinatblättern in einer Salatschale anrichten.

6 Die Orangen dick schälen, dabei auch die weiße Haut entfernen. Die Filets zwischen den Trennwänden herausschneiden und auf dem Salat verteilen. Alles mit Mandelblättchen bestreuen. Fleischstreifen auf dem Salat anrichten; Dressing darübergeben.

Variante

Für einen **exotischen Geflügelsalat** die Brühe, in der das Hähnchenfleisch pochiert wird, mit 3 frischen dünnen Ingwerscheiben und 3 Pfefferkörnern würzen. 150 g Chinakohlstreifen, 100 g in Stücke geteilte Römersalatherzen und 50 g Brunnenkresse in einer großen Salatschüssel mischen und die Fleischstreifen darauflegen. 3 Kiwis schälen und würfeln, die Würfel über den Salat streuen. 2 EL Tahin, 1 zerriebene Knoblauchzehe, 1 TL fein gehackten frischen Ingwer, den Saft und die abgeriebene Schale von 1 Zitrone, 1 EL helle Sojasauce, eine gute Prise Fünfgewürzpulver und 3–4 EL Garsud mit einem Schneebesen zu einem glatten Dressing verrühren. Über das Fleisch gießen. Den Salat mit Sesamsamen bestreuen und mit warmen Pitabroten servieren.

Nährwerte pro Portion 330 kcal, 26,5 g Eiweiß, 21,5 g Fett (2,5 g davon gesättigte Fettsäuren), 10 g Kohlenhydrate (0,5 BE, 0,5 KE), 5 g Ballaststoffe. Ausgezeichnete Quelle für Kalium, Kupfer, Niazin, Vitamin C, Vitamin E. Reich an Eisen, Folsäure, Kalzium, Zink. Liefert auch Selen, Vitamin B_2.

Wassermelonen-Feta-Salat

Dieser sommerliche Käsesalat ist stark von der Mittelmeerküche inspiriert. Das süße, leuchtend rote und orangefarbene Fruchtfleisch von Melone und Nektarinen kontrastiert apart mit dem cremigen, salzigen Schafskäse. Und etwas Rucola steuert ein bitter-pfeffriges Aroma bei. Wenn Sie Brot dazu reichen, ist das Ganze ein tolles kaltes Mittagessen.

Vorbereitung **15 Minuten** *Für 6 Portionen*

- 400 g Wassermelonenfruchtfleisch
- 2 Nektarinen oder Pfirsiche (250 g)
- 200 g gemischte Salatblätter (Rucola und Friséesalat sollen dabei sein)
- 200 g Feta (griechischer Schafskäse)
- 2 EL natives Olivenöl extra
- Saft von ½ Zitrone
- schwarzer Pfeffer
- 2 EL geröstete Kürbis- oder Sonnenblumenkerne

1 Das Melonenfleisch in mundgerechte Stücke schneiden, Samen dabei entfernen. Nektarinen oder Pfirsiche halbieren, entsteinen und in Scheiben schneiden. Salatblätter, falls nötig, in mundgerechte Stücke zupfen. Obst und Salatblätter in einer großen Schüssel mischen.

2 Den Feta über den Salat bröckeln. Öl und Zitronensaft zugeben und alles vorsichtig mischen. Mit reichlich schwarzem Pfeffer würzen. Salz ist vermutlich kaum erforderlich: Der Schafskäse ist bereits ziemlich salzig. Den Salat mit Kürbis- oder Sonnenblumenkernen bestreuen und servieren.

Varianten

Ersetzen Sie Melone und Nektarinen bzw. Pfirsiche durch 600 g Birnen (von den Kerngehäusen befreit und in Stücke geschnitten), und nehmen Sie anstelle des Fetas einen cremigen Blauschimmelkäse. Die Salatmischung sollte Radicchio und Chicorée enthalten.

Statt Feta können Sie entrindeten, nicht zu reifen Camembert oder grob geraspelten jungen Gouda verwenden.

Die Kürbis- oder Sonnenblumenkerne können Sie gut durch grob gehackte geröstete Walnusskerne ersetzen.

Das gesunde Plus

- Obst mit kräftig gefärbtem Fruchtfleisch (hier die Nektarinen bzw. Pfirsiche) liefert eine Menge Vitamine, allen voran Vitamin A in Form von Betakarotin.
- Der Käse liefert Eiweiß und Kalzium. Allerdings ist Feta sehr salzig. Um das zu mildern, können Sie ihn vor der Weiterverarbeitung für 30 Minuten in Milch legen. Zum Würzen des Gerichts brauchen Sie dann trotzdem vermutlich nur wenig oder gar kein Salz.
- Kürbis- und Sonnenblumenkerne enthalten eine Vielzahl von Mineralstoffen, darunter Phosphor, Magnesium und Kupfer. Außerdem liefern sie Ballaststoffe und Eiweiß. Sie sind zwar fettreich, doch ihr Fett besteht zu einem großen Teil aus wertvollen ungesättigten Fettsäuren.
- Sonnenblumenkerne sind besonders gute Lieferanten von Vitamin E.

Foto Seite 37

Nährwerte pro Portion 185 kcal, 7 g Eiweiß, 13 g Fett (6 g davon gesättigte Fettsäuren), 9 g Kohlenhydrate (0,8 BE, 1 KE), 1 g Ballaststoffe. Reich an Vitamin C. Liefert auch Folsäure, Kalzium, Kupfer, Niazin, Vitamin A, Vitamin B_{12}, Vitamin E.

Orientalischer Salat

Im gesamten Orient ist Fattoush, ein bunter Salat mit Pitabrot, überaus beliebt. Diese Version wird noch mit Thunfisch angereichert – das bringt zusätzlich Geschmack und Proteine ins Spiel. Die Brote müssen nach dem Rösten richtig knusprig sein, sonst saugen sie sich nach dem Anrichten zu schnell mit Flüssigkeit voll.

Vorbereitung **etwa 15 Minuten** *Für 4 Portionen*

4 Pitabrote (je 50–60 g)

1 ½ EL natives Olivenöl extra

Saft von 1 Zitrone

Salz und Pfeffer

6 Frühlingszwiebeln, in Ringe geschnitten

350 g vollreife Tomaten, gehackt

½ Salatgurke, gewürfelt

1 Dose Thunfisch naturell (150 g), der Inhalt abgetropft und zerpflückt

2 EL grob gehackte glatte Petersilie

1 EL grob gehacktes Koriandergrün

1 EL grob gehackte Minze

1 Die Pitabrote im Toaster oder unter dem Grill kurz erwärmen. Aufschneiden und die Hälften voneinander trennen. Die Hälften goldbraun toasten (oder unter dem Grill 2–3 Minuten je Seite rösten, bis sie hellbraun und knusprig sind). In mundgerechte Stücke reißen und beiseitestellen.

2 Olivenöl und Zitronensaft mit Salz und Pfeffer in einer großen Salatschüssel zu einem Dressing aufschlagen. Frühlingszwiebeln, Tomaten, Gurke und Thunfisch zugeben und alles behutsam mischen.

3 Petersilie, Koriandergrün, Minze und die Pitastücke in die Schüssel geben und rasch mit den anderen Zutaten mischen. Sofort servieren.

Varianten

Sättigender wird der Salat, wenn Sie den abgespülten und abgetropften Inhalt von einer Dose (etwa 400 g) Augen- oder Adzukibohnen zugeben.

Für einen **mediterranen Gemüsesalat** 1 TL Dijon-Senf, 1 TL abgeriebene Zitronenschale, eine zerriebene Knoblauchzehe, 2 TL Rotweinessig, 1 EL natives Olivenöl extra und 1 EL gehackten frischen Oregano mit Salz und Pfeffer in einer großen Salatschüssel mit einem Schneebesen verrühren. 250 g Mini-Eiertomaten vierteln und zufügen. 2 Zucchini, eine kleine Fenchelknolle und eine rote Zwiebel grob hacken und ebenfalls zufügen. Alles gründlich mischen. Zu diesem Salat Sardinentoasts reichen, sie liefern extra Eiweiß und Kohlenhydrate: Den Inhalt von einer Dose Ölsardinen (125 g) abtropfen lassen und mit 2 TL abgetropften Kapern grob zerdrücken. 12 etwa 1 cm dicke Scheiben Ciabatta oder Baguette toasten und mit der Sardinenpaste bestreichen. Mit 1 EL frisch geriebenem Parmesan bestreuen und unter dem Grill in etwa 1 Minute Farbe annehmen lassen.

Das gesunde Plus

- Tomaten liefern – wie viele andere Obst- und Gemüsesorten auch – reichlich von den Antioxidanzien Betakarotin und Vitamin C. Außerdem enthalten sie Lykopin, ein Karotinoid, das ebenfalls als Antioxidans wirkt und möglicherweise einigen Krebsarten vorbeugen kann.
- Wenn Sie das Grüne der Frühlingszwiebeln mitverwenden, erhöhen Sie den Betakarotingehalt dieses Gerichts – in den grünen Anteilen ist dieses Antioxidans reichlich enthalten.

Foto Seite 37

Nährwerte pro Portion 274 kcal, 18 g Eiweiß, 7 g Fett (1,5 g davon gesättigte Fettsäuren), 36 g Kohlenhydrate (2 BE, 2,5 KE), 3 g Ballaststoffe. Ausgezeichnete Quelle für Selen, Vitamin B_{12}, Vitamin C, Vitamin E. Reich an Niazin. Liefert auch Kalzium, Kupfer, Folsäure, Eisen, Kalium, Vitamin A, Vitamin B_1, Vitamin B_6, Zink.

Spinatsalat mit Zitrusfrüchten

Hier wird das feine Aroma der Spinatblätter durch süß-saftige Grapefruit, Orange und Melone unterstrichen. Parmaschinken dient als herzhafte Komponente. Das Dressing lässt sich im Voraus zubereiten, der Salat sollte aber erst unmittelbar vor dem Servieren angerichtet werden, damit sein Vitamin C weitestgehend erhalten bleibt.

Vorbereitung **15 Minuten** *Für 4 Portionen*

1 rotfleischige Grapefruit

1 große Orange

200 g junger Spinat

250 g Cantaloupemelonen-Fruchtfleisch, in mundgerechte Stücke geschnitten

2 Frühlingszwiebeln, nur die weißen Teile, in sehr dünne Ringe geschnitten

50 g Parmaschinken in hauchdünnen Scheiben, vom Fettrand befreit, in Streifen geschnitten

Für das Dressing

1 EL bester Balsamico-Essig

1 EL natives Olivenöl extra

1 EL Sahne

½ TL Honig

Salz und Pfeffer

1 Für das Dressing Essig, Öl, Sahne und Honig in ein Schraubglas geben. Verschließen und schütteln. Beiseitestellen.

2 Die Grapefruit über einer Schüssel so dick schälen, dass auch die weiße Haut entfernt wird; der Saft tropft dabei in die Schüssel. Die Filets zwischen den Trennhäuten herausschneiden, falls nötig, in mundgerechte Stücke teilen. Filets auf einen Teller geben und beiseitestellen.

3 Mit einem Zestenreißer feine Schalenstreifen von der Orange ziehen. Die Frucht über der Schüssel mit dem Grapefruitsaft ebenfalls so schälen, dass die weiße Haut entfernt wird. Die Filets zwischen den Trennhäuten herausschneiden; falls nötig, in mundgerechte Stücke schneiden. Zu den Grapefruitfilets geben und beiseitestellen.

4 Vom Zitrussaft 1 EL in das Glas zum Dressing geben; schütteln. Nach Geschmack mehr Saft zufügen, dann das Dressing mit Salz und Pfeffer abschmecken.

5 Den Spinat in eine große Schüssel geben. Zitrusfrucht- und Melonenstücke sowie die Frühlingszwiebelringe zufügen; alles mischen. Das Dressing noch einmal schütteln, dann über den Salat gießen und unterheben. Salat mit Parmaschinken und Orangenschalenstreifen bestreuen; sofort servieren.

Varianten

Pfeffrige Würze erhält der Salat, wenn Sie 50 g des Spinats durch die gleiche Menge Brunnenkresse ersetzen. Diese liefert viel Vitamin C und Betakarotin.

Nehmen Sie statt des Balsamessigs einmal einen Fruchtessig wie beispielsweise Himbeer- oder Zitronenessig.

Soll der Salat ein vegetarisches Gericht sein, lassen Sie einfach den Parmaschinken weg. Eine fruchtig-salzige Note bekommt der Salat, wenn Sie vor dem Servieren noch 50 g Feta (Schafskäse) darüberbröckeln.

Das gesunde Plus

- Dieser Salat ist eine prima Vitamin-C-Quelle. Die Früchte strotzen nur so vor diesem wichtigen Vitamin, und der Spinat tut es ebenso. Beim Garen oder Zerteilen von Zutaten geht Vitamin C verloren, deshalb sollten die Spinatblätter ganz bleiben.
- Rot- und rosafleischige Grapefruits enthalten Betakarotin, das der Körper nach Bedarf in Vitamin A umwandeln kann.

Nährwerte pro Portion 115 kcal, 5 g Eiweiß, 5 g Fett (1 g davon gesättigte Fettsäuren), 13 g Kohlenhydrate (1 BE, 1,2 KE), 3 g Ballaststoffe. Ausgezeichnete Quelle für Folsäure, Vitamin A, Vitamin C. Liefert auch Eisen, Kalzium, Niazin, Vitamin B_1, Vitamin B_6.

Spinatsalat mit Zitrusfrüchten *Seite 36*

Wassermelonen-Feta-Salat *Seite 34*

Gegrillter Lachs auf Ciabatta *Seite 39*

Orientalischer Salat *Seite 35*

Lachs mit grünem Spargel

Dieses sommerliche Gericht mit jungem Gemüse (Lauch, Spargel, Zuckerschoten) und saftigem Fisch ist etwas für besondere Anlässe. Es lässt sich schnell zubereiten, sieht hinreißend aus und schmeckt dann am besten, wenn auf den Märkten heimischer grüner Spargel angeboten wird.

Vorbereitung **10 Minuten** Garzeit **etwa 20 Minuten** *Für 4 Portionen*

4 Stücke Lachsfilet ohne Haut (je etwa 150 g)

200 g zarter junger Lauch

250 g dünne grüne Spargelstangen

150 g Zuckerschoten

4 EL Weißwein

200 ml Fischfond oder Gemüsebrühe

30 g Butter, in Stückchen

Salz und Pfeffer

1 EL Schnittlauchröllchen zum Garnieren

1 Mit den Fingerspitzen auf den Fischfilets entlangfahren, um versteckte Gräten aufzuspüren, diese mit einer Pinzette herausziehen. Die Lauchstangen nebeneinander in einen großen weiten Topf legen. Lachsfilets daraufsetzen, Spargel und Zuckerschoten darumlegen. Mit Wein und Fond oder Brühe begießen und mit Butterstückchen bestreuen. Mit Salz und Pfeffer würzen.

2 Alles aufkochen, dann fest zugedeckt bei schwacher Hitze 12–14 Minuten köcheln lassen, bis der Lachs durch und durch rosa und das Gemüse weich ist. Mit Schnittlauchröllchen bestreuen; servieren.

Varianten

Makrelenfilets können Sie ebenso zubereiten. Diese salzen und pfeffern, dann jeweils mit den Hautseiten nach außen locker zur Hälfte zusammenlegen. Den Spargel durch Baby-Möhren oder Möhrenstücke, den Weißwein durch Apfelwein ersetzen. 2 Rosmarinzweige auf das Gemüse legen, dann erst die Fischfilets dazugeben.

Für ein **schnelles asiatisches Gericht** den Lachs durch Dorsch oder Heilbutt, den Lauch durch 4 Frühlingszwiebeln und den Spargel durch 300 g Champignons ersetzen. Gemüse und Fischfilets wie im Rezept beschrieben anordnen und mit der Brühe 4 EL chinesischen Reiswein oder trockenen Sherry statt Weißwein zugießen. Die Butter weglassen, stattdessen den Fisch mit je 1 EL Sojasauce und geröstetem Sesamöl beträufeln und mit 1 EL gehacktem frischem Ingwer bestreuen. Das Gericht mit gehacktem Koriandergrün garnieren und mit Reis servieren.

Das gesunde Plus

- Spargel enthält Asparaginsäure, die entwässernd wirkt. Die alten Griechen verordneten Spargel bei Nierenproblemen. Heutzutage empfehlen Naturheilkundige, zur Linderung von PMS-bedingten Wasseransammlungen im Körper Spargel zu essen.
- Lachs liefert reichlich Omega-3-Fettsäuren. Das sind mehrfach ungesättigte Fettsäuren, von denen man annimmt, dass sie vor koronarer Herzkrankheit und Schlaganfällen schützen können, indem sie die Gerinnungsfähigkeit des Blutes senken. Eine Ernährung, die reich an Omega-3-Fettsäuren ist, ist möglicherweise auch bei Arthritis hilfreich.

Nährwerte pro Portion

360 kcal, 33 g Eiweiß, 22 g Fett (7 g davon gesättigte Fettsäuren), 4 g Kohlenhydrate (0,3 BE, 03 KE), 3 g Ballaststoffe. Ausgezeichnete Quelle für Vitamin B_{12}. Reich an Folsäure, Vitamin B_6, Vitamin C. Liefert auch Eisen, Niazin, Selen, Vitamin B_1.

Gegrillter Lachs auf Ciabatta

Für diese appetitliche, originelle kleine Mahlzeit werden frische Lachsfilets mariniert, um anschließend gegrillt und mit Salat und Basilikummayonnaise auf warmen Ciabatta-Brötchen angerichtet zu werden. Die Mayonnaise wird mit Joghurt gestreckt – das macht sie fettärmer, und sie bleibt trotzdem schön cremig.

Vorbereitung **15 Minuten** Marinierzeit **30 Minuten** Garzeit **10 Minuten** *Für 4 Portionen*

Saft von 1 Limette

3 EL gehacktes Basilikum

Salz und Pfeffer

4 Stücke Lachsfilet ohne Haut (je etwa 75 g)

30 g fettarmer Joghurt

2 ½ EL fettarme Mayonnaise

fein abgeriebene Schale von ½ Limette

4 vorgebackene Ciabatta- oder Vollkornbrötchen (je etwa 75 g)

Salatblätter (z. B. Rucola, Eichblattsalat, junger Spinat, roter Mangold und Feldsalat) zum Anrichten

1 Limettensaft, 2 EL vom Basilikum, Salz und Pfeffer in einer flachen Schale (nicht aus Metall) verrühren. Die Lachsfilets hineinlegen und darin wenden. Zugedeckt an einem kühlen Ort 30 Minuten durchziehen lassen.

2 Inzwischen Joghurt, Mayonnaise, Limettenschale und restliches Basilikum in einer kleinen Schüssel verrühren. Salzen und pfeffern; beiseitestellen.

3 Den Grill auf mittlerer Stufe vorheizen, das Grillblech mit Alufolie belegen. Den Backofen auf 220 °C vorheizen. Die Fischfilets aus der Marinade heben, auf das vorbereitete Blech legen und mit etwas Marinade bestreichen. Auf jeder Seite 4–5 Minuten grillen, bis der Fisch knapp gar ist, dabei nach dem Wenden erneut mit Marinade bestreichen. Während der Fisch gart, die Brötchen im heißen Ofen 5 Minuten – oder nach Packungsanleitung – aufbacken.

4 Die Brötchen aufschneiden und die Schnittflächen mit Basilikummayonnaise bestreichen. Auf die unteren Hälften je ein Fischfilet setzen und darauf ein paar Salatblätter geben. Die oberen Brötchenhälften aufsetzen und die Lachs-Ciabattas sofort servieren.

Variante

Für **gegrillten Thunfisch** mit Tomaten-Ingwer-Relish 4 Thunfischsteaks (je etwa 100 g) in einer Marinade aus 2 TL frisch gehackten Rosmarinnadeln, dem Saft von 1 Orange, Salz und Pfeffer durchziehen lassen. Inzwischen für das Relish 1 fein gewürfelte rote Zwiebel mit 1 zerriebenen Knoblauchzehe und 1 EL fein gehacktem frischem Ingwer in 1 EL nativem Olivenöl extra in 8–10 Minuten glasig dünsten. Vom Herd nehmen und 4 gehackte Eiertomaten, 1–2 EL gehacktes Basilikum, Salz und Pfeffer untermischen. Den Thunfisch pro Seite 3 Minuten grillen, dann mit Salatblättern auf Vollkorn- oder Grahambrötchen anrichten und mit dem Relish servieren.

Das gesunde Plus

- Wird die Mayonnaise mit Joghurt verlängert, verringert sich nicht nur der Fettgehalt, sondern es erhöht sich auch der gesundheitliche Wert, denn Joghurt liefert Kalzium und Phosphat sowie die Vitamine B_2 und B_{12}.
- Grüne Blattsalate wie Rucola enthalten nennenswerte Mengen an Folsäure und Betakarotin.

Foto Seite 37

Nährwerte pro Portion 362 kcal, 26 g Eiweiß, 13 g Fett (2,5 g davon gesättigte Fettsäuren), 36 g Kohlenhydrate (3 BE, 3,7 KE), 3 g Ballaststoffe. Ausgezeichnete Quelle für Vitamin B_{12}, Vitamin E. Reich an Niazin, Selen, Vitamin B_6. Liefert auch Folsäure, Kalium, Kalzium, Vitamin A, Vitamin B_1, Zink.

Seeteufel-Muschel-Spieße

Für diese Köstlichkeit werden marinierter Seeteufel und frische Miesmuscheln mit verschiedenen Gemüsen auf kleine Spieße gesteckt und gegrillt. Die Spießchen sind eine tolle kleine Mahlzeit, eignen sich aber auch prima zum Anbieten auf einer Party oder für ein festliches Buffet.

Vorbereitung **20 Minuten** Marinierzeit **1 Stunde** Garzeit **8–10 Minuten** *Für 16 Spieße*

abgeriebene Schale und Saft von 1 Zitrone

Saft von 1 Limette

1 EL natives Olivenöl extra

2 TL flüssiger Honig (10 g)

1 Knoblauchzehe, zerrieben

1 EL gehackter frischer Oregano oder Majoran

1 EL gehackte Petersilie

Salz, Pfeffer

200 g Seeteufelfilet, in 16 kleine Würfel geschnitten

16 ausgelöste Miesmuscheln (etwa 125 g)

1 kleine gelbe Paprikaschote, geputzt und in 16 kleine Stücke geschnitten

1 Zucchini, in 16 Scheiben geschnitten

16 Cocktailtomaten

Limetten- oder Zitronenschnitze zum Garnieren

1 Zitronenschale, Zitronen- und Limettensaft, Öl, Honig, Knoblauch, Oregano oder Majoran, Petersilie, Salz und Pfeffer in einer Schüssel mit dem Schneebesen verrühren. Fischwürfel und ausgelöste Muscheln hineingeben und darin wenden. Im Kühlschrank 1 Stunde durchziehen lassen.

2 In der Zwischenzeit 16 Bambus- oder Holzspieße für 10 Minuten in warmes Wasser legen, dann herausnehmen. Den Grill auf mittlerer Stufe vorheizen.

3 Auf jeden Spieß einen Fischwürfel, eine Muschel (die Marinade aufheben), ein Paprikastück, eine Zucchinischeibe und eine Tomate stecken. Die Enden der Spieße frei lassen, damit man sie daran halten kann.

4 Die Spieße auf einen Rost legen und 8–10 Minuten grillen, dabei gelegentlich wenden und mit Marinade bestreichen. Sobald der Fisch gar und das Gemüse weich ist, die Spieße mit Limetten- oder Zitronenschnitzen servieren.

Varianten

Für **Garnelen-Muschel-Spieße** anstelle von Seeteufel und Miesmuscheln 16 küchenfertige geschälte Garnelen und das ausgelöste Fleisch von 16 Jakobsmuscheln verwenden.

Für **Thun- oder Schwertfischspießchen** 300 g Thun- oder Schwertfischfilet in 16 kleine Würfel schneiden und diese in einer Marinade aus der fein abgeriebenen Schale und dem Saft von 1 Limette, 1 kleinen zerriebenen Knoblauchzehe, 1 EL nativem Olivenöl extra, einer Prise Chiliflocken sowie Salz und Pfeffer durchziehen lassen. 1 rote Paprikaschote putzen und in 16 kleine Stücke schneiden, 4 Schalotten oder kleine Zwiebeln längs vierteln. Fisch- und Gemüsestücke mit 16 kleinen Champignons auf Spieße stecken. Wie im Hauptrezept beschrieben grillen.

Das gesunde Plus

- Vom Seeteufel wird nur das Schwanzstück verzehrt. Das feste Fleisch schmeckt so ähnlich wie Hummer. Seeteufel liefert reichlich Phosphat und recht viel Kalium, einen Mineralstoff, der den Blutdruck reguliert.
- Miesmuscheln sind reich an diversen Mineralstoffen, allen voran Kupfer, Jod, Eisen und Zink. Außerdem enthalten sie viel Vitamin B_{12}, ein Vitamin, das u.a. zur Gesunderhaltung des Nervensystems benötigt wird.

Foto Seite 43

Nährwerte pro 2 Spieße 60 kcal, 6 g Eiweiß, 2 g Fett (0,2 g davon gesättigte Fettsäuren), 4 g Kohlenhydrate (0 BE, 0 KE), 1 g Ballaststoffe. Reich an Vitamin B_{12}. Liefert auch Vitamin C, Vitamin E.

Pfannkuchen mit Hähnchen-Cashew-Füllung

Mit Möhren, Stangensellerie und Wirsing pfannengerührtes Hähnchenfleisch veredelt schlichte Pfannkuchen aufs Feinste, besonders, wenn das Ganze noch mit Orangenschale und Sesam aromatisiert wird. Von diesem Gericht wird die ganze Familie begeistert sein!

Vorbereitung **15–20 Minuten** Garzeit **etwa 30 Minuten** *Für 4 Portionen*

Teig

125 g Mehl

Salz und Pfeffer

1 Ei, verquirlt

300 ml fettarme Milch

1 TL Sonnenblumenöl

Füllung

50 g Cashewkerne

1 EL Sonnenblumenöl

300 g Hähnchenbrustfilet, in Streifen geschnitten

1 Knoblauchzehe, zerrieben

1 TL fein gehackter frischer Ingwer

1 rote Chilischote, entkernt und fein gehackt (nach Belieben)

2 Möhren, in dünne Stäbchen geschnitten

2 Selleriestangen, in dünne Stäbchen geschnitten

abgeriebene Schale von ½ Orange

200 g Wirsing, gehobelt

1 EL helle Sojasauce, mehr zum Anrichten

1 TL geröstetes Sesamöl

1 Für die Pfannkuchen das Mehl in eine Schüssel sieben; etwas Salz und Pfeffer zufügen. In die Mitte eine Mulde drücken. Ei und Milch verrühren und in die Mulde gießen. Nach und nach Mehl und Eiermilch zu einem glatten Teig verrühren.

2 Eine beschichtete Pfanne (Ø 20 cm) mit etwas Sonnenblumenöl auspinseln. Etwas Teig hineingeben und durch Schwenken verteilen. 2 Minuten braten, bis der Teig gestockt ist, dann mithilfe eines Pfannenwenders umdrehen und auf der anderen Seite 30 Sekunden braten. Auf einen vorgewärmten hitzebeständigen Teller gleiten lassen und mit Butterbrotpapier bedecken.

3 Auf diese Weise insgesamt 8 Pfannkuchen backen, dabei immer wieder etwas Öl in die Pfanne geben. Die fertigen Pfannkuchen mit Butterbrotpapier dazwischen aufeinanderstapeln und mit Alufolie bedecken. Den Teller mit den Pfannkuchen auf einen Topf mit köchelndem Wasser setzen.

4 Für die Füllung den Wok oder eine Pfanne heiß werden lassen. Cashewkerne hineingeben, einige Minuten unter Rühren Farbe annehmen lassen. Zum Abkühlen auf einen Teller geben, beiseitestellen.

5 Das Sonnenblumenöl in den Wok oder die Pfanne geben und durch Schwenken verteilen. Hähnchenstreifen, Knoblauch, Ingwer und nach Belieben Chili hineingeben und alles 3 Minuten pfannenrühren.

6 Möhren- und Selleriestäbchen zufügen und 2 Minuten mitbraten. Orangenschale und Wirsing zugeben und alles 1 Minute pfannenrühren. Mit Sojasauce und Sesamöl beträufeln und weitere 60 Sekunden pfannenrühren. Die Cashewkerne unter die Zutaten in der Pfanne mischen.

7 Die Füllung auf die Pfannkuchen verteilen; Pfannkuchen aufrollen. Sofort servieren, dazu Sojasauce zum Darüberträufeln reichen.

Das gesunde Plus

- Cashewkerne liefern Eiweiß, Ballaststoffe und Mineralstoffe wie Eisen, Magnesium und Selen. Sie enthalten viel Fett, dieses besteht aber überwiegend aus für die Gesundheit wertvollen einfach ungesättigten Fettsäuren.
- Pfannenrühren ist eine empfehlenswerte Garmethode. Man braucht nur wenig Fett – davon profitieren Figur und Gesundheit. Außerdem ist alles schnell gar, und so bleiben wichtige Nährstoffe erhalten.

Foto Seite 43

Nährwerte pro Portion 385 kcal, 29 g Eiweiß, 15 g Fett (3 g davon gesättigte Fettsäuren), 35 g Kohlenhydrate (2 BE, 2,3 KE), 4 g Ballaststoffe. Ausgezeichnete Quelle für Niazin, Vitamin A, Vitamin E. Reich an Folsäure, Kalium, Kalzium, Kupfer, Selen, Vitamin B_1, Vitamin B_6, Vitamin C, Zink.

Bunter Hähnchentopf

Dies ist ein sehr gesundes Gericht für jeden Tag. Wenn es sehr schnell gehen muss, können Sie dafür vorbereitetes Gemüse aus dem Tiefkühlvorrat nehmen, das von der Tüte direkt in die Pfanne wandert. Eine Mischung aus Langkorn- und Wildreis ist die perfekte Beilage und liefert außerdem wertvolle Kohlenhydrate.

Vorbereitung **10 Minuten** Garzeit **etwa 20 Minuten** *Für 4 Portionen*

2 EL natives Olivenöl extra

350 g Hähnchenbrustfilet, in kleine Würfel geschnitten

1 kleine Zwiebel, gewürfelt

250 g Champignons

1 Lorbeerblatt

2 große Thymianzweige oder ½ TL getrockneter Thymian

3 lange Estragonstängel oder ½ TL getrockneter Estragon (nach Belieben)

abgeriebene Schale von 1 kleinen oder ½ großen Zitrone

150 ml trockener Sherry

250 g Baby-Möhren, mit Grünansatz

Salz und Pfeffer

250 g Brokkoliröschen

1 EL Speisestärke

3 EL gehackte Petersilie

1 Das Öl in einer großen Pfanne mit hohem Rand und passendem Deckel erhitzen. Das Fleisch darin bei starker Hitze unter ständigem Rühren in etwa 3 Minuten braun braten. Auf mittlere Hitze herunterschalten; Zwiebel, Pilze, Lorbeerblatt, Thymian sowie Estragon nach Belieben und Zitronenschale zum Fleisch geben. 4 Minuten mitbraten, bis Zwiebel und Pilze beginnen, weich zu werden.

2 Den Sherry und 300 ml kochend heißes Wasser zugießen. Möhren, Salz und Pfeffer zugeben; alles gut verrühren. Aufkochen, anschließend bei schwacher Hitze zugedeckt 5 Minuten köcheln lassen.

3 Die Brokkoliröschen zugeben und unterrühren. Bei mittlerer Hitze die Flüssigkeit erhitzen, bis sie wieder köchelt. Alles zugedeckt garen, bis das Fleisch weich ist und das Gemüse gerade noch Biss hat. Vom Herd nehmen, Lorbeerblatt und Kräuterzweige entfernen.

4 Die Stärke mit 2 EL kaltem Wasser glatt verrühren. Die Paste in das Gericht geben und alles unter ständigem Rühren 2 Minuten köcheln lassen, bis die Flüssigkeit andickt. Petersilie unterrühren, den Hähnchentopf sofort servieren.

Variante

Statt der Speisestärke können Sie auch Weichweizengrieß oder Instant-Haferflocken zum Andicken der Flüssigkeit nehmen. Die Haferflocken wie die Speisestärke anrühren und zum Gericht geben. Den Grieß direkt unter das Gericht rühren und alles unter Rühren erhitzen, bis die Sauce sprudelnd kocht und bindet.

Das gesunde Plus

- Brokkoli und andere Gemüse aus der Familie der Kreuzblütler wie Weiß- und Blumenkohl liefern diverse hochwirksame sekundäre Pflanzenstoffe, die möglicherweise zum Schutz vor Krebserkrankungen beitragen. Zudem enthält Brokkoli in größeren Mengen die Antioxidanzien Vitamin C, Vitamin E und Betakarotin und darüber hinaus die B-Vitamine B_6, Niazin und Folsäure.
- Dieses Gericht enthält viel Gemüse, aber nur wenig Fleisch. Mit Reis als Beilage wird es zu einer ausgewogenen Mahlzeit, besonders wenn es zum Nachtisch frisches Obst gibt.

Nährwerte pro Portion 260 kcal, 23 g Eiweiß, 10 g Fett (2 g davon ungesättigte Fettsäuren), 11 g Kohlenhydrate (0 BE, 0 KE), 4 g Ballaststoffe. Reich an Vitamin B_6, Vitamin C. Liefert auch Folsäure, Niazin, Selen.

Bunter Hähnchentopf *Seite 42*

Seeteufel-Muschel-Spieße *Seite 40*

Pfannkuchen mit Hähnchen-Cashew-Füllung *Seite 41*

Japanische Hähnchen-spieße *Seite 44*

Japanische Hähnchenspieße

In ihrer Heimat heißen solche Spießchen Yakitori. Dafür wird Hähnchenfleisch mit Paprika und Frühlingszwiebeln kombiniert – je länger man das Ganze in der Marinade durchziehen lässt, desto besser. Denken Sie daran, die Holzspieße vor dem Bestücken zu wässern, schließlich sollen sie beim Grillen nicht verbrennen.

Vorbereitung **20 Minuten,** plus **mindestens 1 Stunde** Marinierzeit   Garzeit **10–15 Minuten**   *Für 30 Spieße*

3 EL japanische Sojasauce

3 EL Sake (japanischer Reiswein) oder trockener Sherry

1 EL geröstetes Sesamöl

1 Knoblauchzehe, zerdrückt

1 EL fein gehackter frischer Ingwer

2 TL flüssiger Honig (20 g)

500 g Hähnchenbrustfilet, in 2 cm große Würfel geschnitten

1 große grüne Paprikaschote, in 30 kleine Quadrate geschnitten

4 große Frühlingszwiebeln, quer in 30 Stücke geschnitten

1 Sojasauce, Sake oder Sherry, Sesamöl, Knoblauch, Ingwer und Honig in einer Schale verrühren. Hähnchenbrustwürfel hineinlegen und in der Marinade wenden. Zugedeckt im Kühlschrank mindestens 1 Stunde, besser über Nacht durchziehen lassen.

2 Direkt vor dem Grillen 30 kurze Holzspieße für 10 Minuten in warmes Wasser legen. Inzwischen den Grill auf mittlerer Stufe vorheizen.

3 Auf jeden Spieß im Wechsel je ein Paprika- und ein Frühlingszwiebelstück sowie 2 Hähnchenfleischwürfel stecken. Die Spieße 10–15 Minuten grillen, dabei gelegentlich wenden und mit Marinade bestreichen. Heiß servieren.

Varianten

Kurz vor Ende der Grillzeit die Spieße mit Sesamsamen bestreuen.

Das Fleisch zur Abwechslung in eine andere Marinade legen. Dafür 3 EL Hoisin-Sauce mit 2 EL chinesischem Reiswein und 1 EL Erdnussöl verrühren. Nach Belieben ½ TL Fünfgewürzpulver oder ½ entkernte und fein gehackte rote Chilischote zugeben. Statt grüner Paprika in Stücke geschnittene Lauchstangen, rote oder orange Paprikaschoten, Zucchini oder Champignons verwenden.

Für **Lachs-Yakitori** 500 g Lachsfiletwürfel in einer Mischung aus 3 EL japanischer Sojasauce, 2 EL trockenem Sherry, 1 EL Erdnussöl, 1 zerdrückten Knoblauchzehe, 1 TL flüssigem Honig und der abgeriebenen Schale von 1 kleinen Orange etwa 30 Minuten marinieren. Mit Cocktailtomaten und Frühlingszwiebelstücken auf gewässerte Holzspieße stecken. 10–15 Minuten grillen, dabei häufig wenden und mit Marinade bestreichen.

Das gesunde Plus

- Partyhäppchen werden oft mit Teig zubereitet und stecken deshalb voller Fett und Kalorien. Diese Spießchen enthalten nur mageres Geflügel und Gemüse, sind fettarm und sehen auch noch äußerst appetitlich aus.
- Honig wird seit alters her zum Süßen und zum Konservieren benutzt. Er enthält mehr Fruktose als (Haushalts-)Zucker und hat daher eine höhere Süßkraft. Die gleiche Gewichtsmenge Honig liefert zudem weniger Kalorien als Zucker, weil Honig viel Wasser enthält.

Foto Seite 43

Nährwerte pro Spieß 25 kcal, 4 g Eiweiß, 0,5 g Fett (0,1 g davon gesättigte Fettsäuren), 1 g Kohlenhydrate (0 BE, 0 KE), 0,1 g Ballaststoffe. Liefert Niazin, Vitamin C.

Zitronenhuhn auf chinesische Art

Die fruchtige Zitronensauce wird mit geröstetem Sesamöl aromatisiert – so passt sie wunderbar zum zarten Hähnchenfleisch und zum knackigen Gemüse. Servieren Sie dieses Gericht mit Eiernudeln oder Reis, dann stimmt auch die Kohlenhydratbilanz.

Vorbereitung **25 Minuten** Garzeit **etwa 25 Minuten** *Für 4 Portionen*

1 EL Sonnenblumenöl

450 g Hähnchenbrustfilet, in Scheiben geschnitten

1 Zwiebel, halbiert und in dünne Halbringe geschnitten

1 große grüne Paprikaschote, geputzt und in schmale Streifen geschnitten

1 Knoblauchzehe, gehackt

1 EL fein gehackter frischer Ingwer

2 große Möhren, schräg in dünne Scheiben geschnitten

1 Dose Wasserkastanien (etwa 225 g), der Inhalt abgetropft und in Scheiben geschnitten

300 ml Geflügelfond, vorzugsweise selbst gemacht

3 EL trockener Sherry

2 EL Speisestärke

2 TL Zucker

3 EL helle Sojasauce

1 EL geröstetes Sesamöl

abgeriebene Schale von 2 großen Zitronen

Saft von 1 Zitrone

150 g dünne grüne Bohnen, in 5 cm lange Stücke geschnitten

250 g Mungobohnenkeimlinge

1 Das Öl in einem ausreichend großen Topf erhitzen. Das Hähnchenfleisch hineingeben und etwa 1 Minute braten, bis es beginnt, sich weiß zu verfärben. Zwiebel, Paprika, Knoblauch und Ingwer zugeben und alles bei mittlerer Hitze unter häufigem Rühren braten, bis die Zwiebel glasig, aber nicht braun geworden ist.

2 Möhren und Wasserkastanien zufügen. Fond und Sherry zugießen und erhitzen, bis die Flüssigkeit köchelt, aber nicht sprudelnd kocht. Zugedeckt 10 Minuten köcheln lassen, dabei gelegentlich umrühren.

3 In der Zwischenzeit Stärke und Zucker mit Sojasauce, Sesamöl, Zitronenschale und Zitronensaft glatt verrühren. Die Mischung in den Topf gießen und alles unter Rühren aufkochen lassen. Die Bohnen zufügen und 2 Minuten mitgaren. Keimlinge zugeben und alles noch einmal 2 Minuten köcheln lassen. Sofort servieren, bevor die Keimlinge weich werden.

Varianten

Geben Sie mit den grünen Bohnen 100 g in gleichmäßige Scheiben geschnittene Shiitakepilze in den Topf.

Ersetzen Sie die Wasserkastanien durch 200 g Baby-Maiskolben und die Bohnensprossen durch 200 g zarte Pak-Choi-Blätter. Dieser Mischung tut ein bisschen Schärfe gut, geben Sie deshalb in Schritt 1 eine entkernte, fein gehackte grüne Chilischote mit in den Topf.

Auf diese Weise lässt sich auch festfleischiger Fisch (z. B. Schwertfisch) zubereiten. Fisch in Würfel schneiden und in Schritt 2 mit Möhren und Wasserkastanien in den Topf geben.

Das gesunde Plus

- Mungobohnen- und andere Keimlinge enthalten viel Vitamin B und C.
- Wasserkastanien aus der Dose sind angenehm knackig im Biss. Zusammen mit reichlich Gemüse sorgen sie dafür, dass man bei einem Gericht mit ganz wenig Fleisch auskommt. Außerdem steuern sie in geringen Mengen Phosphat und Kalium bei.

Foto Seite 47

Nährwerte pro Portion 320 kcal, 27 g Eiweiß, 12 g Fett (2,5 g davon gesättigte Fettsäuren), 24 g Kohlenhydrate (1,1 BE, 1,2 KE), 4 g Ballaststoffe. Ausgezeichnete Quelle für Vitamin C. Reich an Eisen, Vitamin A, Vitamin B_6. Liefert auch Folsäure, Niazin, Selen, Zink.

Bruschetta mit Chorizo, Tomaten und Paprika

Diese belegten Brote sind ein tolles Essen an heißen Tagen. Der farbenfrohe Belag lässt an die Küche der Mittelmeerländer denken: Dort spielen Brot, Gemüse und Obst eine Hauptrolle, Fleisch und Wurst, hier die Chorizo, sind eher Statisten.

Vorbereitung und Garzeit **etwa 30 Minuten** *Für 6 Portionen*

1 vorgebackenes Ciabatta-Brot (etwa 250 g)

1 rote Paprikaschote, halbiert und geputzt

1 gelbe Paprikaschote, halbiert und geputzt

50 g Chorizo (scharfe Paprikawurst), in dünne Scheiben geschnitten

200 g Cocktailtomaten, geviertelt

2 EL Tomatenrelish oder -chutney

1 Handvoll Basilikumblätter, in Stücke gerissen

Salz und Pfeffer

1 EL natives Olivenöl extra

1 Knoblauchzehe, fein gewürfelt

1 Den Backofen auf 200 °C vorheizen. Das Ciabatta-Brot darin 8–10 Minuten (oder nach Packungsanweisung) aufbacken. Herausnehmen und auf einem Kuchengitter abkühlen lassen. Backofengrill auf höchster Stufe vorheizen.

2 Die Paprikaschoten mit den Schnittflächen nach unten auf ein Backblech legen und 8–10 Minuten grillen, bis sie weich sind, die Haut angekohlt ist und Blasen wirft. Die Paprikahälften in einen Gefrierbeutel geben, diesen fest verschließen und beiseitelegen.

3 Die Chorizoscheiben in einer Pfanne 3–4 Minuten braten, bis sie knusprig werden und das Fett herausläuft. Auf Küchenpapier abtropfen lassen.

4 Die Wurstscheiben in eine Schüssel geben; Tomaten, Relish oder Chutney sowie das Basilikum zufügen. Die Paprikahälften aus dem Gefrierbeutel nehmen und häuten. Das Fruchtfleisch grob hacken und ebenfalls in die Schüssel geben. Salz und Pfeffer zugeben und alles gut mischen. Beiseitestellen.

5 Den Grill erneut aufheizen. Das Brot quer in drei Stücke schneiden, diese wie Brötchen aufschneiden. Olivenöl und Knoblauch mischen und diese Mischung auf den Schnittflächen verteilen. Die Ciabattastücke mit den Schnittflächen nach oben unter dem Grill in 2–3 Minuten goldbraun und knusprig rösten.

6 Die Paprika-Chorizo-Mischung auf die Ciabattastücke geben. Sofort servieren.

Varianten

Statt Ciabatta kann man Baguette verwenden.

Für einen vegetarischen Brotbelag die Wurst weglassen und die Paprikamischung mit gerösteten Pinienkernen bestreuen. Oder die Chorizo durch 100 g zerbröckelten Feta oder Ziegenfrischkäse ersetzen.

Das gesunde Plus

- Ciabatta liefert wie alle Brotsorten wertvolle Kohlenhydrate und B-Vitamine. Seinen Namen verdankt das Brot seiner Form: Ciabatta heißt auf Deutsch Hausschuh.
- Chorizo ist eine fettreiche Wurst aus Spanien, die aus Schweinefleisch hergestellt und mit reichlich Paprika gewürzt wird. Das Fett lässt sich etwas reduzieren, indem man die Wurst anbrät und anschließend gut abtropfen lässt.

Nährwerte pro Portion 188 kcal, 7 g Eiweiß, 6 g Fett (1,5 g davon gesättigte Fettsäuren), 28 g Kohlenhydrate (1,6 BE, 2,1 KE), 2 g Ballaststoffe. Ausgezeichnete Quelle für Vitamin C. Reich an Vitamin A, Vitamin E.

Bruschetta mit Chorizo,
Tomaten und Paprika *Seite 46*

Zitronenhuhn auf chinesische Art *Seite 45*

Fleischtopf alla Bolognese *Seite 48*

Pilztoasts mit Thymian *Seite 49*

Fleischtopf alla Bolognese

Dieses Schmorgericht ähnelt der beliebten italienischen Hackfleischsauce und eignet sich für laue Sommerabende ebenso wie für kühle Wintertage. Zitrone und Fenchel verleihen dem Ganzen eine belebende Note. Sorgen Sie unbedingt dafür, dass reichlich Brot zum Auftunken der köstlichen Tomatensauce auf dem Tisch steht.

Vorbereitung **10 Minuten** Garzeit **20 Minuten** *Für 4 Portionen*

350 g mageres Rinderhackfleisch

1 Zwiebel, gewürfelt

2 Knoblauchzehen, fein gewürfelt

600 g Kartoffeln, sauber gebürstet, in kleine Würfel geschnitten

2 Dosen Pizzatomaten (je etwa 400 g)

150 ml Hühnerbrühe

abgeriebene Schale und Saft von 1 Zitrone

1 EL brauner Zucker

Salz und Pfeffer

1 Fenchelknolle, in dünne Scheiben geschnitten

100 g grüne Bohnen, tiefgekühlt

Zum Anrichten

Fenchelgrün (von der Fenchelknolle)

gehackte glatte Petersilie

1 Hackfleisch, Zwiebel und Knoblauch in einen großen Topf geben und 5 Minuten unter häufigem Rühren braten, bis das Hackfleisch krümelig und braun ist.

2 Kartoffeln, Tomaten samt Saft, Brühe, die Hälfte der Zitronenschale, Zucker sowie ein wenig Salz und Pfeffer zufügen. Alles aufkochen, dann bei mittlerer Hitze zugedeckt 10 Minuten köcheln lassen. Dabei ein-, zweimal umrühren, damit die Kartoffeln gleichmäßig garen.

3 Fenchel, gefrorene (!) Bohnen und Zitronensaft zugeben. Alles zugedeckt weitere 5 Minuten köcheln, bis die Kartoffeln weich, Fenchel und Bohnen knapp gar sind.

4 Das Gericht abschmecken und auf Suppenschalen oder tiefe Teller verteilen. Mit der restlichen Zitronenschale sowie mit Fenchelgrün und Petersilie garnieren.

Varianten

Anstelle der Kartoffeln können Sie Möhren und Bohnen aus der Dose verwenden. Geben Sie in dem Fall den Inhalt von 1 Dose Cannellini- oder Augenbohnen (etwa 400 g; abgespült und abgetropft) und 250 g Möhren in feinen Würfeln an das Gericht.

Statt Rinderhackfleisch können Sie gehacktes Puten-, Schweine- oder Lammfleisch nehmen.

Nach Belieben den Zitronensaft weglassen und den Fleischtopf mit Zitronenschnitzen servieren. So kann jeder seine Portion mit Zitronensaft nach Geschmack würzen.

Das gesunde Plus

- 100 g mageres Rinderhackfleisch enthält im Durchschnitt 9 % Fett. Wenn Sie einen Topf mit schwerem Boden oder mit Antihaftbeschichtung verwenden, erübrigt sich beim Anbraten die Zugabe von Fett.
- Tomaten sind eine ausgezeichnete Vitamin-C-Quelle: Frische Tomaten enthalten davon 17 mg je 100 g, Dosentomaten etwa 12 mg.
- Wenn Sie Kartoffeln nur abbürsten und nicht schälen, bleiben Vitamine und Mineralstoffe, die direkt unter der Schale sitzen, erhalten. Außerdem liefert die Schale Ballaststoffe.
- Bohnen aus der Tiefkühltruhe sind praktisch und vielseitig. Sie liefern Mineralstoffe und eine ansehnliche Menge Folsäure, ein B-Vitamin, das während einer Schwangerschaft wichtig für das Ungeborene ist. Möglicherweise schützt es auch vor Herzerkrankungen.

Foto Seite 47

Nährwerte pro Portion 300 kcal, 26 g Eiweiß, 5 g Fett (2 g davon gesättigte Fettsäuren), 40 g Kohlenhydrate (1,8 BE, 2,3 KE), 5 g Ballaststoffe. Ausgezeichnete Quelle für Vitamin B_6, Vitamin B_{12}, Vitamin C. Reich an Eisen, Folsäure. Liefert auch Kalium, Niazin, Selen, Vitamin B_1.

Pilztoasts mit Thymian

Wenn in kurzer Zeit etwas Leckeres fertig sein soll, sind diese Toasts genau das Richtige. Das kräftige Aroma der braunen Champignons verträgt sich bestens mit Knoblauch, Kräutern und saurer Sahne. Abgerundet wird das Ganze mit zartschmelzendem Frischkäse unter der Pilzmischung.

Vorbereitung und Garzeit **25 Minuten** *Für 4 Portionen*

- 125 g fettreduzierter Frischkäse (0,2 % F.i.Tr.)
- 2 Selleriestangen, fein gewürfelt
- 3 EL fein gehackte Petersilie
- Cayennepfeffer
- 500 g Egerlinge (braune Champignons)
- 1 Knoblauchzehe, fein gewürfelt
- 2 EL gehackte Thymianblättchen
- 2 EL Crème légère oder Schmand
- 1 TL Zitronensaft
- Salz und Pfeffer
- 8 Scheiben Vollkorntoast

1 Frischkäse, Sellerie, Petersilie und eine kräftige Prise Cayennepfeffer in einer Schüssel gut mischen. Kühl stellen. Den Grill auf höchster Stufe vorheizen.

2 Kleine Pilze ganz lassen, größere halbieren. Mit Knoblauch, Thymian, Crème légère bzw. Schmand und 1 TL Wasser in eine große, möglichst beschichtete Pfanne geben. Zugedeckt 3–4 Minuten köcheln lassen, bis die Pilze knapp gar sind und ihren Saft abgegeben haben. Mit Zitronensaft, Salz und Pfeffer abschmecken.

3 Während die Pilze garen, das Brot auf beiden Seiten grillen (oder im Toaster rösten). Noch warm mit der Käsemischung bestreichen und halbieren.

4 Die Toastscheiben auf Portionstellern anrichten. Die Pilze daraufgeben. Sofort servieren.

Variante

Für **Pilz-Paprika-Toasts** 1 Zwiebel schälen und in dünne Ringe schneiden. 500 g Egerlinge halbieren, 1 rote Paprikaschote putzen und in kleine Würfel schneiden. 1 EL natives Olivenöl extra in einer beschichteten Pfanne erhitzen. Die Zwiebelringe darin bei mittlerer Hitze glasig werden lassen. 1 Knoblauchzehe dazupressen, dann Egerlinge und Paprikawürfel zugeben. Alles unter häufigem Rühren 2 Minuten dünsten, dann 1 EL Worcestersauce, 1 TL Dijon-Senf und 1 TL braunen Zucker unterrühren. Die Mischung bei schwacher Hitze 5 Minuten köcheln lassen; gelegentlich umrühren. 2 EL gehackte Petersilie zufügen und das Ganze mit Salz und Pfeffer abschmecken. Die Brotscheiben rösten und mit 75 g Ziegenfrischkäse bestreichen. Pilzgemüse darübergeben und die Toasts sofort servieren.

Das gesunde Plus

- Egerlinge sind meist größer, fester, dunkler und aromatischer als weiße Zuchtchampignons. Wie alle Speisepilze liefern auch sie diverse B-Vitamine.
- Fettreduzierter Frischkäse liefert, wie andere Käsesorten auch, viel Eiweiß und Kalzium.

Foto Seite 47

Nährwerte pro Portion 198 kcal, 8,9 g Eiweiß, 4,4 g Fett (2 g davon gesättigte Fettsäuren), 30 g Kohlenhydrate (2 BE, 2,5 KE), 5 g Ballaststoffe. Ausgezeichnete Quelle für Kupfer, Selen. Reich an Eisen, Kalzium, Niazin, Vitamin A, Vitamin B_1, Zink. Liefert auch Folsäure, Kalium, Vitamin B_2, Vitamin B_6, Vitamin E.

Gegrillte Pecorino-Birnen

Dieses Rezept lässt sich auf die toskanische Kombination von saftigen Birnen und salzigem Pecorino aus Schafsmilch zurückführen. Ein Teil des Käses schmilzt auf den Früchten, der Rest wird mit Trauben unter Blattsalate gemischt. Servieren Sie die Birnen als Vorspeise, oder genießen Sie sie zu zweit als Hauptgericht.

Vorbereitung **15 Minuten** Garzeit **etwa 2 Minuten** *Für 4 Portionen*

50 g Pecorino

1 Bund (etwa 50 g) Brunnenkresse, nur die abgezupften Blätter

125 g Rucolablätter

50 g kernlose Trauben, halbiert

2 reife, saftige Birnen (300 g)

Balsamico-Vinaigrette

2 EL natives Olivenöl extra

1 EL bester Balsamico-Essig

½ TL Dijon-Senf

Süßstoff

Salz und Pfeffer

1 Für die Vinaigrette Olivenöl, Balsamico-Essig, Senf, sowie Süßstoff, Salz und Pfeffer nach Geschmack in ein kleines Schraubglas füllen. Den Deckel fest schließen und das Glas kräftig schütteln, bis die Mischung cremig ist. Bis zur weiteren Verwendung im Kühlschrank aufbewahren.

2 Den Grill auf höchster Stufe vorheizen. Ein Backblech mit einem Streifen Alufolie belegen; beiseitestellen.

3 Den Pecorino mit einem Sparschäler in dünne Späne schneiden. Die Hälfte davon beiseitestellen, den Rest fein hacken. Brunnenkresse, Rucola und Trauben in einer Salatschüssel mischen.

4 Birnen schälen, halbieren und von den Kerngehäusen befreien. Birnenhälften mit den Schnittflächen nach unten auf das vorbereitete Blech legen; mit den Käsespänen bestreuen. Etwa 2 Minuten grillen, bis der Käse zu brodeln und zu bräunen beginnt.

5 Inzwischen die Vinaigrette noch einmal durchschütteln, dann die Salatblätter damit anmachen. Den Pecorino zufügen und den Salat auf 4 Teller verteilen.

6 Die Birnenhälften mit einem Pfannenwender vom Blech heben. Je eine Hälfte auf eine Salatportion setzen. Sofort servieren.

Varianten

Die Trauben durch Kiwiwürfel ersetzen.

Parmesan, ebenfalls ein italienischer Hartkäse, passt auch in den Salat und hat weniger Fett.

Wenn es schnell gehen soll, die Birnen einfach würfeln und mit dem gesamten Käse unter den Salat heben.

Die Birnenhälften mit den Schnittflächen nach oben grillen, dann zerbröckelten Blauschimmelkäse in die Mulden geben; die Birnen unter den Grill schieben, bis der Käse schmilzt.

Statt des fettreichen Pecorinos können Sie für einen Obst-Käse-Salat cremigen Ziegenkäse verwenden. Dieser passt wunderbar zu Himbeeren; ersetzen Sie also Pecorino und Birnen durch Ziegenkäse und Himbeeren, und bereiten Sie die Vinaigrette mit Himbeer- statt mit Balsamico-Essig zu. 200 g Himbeeren unter die Salatblätter mischen. 8 dünne Scheiben Baguette auf einer Seite unter dem Grill rösten, dann umdrehen und mit Ziegenkäse belegen. Grillen, bis der Käse brodelt, dann auf 4 Teller verteilen. Den Salat anmachen und neben den Broten anrichten.

Nährwerte pro Portion 130 kcal, 4 g Eiweiß, 9 g Fett (3 g davon gesättigte Fettsäuren), 9 g Kohlenhydrate (0,9 BE, 1 KE), 2 g Ballaststoffe. Ausgezeichnete Quelle für Vitamin C. Liefert auch Folsäure, Kalzium, Vitamin A, Vitamin B_{12}.

Das gesunde Plus

- In diesem Salat liefern Käse, Brunnenkresse und Rucola den Mineralstoff Kalzium – wichtig für kräftige Knochen und Zähne.

Kartoffel-Zucchini-Tortilla

Tortillas zählen sicherlich zu Spaniens bekanntesten Tapas. Sie bestehen in der Hauptsache aus Eiern, Zwiebeln und Kartoffeln und werden wie Omeletts in der Pfanne gebraten. Tortillas lassen sich beliebig anreichern, wie hier mit Zucchini und Speck, aber auch mit Spargel, Erbsen und Pilzen schmecken sie wunderbar.

Vorbereitung **15 Minuten,** plus Kühlzeit Garzeit **etwa 15 Minuten** *Für 8 Portionen*

500 g festkochende Kartoffeln, geschält und in 1 cm große Würfel geschnitten

2 EL natives Olivenöl extra

1 rote Zwiebel, fein gewürfelt

1 Zucchini (etwa 150 g), gewürfelt

2 Scheiben magerer Rückenspeck ohne Schwarte, gehackt

6 Eier

2 EL gehackte Petersilie

Pfeffer

1 Die Kartoffelwürfel in einen Topf mit kochendem Wasser geben. Aufkochen und 3 Minuten kochen lassen, dann abgießen und gut abtropfen lassen.

2 Das Öl in einer schweren beschichteten Pfanne (etwa 25 cm Ø) erhitzen. Kartoffeln, Zwiebel, Zucchini und Speck darin bei mittlerer Hitze unter gelegentlichem Rühren 10 Minuten braten, bis die Kartoffeln goldbraun und weich sind.

3 Den Grill auf höchster Stufe vorheizen. Die Eier in einer Schüssel mit 1 EL kaltem Wasser und der Petersilie verquirlen; mit Pfeffer abschmecken. Über die Kartoffelmischung in der Pfanne gießen und die Tortilla 3–4 Minuten braten, bis das Ei in der Mitte gestockt ist, dabei die Ränder anheben, damit das flüssige Ei auf den Pfannenboden laufen kann.

4 Sobald nur noch an der Oberfläche etwas Ei flüssig ist, die Tortilla unter den Grill schieben und 2 Minuten garen, bis das gesamte Ei gestockt ist. Die Tortilla auf eine Platte oder ein Brett gleiten und 2–3 Minuten abkühlen lassen. Warm in Stücke schneiden und servieren oder ganz auskühlen lassen und dann erst in Stücke schneiden und servieren.

Varianten

Bereiten Sie die Tortilla nicht mit Zucchini, sondern mit gehacktem Spargel, gehackten Tomaten oder gegarten Erbsen zu. Die Petersilie können Sie durch frischen Estragon, Schnittlauch oder Petersilie ersetzen.

Für eine **Tortilla mit Pilzen und Parmesan** Zwiebel, Zucchini und Speck durch 200 g in Scheiben geschnittene Champignons und eine in Ringe geschnittene Stange Lauch (etwa 200 g) ersetzen. In Schritt 2 die Kartoffeln mit dem Lauch 6 Minuten garen, dann die Pilze zugeben. Weitere 4 Minuten dünsten, bis der Pilzsaft verdampft ist. Die Eier mit 50 g frisch geriebenem Parmesan verquirlen, dann über die Kartoffelmischung gießen.

Das gesunde Plus

- Eier sind preiswerte Proteinlieferanten. Zwar enthalten sie Cholesterin, doch das daraus resultierende Gesundheitsrisiko wurde oft sehr übertrieben dargestellt. Bei den meisten Menschen führt der Verzehr von Cholesterin nicht zu einem Anstieg des Cholesterinspiegels im Blut.
- Zucchini enthalten viel Vitamin B_6 und Niazin. Das meiste davon steckt in der Schale.

Nährwerte pro Portion 165 kcal, 9 g Eiweiß, 8 g Fett (2 g davon gesättigte Fettsäuren), 14 g Kohlenhydrate (0,7 BE, 0,9 KE), 1 g Ballaststoffe. Reich an Vitamin B_{12}. Liefert auch Folsäure, Kalium, Kupfer, Niazin, Selen, Vitamin A, Vitamin B_1, Vitamin B_2, Vitamin B_6, Zink.

Tomaten mit würziger Couscousfüllung

Verwenden Sie für dieses Gericht vollreife, aromatische Tomaten. Diese werden ausgehöhlt und gefüllt, die Vitamin-C-reiche Flüssigkeit aus ihrem Inneren fängt man auf und verwendet sie für ein pikant-scharfes Dressing. Brotstangen mit Sesam sind die ideale Beilage.

Vorbereitung und Garzeit **25 Minuten** *Für 4 Portionen*

- 8 große Fleischtomaten
- Salz
- 1 ½ EL natives Olivenöl extra
- 50 g Mandelblättchen
- 1 kleine Aubergine, in 1 cm große Würfel geschnitten
- 1 TL gemahlener Koriander
- ½ TL gemahlener Kreuzkümmel
- 1 Prise gemahlener Zimt
- 250 ml kochend heiße Gemüsebrühe
- 125 g Instant-Couscous
- 2 EL gehackte Minzeblätter
- 50 g weiche getrocknete Aprikosen, gehackt
- 1 TL Harissa (Chilipaste)
- Pfeffer

1 Von den Tomaten Deckel abschneiden und das Innere mit einem Teelöffel herausschaben. Ausgehöhlte Früchte und Deckel beiseitestellen. Samen und ausgelöstes Fruchtfleisch in ein Sieb geben, mit einem Löffelrücken die Flüssigkeit herausdrücken. Sie benötigen etwa 4 EL Saft. Den Saft in einer kleinen Schüssel beiseitestellen, Samen und Fruchtfleisch wegwerfen.

2 In die ausgehöhlten Tomaten etwas Salz streuen. Einen Teller mit Küchenpapier belegen und die Tomaten mit den Öffnungen nach unten zum Abtropfen daraufsetzen.

3 Für die Füllung ½ EL Öl in einem beschichteten Topf erhitzen. Die Mandelblättchen darin in 2–3 Minuten goldbraun braten, dann mit einem Schaumlöffel herausheben und beiseitelegen.

4 Den restlichen Esslöffel Öl in den Topf geben. Auberginenwürfel einrühren und 5 Minuten braten, bis sie braun und weich sind, dabei häufig wenden. Koriander, Kreuzkümmel und Zimt unterrühren; einige Sekunden unter ständigem Rühren mitbraten.

5 Die Brühe zugießen und zum Kochen bringen, dann den Couscous unter ständigem Rühren einrieseln lassen. Vom Herd nehmen. Zudecken und 5 Minuten ruhen lassen.

6 Den Deckel abnehmen, den Topf wieder auf den Herd stellen und die Couscousmischung 2–3 Minuten bei schwacher Hitze köcheln lassen, dabei mit einer Gabel auflockern. Geröstete Mandelblättchen, Minze und Aprikosenwürfel unterrühren.

7 Die Harissapaste mit dem Tomatensaft verrühren. Über das Couscous gießen, salzen und pfeffern; mischen. Tomaten mit Couscous füllen, die Deckel daraufsetzen.

Variante

Statt getrockneter Aprikosen und Mandelblättchen können Sie getrocknete Pfirsiche und Haselnüsse oder Pinienkerne verwenden.

Das gesunde Plus

- Wenn ein Gericht Vitamin C enthält – hier steckt es in den Tomaten –, kann der Körper pflanzliches Eisen (hier aus dem Couscous und den Aprikosen) leichter aufnehmen.
- Couscous enthält kaum Fett, aber reichlich komplexe Kohlenhydrate und Ballaststoffe. Er hat einen mittleren glykämischen Index, die Kohlenhydrate werden also relativ langsam verdaut und aufgeschlossen, die Glukose gelangt nur allmählich ins Blut. So bleibt der Blutzuckerspiegel konstant.

Nährwerte pro Portion 326 kcal, 11 g Eiweiß, 14 g Fett (2 g davon gesättigte Fettsäuren), 40 g Kohlenhydrate (2,1 BE, 2,6 KE), 6 g Ballaststoffe. Ausgezeichnete Quelle für Vitamin A, Vitamin C, Vitamin E. Reich an Kalium. Liefert auch Eisen, Folsäure, Kalzium, Kupfer, Niazin, Vitamin B_1, Vitamin B_6, Zink.

Polentaschnitten mit Pilzen

Für diese herzhaften Schnitten wird ein Brei aus Maisgrieß zubereitet. Den würzt man mit geriebenem Käse, lässt ihn abkühlen und schneidet ihn dann in Stücke. Gegrillt oder gebraten sind Polentaschnitten eine wunderbare Beilage, insbesondere zu Pilzen. Diese werden hier mit Nüssen und Kräutern veredelt. Dazu passen gemischte Blattsalate.

Vorbereitung und Garzeit **45 Minuten,** plus **1 Stunde** Kühlzeit *Für 6 Portionen (12 Schnitten)*

- 750 ml Gemüsebrühe
- 175 g Instant-Polenta
- 75 g Gruyère, gerieben
- Salz und Pfeffer
- 15 g getrocknete Steinpilze
- 3 EL natives Olivenöl extra
- 250 g Egerlinge (braune Champignons), in Scheiben geschnitten
- 3 EL trockener Sherry
- 2 EL gehackte glatte Petersilie, mehr zum Garnieren
- 2 EL gehackter frischer Rosmarin
- 25 g Walnusskerne, fein gehackt

1 Die Brühe in einem großen Topf aufkochen. Die Polenta unter ständigem Rühren mit einem Holzlöffel hineinrieseln lassen. Bei schwacher Hitze unter ständigem Rühren 5 Minuten köcheln lassen, bis die Mischung andickt und sich von der Topfwand löst. Vom Herd nehmen und den geriebenen Käse einrühren. Den Maisbrei mit Salz und Pfeffer abschmecken.

2 Ein Backblech kalt abspülen. Die Polenta daraufgießen und zu einem etwa 20 × 18 cm großen und 1 cm dicken Rechteck verstreichen. 1 Stunde abkühlen und fest werden lassen.

3 Inzwischen die getrockneten Steinpilze in eine Schüssel geben und mit kochend heißem Wasser bedecken. 20 Minuten einweichen, dann abgießen, dabei 2 EL Einweichflüssigkeit auffangen. Die Steinpilze fein hacken.

4 Den Grill auf mittlerer Stufe vorheizen. Die Polenta dünn mit 1 EL Öl bestreichen, dann in 12 je 5 × 6 cm große Schnitten schneiden, die Kanten begradigen. Die Schnitten mit den geölten Seiten nach oben auf einem Rost unter dem Grill in 5 Minuten etwas Farbe annehmen lassen.

5 Die Polentaschnitten wenden und weitere 2–3 Minuten grillen, bis sie hellbraun sind. Herausnehmen; warm halten.

6 Die restlichen 2 EL Öl in einer Pfanne erhitzen. Die eingeweichten Steinpilze und die in Scheiben geschnittenen Egerlinge hineingeben und bei mittlerer bis starker Hitze unter ständigem Rühren 3–4 Minuten braten, bis sie weich sind.

7 Sherry und Einweichflüssigkeit zufügen. Alles bei starker Hitze kochen lassen, bis die meiste Flüssigkeit verdampft ist. Petersilie, Rosmarin und Walnüsse zugeben; mit Salz und Pfeffer abschmecken.

8 Die Pilze mit den Polentaschnitten anrichten, mit etwas gehackter Petersilie bestreuen und sofort servieren.

Varianten

Mit Kräutern und Nüssen 2–3 EL Crème légère oder Schmand zu den Pilzen geben und heiß werden lassen.

Sie können 150 ml Brühe durch die gleiche Menge Weißwein ersetzen.

Am Ende von Schritt 2 noch 1 TL Cayennepfeffer unter die gegarte Polenta rühren.

Nährwerte pro Portion 203 kcal, 4 g Eiweiß, 9 g Fett (1 g davon gesättigte Fettsäuren), 23,5 g Kohlenhydrate (1,5 BE, 2 KE), 3 g Ballaststoffe. Ausgezeichnete Quelle für Kupfer. Liefert auch Selen.

Für **Polentaschnitten mit Tapenade** die abgekühlte, fest gewordene Polenta wie beschrieben in Stücke schneiden und grillen. Für die Tapenade 75 g entsteinte schwarze Oliven, 2 EL Kapern, 2 in Öl eingelegte getrocknete Tomaten (gut abgetropft) und eine zerdrückte Knoblauchzehe mit 2 EL Olivenöl, 2 EL gehackter glatter Petersilie sowie Salz und Pfeffer nach Geschmack pürieren. Sie können auch Oliven, Kapern und Tomaten fein hacken und dann mit Knoblauch, Öl, Petersilie, Salz und Pfeffer mischen.

Das gesunde Plus

- Polenta ist feiner Maisgrieß. Er ist glutenfrei und liefert wertvolle komplexe Kohlenhydrate.
- Pilze enthalten viel Kupfer. Dieser Mineralstoff erfüllt im Körper vielfältige Aufgaben, wird jedoch vor allem für die Gesunderhaltung der Knochen benötigt.
- Walnusskerne liefern viele Antioxidanzien, unter anderem Kupfer, Selen, Vitamin E und Zink.

Hauptgerichte

FLEISCH

GEFLÜGEL

FISCH UND MEERESFRÜCHTE

VEGETARISCH

Steaks mit Portweinsauce

Dünn geschnittene Rumpsteaks werden für dieses Gericht ganz kurz gebraten. Und aus dem Bratensatz wird mit etwas Portwein in wenigen Minuten eine köstliche Sauce. Perfekte Beilage: Kartöffelchen, Pilze, Paprika und Zuckerschoten aus dem Wok.

Vorbereitung und Garzeit **30 Minuten** *Für 4 Portionen*

500 g sehr kleine neue Kartoffeln, sauber gebürstet, größere Exemplare halbiert

2 TL natives Olivenöl extra

250 g große Champignons, halbiert

250 g Zuckerschoten

1 große rote Paprikaschote, geputzt und in dünne Streifen geschnitten

200 ml Rinder- oder Gemüsebrühe

1 EL Worcestersauce

1 TL Dijon-Senf

½ TL brauner Zucker

4 dünne Rumpsteaks (je etwa 150 g), von den Fetträndern befreit

geschroteter schwarzer Pfeffer

1 TL Butter

1 Schalotte, fein gewürfelt

2 Knoblauchzehen, zerdrückt

4 EL Portwein

Salz und Pfeffer

1 Die Kartoffeln in einem Topf mit kochend heißem Wasser bedecken. Das Wasser aufkochen lassen, Kartoffeln bei mittlerer Hitze 10–12 Minuten kochen.

2 Inzwischen das Öl im Wok oder in einer großen, möglichst beschichteten Pfanne erhitzen. Pilze, Zuckerschoten und Paprikastreifen darin 1 Minute pfannenrühren. 125 ml Brühe mit Worcestersauce, Senf und Zucker mischen. Unter das Gemüse rühren. Das Gemüse unter häufigem Rühren 3 Minuten köcheln lassen, bis es knapp gar ist.

3 Die Steaks auf beiden Seiten mit geschrotetem Pfeffer würzen; beiseitestellen. Eine Grillpfanne heiß werden lassen. Kartoffeln abgießen, zum Gemüse geben und unterrühren; das Ganze bei sehr schwacher Hitze bis zum Servieren warm halten.

4 Die Butter in der heißen Pfanne bei starker Hitze aufschäumen, anschließend die Steaks sofort hineingeben. Die Garzeit hängt von der Dicke der Steaks ab und davon, wie stark durchgegart das Fleisch sein soll. Nach 1 Minute Bratzeit auf jeder Seite ist ein 1 cm dickes Steak noch blutig (gibt auf Fingerdruck nach), nach 1½ –2 Minuten pro Seite ist es medium (bietet auf Fingerdruck etwas Widerstand) und nach 2½ –3 Minuten durchgebraten (fühlt sich beim Daraufdrücken fest an). Die Steaks auf vorgewärmte Teller heben und warm stellen.

5 Schalotte und Knoblauch zum Bratensatz in die Pfanne geben und unter Rühren bei schwacher Hitze 1 Minute braten. Den Portwein zugießen, alles bei mittlerer Hitze aufkochen und unter Rühren 1 Minute sprudelnd kochen lassen. Die restliche Brühe angießen, die Sauce noch 1 Minute kochen lassen. Abschmecken, dann über die Steaks gießen. Steaks und Gemüse sofort servieren.

Das gesunde Plus

- Neue Kartoffeln sind reich an Vitamin C und Folsäure. Wie viel Ballaststoffe die gegarten Knollen liefern, hängt von der Zubereitung ab: Ungeschält gegart, liefern sie 30 % mehr Ballaststoffe als Kartoffeln, die vor dem Garen geschält wurden. Außerdem bleiben die Nährstoffe, die sich direkt unter der Schale befinden, größtenteils erhalten.

Foto Seite 61

Nährwerte pro Portion 386 kcal, 38 g Eiweiß, 11 g Fett (4 g davon gesättigte Fettsäuren), 31 g Kohlenhydrate (2,1 BE, 2,5 KE), 4,5 g Ballaststoffe. Ausgezeichnete Quelle für Vitamin A, Vitamin B_6, Vitamin B_{12}, Vitamin C, Zink. Reich an Eisen, Folsäure, Kalium, Kupfer, Niazin, Vitamin B_1, Vitamin B_2. Liefert auch Selen.

Salat mit Rindfleisch und Kartoffeln

Aus zarter, magerer Rinderlende lässt sich ein herrlicher Salat für Gäste zaubern. Hier wird das Fleisch zusammen mit Frühkartoffeln und Gemüse von einer mit Senf gewürzten Vinaigrette geadelt. Reichen Sie dazu knuspriges Baguette.

Vorbereitung **35–40 Minuten,** plus Kühlzeit *Für 4 Portionen*

500 g Rinderlende am Stück

1 ½ TL natives Olivenöl extra

350 g Frühkartoffeln, sauber gebürstet

150 g feine grüne Bohnen, quer halbiert

100 g Erbsen, frisch oder tiefgekühlt

100 g Lauch, in sehr feine Streifen geschnitten

2 EL Schnittlauchröllchen

Senf-Vinaigrette

1 ½ EL natives Olivenöl extra

2 TL Rotweinessig

1 TL Dijon-Senf

Zucker

Salz und Pfeffer

1 Den Backofen auf 230 °C vorheizen. Das Fleisch mit Olivenöl einreiben und auf einem Rost im Ofen 15–25 Minuten (blutig–durchgegart) garen.

2 In der Zwischenzeit die Zutaten für die Vinaigrette in einer großen Schüssel mit dem Schneebesen verrühren.

3 Das Fleisch aus dem Ofen nehmen und 5 Minuten ruhen lassen, dann quer zur Faser in dünne Scheiben schneiden. In das Dressing geben und darin abkühlen lassen.

4 Die Kartoffeln in einem Topf in etwa 15 Minuten gar kochen. Abgießen, gut abtropfen und etwas abkühlen lassen, dann halbieren oder in dicke Scheiben schneiden und zum Fleisch geben.

5 In einem zweiten Topf Wasser aufkochen und die Bohnen für 1 Minute hineingeben. Die Erbsen zufügen und mit den Bohnen weitere 3 Minuten kochen, bis das Gemüse weich ist. Abgießen, dann mit kaltem Wasser abschrecken und gut mit Fleisch und Kartoffeln mischen. Den Salat zudecken und in den Kühlschrank stellen.

6 Den Salat etwa 15 Minuten vor dem Servieren aus dem Kühlschrank nehmen. Lauch und Schnittlauch unterrühren.

Variante

Für einen **pikanten Salat mit Schweinefilet** 2 EL braunen Zucker, 1 TL Selleriesalz, 1 TL Knoblauchgranulat, 1 TL Apfelessig und je ½ TL Ingwerpulver, gemahlenes Piment und Paprikapulver zu einer Paste verrühren. 500 g Schweinefilet am Stück damit einreiben; bis zu 8 Stunden durchziehen lassen. Das Filet bei 200 °C im vorgeheizten Ofen 30 Minuten durchbraten. Herausnehmen; abkühlen lassen. 250 g Basmatireis waschen. In kochendem Wasser in 10–12 Minuten garen. Abgießen und abkühlen lassen. Fleisch in Würfel schneiden; mit dem Reis sowie 100 g Ananasstücken, einer gewürfelten Mango und 100 g gewürfeltem Staudensellerie mischen. Mit gehackter Petersilie und Paprikapulver garnieren.

Das gesunde Plus

- Rindfleisch enthält nennenswerte Mengen an Vitamin D, das überwiegend in Lebensmitteln tierischen Ursprungs vorkommt. Dieses Vitamin ist für die Verwertung von knochenstärkendem Kalzium unentbehrlich.
- Erbsen liefern die Vitamine B_1 und B_6 sowie Niazin und (überwiegend lösliche) Ballaststoffe, außerdem Folsäure und Vitamin C.

Foto Seite 61

Nährwerte pro Portion 305 kcal, 28 g Eiweiß, 13 g Fett (4,5 g davon gesättigte Fettsäuren), 17 g Kohlenhydrate (1,2 BE, 1,6 KE), 3 g Ballaststoffe. Ausgezeichnete Quelle für Niazin, Vitamin B_1, Vitamin B_6, Vitamin B_{12}, Vitamin C, Vitamin E, Zink. Reich an Eisen, Folsäure, Vitamin B_2. Liefert auch Kalium, Selen.

Rindfleisch à la Waldorf

Rohes Gemüse und frisches Obst gehören zu den besten Lieferanten von Vitaminen und Mineralstoffen. Der tolle Salat zum Sattessen bietet eine Menge dieser lebenswichtigen Substanzen. Ein Senfdressing macht ihn ganz besonders lecker. Mit reichlich frischem, knusprigem Brot ist er eine wohltuende, gesunde Mahlzeit.

Vorbereitung **25–30 Minuten,** plus **15 Minuten** Kühlzeit *Für 4 Portionen*

2 Rinderlendensteaks (je etwa 150 g), von den Fetträndern befreit

¼ TL natives Olivenöl extra

Pfeffer

250 g Radieschen, in dünne Scheiben geschnitten

3 Möhren, geraspelt

1 kleine gelbe Paprikaschote, geputzt und in dünne Ringe geschnitten

3 Selleriestangen, schräg in Scheiben geschnitten

3 Frühlingszwiebeln, schräg in Scheiben geschnitten

30 g Walnusskerne

50 g Rosinen

2 kleine Äpfel

2 TL Zitronensaft

Salz

100 g Rucola oder Brunnenkresse

Senfdressing

2 EL körniger Senf

3 EL Salatcreme oder fettarme Mayonnaise

3 EL stichfester Magerjoghurt

1 Die Steaks mit Öl einpinseln und mit Pfeffer würzen. Eine Grillpfanne oder eine beschichtete Pfanne bei mittlerer Hitze heiß werden lassen. Die Steaks darin auf jeder Seite 3 Minuten (blutig) oder 4 Minuten (medium) braten (Zeitangaben gelten für 2 cm dicke Steaks; für dünnere Steaks verringert sich die Zeit, für dickere verlängert sie sich). Steaks aus der Pfanne heben und mindestens 15 Minuten abkühlen lassen.

2 Inzwischen für das Dressing Senf, Salatcreme/Mayonnaise und den Joghurt in einer kleinen Schüssel glatt verrühren.

3 Radieschen, Möhren, Paprika, Sellerie, Frühlingszwiebeln, Nüsse und Rosinen in eine große Schüssel geben. Äpfel vierteln, von den Kerngehäusen befreien und in 2 cm große Stücke schneiden; mit Zitronensaft mischen. Mit der Hälfte des Dressings ebenfalls in die Schüssel geben und alles gut mischen. Mit Salz und Pfeffer abschmecken.

4 Rucola oder Brunnenkresse auf 4 Teller häufen und den Apfel-Gemüse-Salat daneben anrichten. Die Steaks in dünnen Scheiben darauflegen. Das restliche Dressing darüberlöffeln oder in einem Kännchen separat dazu reichen.

Varianten

Anstelle von Lendensteaks können Sie auch Rumpsteaks nehmen.

Ersetzen Sie die Radieschenscheiben einmal durch geraspelten Daikon (weißer Rettich).

Für einen **Waldorfsalat mit Roastbeef und Reis** 300 g in Würfel geschnittene Roastbeefreste und 250 g abgekühlten gekochten Naturreis unter den Apfel-Gemüse-Salat mischen. Auch übrig gebliebenes gegartes Hühnerfleisch lässt sich so verwerten.

Das gesunde Plus

- Äpfel liefern reichlich Vitamin C, dazu lösliche Ballaststoffe in Form von Pektin. Wer Äpfel mit der Schale isst, nimmt die meisten Ballaststoffe zu sich.
- Zucker liegt in diesem Gericht ausschließlich in intrinsischer Form vor, das heißt, er ist von Natur aus in Obst (Rosinen und Äpfel) und Gemüse (Radieschen, Möhren, Paprika, Staudensellerie, Frühlingszwiebeln und Rucola) vorhanden. Es liegt an den Ballaststoffen in diesem Obst und Gemüse, wie schnell dieser Zucker ins Blut übergeht.

Nährwerte pro Portion

250 kcal, 18 g Eiweiß, 9 g Fett (1,5 g davon gesättigte Fettsäuren), 25 g Kohlenhydrate (1,2 BE, 1,3 KE), 5 g Ballaststoffe. Ausgezeichnete Quelle für Niazin, Vitamin A, Vitamin B_1, Vitamin B_6, Vitamin B_{12}, Vitamin E. Reich an Eisen, Folsäure, Kalium, Vitamin B_2, Zink. Liefert auch Kalzium, Selen.

Rindfleisch à la Waldorf *Seite 60*

Salat mit Rindfleisch und Kartoffeln *Seite 59*

Aromatisches Rindfleischcurry *Seite 62*

Steaks mit Portweinsauce *Seite 58*

Aromatisches Rindfleischcurry

Bei diesem Gericht kommt selbst der anspruchsvollste Curryliebhaber auf seine Kosten. Mageres Steakfleisch wird mit vielen Gewürzen sowie mit Tomaten, Pilzen und Spinat gegart, Joghurt rundet die Sache aufs Köstlichste ab, Reis mit Kardamomduft ist die perfekte Ergänzung.

Vorbereitung **10 Minuten** Garzeit **20 Minuten** *Für 4 Portionen*

1 EL Sonnenblumenöl

1 große Zwiebel, in dünne Ringe geschnitten

150 g Champignons, in Scheiben geschnitten

400 g Rinderlende, vom Fettrand befreit und in dünne Streifen geschnitten

1 ½ TL in Öl eingelegter gehackter Ingwer (Glas), abgetropft

2 Knoblauchzehen, fein gewürfelt

½ TL Chiliflocken

2 TL gemahlener Koriander

¼ TL gemahlener Kardamom

½ TL Kurkuma

¼ TL geriebene Muskatnuss

1 Dose Pizzatomaten (400 g)

1 TL Maisstärke, mit 1 EL Wasser verrührt

300 g fettarmer Joghurt

1 EL flüssiger Honig

125 g junger Spinat

Saft von ½ Limette

2 EL gehacktes Koriandergrün, mehr zum Garnieren

Kardamomreis

350 g Basmatireis, gut abgespült

1 Zimtstange

8 grüne Kardamomkapseln, gequetscht

Saft von ½ Zitrone

Salz

1 Das Öl in einem großen Topf erhitzen. Zwiebel und Pilze hineingeben und bei starker Hitze 2 Minuten braten, bis die Zwiebel Farbe angenommen hat.

2 Fleisch, Ingwer, Knoblauch, Chili und Gewürze zugeben. 2 Minuten unter Rühren mitbraten, dann die Tomaten mitsamt dem Saft und die Stärkemischung zufügen. Unter Rühren aufkochen lassen, Joghurt und Honig einrühren. Alles erneut aufkochen, anschließend bei mittlerer Hitze zugedeckt 20 Minuten köcheln lassen.

3 Für den Kardamomreis 500 ml Wasser in einem Topf aufkochen. Reis, Zimt und Kardamom hineingeben. Zum Kochen bringen, dann fest zugedeckt 10 Minuten köcheln lassen, bis der Reis gar ist. Alles in ein Sieb schütten, den Reis wieder in den Topf geben und den Zitronensaft unterrühren. Zudecken und beiseitestellen.

4 Spinat, Limettensaft und Koriandergrün unter das Curry rühren. Spinatblätter in der Sauce zusammenfallen lassen. Zum Servieren das Rindfleischcurry über den Reis schöpfen; mit Korianderblättchen garnieren.

Variante

Wenn Sie gern scharf essen, können Sie kurz vor Ende der Garzeit noch 1 halbierte frische rote Chilischote zum Curry geben. Diese können Sie in der Sauce lassen oder vor dem Servieren herausfischen.

Das gesunde Plus

- Kardamom soll bei Verdauungsproblemen wie Völlegefühl, Blähungen und Magenkrämpfen Linderung verschaffen.
- Pilze sind kalorienarm und liefern ansehnliche Mengen an Vitamin B_6, Niazin und Folsäure, außerdem den Mineralstoff Kupfer.
- Von gesundheitlichem Nutzen ist Rindfleisch insbesondere wegen seines Gehalts an B-Vitaminen und Vitamin D, einer Substanz, die nur in wenigen Lebensmitteln vorkommt.

Foto Seite 61

Nährwerte pro Portion 570 kcal, 36 g Eiweiß, 9 g Fett (3 g davon gesättigte Fettsäuren), 86 g Kohlenhydrate (0,5 BE, 0,5 KE), 2 g Ballaststoffe. Ausgezeichnete Quelle für Eisen, Zink. Reich an Kalium, Kalzium, Kupfer, Vitamin A, Vitamin B_6, Vitamin B_{12}, Vitamin C. Liefert auch Folsäure, Selen, Vitamin B_1, Vitamin B_2, Vitamin E.

Saftiger Schmorbraten

Weil das Fleisch hier ganz besonders lange gart, wird es sagenhaft zart – unwiderstehlich! Das Gericht kann gut im Voraus zubereitet werden und schmeckt aufgewärmt fast noch besser. Tipp: Zum köstlichen Braten bilden knackige Blattsalate einen tollen Kontrast.

Vorbereitung und Garzeit **4 Stunden** *Für 6 Portionen*

1 TL natives Olivenöl extra

1 kg Rinderschmorbraten

2 große Zwiebeln, fein gewürfelt

1 Selleriestange, fein gehackt

3 Knoblauchzehen, fein gewürfelt

250 ml trockener Rot- oder Weißwein

½ Dose Pizzatomaten (etwa 200 g)

1 große Möhre, geraspelt

1 TL gehackter Thymian

500 ml Fleischbrühe

600 g neue Kartoffeln, sauber gebürstet, geviertelt

350 g Knollensellerie, in 2,5 cm große Würfel geschnitten

350 g Steckrübe, in 2,5 cm große Würfel geschnitten

4 Möhren (etwa 300 g), in Scheiben geschnitten

Salz und Pfeffer

3 EL gehackte Petersilie zum Garnieren

1 Den Backofen auf 160 °C vorheizen. Das Öl in einem ofenfesten Schmortopf erhitzen. Das Fleisch darin bei mittlerer bis starker Hitze 6–8 Minuten rundum kräftig anbraten; auf eine Platte geben.

2 Die Hitze etwas reduzieren. Zwiebeln, Sellerie und Knoblauch in den Topf geben und 3 Minuten unter häufigem Rühren dünsten, bis die Zwiebeln glasig werden. Wein zugießen und 1 Minute kochen lassen, dann Tomaten mitsamt Saft und Möhrenraspeln zufügen; 2 Minuten mitgaren.

3 Fleisch mit dem ausgetretenen Fleischsaft und Thymian in den Topf geben. Fleisch mit Butterbrotpapier oder Alufolie bedecken, die Ecken nach oben falten, damit sie nicht mit der Schmorflüssigkeit in Berührung kommen. Topf mit dem passenden Deckel verschließen; in den Ofen stellen. Braten 2 ½ Stunden schmoren.

4 Etwa 20 Minuten vor Ende der Garzeit die Brühe in einem hohen Topf mit passendem Deckel aufkochen. Kartoffeln, Knollensellerie, Steckrübe und Möhrenscheiben hineingeben und zugedeckt 12–15 Minuten köcheln lassen, bis sie knapp weich sind.

5 Inzwischen den Braten aus dem Topf heben und beiseitelegen. Sichtbares Fett vom Schmorsud abschöpfen und dann den Schmorsud mit dem Gemüse darin im Mixer oder in der Küchenmaschine glatt pürieren. Mit Salz und Pfeffer abschmecken.

6 Kartoffeln und Wurzelgemüse abgießen, dabei die Garflüssigkeit auffangen. Eine Schicht Kartoffel-Gemüse-Mischung in den Schmortopf geben. Den Braten darauflegen, die restliche Kartoffelmischung und die Garflüssigkeit darübergeben. Abschließend mit der Sauce begießen und das Ganze im Ofen 20 Minuten schmoren, bis Kartoffeln und Gemüse vollständig weich sind.

7 Den Braten auf ein Tranchierbrett heben und 10 Minuten ruhen lassen. Gemüse und Sauce bei schwacher Hitze im Ofen warm halten.

8 Das Fleisch aufschneiden und die Scheiben mit Gemüse und Sauce auf vorgewärmten Tellern anrichten. Mit Petersilie bestreuen und sofort servieren. Nach Belieben Salat und Brot dazu reichen.

Das gesunde Plus

- Steckrüben gehören zur Familie der Kreuzblütler. Sie sind reich an Vitamin C und Betakarotin und liefern sekundäre Pflanzenstoffe, die u.a. möglicherweise dazu beitragen, die Entstehung von Krebs zu verhindern.

Foto Seite 65

Nährwerte pro Portion 399 kcal, 43 g Eiweiß, 12 g Fett (4 g davon gesättigte Fettsäuren), 33 g Kohlenhydrate (1,2 BE, 1,5 KE), 8 g Ballaststoffe. Ausgezeichnete Quelle für Folsäure, Niazin, Vitamin A, Vitamin B_1, Vitamin B_6, Vitamin B_{12}, Zink. Reich an Eisen, Vitamin B_2. Liefert auch Selen.

Tafelspitz mit Rote-Bete-Relish

Saftiges Fleisch, neue Kartoffeln und knackiges Gemüse geben sich hier ein Stelldichein. Die Rote Bete unterstreicht das kräftige Aroma des Rindfleischs. Wer mag, kann zu dem Fleisch außerdem frisch geriebenen Meerrettich servieren.

Vorbereitung **25 Minuten** Garzeit **etwa 2½ Stunden** *Für 4 Portionen*

750 g Tafelspitz

je 3 Thymianzweige und Petersilienstängel

1 großes Lorbeerblatt

2 Knoblauchzehen, in Scheiben

10 schwarze Pfefferkörner, grob zerdrückt

250 g Lauch, in Scheiben

1 Selleriestange, in 7,5 cm lange Stücke geschnitten

Salz

300 g kleine Kartoffeln, sauber gebürstet

12 Schalotten

je 300 g kleine weiße Rübchen und Möhren

150 g Wirsing, in feinen Streifen

gehackte Petersilie zum Garnieren

Rote-Bete-Relish

350 g gegarte Rote Bete, geschält und klein gewürfelt

6 Frühlingszwiebeln, gehackt

3 EL gehackte Petersilie

Salz und Pfeffer

1 Das Fleisch in einen ofenfesten Schmortopf geben. Etwa 1,5 l Wasser zufügen – das Fleisch soll gut bedeckt sein. Bei starker Hitze aufkochen, falls nötig, abschäumen.

2 Sobald die Flüssigkeit sprudelnd kocht, die Hitze stark reduzieren. Thymian, Petersilie, Lorbeerblatt, Knoblauch und Pfefferkörner in ein Mullsäckchen geben. Dieses fest zubinden und mit Lauch und Sellerie in den Topf geben. Alles mit halb aufgelegtem Deckel bei schwacher Hitze 1¾–2 Stunden köcheln, dabei nach Bedarf abschäumen. Mit einer Messerspitze prüfen, ob das Fleisch weich ist.

3 Inzwischen für das Relish Rote Bete, Frühlingszwiebeln und Petersilie in eine Schüssel geben. Salz und Pfeffer nach Geschmack zugeben und alles behutsam mischen. Zudecken und kalt stellen.

4 Den Backofen auf 50–80 °C vorheizen. Das gegarte Fleisch in eine ofenfeste Form legen. Mit Garsud bedecken und die Form fest mit Alufolie verschließen. Zum Warmhalten in den Ofen stellen.

5 Das Mullsäckchen aus dem Topf nehmen und wegwerfen. Kartoffeln und Schalotten mit ½ TL Salz in den Topf geben und bei mittlerer Hitze 5 Minuten garen. Rübchen und Möhren zufügen und alles 15 Minuten köcheln lassen. Wenn das Gemüse weich ist, dieses mit einem Schaumlöffel aus dem Topf nehmen und neben das Fleisch legen.

6 Kohl in den Garsud im Topf geben und 3 Minuten darin kochen, bis er weich ist. Mit einem Schaumlöffel zum übrigen Gemüse geben.

7 Rindfleisch quer zur Faser aufschneiden, die Scheiben in tiefe Teller legen. Darüber etwas von dem Gemüse und ein bisschen Brühe geben. Mit Petersilie bestreuen und mit dem Relish servieren.

Das gesunde Plus

- Seit jeher steht Rote Bete in dem Ruf, gut fürs Blut zu sein. Und tatsächlich: Sie enthält Folsäure, ein B-Vitamin, dass für gesunde Zellen und zur Vorbeugung von Anämie unerlässlich ist. Außerdem schützen einige ihrer Inhaltsstoffe möglicherweise vor Krebs.

Nährwerte pro Portion 391 kcal, 45 g Eiweiß, 8 g Fett (3 g davon gesättigte Fettsäuren), 36 g Kohlenhydrate (0 BE, 0 KE), 10 g Ballaststoffe. Ausgezeichnete Quelle für Niazin, Vitamin A, Vitamin B_1, Vitamin B_2, Vitamin B_6, Vitamin B_{12}, Vitamin C, Vitamin E, Zink. Reich an Eisen, Selen. Liefert auch Kalzium.

Tafelspitz mit Rote-Bete-Relish *Seite 64*

Saftiger Schmorbraten *Seite 63*

Nudeltopf mit Rindfleisch *Seite 67*

Geschmortes Rindfleisch mit Graupen *Seite 66*

Geschmortes Rindfleisch mit Graupen

Wacholderbeeren verleihen diesem Gericht eine ganz eigene Note. Und das Fleisch ist so zart, dass es auf der Zunge zergeht. Die nahrhaften Gerstenkörner quellen während des Garens auf und machen den Bratensaft wunderbar sämig. Reichen Sie dazu am besten Kartoffelbrei und grüne Bohnen.

Vorbereitung **20 Minuten,** plus **8 Stunden** Marinierzeit   Garzeit **2–2¼ Stunden**   *Für 4 Portionen*

500 g mageres Rindergulasch, in 5 cm große Würfel geschnitten

2 Knoblauchzehen, halbiert

3 Lorbeerblätter

6 Wacholderbeeren, gequetscht

1 Thymianzweig

250 ml kräftiger Rotwein

12 kleine runde Schalotten (etwa 400 g)

1 EL natives Olivenöl extra

50 g Graupen (Rollgerste)

400 ml Fleischbrühe

Salz und Pfeffer

3 große Möhren (etwa 400 g), in große Stücke geschnitten

2 Selleriestangen, in Scheiben geschnitten

300 g Steckrübe, in 4 cm große Stücke geschnitten

1 Das Fleisch mit Knoblauch, Lorbeer, Wacholder und Thymian in eine Schüssel geben. Mit dem Wein begießen, zudecken und 8 Stunden oder über Nacht im Kühlschrank durchziehen lassen.

2 Am nächsten Tag den Backofen auf 160 °C vorheizen. Schalotten in einer Schüssel mit kochend heißem Wasser bedecken. Nach 2 Minuten abgießen. Etwas abkühlen lassen, dann schälen; beiseitestellen.

3 Das Fleisch aus der Marinade nehmen, auf Küchenpapier legen und trockentupfen. Das Öl in einem ofenfesten Schmortopf bei mittlerer Hitze heiß werden lassen. Das Fleisch hineingeben (falls nötig, portionsweise, der Topf darf nicht zu voll werden) und rundum anbraten. Herausnehmen, auf einen Teller geben und beiseitestellen.

4 Die Schalotten in den Topf geben und 3–4 Minuten rundum anbraten. Die Graupen zufügen und 1 Minute mitbraten, dann das Fleisch mitsamt dem ausgetretenen Saft zugeben. Die Brühe zugeben und alles aufkochen.

5 Die Marinade durch ein Sieb in den Topf gießen, Lorbeer und Thymian zugeben. Den Sud mit Salz und Pfeffer würzen. Im geschlossenen Topf 45 Minuten im Ofen garen.

6 Möhren, Sellerie und Steckrübe zum Fleisch in den Topf geben und unterrühren. Zugedeckt weitere 1–1¼ Stunden schmoren, bis Fleisch, Graupen und Gemüse schön weich sind. Lorbeerblätter und Thymianzweig vor dem Servieren entfernen.

Variante

Die Sauce ist ziemlich dick. Falls Sie das nicht so gern mögen, geben Sie 20 Minuten vor Ende der Garzeit zusätzlich noch 125 ml Brühe zum Garsud.

Das gesunde Plus

- Im Gegensatz zu Perlgraupen hat Roll- oder Kochgerste noch die äußeren Schichten des Korns und deshalb auch mehr Nährstoffe.
- Gerstenkörner enthalten Betaglukane. Das sind lösliche Ballaststoffe, von denen man annimmt, dass sie das Blutcholesterin erheblich senken können. Außerdem haben die Körner einen niedrigen glykämischen Index.
- Das im Rindfleisch reichlich enthaltene Eisen wird vom Körper besonders gut aufgenommen und verwertet.

Foto Seite 65

Nährwerte pro Portion 367 kcal, 31 g Eiweiß, 10 g Fett (3 g davon gesättigte Fettsäuren), 29 g Kohlenhydrate (0,8 BE, 0,8 KE), 8 g Ballaststoffe. Ausgezeichnete Quelle für Vitamin A. Reich an Vitamin C. Liefert auch Eisen, Folsäure, Kalium, Kalzium, Kupfer, Niazin, Vitamin B_1, Vitamin B_6, Vitamin E, Zink.

Nudeltopf mit Rindfleisch

Fusilli, die schlanken Spiralnudeln, machen sich in Eintöpfen besonders gut. Sie werden in diesem Eintopf erst gegen Ende der Garzeit zugegeben, damit sie angenehm bissfest bleiben. Trotzdem haben sie genug Zeit, die herzhaften Aromen von Fleisch, Gemüse und Oregano aufzunehmen.

Vorbereitung **15 Minuten** Garzeit **etwa 1½ Stunden** *Für 4 Portionen*

1 EL natives Olivenöl extra

350 g mageres Rindergulasch, in 1 cm großen Würfeln

1 Zwiebel, gewürfelt

1 Dose Pizzatomaten (400 g)

2 EL Tomatenmark

2 Knoblauchzehen, fein gewürfelt

1 l Fleisch- oder Gemüsebrühe

3 große Möhren, in Scheiben geschnitten

4 Selleriestangen, in Scheiben geschnitten

1 kleine Steckrübe (etwa 400 g), in kleine Würfel geschnitten

Salz und Pfeffer

250 g Fusilli (Spiralnudeln)

1 EL gehackter frischer oder 1 TL getrockneter Oregano

1 Das Öl in einem großen Schmortopf erhitzen. Das Fleisch hineingeben und unter häufigem Rühren rundum anbraten, dann mit einem Schaumlöffel herausheben.

2 Die Zwiebel in den Topf geben und in etwa 5 Minuten unter häufigem Rühren glasig werden lassen. Tomaten samt Saft, Tomatenmark, Knoblauch und 500 ml Brühe zufügen. Alles verrühren und aufkochen.

3 Das Fleisch zurück in den Topf geben. Möhren, Sellerie und Steckrübe sowie Salz und Pfeffer nach Geschmack zufügen. Alles zugedeckt 1 Stunde köcheln lassen, bis das Fleisch weich ist.

4 Nudeln, Oregano und die restlichen 500 ml Brühe in den Topf geben. Bis kurz vor dem Aufkochen erhitzen, dann die Hitze zurückschalten und den Topf mit dem Deckel verschließen. Alles 20–25 Minuten garen, bis die Nudeln weich sind. Sofort servieren.

Varianten

Eine mediterrane Note erhält das Gericht, wenn Sie Möhren und Steckrübe durch je 1 geputzte und gehackte rote und grüne Paprikaschote ersetzen. Paprika und Zwiebel in den Topf geben. Zusammen mit den Nudeln noch 150 g kleine Champignons zufügen.

Schmeckt auch mit Reh- oder Hirschfleisch. Dann statt zerkleinerter Möhren und Steckrüben runde Möhren und Rübchen nehmen.

Das gesunde Plus

- Rindfleisch liefert reichlich Eisen und Zink. Eisen aus dunklem Fleisch kann vom Körper viel besser aufgenommen werden als Eisen aus pflanzlichen Quellen.
- Kreuzblütler wie die Steckrübe spielen eine wichtige Rolle in der Krebsvorbeugung.
- Nudeln und stärkehaltige Wurzelgemüse erhöhen den Ballaststoff- und Kohlenhydratgehalt von Eintöpfen. Fusilli haben einen niedrigen bis mittleren glykämischen Index.

Foto Seite 65

Nährwerte pro Portion 400 kcal, 27,5 g Eiweiß, 8,5 g Fett (2 g davon gesättigte Fettsäuren), 57 g Kohlenhydrate (3,5 BE, 4,2 KE), 6 g Ballaststoffe. Ausgezeichnete Quelle für Niazin, Vitamin A, Vitamin B_{12}, Vitamin C. Reich an Eisen, Kalium, Kupfer, Vitamin B_1, Vitamin B_6, Zink. Liefert auch Folsäure, Kalzium, Selen, Vitamin B_2, Vitamin E.

Chili con carne mit Maisbrot

Rindfleisch und rote Bohnen werden hier langsam in einer kräftigen Tomatensauce mit Chili und Kreuzkümmel gegart – ein herrliches Essen für einen kalten Winterabend, besonders wenn es dazu saftiges Maisbrot mit Maiskörnern und Chilischote darin gibt. Mit knackigem Salat eine ausgewogene Mahlzeit!

Vorbereitung **25 Minuten** Garzeit **1–1½ Stunden** *Für 6 Portionen*

1 EL natives Olivenöl extra

350 g mageres Rindfleisch zum Schmoren, vom Fett befreit und in kleine Würfel geschnitten

1 große Zwiebel, fein gewürfelt

2 Knoblauchzehen, zerdrückt

½ TL Kreuzkümmelsamen, zerstoßen

1 TL Chiliflocken

1 EL Tomatenmark

1 Dose Pizzatomaten (400 g)

2 Dosen rote Kidneybohnen (je 400 g), Inhalt abgespült und abgetropft

300 ml Fleischbrühe

Salz und Pfeffer

Maisbrot

150 g feiner Maisgrieß

125 g Mehl

2 TL Backpulver

½ TL Salz

1 großes Ei

250 ml fettarme Milch

150 g Maiskörner, frisch oder aufgetaute TK-Ware

1 kleine milde grüne Chilischote, entkernt und fein gehackt

1 Das Öl in einem ofenfesten Schmortopf erhitzen. Fleisch darin bei starker Hitze 3–4 Minuten rundum kräftig anbraten, dann mit einem Schaumlöffel herausheben.

2 Die Hitze stark herunterschalten, die Zwiebel in den Topf geben. Umrühren und 10 Minuten bei schwacher Hitze dünsten. Knoblauch, Kreuzkümmel und Chiliflocken zufügen und 1 Minute mitbraten; das Fleisch zugeben. Tomatenmark, Tomaten mitsamt dem Saft, Bohnen und Brühe unterrühren. Alles aufkochen, dann zugedeckt bei schwacher Hitze 1–1½ Stunden unter gelegentlichem Rühren köcheln lassen, bis das Fleisch weich ist.

3 Inzwischen für das Maisbrot den Backofen auf 200 °C vorheizen und eine etwa 20 cm große quadratische Backform dünn ausbuttern. Maisgrieß, Mehl, Backpulver und Salz in einer Schüssel mischen. Das Ei mit der Milch verquirlen und alles zu einem dickflüssigen, nicht zu glatten Teig verrühren – wenn Sie zu lange rühren, wird das Brot nicht locker. Maiskörner und Chilischote untermischen. Den Teig in die Form füllen und 20–25 Minuten backen.

4 Das Brot aus der Form stürzen und in 4 Quadrate schneiden. Chili con carne auf vorgewärmte tiefe Teller verteilen und mit dem warmen Maisbrot servieren.

Variante

Ersetzen Sie das Rindfleisch durch mageres Lammfleisch (aus Keule oder Nacken). Anstelle der Chiliflocken nehmen Sie in diesem Fall 1 entkernte und fein gehackte frische grüne Chilischote, ½ TL gemahlenen Koriander und 1 Zimtstange. Statt Kidneybohnen den abgespülten und abgetropften Inhalt von 2 Dosen (je 400 g) Kichererbsen mit 2 in 1 cm große Würfel geschnittenen Auberginen zum Chili geben, nachdem es bereits 15 Minuten vor sich hingeköchelt hat. Gelegentlich umrühren und, falls nötig, etwas Brühe angießen. Kurz vor dem Servieren 3 EL gehacktes Koriandergrün unterrühren.

Das gesunde Plus

- Rote Kidneybohnen liefern reichlich komplexe Kohlenhydrate, außerdem viel Niazin, Vitamin B_1, Vitamin B_6 und etwas Eisen. Außerdem bringen sie eine Menge lösliche Ballaststoffe mit. Diese können den Cholesterinspiegel im Blut senken.
- Mais liefert ebenfalls komplexe Kohlenhydrate. Sein glykämischer Index entspricht dem von Orangen.

Foto Seite 71

Nährwerte pro Portion 408 kcal, 28 g Eiweiß, 8 g Fett (2 g davon gesättigte Fettsäuren), 59 g Kohlenhydrate (5 BE, 5,4 KE), 8 g Ballaststoffe. Ausgezeichnete Quelle für Niazin, Vitamin B_1, Vitamin B_6, Vitamin B_{12}, Zink. Reich an Eisen, Folsäure, Kalzium, Selen, Vitamin B_2, Vitamin C. Liefert auch Vitamin A.

Gulaschsuppe

Eigentlich ist dieses Gericht mehr Eintopf als Suppe: Zusätzlich zu den typischen Gulaschzutaten – Paprikapulver, Zwiebeln und Kümmel – sind noch Gemüse und köstliche kleine Petersilienklöße drin. Servieren Sie dieses Gulasch mit Salz- oder Pellkartoffeln.

Vorbereitung **30 Minuten** Garzeit **1½ Stunden** *Für 4 Portionen*

2 TL Rapsöl

2 große Zwiebeln, in Ringe geschnitten

2 Knoblauchzehen, fein gewürfelt

500 g Rindergulasch, in 2 cm großen Würfeln

2 große Möhren, gewürfelt

1 EL edelsüßes Paprikapulver

¼ TL Kümmelsamen

1 Dose Pizzatomaten (400 g)

750 ml Fleischbrühe, vorzugsweise selbst gekocht

Salz und Pfeffer

170 g Weißkohl, gehobelt

gehackte Petersilie zum Garnieren

Petersilien-Zwiebel-Klöße

2 TL Rapsöl

1 Zwiebel, fein gewürfelt

1 Ei

3 EL Magermilch

3 EL gehackte Petersilie

125 g frische Weißbrotkrumen

1 Das Öl in einem großen Topf erhitzen. Zwiebeln und Knoblauch darin bei mittlerer bis schwacher Hitze unter häufigem Rühren in 10 Minuten etwas Farbe annehmen lassen.

2 Die Fleischwürfel zufügen und unter Rühren 5 Minuten rundum anbraten. Möhren, Paprikapulver, Kümmel, Tomaten mitsamt dem Saft, die Brühe sowie Salz und Pfeffer nach Geschmack zugeben und alles aufkochen, dann zugedeckt 1 Stunde köcheln lassen, bis das Fleisch knapp gar ist.

3 In der Zwischenzeit für die Klöße das Öl in einer Pfanne erhitzen. Die Zwiebel darin bei schwacher Hitze in 10 Minuten glasig, aber nicht braun werden lassen. Ei und Milch in einer Schüssel verquirlen. Zwiebelwürfel, Petersilie, Brotkrumen, Salz und Pfeffer zugeben und alles gut verrühren.

4 Den Kohl zu Fleisch und Gemüse geben und unterrühren. Aus dem Kloßteig mit angefeuchteten Händen 12 walnussgroße Kugeln formen. In die Suppe geben und 15 Minuten mitgaren. Die Gulaschsuppe abschmecken, auf vorgewärmte tiefe Teller verteilen, mit Petersilie bestreuen und servieren.

Varianten

Das Rindfleisch können Sie durch 350 g Kalbfleisch ersetzen und mit dem Kohl 100 g in Scheiben geschnittene Würstchen zugeben.

Statt des Kohls kann man 1 geputzte, in dünne Scheiben geschnittene rote Paprikaschote zugeben.

Für zusätzliche Schärfe mit dem Paprikapulver noch 1 entkernte und fein gehackte rote Chilischote zufügen.

Das gesunde Plus

- Kohl gehört botanisch zur Gruppe der Kreuzblütler. Diese enthalten Glukosinolate und andere Schwefelverbindungen, von denen man annimmt, dass sie das Krebsrisiko senken. Außerdem liefern sie viel Vitamin C und gehören zu den besten pflanzlichen Quellen für Folsäure.
- Klöße oder Knödel sind eine nahrhafte Suppeneinlage. Sie sättigen und liefern komplexe Kohlenhydrate.

Foto Seite 71

Nährwerte pro Portion 450 kcal, 38 g Eiweiß, 15 g Fett (4,5 g davon gesättigte Fettsäuren), 46 g Kohlenhydrate (1,2 BE, 1,6 KE), 6 g Ballaststoffe. Ausgezeichnete Quelle für Folsäure, Niazin, Vitamin A, Vitamin B_1, Vitamin B_6, Vitamin B_{12}, Vitamin C, Vitamin E, Zink. Reich an Eisen, Selen, Vitamin B_2.

Hackbraten mit Spinatfüllung

Dank Gemüse und Haferflocken ist dieser falsche Hase herrlich leicht und saftig. Schneidet man ihn auf, kommt die Rahmspinatfüllung zum Vorschein. Als Beilage passen kleine Kartoffeln, Zucchini und Zwiebeln aus dem Ofen.

Vorbereitung **45 Minuten,** plus **10 Minuten** Ruhezeit Garzeit **50 Minuten** *Für 6 Portionen*

- 1 EL natives Olivenöl extra
- 2 große Zwiebeln, fein gewürfelt
- 6 Knoblauchzehen (oder nach Geschmack), zerdrückt
- 1 Dose Pizzatomaten (400 g)
- 150 ml Hühnerbrühe
- 1 TL getrocknete gemischte Kräuter
- Salz und Pfeffer
- 500 g zarte Spinatblätter
- 2 EL Crème fraîche
- ½ TL geriebene Muskatnuss
- 900 g mageres gemischtes Hackfleisch
- 1 Selleriestange, fein gewürfelt
- 1 große Möhre, geraspelt
- 50 g Haferflocken
- 2 TL gehackte Thymianblättchen
- 5 EL fettarme Milch
- 1 Ei, verquirlt
- 1 TL Dijon-Senf

1 Das Öl in einer Pfanne bei mittlerer Hitze heiß werden lassen. Zwiebeln und Knoblauch darin unter häufigem Rühren braten, bis die Zwiebeln weich und goldgelb sind.

2 Die Hälfte der Zwiebelmischung in einer großen Schüssel beiseitestellen. Tomaten mitsamt dem Saft sowie Brühe und Kräuter zur Zwiebelmischung in der Pfanne geben. Salzen und pfeffern. Aufkochen, dann zugedeckt sehr schwach köcheln lassen, dabei gelegentlich umrühren.

3 Den Backofen auf 180 °C vorheizen. Spinat waschen und in einen großen Topf geben. Zudecken und bei starker Hitze 2–3 Minuten kochen, bis die Blätter zusammengefallen sind; den Topf dabei gelegentlich rütteln.

4 Zum Abtropfen in einen Durchschlag schütten. Kurz abkühlen lassen; gut ausdrücken, grob hacken und in eine Schüssel geben. Crème fraîche und ¼ TL Muskat unterrühren. Mit Salz und Pfeffer abschmecken.

5 Das Fleisch zur Zwiebelmischung in der Schüssel geben. Sellerie, Möhre, Haferflocken, Thymian, Milch, Ei, Senf, ¼ TL Muskatnuss sowie Salz und Pfeffer nach Geschmack zufügen und alles gut mischen.

6 Ein großes Stück Frischhaltefolie auf die Arbeitsfläche legen. Den Fleischteig in die Mitte setzen. Zu einem 23 × 18 cm großen Rechteck formen und mit der Spinatmischung bestreichen, dabei rundum einen 1 cm breiten Rand frei lassen. Die Fleischmasse mit Hilfe der Folie von einer Schmalseite her aufrollen (wie eine Biskuitroulade). Die Enden in Form klopfen und die Roulade auf ein beschichtetes Backblech setzen. Die Folie entfernen.

7 Die Hackfleischrolle im Ofen 45 Minuten braten, dann herausnehmen und rundherum mit etwas Tomatensauce bestreichen. Wieder in den Ofen schieben und weitere 5 Minuten braten, bis die Glasur trocken und leicht gebräunt ist. Zur Garprobe einen Spieß aus Metall in den Braten stecken. Einige Sekunden drinlassen, dann herausziehen und mit der Spitze den Handrücken berühren. Fühlt sie sich heiß an, ist der Braten gar.

8 Den fertigen Hackbraten aus dem Ofen nehmen, locker mit Alufolie bedecken und 10 Minuten ruhen lassen. Zum Servieren in Scheiben schneiden und mit der restlichen Tomatensauce servieren.

Das gesunde Plus

- Spinat liefert ansehnliche Mengen von Karotinoiden sowie Vitamin A, C und E, außerdem Vitamine der B-Gruppe.
- Haferflocken enthalten reichlich lösliche Ballaststoffe. Diese können dazu beitragen, einen zu hohen Cholesterinspiegel zu senken.

Nährwerte pro Portion 340 kcal, 40 g Eiweiß, 14 g Fett (4 g davon gesättigte Fettsäuren), Kohlenhydrate 19 g (0,4 BE, 05 KE), 5 g Ballaststoffe. Ausgezeichnete Quelle für Niazin, Vitamin A, Vitamin B_1, Vitamin B_6, Vitamin B_{12}, Vitamin C, Vitamin E, Zink. Reich an Kalzium, Selen, Vitamin B_2. Liefert auch Eisen.

Hackbraten mit Spinatfüllung *Seite 70*

Gulaschsuppe *Seite 69*

Chili con carne mit Maisbrot *Seite 68*

Thai-Nudelsuppe mit Rindfleisch *Seite 72*

Thai-Nudelsuppe mit Rindfleisch

Diese Suppe ist eigentlich ein richtiger Eintopf zum Sattessen, hocharomatisch und reich an Gemüse und Nudeln. Wer mag, genießt Nudeln, Fleisch und Gemüse mit Stäbchen und isst anschließend die Brühe mit dem Löffel.

Vorbereitung und Garzeit **etwa 50 Minuten** *Für 4 Portionen*

15 g getrocknete Shiitakepilze

1 l Fleischbrühe

4 Kaffirlimettenblätter, in Stücke gerissen

1 Stängel Zitronengras, in 3 Stücke geschnitten

1 Knoblauchzehe, zerdrückt

1 rote Chilischote, entkernt und gehackt

2,5 cm frischer Ingwer, gerieben

15 g Koriandergrün

1 Möhre (etwa 150 g)

100 g Lauch

2 Selleriestangen (etwa 100 g)

100 g Zuckerschoten

100 g Chinakohl

350 g Rinderlende, vom Fettrand befreit

50 g fettarme Kokosmilch

250 g chinesische Eiernudeln

abgeriebene Schale und Saft von 1 Limette

4 TL thailändische Fischsauce (oder nach Geschmack)

1 Die getrockneten Pilze in einer Schüssel mit 100 ml kochend heißem Wasser begießen. 20 Minuten einweichen lassen.

2 Inzwischen die Brühe mit Limettenblättern, Zitronengras, Knoblauch, Chili und Ingwer in einen großen Topf geben. Korianderblättchen von den Stängeln zupfen und beiseitelegen. Stängel hacken und in die Brühe geben. Die Brühe zugedeckt kurz aufkochen; bei sehr schwacher Hitze 10 Minuten köcheln lassen.

3 Inzwischen die Pilze abgießen, die Einweichflüssigkeit zur Brühe gießen. Die Pilze längs halbieren. Möhre, Lauch und Sellerie in dünne, etwa 5 cm lange Stifte schneiden. Die Zuckerschoten längs halbieren, den Chinakohl fein hobeln. Das Fleisch in etwa 1 cm breite Streifen schneiden.

4 Zitronengras und Limettenblätter aus der Brühe fischen. Die Brühe erneut aufkochen lassen. Möhre, Lauch und Sellerie hineingeben, das Ganze zugedeckt 3 Minuten köcheln lassen. Die Kokosmilch zugießen und die Hitze hochschalten. Sobald die Flüssigkeit sprudelnd kocht, die Nudeln mit der Hand zerdrücken und in die Brühe fallen lassen. Pilze und Fleisch in die Brühe rühren und alles offen 1 Minute köcheln lassen. Kräftig umrühren, dann Zuckerschoten und Chinakohl zufügen. Alles weitere 3 Minuten köcheln lassen, bis Fleisch, Nudeln und Gemüse knapp gar sind. Limettenschale und -saft sowie die Fischsauce unterrühren. Abschmecken, eventuell mit mehr Fischsauce würzen.

5 Nudeln, Fleisch und Gemüse in Suppenschalen füllen. Die Kokosbrühe darüberschöpfen. Mit Korianderblättchen bestreuen und sofort servieren.

Das gesunde Plus

- Sellerie enthält Kalium, einen Mineralstoff, der den Flüssigkeitshaushalt des Körpers im Gleichgewicht hält und so hilft, hohem Blutdruck vorzubeugen.
- Kokosmilch ist eine typische Zutat in der thailändischen Küche. Sie enthält zwischen 17 und 23 % Fett. Zum Entfetten können Sie die Schicht, die sich oben absetzt, abnehmen.
- Zuckerschoten liefern einiges an löslichen Ballaststoffen und Vitamin C.

Foto Seite 71

Nährwerte pro Portion 357 kcal, 23 g Eiweiß, 7 g Fett (3 g davon gesättigte Fettsäuren), 25 g Kohlenhydrate (3,7 BE, 4,4 KE), 3 g Ballaststoffe. Ausgezeichnete Quelle für Niazin, Vitamin A, Vitamin B_1, Vitamin B_6, Vitamin B_{12}, Vitamin C, Vitamin E. Reich an Vitamin B_2, Zink. Liefert auch Eisen, Kalzium.

Thai-Rindfleischsalat mit Papaya

Süße Papaya, knackige Salatblätter und würzige Kräuter vereinen sich in diesem Salat auf geradezu sensationelle Art. Duftender Jasminreis, in Brühe gegart und mit Limettenblättern aromatisiert, ist die ideale Beilage.

Vorbereitung **35 Minuten** *Für 4 Portionen*

2 dicke Rumpsteaks (etwa 450 g), von den Fetträndern befreit

250 g Jasminreis

1,2 l Hühnerbrühe

4 Limettenblätter, zerdrückt

2 EL Sonnenblumenöl

2 feste, reife Papayas, geschält, von den Kernen befreit und in Scheiben geschnitten (300 g)

½ kleine Salatgurke, längs halbiert, entkernt und quer in Scheiben geschnitten

20 Minzeblätter, in Streifen

15 g Koriandergrün, gehackt

1 rote Zwiebel, in dünnen Ringen

2 Römersalatherzen, in Blättern

Limettendressing

2 EL Sonnenblumenöl

1 EL flüssiger Honig (10 g)

abgeriebene Schale und Saft von 1 Limette

2 EL thailändische Fischsauce

2 EL helle Sojasauce

1 rote Chilischote, gehackt

2 Knoblauchzehen, zerdrückt

Zum Anrichten

4 EL geröstete Erdnusskerne, grob gehackt

Minze

1 Alle Zutaten für das Dressing verrühren. Das Fleisch mit 3 EL davon bestreichen und zum Durchziehen beiseitestellen. Restliches Dressing ebenfalls beiseitestellen.

2 Reis mit Brühe und Limettenblättern in einen Topf geben. Aufkochen, dann zugedeckt 10 Minuten oder nach Packungsanleitung köcheln lassen, bis der Reis gar ist.

3 Inzwischen die Steaks mit Küchenpapier trockentupfen. Eine Grillpfanne oder eine beschichtete Bratpfanne bei starker Hitze heiß werden lassen. Mit dem Öl auspinseln. Die Steaks hineingeben und auf jeder Seite 2 ½ Minuten braten. Danach ist das Fleisch noch blutig, falls nötig also die Bratzeit verlängern. Steaks aus der Pfanne nehmen; einige Minuten ruhen lassen.

4 Papayas, Gurke, Minze, Koriander und Zwiebelringe in eine Schüssel geben. Das Dressing bis auf 2 EL darübergießen und alles kurz mischen.

5 Den Reis abgießen und gut abtropfen lassen; auf 4 Teller verteilen. Mit den Salatblättern belegen, darauf den Papayasalat verteilen. Das Fleisch in Streifen schneiden und auf dem Salat anrichten, das restliche Dressing darüberträufeln. Die Salatportionen mit Erdnüssen und Minze garnieren und mit Raumtemperatur servieren.

Variante

Für ein **Curry-Orangen-Dressing** 2 EL Sonnenblumenöl, 2 EL helle Sojasauce, 1 TL braunen Zucker, 1 TL rote Currypaste, ½ TL abgeriebene Orangenschale und 3 EL Orangensaft miteinander verrühren.

Das gesunde Plus

- Papaya enthält viel Betakarotin; dieses wird vom Körper in Vitamin A (wichtig für gutes Sehen!) umgewandelt. Die exotische Frucht spielt in vielen Ländern – vor allem dort, wo die bei uns üblichen Vitamin-A-Lieferanten wie Vollmilch, Käse, Butter oder Eigelb nicht zur Verfügung stehen – eine große Rolle im Kampf gegen das Erblinden. Außerdem liefert sie Vitamin C und Magnesium.

Foto Seite 77

Nährwerte pro Portion 563 kcal, 44 g Eiweiß, 13 g Fett (5 g davon gesättigte Fettsäuren), 67 g Kohlenhydrate (3,7 BE, 4,4 KE), 3 g Ballaststoffe. Ausgezeichnete Quelle für Niazin, Vitamin B_1, Vitamin B_6, Vitamin B_{12}, Vitamin C, Vitamin E, Zink. Reich an Eisen. Liefert auch Folsäure, Kalium, Selen, Vitamin A.

Kalbsschnitzel mit Kräutern

Ein sommerliches Gericht, das relativ wenig Arbeit macht: Die Schnitzel werden nur kurz in der Pfanne gebraten, und im Anschluss daran wird aus dem Bratensatz mit Wein und Kräutern im Handumdrehen eine köstliche Sauce. Dazu passen junge Kartoffeln und Spinat besonders gut.

Vorbereitung und Garzeit **etwa 45 Minuten** *Für 4 Portionen*

1 kg kleine Frühkartoffeln, sauber gebürstet

4 Kalbsschnitzel (je etwa 150 g), 5 mm dünn geklopft

2 EL Mehl

Salz und Pfeffer

2 TL natives Olivenöl extra

2 TL Butter

500 g zarte Spinatblätter

Saft und abgeriebene Schale von 1 Zitrone

75 ml trockener Weißwein

4 EL zerkleinerte gemischte Kräuter (z. B. Petersilie, Kerbel, Estragon, Schnittlauch)

Zum Anrichten

Zitronenspalten

1 Die Kartoffeln mit Schale in 15 Minuten weich kochen.

2 In der Zwischenzeit die Schnitzel mit Küchenpapier trockentupfen. Das Mehl mit etwas Salz und Pfeffer mischen. Die Schnitzel im gewürzten Mehl wenden, bis sie gleichmäßig davon überzogen sind. Überschüssiges Mehl abschütteln.

3 In einer beschichteten Pfanne 1 TL Öl bei mittlerer Hitze heiß werden lassen. 1 TL Butter darin aufschäumen lassen; die Schnitzel hineingeben. Auf jeder Seite 2–3 Minuten braten, bis beim Einstechen klarer Saft herausrinnt. Fall nötig, das Fleisch in 2 Portionen braten. Mit einem Schaumlöffel aus der Pfanne heben, auf eine vorgewärmte Platte legen und warm halten.

4 Die Kartoffeln in einen Durchschlag schütten. Den zweiten TL Öl in den Topf geben, in dem die Kartoffeln gekocht wurden, und bei schwacher Hitze erwärmen. Kartoffeln hineingeben und darin wenden, bis sie gleichmäßig mit Öl überzogen sind. Den Spinat in 4 Portionen zufügen und unterrühren, damit die Blätter durch die Hitze der Kartoffeln zusammenfallen. Zitronensaft zugeben, den Spinat mit Salz und Pfeffer abschmecken. Zudecken, warm stellen.

5 Die Pfanne wieder auf den Herd stellen und den Wein hineingießen. Erhitzen, bis die Flüssigkeit aufkocht, dann kräftig rühren und dabei den Bratensatz vom Pfannenboden losschaben. Etwa 1 Minute kochen lassen, bis die Sauce dickflüssig ist. Vom Herd nehmen und die restliche Butter in die Sauce rühren, bis sie geschmolzen ist.

6 Die Schnitzel mit den Kräutern bestreuen und mit der Weinsauce begießen. Kartoffeln und Spinat mit Zitronenschale bestreuen. Die Schnitzel mit Gemüse und Zitronenspalten anrichten.

Das gesunde Plus

- Dieses Gericht enthält besonders viele B-Vitamine. Kalbfleisch und Kartoffeln liefern Vitamin B_6, die Vitamine B_3 und B_{12} stecken ebenfalls im Fleisch. Kalbfleisch, Spinat und Frühkartoffeln zusammen sind eine gute Quelle für Folsäure.
- Frühkartoffeln, als Pellkartoffeln zubereitet, und Zitronensaft liefern viel Vitamin C. Dieses kann vor Erkältungen schützen.

Foto Seite 77

Nährwerte pro Portion 400 kcal, 39 g Eiweiß, 10 g Fett (3 g davon gesättigte Fettsäuren), 42 g Kohlenhydrate (3,3 BE, 4,1 KE), 5 g Ballaststoffe. Ausgezeichnete Quelle für Folsäure, Niazin, Vitamin A, Vitamin B_1, Vitamin B_6, Vitamin B_{12}, Vitamin E, Zink. Reich an Eisen, Kalzium, Selen, Vitamin B_2.

Griechische Lammfleischspieße

Gewürfeltes Lammfleisch, das herrlich nach Knoblauch, Zitrone und Oregano duftet, wird auf Spieße gesteckt und gegrillt. Dazu gibt es Tomaten-Kraut-Salat auf griechische Art und Pitabrot. Als Sauce genügt säuerlicher Joghurt oder auch Tsatsiki.

Vorbereitung und Garzeit **30 Minuten** *Für 4 Portionen*

1 EL natives Olivenöl extra

2 große Knoblauchzehen, zerdrückt

Saft von ½ Zitrone

1 EL gehackter Oregano

450 g Lammfleisch, vom sichtbaren Fett befreit und in 2,5 cm große Würfel geschnitten

Salz und Pfeffer

Salat

6 Tomaten, in dicke Scheiben geschnitten

1 rote Zwiebel, fein gewürfelt

1 sehr kleiner Weißkohl (etwa 250 g), vom Strunk befreit und fein gehobelt

4 EL gehackte Minze

¼ Salatgurke, halbiert und in dünne Scheiben geschnitten

Saft von ½ Zitrone

1 EL natives Olivenöl extra

Zum Anrichten

4 Pitabrote, in Dreiecke geschnitten

Magerjoghurt (nach Belieben)

1 Den Grill vorheizen oder eine Grillpfanne heiß werden lassen. Olivenöl, Knoblauch, Zitronensaft und Oregano in einer Schüssel verrühren. Die Fleischwürfel darin wenden und anschließend auf 4 Spieße stecken.

2 Das Fleisch unter bzw. auf dem Grill oder in der Grillpfanne 7–8 Minuten garen, die Spieße dabei häufig umdrehen. Salzen und pfeffern. Gegen Ende der Garzeit die Brote auf den Grillrost legen und warm werden lassen.

3 Alle Zutaten für den Salat in einer großen Schüssel mischen. Den Salat mit Salz und Pfeffer abschmecken.

4 Zu den Lammfleischspießen Salat, Pita-Brot und Joghurt reichen.

Variante

Für **scharfe Rindfleischspieße** 4 Lenden- oder Rumpsteaks in 2,5 cm große Würfel schneiden. 1 TL Cayennepfeffer, ¼ TL gemahlenen Kreuzkümmel, 1 EL natives Olivenöl extra, 2 große fein gehackte Knoblauchzehen, den Saft von ½ Limette sowie Salz und Pfeffer nach Geschmack in einer Schüssel verrühren. Die Fleischwürfel darin wenden und anschließend auf 4 Spieße stecken. Zusammen mit 1 großen in Ringe geschnittenen Zwiebel unter bzw. auf dem Grill oder in der Grillpfanne 4–6 Minuten garen, dabei häufig wenden. Inzwischen den Tomaten-Kraut-Salat zubereiten. Die Fleischwürfel von den Spießen ziehen und mit den Zwiebelringen auf 8 vorgewärmte Weizentortillas verteilen. Mit (fertig gekauftem) Salatdressing beträufeln, dann jeweils etwas Salat daraufgeben. Die Tortillas aufrollen und mit dem restlichen Salat servieren.

Das gesunde Plus

- Lammfleisch liefert reichlich B-Vitamine, die das Nervensystem gesund halten.
- Kohl enthält eine Reihe von sekundären Pflanzenstoffen, von denen man annimmt, dass sie vor Brustkrebs schützen. Außerdem liefert er Vitamin C und gehört zu den ergiebigsten pflanzlichen Folsäurequellen.
- Zwiebeln sind, ebenso wie Chicorée, Lauch, Knoblauch, Topinambur, Artischocken, Spargel, Gerste und Bananen, reich an löslichen Ballaststoffen, den Fruktooligosacchariden (FOS). Sie regen vermutlich das Wachstum „guter" Bakterien im Darm an, während sie die Entwicklung der „schlechten" unterdrücken.

Foto Seite 77

Nährwerte pro Portion 470 kcal, 32 g Eiweiß, 16 g Fett (5 g davon gesättigte Fettsäuren), 52 g Kohlenhydrate (2 BE, 2,5 KE), 5 g Ballaststoffe. Ausgezeichnete Quelle für Vitamin B_{12}, Vitamin C. Reich an Eisen, Vitamin A, Vitamin B_6, Vitamin E, Zink. Liefert auch Folsäure, Niazin, Kalium, Vitamin B_1.

Lammfleisch-Burger mit fruchtigem Relish

Seine Burger selbst zu machen hat einen entscheidenden Vorteil: Man weiß genau, was drin ist. Außerdem können sie viel appetitlicher aussehen als jeder gekaufte Burger, und sie sind natürlich viel, viel gesünder. Hier liefert ein erfrischendes Orangen-Himbeer-Relish Extravitamine. Dazu passt knackiger Kopfsalat.

Vorbereitung und Garzeit **30 Minuten** *Für 4 Portionen*

400 g gehacktes mageres Lammfleisch

1 Möhre (etwa 125 g), geraspelt

1 kleine Zwiebel, fein gewürfelt

50 g frische Vollkornbrotkrumen

geriebene Muskatnuss

2 TL frische Thymianblättchen oder 1 TL getrockneter Thymian

Salz und Pfeffer

1 großes Ei, verquirlt

4 Vollkornbrötchen

Eisbergsalatstreifen zum Anrichten

Orangen-Himbeer-Relish

1 Orange

100 g Himbeeren, frisch oder aufgetaut

2 TL brauner Zucker

1 Den Grill vorheizen. Das Hackfleisch in eine große Schüssel geben. Möhre, Zwiebel, Brotkrumen, eine Prise Muskat und den Thymian sowie Salz und Pfeffer nach Geschmack zugeben. Alles kurz mit einem Löffel mischen, dann das Ei zufügen und das Ganze gründlich verkneten.

2 Den Fleischteig in 4 Portionen teilen. Diese zu 10–12 cm roßen runden Laibchen formen (sie sollen 2 cm größer als die Brötchen sein). Die Laibchen auf beiden Seiten mit Öl bestreichen; je nach Dicke auf jeder Seite 4–5 Minuten grillen.

3 Inzwischen für das Relish die Orange über einer Schüssel mit einem scharfen Messer schälen, dabei auch die weiße Haut entfernen. Die Filets zwischen den Trennhäuten herausschneiden und zum aufgefangenen Saft in die Schüssel geben. Himbeeren und Zucker zufügen und alles mit einer Gabel mischen, dabei das Obst mit einer Gabel grob zerdrücken.

4 Die Brötchen aufschneiden und die Schnittflächen unter bzw. auf dem Grill kurz Farbe annehmen lassen. In jedes Brötchen einen Burger, etwas Eisbergsalat und ein wenig vom Relish geben. Mit dem restlichen Relish servieren.

Variante

Für **Truthahnburger mit Orangen-Beeren-Relish** das Lammhack durch gehacktes Putenfleisch ersetzen; statt Muskat und Thymian die Schale von ½ Zitrone sowie 4 EL gehackte Petersilie nehmen. Die Brotkrumen weglassen. Mit Rucola und einem Relish aus 100 g gemischten frischen oder aufgetauten Beeren, 1 EL Zucker und der Orange in Sesambrötchen anrichten.

Das gesunde Plus

- Obwohl Lammfleisch im Durchschnitt fettreicher als andere Fleischsorten ist, steckt in mageren Stücken dank neuer Aufzuchtmethoden nur ein Drittel dessen, was vor 20 Jahren üblich war. Das meiste Fett besteht aus herzfreundlichen einfach ungesättigten Fettsäuren.
- Mit Vollkornbrötchen hat dieses Gericht doppelt so viel Ballaststoffe wie mit Brötchen aus Weißmehl. Zudem liefert Brot B-Vitamine, Eisen und Kalzium. Die enthaltenen Ballaststoffe können den Anstieg des Blutzuckerspiegels verlangsamen.
- Das fruchtige Relish liefert reichlich schützende Antioxidanzien sowie viel Kalium und Ballaststoffe.

Nährwerte pro Portion 390 kcal, 29 g Eiweiß, 13 g Fett (5 g davon gesättigte Fettsäuren), 40 g Kohlenhydrate (3 BE, 3,1 KE), 6 g Ballaststoffe. Ausgezeichnete Quelle für Vitamin A, Vitamin B_{12}. Reich an Eisen, Kupfer, Niazin, Selen, Vitamin B_1, Vitamin B_6, Vitamin C, Zink. Liefert auch Folsäure, Kalium, Kalzium, Vitamin B_2.

Lammfleisch-Burger mit fruchtigem Relish *Seite 76*

Griechische Lammfleischspieße *Seite 75*

Thai-Rindfleischsalat mit Papaya *Seite 73*

Kalbsschnitzel mit Kräutern *Seite 74*

Bulgursalat mit Lammfleisch

Für diesen leckeren Salat wird Lammfleisch kurz gegrillt, dann in Streifen geschnitten und mit Weizen, Paprikastückchen, Oliven und frischer Minze gemischt. Zum Anmachen braucht man überhaupt kein Öl, dafür aber frischen Zitrussaft für die Extraportion Vitamin C.

Vorbereitung und Garzeit **etwa 40 Minuten** *Für 4 Portionen*

200 g Bulgur

400 g Lammnackensteaks, vom sichtbaren Fett befreit, längs halbiert

4 Schalotten, fein gewürfelt

1 große rote Paprikaschote, geputzt und gewürfelt

100 g entsteinte grüne Oliven

½ Salatgurke, fein gewürfelt

4 EL gehackte Minze

Saft von 1 Zitrone

Saft und abgeriebene Schale von 1 Orange

Salz und Pfeffer

2 Römersalatherzen, quer in dünne Streifen geschnitten

1 Den Grill vorheizen. Den Bulgur in eine Schüssel geben und mit kochend heißem Wasser bedecken. Umrühren, dann 15–20 Minuten quellen lassen.

2 Inzwischen die Fleischstücke auf jeder Seite 6–7 Minuten grillen. Sie sollen außen braun, innen hellrosa sein. 5–10 Minuten ruhen lassen, dann in mundgerechte Stücke schneiden.

3 Schalotten, Paprikawürfel, Oliven, Gurkenwürfel und gehackte Minze in eine große Schüssel geben.

4 Den Bulgur in ein Sieb schütten und so viel Wasser wie möglich herausdrücken. Bulgur mit Zitronen- und Orangensaft sowie Orangenschale in die Schüssel geben und alles gut mischen. Mit Salz und Pfeffer abschmecken.

5 Fleischstücke und Römersalatstreifen unterheben. Den Salat sofort servieren

Variante

Für einen **pikanten Bulgursalat mit Schweinefilet und Ananas** den Backofen auf 220 °C vorheizen. Die abgeriebene Schale von ½ Orange, den Saft von einer Orange, 1 EL Sonnenblumenöl, 1 EL braunen Rum oder Sojasauce, 2 EL braunen Zucker, eine große gehackte Knoblauchzehe und je ½ TL gemahlenen Zimt, Pfeffer und Piment in einer kleinen ofenfesten Form verrühren. 400 g Schweinefilet hineingeben und darin wenden. Im Ofen 25 Minuten braten, bis es weich, aber noch saftig ist. Inzwischen den Bulgur wie beschrieben einweichen. ½ geschälte vollreife Ananas hacken. Eine große rote Paprika entkernen und fein würfeln. 4 Schalotten in dünne Ringe schneiden. Bulgur, Ananas, Paprika und Schalotten mit 100 ml Orangensaft, 50 g Brunnenkresse und 1 EL gehacktem Koriandergrün mischen. Auf Teller verteilen. Filet in Scheiben schneiden und darauf anrichten. Mit ausgetretenem Fleischsaft beträufeln, sofort servieren.

Das gesunde Plus

- Lammfleisch ist reich an Zink; dieses Spurenelement unterstützt die Wundheilung. Außerdem liefert Lammfleisch viel Eisen.
- Oliven bestehen zu etwa 18 % aus Fett. Das meiste davon sind einfach ungesättigte Fettsäuren.
- Bulgur ist eine willkommene Abwechslung zu Kartoffeln und hat einen relativ niedrigen glykämischen Index.

Foto Seite 81

Nährwerte pro Portion 395 kcal, 27 g Eiweiß, 12 g Fett (4 g davon gesättigte Fettsäuren), 45 g Kohlenhydrate (2,5 BE, 3,3 KE), 3 g Ballaststoffe. Ausgezeichnete Quelle für Niazin, Vitamin A, Vitamin B_1, Vitamin B_6, Vitamin B_{12}, Vitamin C, Vitamin E, Zink. Reich an Eisen, Folsäure, Kupfer, Vitamin B_2. Liefert auch Kalium.

Gemüsetopf mit Lammfleisch

Dieses Gericht hat sich aus dem französischen Klassiker „navarin“ entwickelt. Den Eintopf kocht man im Frühling, wenn es junge Lämmer und zartes Gemüse gibt. Reichen Sie noch extra dazu Spinat- oder Mangoldgemüse sowie eine Menge frisches, knuspriges Baguette.

Vorbereitung **30 Minuten** Garzeit **1½–1¾ Stunden** *Für 4 Portionen*

- 2 EL natives Olivenöl extra
- 1 große Zwiebel, gewürfelt
- 1 Knoblauchzehe, fein gehackt
- 450 g magere Lammkeule, von sichtbarem Fett befreit, in Würfel geschnitten
- 150 ml trockener Weißwein
- 500 ml Lammfond oder Hühnerbrühe
- 1 Lorbeerblatt
- 1 Thymianzweig
- 1 kg kleine Frühkartoffeln, sauber gebürstet
- 250 g sehr kleine junge Möhren oder Baby-Möhren
- 150 g Perlzwiebeln
- Salz und Pfeffer
- 200 g kleine Mairübchen, gewürfelt
- 250 g Erbsen, enthülst, oder 125 g TK-Erbsen
- 2 EL gehackte Petersilie

1 Den Backofen auf 180 °C vorheizen. Das Öl in einem großen ofenfesten Schmortopf erhitzen. Zwiebel und Knoblauch hineingeben und unter Rühren in 5 Minuten glasig werden lassen. Die Fleischwürfel zufügen und unter Rühren 5 Minuten rundum anbraten.

2 Wein, Fond oder Brühe, Lorbeerblatt, Thymian, Kartoffeln, Möhren und Zwiebeln sowie Salz und Pfeffer nach Geschmack zugeben. Aufkochen, dann den Topf mit dem Deckel schließen und für 1 Stunde in den Ofen stellen.

3 Die Möhren in den Topf geben und untermischen. Alles zugedeckt weitere 30–45 Minuten schmoren lassen, bis Fleisch und Gemüse weich sind. 10 Minuten vor Ende der Garzeit die Erbsen zufügen.

4 Die Petersilie unter den fertigen Eintopf rühren. Das Ganze mit Salz und Pfeffer abschmecken; sofort servieren.

Varianten

Für einen **provenzalischen Lammtopf** Rotwein anstelle von Weißwein nehmen. Fond oder Brühe weglassen, dafür 1 Dose (400 g) Pizzatomaten mitsamt Saft und einen großen Rosmarinzweig zugeben. Zusammen mit den Erbsen 50 g entsteinte schwarze Oliven unter den Eintopf rühren.

Statt der Erbsen können Sie Zuckerschoten oder feine grüne Bohnen verwenden.

Das gesunde Plus

- Erbsen liefern die Vitamine B_1, B_6 und Niazin. Außerdem enthalten sie Ballaststoffe (überwiegend lösliche) sowie etwas Folsäure und Vitamin C. Tiefkühlgemüse ist genauso nährstoffreich wie frisch gekauftes – manchmal ist sein Vitamin-C-Gehalt sogar höher.
- Mai- und andere Rübchen sind gute Quellen für Ballaststoffe und liefern außerdem Niazin, Vitamin B_6 und Vitamin C.

Foto Seite 81

Nährwerte pro Portion

495 kcal, 31 g Eiweiß, 16 g Fett (5 g davon gesättigte Fettsäuren), 52 g Kohlenhydrate (3,4 BE, 4,2 KE), 8 g Ballaststoffe. Ausgezeichnete Quelle für Folsäure, Niazin, Vitamin A, Vitamin B_1, Vitamin B_6, Vitamin B_{12}, Vitamin C, Vitamin E, Zink. Reich an Eisen. Liefert auch Selen, Vitamin B_2.

Spanischer Kaninchen-Kichererbsen-Topf

In Spanien, der Heimat dieses Gerichts, sind Kichererbsen eine sehr beliebte Zutat. Mit etwas Fleisch und ein, zwei Gemüsesorten lassen sich daraus schmackhafte Eintöpfe zubereiten. Ein kräftiges Bauernbrot darf dazu nicht fehlen, damit von der köstlichen Sauce kein Tropfen verloren geht.

Vorbereitung **20 Minuten** Garzeit **etwa 1½ Stunden** *Für 4 Portionen*

2 EL natives Olivenöl extra

350 g Kaninchenfleisch, in große Stücke geschnitten

2 Zwiebeln, grob gewürfelt

3 Knoblauchzehen, gewürfelt

1 große rote Paprikaschote, geputzt und in Stücke geschnitten

1 EL edelsüßes Paprikapulver, möglichst geräuchertes

½ TL rosenscharfes Paprikapulver

½ TL gemahlener Kreuzkümmel

1 Messerspitze gemahlener Zimt

2 Lorbeerblätter

¼ l trockener Weißwein

¼ l Hühnerbrühe

½ Dose Pizzatomaten (200 g)

2 EL Tomatenmark

3 EL gehackte glatte Petersilie

1 kräftige Prise Safranfäden

1 Dose Kichererbsen (etwa 400 g), der Inhalt abgespült und abgetropft

250 g Frühkartoffeln, sauber gebürstet, halbiert

2 Zweige Oregano oder Majoran, die Blätter grob gehackt

abgeriebene Schale und Saft von 1 kleinen Orange, vorzugsweise von 1 Blutorange

Salz und Pfeffer

1 Das Öl in einem ofenfesten Schmortopf erhitzen. Die Fleischstücke darin unter Rühren anbraten. Zwiebeln, Knoblauch und Paprikaschote zugeben und unter häufigem Rühren 5 Minuten mitbraten, bis die Zwiebeln glasig sind. Paprikapulver, Kreuzkümmel, Zimt und Lorbeerblätter zufügen, gut unterrühren und 1 Minute mitbraten.

2 Wein, Brühe, Tomaten mitsamt Saft, Tomatenmark und die Hälfte der Petersilie zugeben. Zugedeckt aufkochen, dann bei sehr schwacher Hitze etwa 40 Minuten köcheln lassen, bis das Fleisch weich ist. Inzwischen die Safranfäden in eine kleine Schüssel geben und mit 4 EL heißem Wasser begießen. Umrühren und 15–20 Minuten ziehen lassen.

3 Kichererbsen und Kartoffeln, Safran mit dem Einweichwasser, Oregano oder Majoran sowie Orangenschale und -saft zum Eintopf geben. Umrühren, dann 25–30 Minuten köcheln lassen, bis die Flüssigkeit dickflüssig ist. Den Eintopf mit Salz und Pfeffer abschmecken, die Lorbeerblätter nach Belieben entfernen. Mit übriger Petersilie bestreuen und sofort servieren.

Variante

Auch Schweinefilet, Lammlende oder magerer Lammnacken – jeweils vom sichtbaren Fett befreit und in mundgerechte Stücke geschnitten – eignen sich für diese Zubereitungsart.

Das gesunde Plus

- In vielen Ländern der Welt stellen Kichererbsen eine wichtige Proteinquelle dar. Außerdem sind sie reich an löslichen Ballaststoffen. Bei diesem Gericht liefern die Hülsenfrüchte sogar mehr Eisen (1,5 g) als das Kaninchenfleisch (0,9 mg). Vitamin C unterstützt die Verwertung von Eisen. Hier steckt es im Gemüse, insbesondere in der Paprikaschote.
- Kaninchenfleisch ist sehr mager und liefert viel wertvolles Eiweiß. In zahlreichen Gerichten kann man es durch Hähnchenbrustfilets ersetzen – beide Fleischsorten ähneln sich optisch und geschmacklich sehr, allerdings enthält Kaninchenfleisch doppelt so viel Eisen wie Hühnerfleisch.

Nährwerte pro Portion 417 kcal, 33 g Eiweiß, 15 g Fett (3 g davon gesättigte Fettsäuren), 41 g Kohlenhydrate (1,7 BE, 2,3 KE), 9 g Ballaststoffe. Ausgezeichnete Quelle für Niazin, Vitamin A, Vitamin B_1, Vitamin B_6, Vitamin B_{12}, Vitamin C, Vitamin E. Reich an Eisen, Folsäure, Selen, Vitamin B_2, Zink.

Spanischer Kaninchen-Kichererbsen-Topf *Seite 80*

Asiatische Kohlrouladen mit Schweinefleisch *Seite 82*

Gemüsetopf mit Lammfleisch *Seite 79*

Bulgursalat mit Lammfleisch *Seite 78*

Asiatische Kohlrouladen mit Schweinefleisch

Für die Füllung dieser Kohlrouladen werden knackige Wasserkastanien mit gehacktem Schweinefleisch, Sojasauce, frischem Ingwer und Fünf-Gewürz-Pulver vermengt. Mit gedämpftem Reis und einem schnell gemachten Salat aus roter Paprika, Chicorée und Zwiebeln wird aus den Rouladen eine vollwertige Mahlzeit.

Vorbereitung **10 Minuten** Garzeit **15 Minuten** *Für 4 Portionen*

- 500 g sehr mageres Schweinehackfleisch
- 1 Dose Wasserkastanien (etwa 220 g), der Inhalt abgegossen und fein gehackt
- 2 TL Fünf-Gewürz-Pulver
- 1 EL fein geriebener frischer Ingwer
- 2 Frühlingszwiebeln, fein gehackt
- 1 EL dunkle Sojasauce
- 2 Knoblauchzehen, fein gehackt
- 1 Ei, verquirlt
- 8 große Weißkohl- oder Wirsingblätter
- 500 ml Hühnerbrühe
- 2 TL Speisestärke
- 1 TL süße Chilisauce (oder nach Geschmack)
- Frühlingszwiebellocken zum Garnieren

1 Das Hackfleisch mit Wasserkastanien, Fünf-Gewürz-Pulver, Ingwer, Frühlingszwiebeln, Sojasauce, Knoblauch und Ei in einer Schüssel zu einem Teig verkneten. Den Teig in 8 gleich große Portionen teilen.

2 Die dicken Mittelrippen mit einem scharfen Messer aus den Kohlblättern herausschneiden. Je eine Portion von der Hackfleischmischung auf die Blätter setzen und hineinwickeln.

3 Die Brühe in den unteren Teil eines großen Dämpftopfes gießen. Die Kohlrouladen mit den Nähten nach unten in den Dämpfeinsatz legen. 15 Minuten dämpfen, bis der Kohl weich ist und die Rollen sich fest anfühlen, wenn man daraufdrückt. Den Dämpfeinsatz aus dem Topf nehmen; die Rouladen warm stellen.

4 Die Speisestärke mit 2 EL Wasser glatt rühren. In die im Topf verbliebene Brühe rühren. Aufkochen und unter ständigem Rühren köcheln lassen, bis die Flüssigkeit andickt. Die Chilisauce untermischen.

5 Zum Servieren die Rouladen mit Reis auf Tellern anrichten und mit Frühlingszwiebellocken garnieren.

Variante

Für **chinesische Fleischklößchen mit Frühlingsgemüse** aus dem Fleischteig 16 Kugeln formen und diese 12 Minuten dämpfen. Inzwischen 1 Bund Frühlingszwiebeln in Scheiben schneiden. 1 EL Sonnenblumenöl in einem Wok erhitzen. Frühlingszwiebeln, 200 g Brokkoliröschen und 200 g Zuckerschoten darin 4 Minuten pfannenrühren. 4 EL Wasser und 200 g Pak-Choi-Blätter zugeben und alles noch 3 Minuten pfannenrühren. Zum Schluss 4 EL Austernsauce zufügen. Zum Servieren die Klößchen auf dem Gemüse anrichten.

Das gesunde Plus

- Besonders mageres Schweinehackfleisch enthält weniger Fett als Rinderhackfleisch und kaum mehr als Hähnchenbrustfilets.
- Wasserkastanien liefern Kalium, Eisen und Ballaststoffe in kleinen Mengen. Ihr großer Vorteil jedoch ist, dass sie fettrei und sehr kalorienarm sind.
- Weißkohl enthält wie Wirsing, Brokkoli und Blumenkohl Flavonoide, die möglicherweise das Wachstum von Krebszellen unterdrücken können. Außerdem sind sie reich an den Vitaminen C und E.

Foto Seite 81

Nährstoffe pro Portion 234 kcal, 32 g Eiweiß, 7 g Fett (2 g davon gesättigte Fettsäuren), 12 g Kohlenhydrate (0,6 BE, 0,7 KE), 2 g Ballastststoffe. Ausgezeichnete Quelle für Niazin, Vitamin B_1, Vitamin B_2, Vitamin B_6, Vitamin B_{12}, Vitamin C. Reich an Folsäure, Selen, Zink. Liefert auch Eisen, Kupfer, Vitamin A.

Nudelsalat mit Sesam und Schweinefleisch

Seine chinesische Note verdankt dieser Salat vier typischen Zutaten: Ingwer, Sesam, Sojasauce und Reisessig. Das Gemüse wird in dem Salat überwiegend roh belassen, deshalb ist er so reich an Vitaminen und Mineralstoffen. Tipp: Am attraktivsten wirkt der Salat, wenn Nudeln und Gemüsestreifen gleich dick sind.

Vorbereitung und Garzeit **45 Minuten** *Für 4 Portionen*

400 g Schweinefilet

2 TL geriebener frischer Ingwer

1 große Knoblauchzehe, fein gewürfelt

1½ TL geröstetes Sesamöl

3 EL helle Sojasauce

2 EL trockener Sherry

2 TL Reisessig

225 g dünne chinesische Eiernudeln

1 rote Paprikaschote, in streichholzdicke Streifen geschnitten

1 große Möhre, in streichholzdicke Streifen geschnitten

6 Frühlingszwiebeln, in streichholzdicke Streifen geschnitten

250 g Mungobohnensprossen

150 g Zuckerschoten

2 EL Sesamsamen

1 EL Sonnenblumenöl

1 Vom Schweinefilet sichtbares Fett und Sehnen entfernen. Das Fleisch quer in etwa 5 cm dicke Scheiben und diese in dünne Streifen schneiden.

2 Ingwer, Knoblauch, Sesamöl, Sojasauce, Sherry und Essig in eine Schüssel geben. Fleischstreifen zufügen und alles gut mischen. Zum Durchziehen beiseitestellen.

3 Die Eiernudeln in eine große Schüssel geben und mit reichlich kochend heißem Wasser übergießen. 4 Minuten oder nach Packungsanleitung einweichen, bis sie weich sind. Nudeln gut abgießen und mit Paprika-, Möhren- und Frühlingszwiebelstreifen sowie Sprossen in der Schüssel mischen.

4 Die Zuckerschoten in sprudelnd kochendes Wasser geben und 1 Minute darin kochen lassen, dann abgießen und mit kaltem Wasser abschrecken. Zuckerschoten zu den Nudeln geben und alles gut mischen. Beiseitestellen.

5 Die Sesamsamen in einer großen Pfanne bei mittlerer Hitze 1–2 Minuten rösten; auf Küchenpapier kippen. Das Sonnenblumenöl in derselben Pfanne erhitzen und die Filetstreifen mitsamt der Marinade hineingeben. Das Fleisch 4–5 Minuten pfannenrühren, bis es nicht mehr rosa ist.

6 Die Fleischstreifen und eventuelle Bratflüssigkeit behutsam unter die Nudel-Gemüse-Mischung heben. Den fertigen Salat auf 4 Schalen verteilen, mit den gerösteten Sesamsamen bestreuen und servieren.

Das gesunde Plus

- In der Vergangenheit galt Schweinefleisch als fett. Das ist heute nicht mehr so. Mittlerweile wurden den Verbraucherwünschen entsprechend magerere Schweinerassen gezüchtet, deren Fleisch deutlich weniger Fett als noch vor 20 Jahren enthält, dafür aber mehr von den „guten“ mehrfach ungesättigten Fettsäuren. Im Durchschnitt enthält Schweinefleisch heute etwa 3 % Fett, also etwa so viel wie Hähnchenbrustfilet.
- Das Gemüse in diesem Gericht steuert eine Vielzahl von Nährstoffen bei, darunter Vitamin C und Betakarotin.

Foto Seite 85

Nährwerte pro Portion 454 kcal, 33 g Eiweiß, 13 g Fett (3 g davon gesättigte Fettsäuren), 51 g Kohlenhydrate (3,4 BE, 4 KE), 5 g Ballaststoffe. Ausgezeichnete Quelle für Niazin, Vitamin A, Vitamin B_1, Vitamin B_6, Vitamin B_{12}, Vitamin C, Vitamin E. Reich an Eisen, Folsäure, Kupfer, Vitamin B_2, Zink. Liefert auch Kalium, Selen.

Schweinefleisch süßsauer

Hier der Beweis: Eine chinesische süßsaure Sauce muss nicht dick, glibberig und knallorange sein. Die moderne, leichte Version lässt das saftige Fleisch, das frische, vitaminreiche Gemüse und die zarten Eiernudeln ungehindert zur Geltung kommen. Servieren Sie dazu schlichten gekochten Reis.

Vorbereitung **35 Minuten** Garzeit **15 Minuten** *Für 4 Portionen*

350 g Schweinefilet, vom sichtbaren Fett befreit, in 5 u 1 cm dicke Streifen geschnitten

1 EL helle Sojasauce

Pfeffer

2 TL Maisstärke

125 g chinesische Eiernudeln

2 EL Sonnenblumenöl

8 Baby-Maiskolben, längs geviertelt

175 g Möhren, in 5 cm lange dünne Streifen geschnitten

1 große Knoblauchzehe, fein gewürfelt

1 EL fein gewürfelter frischer Ingwer

300 g Mungobohnensprossen

4 Frühlingszwiebeln, schräg in Ringe geschnitten

1 TL geröstetes Sesamöl

Süßsaure Sauce

1 EL Speisestärke

1 EL brauner Zucker

1 EL Reisessig

2 EL Reiswein oder trockener Sherry

2 EL Tomatenketchup

3 EL helle Sojasauce

1 Dose Ananasscheiben in ungesüßtem Saft (etwa 425 g), Scheiben abgegossen, gehackt, der Saft aufgefangen und beiseitegestellt

1 Die Fleischstreifen in eine Schüssel geben und mit der Sojasauce sowie Pfeffer nach Geschmack mischen. Maisstärke darüberstreuen und unterrühren. Das Fleisch zudecken und beiseitestellen.

2 Für die Sauce Stärke, Zucker, Essig, Reiswein oder Sherry sowie Ketchup, Sojasauce und Ananassaft in einer kleinen Schüssel verrühren. Beiseitestellen.

3 Die Nudeln in sprudelnd kochendem Wasser 3 Minuten garen. Packungsanleitung beachten! Abgießen und beiseitestellen.

4 Den Wok oder eine schwere Pfanne sehr heiß werden lassen. 1 EL Öl hineingeben und durch Schwenken verteilen. Das Fleisch 1 Minute darin anbraten, dann 3–4 Minuten pfannenrühren. Mit einem Schaumlöffel herausheben; beiseitestellen.

5 Das restliche Öl erhitzen, die Maiskölbchen darin 1 Minute pfannenrühren. Möhren, Knoblauch und Ingwer zugeben und unter ständigem Rühren 1 Minute mitbraten. Alles mit 5 EL Wasser beträufeln und das Gemüse 2–3 Minuten dämpfen.

6 Die Saucenmischung zugießen und aufkochen lassen. Das Fleisch zurück in den Wok geben, Nudeln, Ananas und Sprossen zugeben. Alles unter Rühren erhitzen. Mit Frühlingszwiebeln bestreuen, mit Sesamöl beträufeln und servieren.

Varianten

Durch eine kleine entkernte und fein gehackte rote Chilischote wird die Sauce schärfer.

Das gesunde Plus

- Schweinefleisch ist besonders reich an Vitamin B_1, einem Vitamin, das u. a. für starke Nerven wichtig ist und vor allem in Lebensmitteln tierischen Ursprungs vorkommt.
- Bohnenkeimlinge liefern Kalium, aber auch viel Vitamin C und B-Vitamine. Je später man sie zu einem Gericht gibt, desto weniger von ihrem Vitamin C wird zerstört.

Nährwerte pro Portion

369 kcal, 25 g Eiweiß, 11 g Fett (2 g davon gesättigte Fettsäuren), 45 g Kohlenhydrate (1,8 BE, 2,2 KE), 4 g Ballaststoffe. Ausgezeichnete Quelle für Folsäure, Niazin, Vitamin A, Vitamin B_1, Vitamin B_6, Vitamin B_{12}, Vitamin C, Vitamin E. Reich an Eisen, Vitamin B_2, Zink. Liefert auch Selen.

Schweinefleisch süßsauer *Seite 84*

Nudelsalat mit Sesam und Schweinefleisch *Seite 83*

Schweinemedaillons
mit Paprika *Seite 87*

Weiße Bohnen mit Schweinefleisch *Seite 86*

Weiße Bohnen mit Schweinefleisch

Dieses Gericht stammt von der Ostküste Amerikas. Dort lässt man Schweinefleisch und Bohnen üblicherweise in tönernen Gefäßen sanft vor sich hinblubbern, während man sich um andere Dinge kümmern kann. Zum deftigen Eintopf passen Ofenkartoffeln und Brot zum Auftunken der Sauce.

Vorbereitung **25 Minuten,** plus Einweichzeit **über Nacht** Garzeit **etwa 2 Stunden** *Für 4 Portionen*

250 g getrocknete weiße Bohnenkerne, über Nacht in kaltem Wasser eingeweicht

1 EL Sonnenblumenöl

4 Schweinesteaks (je 125 g), von den Fetträndern befreit

1 Zwiebel, gewürfelt

250 ml Bier

1 Dose Pizzatomaten (400 g)

2 TL Worcestersauce (oder nach Geschmack)

2 EL brauner Zucker

3 Pimentbeeren

2 EL mittelscharfer Senf

2 Scheiben durchwachsener Speck (nicht zu fett), in mundgerechte Stücke geschnitten

1 TL Apfelessig (oder nach Geschmack)

1 Die Bohnen abgießen und abspülen. In einen großen Topf geben und zweimal so hoch Wasser wie Bohnen zugießen. Zudecken und aufkochen, dann abschäumen und zugedeckt 45–60 Minuten kochen, bis die Bohnen weich sind.

2 Inzwischen das Öl in einem Schmortopf erhitzen. Steaks darin auf beiden Seiten anbraten, dabei die Zwiebeln mitbraten. Das Bier und die Tomaten mitsamt dem Saft, dann Worcestersauce, Zucker und Piment zugeben. Das Fleisch in der Bier-Tomaten-Sauce bei schwacher Hitze zugedeckt etwa 1 Stunde schmoren lassen.

3 Die Bohnen abgießen und zum Fleisch in den Topf geben. Senf, Speck und Essig zufügen und gut unterrühren. Den Eintopf noch 1 Stunde bei schwacher Hitze köcheln lassen, bis Bohnen und Fleisch fast auseinanderfallen. Vor dem Servieren abschmecken und nach Belieben noch etwas Worcestersauce oder Essig zugeben.

Varianten

Statt getrocknete Bohnenkerne einzuweichen und zu garen, können Sie den abgespülten und abgetropften Inhalt von einer Dose (400 g) Cannellinibohnen verwenden. Zu Beginn von Schritt 3 zugeben.

Für **Toskana-Bohnen mit Wurst** statt der Steaks 500 g Würstchen (möglichst mit einem hohen Anteil an magerem Fleisch) nehmen und diese in Stücke schneiden. Mit der Zwiebel in einer beschichteten Pfanne mit hohem Rand anbraten; beiseitestellen. Das Fett aus der Pfanne gießen. In die Pfanne 125 ml Rotwein, 200 ml Gemüsebrühe, den Inhalt von 1 Dose Pizzatomaten (400 g), 8 gehackte frische Salbeiblätter, 2 Lorbeerblätter und 2 gehackte Knoblauchzehen geben, mit Pfeffer würzen. Alles zugedeckt bei schwacher Hitze 30 Minuten garen. Würstchen und Zwiebeln sowie den abgespülten, abgetropften Inhalt von 1 Dose (etwa 400 g) Cannellinibohnen zugeben und das Gericht 15 Minuten köcheln lassen.

Das gesunde Plus

- Tomaten enthalten das Karotinoid Lykopin, das möglicherweise vor Prostata-, Blasen- und Bauchspeicheldrüsenkrebs schützen kann. Lykopin wird durch Erhitzen besonders gut verfügbar. Deshalb kann diese Substanz aus Tomatenerzeugnissen wie Dosentomaten, Tomatenmark, passierten Tomaten oder Tomatenketchup am besten verwertet werden.

Foto Seite 85

Nährwerte pro Portion 490 kcal, 51 g Eiweiß, 11 g Fett (3 g davon gesättigte Fettsäuren), 46 g Kohlenhydrate (2,5 BE, 3,6 KE), 12 g Ballaststoffe. Ausgezeichnete Quelle für Eisen, Niazin, Vitamin B_1, Vitamin B_2, Vitamin B_6, Vitamin B_{12}, Vitamin E, Zink. Reich an Kalzium, Vitamin C. Liefert auch Folsäure.

Schweinemedaillons mit Paprika

Dieses schnelle Pfannengericht ist ein wunderbares Essen für Gäste. Das Verhältnis zwischen Süße und Säure (aus Balsamico-Essig, Orangen und Oliven) ist perfekt ausbalanciert, und genau das wird jedem gefallen. Brokkoli als Beilage ergänzt das Ganze auf Beste.

Vorbereitung und Garzeit **etwa 50 Minuten** *Für 4 Portionen*

350 g Basmati-Wildreis-Mischung

2 Orangen

1 EL natives Olivenöl extra

350 g Schweinefilet, quer in 1 cm dicke Medaillons geschnitten

1 große süße Zwiebel, längs halbiert und in dünne Halbringe geschnitten

1 rote Paprikaschote, geputzt und in Streifen geschnitten

1 gelbe Paprikaschote, geputzt und in Streifen geschnitten

1 große Möhre, geraspelt

1 Knoblauchzehe, fein gewürfelt

100 ml Orangensaft

3 EL Balsamico-Essig

30 g entsteinte schwarze Oliven, gehackt oder in Scheiben

30 g Basilikumblätter

Salz und Pfeffer

1 Den Reis in einem Topf mit 600 ml kochend heißem Wasser übergießen. Aufkochen, dann bei schwacher Hitze zugedeckt 15 Minuten ausquellen lassen, bis die gesamte Flüssigkeit aufgenommen wurde.

2 Inzwischen die Orangen schälen und quer in etwa 1 cm dicke Scheiben schneiden. Immer 3–4 Scheiben aufeinanderlegen und vierteln; möglichst auf einem Brett mit Saftrinne schneiden. Orangenscheiben und -saft beiseitestellen.

3 Das Öl in einer großen beschichteten Pfanne bei mittlerer Hitze heiß werden lassen. Die Medaillons darin portionsweise auf jeder Seite 2–3 Minuten braten, dann mit einem Schaumlöffel herausheben und beiseitestellen.

4 Zwiebeln, Paprika, Möhre und Knoblauch in die Pfanne geben. Zugedeckt 5–6 Minuten dünsten, bis das Gemüse gerade weich wird. Zwischendurch das Gemüse immer wieder rühren. 2 EL Wasser, dann 100 ml Orangensaft und den Balsamico-Essig zufügen und alles gut verrühren. Zugedeckt 3–4 Minuten köcheln, bis das Gemüse weich ist.

5 Die gebratenen Medaillons wieder in die Pfanne geben. Oliven, Orangenscheiben mit ihrem Saft sowie das Basilikum zufügen. Zum Erwärmen 1 Minute unter Rühren mitköcheln. Das Gericht mit Salz und Pfeffer abschmecken.

6 Den Reis auf 4 vorgewärmte Teller verteilen, Fleisch und Gemüse darauf anrichten. Mit Garsud beträufeln; servieren.

Variante

Für **Lammfleisch mit Paprika und Puy-Linsen** anstelle von Schweinefilet magere, dünn plattierte Lammsteaks verwenden. Den Reis durch 250 g Puy-Linsen (nach Packungsanleitung garen) ersetzen. Das Gericht nicht mit Basilikum, sondern mit ½ TL gehackten Rosmarinblättern würzen.

Das gesunde Plus

- Wildreis stammt aus Nordamerika. Es handelt sich dabei allerdings nicht um Reiskörner, sondern um die Samen einer Grasart. Wildreis ist (genau wie Reis) glutenfrei und liefert B-Vitamine, insbesondere Niazin, sowie Ballaststoffe.

Foto Seite 85

Nährwerte pro Portion 539 kcal, 27 g Eiweiß, 8 g Fett (2 g davon gesättigte Fettsäuren), 89 g Kohlenhydrate (5,5 BE, 6,5 KE), 5 g Ballaststoffe. Ausgezeichnete Quelle für Niazin, Vitamin A, Vitamin B_1, Vitamin B_6, Vitamin B_{12}. Reich an Folsäure, Vitamin B_2. Liefert auch Eisen, Kalium, Selen, Zink.

Schweinefilet und Nudeln aus dem Wok

Pfannenrühren, die einfache Gartechnik aus Asien, ermöglicht es, Mahlzeiten im Nu zuzubereiten. Wok- bzw. pfannengerührte Gerichte sind außerdem sehr gesund, weil nur äußerst wenig Öl nötig ist und Gemüse nur kurz erhitzt wird. So bleiben Vitamine und Mineralstoffe weitgehend erhalten.

Vorbereitung und Garzeit **30 Minuten** *Für 4 Portionen*

400 g Schweinefilet, vom Fett befreit

250 g chinesische Eiernudeln

1 EL Sonnenblumenöl

1 große Zwiebel, in feine Würfel geschnitten

1 große Knoblauchzehe, zerdrückt

1 EL Fünf-Gewürz-Pulver

300 g Zuckerschoten

2 große rote Paprikaschoten, geputzt und in dünne Streifen geschnitten

125 ml heiße Gemüsebrühe

Salz und Pfeffer

Koriandergrün zum Garnieren

1 Das Schweinefilet quer zur Faser zuerst in 5 mm dicke Scheiben, diese dann in 5 mm breite Streifen schneiden. Zugedeckt beiseitestellen.

2 In einem Topf Wasser aufkochen und die Nudeln darin nach Packungsanweisung garen bzw. quellen lassen. Abgießen, gut abtropfen lassen und beiseitestellen.

3 Während die Nudeln garen, den Wok oder eine hohe Pfanne auf dem Herd heiß werden lassen. Das Öl hineingeben und durch Schwenken verteilen. Zwiebel und Knoblauch zufügen und 1 Minute pfannenrühren. Das Fünf-Gewürz-Pulver zugeben und alles 1 weitere Minute pfannenrühren.

4 Die Fleischstreifen in den Wok geben und 3 Minuten pfannenrühren. Zuckerschoten und Paprika zufügen und alles weitere 2 Minuten pfannenrühren. Brühe zugießen. Alles verrühren und aufkochen lassen.

5 Die Nudeln in den Wok oder in die hohe Pfanne geben und alles 2 Minuten rühren, dabei gut vermischen. Abschmecken, mit Koriandergrün bestreuen und sofort servieren.

Varianten

Noch fettärmer wird das Gericht, wenn Sie nur 250 g Schweinefilet verwenden und den Rest durch 250 g festen Tofu ersetzen. Den Tofu in 2–3 cm große Würfel schneiden und mit den Zuckerschoten und den Paprikastreifen in den Wok geben. Mit der Brühe noch 2 EL helle Sojasauce zugießen.

Man kann das Fleisch auch ganz durch 450 g festen Tofu und 150 g Brokkoliröschen ersetzen. Tofu und Brokkoli mit Zuckerschoten und Paprika zugeben. Mit den Nudeln noch 75 g Bohnensprossen zufügen.

Das gesunde Plus

- Paprikaschoten sind von Natur aus mit einer dünnen Wachsschicht überzogen, was den Vitamin-C-Verlust durch Sauerstoff (Oxidation) verhindert. Das ist der Grund dafür, warum Vitamin C relativ lange in gelagerten Schoten erhalten bleibt.
- Erhitzt man den Wok oder eine hohe Pfanne, bevor man das Öl zum Braten hineingibt, setzen die Zutaten nicht an, und es ist insgesamt weniger Öl für die Zubereitung des Gerichts nötig.
- Chinesische Eiernudeln sind eine fettarme, stärkereiche Zutat, die auch noch ein wenig Eiweiß liefert.

Nährwerte pro Portion 467 kcal, 34 g Eiweiß, 13 g Fett (3 g davon gesättigte Fettsäuren), 58 g Kohlenhydrate (4,2 BE, 4,9 KE), 6 g Ballaststoffe. Ausgezeichnete Quelle für Niazin, Vitamin A, Vitamin B_1, Vitamin B_6, Vitamin B_{12}, Vitamin C, Vitamin E. Reich an Folsäure, Kalium, Vitamin B_2. Liefert auch Folsäure, Kalzium, Selen.

Japanischer Geflügelsalat

Dieser Salat wird nicht – wie bei uns sonst üblich – angemacht. Seine Zutaten werden nebeneinander angerichtet, damit jeder sich seine individuelle Mischung zusammenstellen und mit dem Tahin-Dressing kombinieren kann. Typisch japanisch: Es gibt sehr wenig Fleisch, aber eine Menge knackiges Gemüse.

Vorbereitung **25–30 Minuten,** plus **Kühlzeit** Garzeit **10 Minuten** *Für 4 Portionen*

2 Hähnchenbrustfilets (etwa 300 g)

1 EL Mirin oder Sake

Salz und Pfeffer

Tahin-Dressing

2 EL Tahin

1 kleine Knoblauchzehe, fein gehackt

1 EL Sojasauce

2 EL Zitronensaft (oder nach Geschmack)

Cayennepfeffer zum Garnieren

Salat

1 Stück Salatgurke (10 cm)

2 Möhren

1 rote Paprikaschote, geputzt

2 Römersalatherzen, in Blätter zerteilt

je 1 Handvoll Basilikum- und Minzeblätter, in Streifen geschnitten

8 Frühlingszwiebeln, längs halbiert

125 g Champignons, in dünne Scheiben geschnitten

1 Hähnchenfilets auf einen hitzebeständigen Teller legen, diesen in einen Dämpftopf über siedendes Wasser setzen. Fleisch mit Mirin oder Sake beträufeln, etwas salzen und pfeffern. Zugedeckt 10–12 Minuten dämpfen, bis das Fleisch durchgegart ist. Beiseite stellen und abkühlen lassen.

2 Für das Dressing alle Zutaten bis auf den Cayennepfeffer kräftig verrühren. Die Garflüssigkeit vom Hähnchen mit Wasser auf 4 EL auffüllen. Zum Dressing geben. Abschmecken, eventuell mehr Zitronensaft zufügen. Das Dressing in ein Schälchen füllen und mit Cayennepfeffer bestreuen.

3 Für den Salat Gurke, Möhren und Paprika in gleich lange, dünne, etwa 5 cm lange Streifen schneiden. An einem Ende einer Servierplatte die Salatblätter anrichten und mit Basilikum und Minze bestreuen. Das Hähnchenfleisch in dünne Scheiben schneiden und auf den Salat legen. Die weiteren Salatzutaten dekorativ auf der Platte anrichten. Mit dem Dressing servieren.

Varianten

Für einen chinesischen Salat nur halb so viel Möhre, Gurke und Paprika nehmen. Dafür noch den abgetropften Inhalt von ½ Dose Bambussprossen, 12 Wasserkastanien in dünnen Scheiben, 125 g frische Mungobohnensprossen und ein paar gegarte, längs in Scheiben geschnittene Baby-Maiskölbchen zugeben. Alle Salatzutaten in eine große Schüssel schichten. Darüber ein Dressing aus 4 EL Pflaumensauce (Flasche), 2 EL Sojasauce, 2 EL geröstetem Sesamöl, 1–2 TL Zitronensaft und einer Prise Zucker gießen, den Salat mit gerösteten Sesamsamen bestreuen.

Für einen **vegetarischen Salat** anstelle des gedämpften Hähnchenfleischs 250 g marinierten oder geräucherten Tofu verwenden.

Das gesunde Plus

- Weil das Gemüse hier roh gegessen wird, liefert dieser Salat reichlich Vitamin C, außerdem Ballaststoffe und Betakarotin. Letzteres spielt mit Vitamin C wahrscheinlich eine Rolle in der Krebsvorbeugung.
- Pilze enthalten einige Vitamine aus der B-Gruppe, außerdem Kupfer. Dieses Spurenelement ist Bestandteil vieler Enzyme und wird für Knochenwachstum und die Bildung von Bindegewebe benötigt.

Foto Seite 93

Nährwerte pro Portion 170 kcal, 20 g Eiweiß, 7,5 g Fett (1,5 g davon gesättigte Fettsäuren), 6 g Kohlenhydrate (0 BE, 0 KE), 3 g Ballaststoffe. Ausgezeichnete Quelle für Vitamin A, Vitamin B_6, Vitamin C. Reich an Eisen, Folsäure, Kupfer, Niazin. Liefert auch Kalium, Selen, Vitamin B_1, Vitamin B_2, Zink.

Geflügelsalat mit Ingwer

Mit seinem cremigen Dressing ist dieser Salat auch ein feines, kleines Mittagessen und macht sich gut auf einem Buffet. Die Salatsauce schmeckt sündhaft üppig, ist aber recht leicht, weil außer Salatcreme oder Mayonnaise auch noch Magerjoghurt drin ist. Der Ingwer ist hier unerlässlich, er sorgt für die besondere Note.

Vorbereitung **20–25 Minuten** *Für 6 Portionen*

1 abgekühltes gegartes Huhn (etwa 1,5 kg), oder 675 g gegartes Hähnchenfleisch

1 EL Limettensaft

2 knackige grüne Äpfel (z. B. Granny Smith)

4 Selleriestangen, in dünne Scheiben geschnitten

125 g weiche getrocknete Aprikosen, geviertelt

5 EL stichfester Magerjoghurt

2 EL Salatcreme oder fettarme Mayonnaise

1 Stück frischer Ingwer, fein gewürfelt

Pfeffer

30 g Walnusskerne, in Stücke gebrochen

Brunnenkresse zum Garnieren

1 Falls ein ganzes gegartes Huhn verwendet wird, das Fleisch von den Knochen lösen, die Haut entfernen. Das Hühnerfleisch in mundgerechte Stücke schneiden und in eine große Schüssel geben.

2 Den Limettensaft in eine kleine Schüssel geben. Die Äpfel waschen, von den Kerngehäusen befreien und hacken. Mit dem Limettensaft mischen, damit das Fruchtfleisch sich nicht verfärbt. Äpfel, Sellerie und Aprikosen zum Fleisch geben; alles gut mischen.

3 Joghurt und Salatcreme bzw. Mayonnaise in einer kleinen Schüssel glatt verrühren. Ingwer und Pfeffer untermischen. Das Dressing über den Salat geben und alles gut vermengen. Mit den Walnusskernen bestreuen, mit Brunnenkresse garnieren und servieren.

Varianten

Für diesen Salat können Sie auch gegartes Putenfleisch verwenden.

Nehmen Sie einmal weiche Trockenbirnen anstelle der Aprikosen.

Der Salat lässt sich noch mit 100 g halbierten kernlosen Weintrauben oder 2 in Stücke geschnittenen Ananasscheiben anreichern. Statt mit Walnüssen können Sie den Salat auch mit gerösteten Hasel- oder Pekannüssen bestreuen.

Richten Sie den Salat auf jungen Spinat- oder Salatblättern oder einer Mischung aus Spinat und Brunnenkresse an.

Das gesunde Plus

- Zu diesem Salat steuern getrocknete Aprikosen, ungeschälte Äpfel und Sellerie reichlich Ballaststoffe bei. Diese sind u.a. dafür wichtig, den Darm in Schwung zu halten.
- Getrocknete Aprikosen liefern Vitamin A (in Form von Betakarotin) und enthalten von allen Obstsorten am meisten Eisen.
- Studien haben gezeigt: Wer im Rahmen einer fettarmen Diät täglich nur ein paar Walnusskerne isst, kann schon seinen Cholesterinspiegel senken. Wegen ihres hohen Fettgehalts sättigen die Nüsse auch gut.

Foto Seite 93

Nährwerte pro Portion 310 kcal, 36 g Eiweiß, 14 g Fett (2 g davon gesättigte Fettsäuren), 11 g Kohlenhydrate (1,1 BE, 1,3 KE), 2 g Ballaststoffe. Ausgezeichnete Quelle für Niazin, Vitamin B_6. Reich an Kupfer, Vitamin E. Liefert auch Eisen, Kalium, Selen, Vitamin A, Vitamin B_2, Zink.

Bunter Salat mit Hähnchenbruststreifen, Avocado und pikantem Senfdressing

Dieser grandiose Salat vereint gebratene Hähnchenbrust, geräucherte Putenbrust, milde Avocado und fruchtige Tomaten in einem aparten Dressing mit Honig und körnigem Senf.

Vorbereitung **15 Minuten** Garzeit **10 Minuten** *Für 4 Portionen*

1 ½ EL natives Olivenöl extra

2 Knoblauchzehen, in sehr dünne Scheiben geschnitten

300 g Hähnchenbrustfilet, in Streifen geschnitten

2 EL flüssiger Honig

1 EL Balsamico-Essig

1 EL körniger Senf

100 g geräucherte Putenbrust

Salz und Pfeffer

Tomaten-Avocado-Salat

2 Römersalatherzen, in Blätter geteilt

50 g Brunnenkresse

2 reife Avocados

Saft von ½ Zitrone

150 g Cocktailtomaten, halbiert

1 kleine rote Zwiebel, in feine Ringe geschnitten

1 Salatblätter und Brunnenkresse in eine große, weite Schüssel geben. Die Avocados schälenund in dicke Scheiben schneiden; sofort mit dem Zitronensaft mischen, damit das Fruchtfleisch sich nicht verfärbt. Avocados, Tomaten und Zwiebelringe über Salat und Kresse geben. Beiseitestellen.

2 Das Öl in einer großen Pfanne erhitzen. Knoblauch darin 30 Sekunden unter Rühren braten, dann das Hähnchenfleisch zugeben und unter Rühren 2–3 Minuten mitbraten, bis es nicht mehr rosa ist.

3 Honig, Essig und Senf zufügen und untermischen. Die Putenbrustwürfel zugeben und unter ständigem Rühren 1 Minute mitbraten – nicht länger, sonst wird das Putenfleisch trocken. Die Mischung mit Salz und Pfeffer abschmecken.

4 Die Fleischmischung in die Salatschüssel geben und alles gut vermengen. Sofort servieren, dazu knuspriges Brot reichen.

Varianten

Für einen **Puten-Artischocken-Salat mit Zitronendressing** die Hähnchenbrust durch 2 kleine, in Streifen geschnittene Putenschnitzel (je 150 g) ersetzen und mageren Speck statt geräucherter Putenbrust nehmen. Fleisch, Speck und Knoblauch 5–6 Minuten unter Rühren braten, bis alles Farbe angenommen hat. Anschließend die abgeriebene Schale und den Saft von 1 Zitrone, den Honig und den Essig zufügen. Das Fleisch nicht auf Tomaten-Avocado-Salat, sondern auf einem Artischockensalat aus 100 g zarten Spinatblättern, 50 g Rucola und 200 g in Stücke geschnittenen Artischockenherzen (aus dem Glas) anrichten.

Milder wird der Salat, wenn die rote Zwiebel durch 2 Schalotten ersetzt wird.

Das gesunde Plus

- Avocados sind zwar fettreich, enthalten aber überwiegend die gesundheitsfördernden einfach ungesättigten Fettsäuren. Außerdem sind sie reich an Vitamin B_6. 150 g Avocado liefern für einen Erwachsenen etwa den halben Tagesbedarf an diesem Vitamin.
- In diesem Salat steuert auch das Geflügel Vitamin B_6 bei – mit einer Salatportion ist der Tagesbedarf dann fast ganz gesichert. Das B-Vitamin ist an zahlreichen Auf- und Umbauprozessen des Eiweißstoffwechsels beteiligt.

Nährwerte pro Portion 335 kcal, 28 g Eiweiß, 19 g Fett (3,5 g davon gesättigte Fettsäuren), 14 g Kohlenhydrate (0,4 BE, 0,5 KE), 4 g Ballaststoffe. Ausgezeichnete Quelle für Vitamin B_6. Reich an Kalium, Niazin, Vitamin C, Vitamin E. Liefert auch Eisen, Folsäure, Kupfer, Selen, Vitamin A, Vitamin B_1, Vitamin B_6, Vitamin B_{12}, Zink.

Japanischer Geflügelsalat *Seite 90*

Bunter Salat mit Hähnchenbruststreifen, Avocado und pikantem Senfdressing *Seite 92*

Hähnchenkeulen mit Artischocken *Seite 94*

Geflügelsalat mit Ingwer *Seite 91*

Hähnchenkeulen mit Artischocken

Artischocke und Huhn – eine klassische Kombination, die mit roter Paprika, schwarzen Oliven, würzigem Thymian und aromatischer Zitronenschale einen mediterranen Charakter bekommt. Reis oder Pellkartoffeln passen gut zu diesem Gericht, das voller Vitamine steckt, dabei aber fett- und kalorienarm ist.

Vorbereitung **etwa 5 Minuten** Garzeit **20 Minuten** *Für 4 Portionen*

4 EL Mehl

1 EL getrockneter Thymian

Salz und Pfeffer

8 Hähnchenkeulen ohne Haut und Knochen (450 g)

3 EL Sonnenblumenöl

1 Knoblauchzehe, zerdrückt

1 Dose Artischocken in Wasser (etwa 400 g), der Inhalt abgegossen und halbiert

2 rote Paprikaschoten, geputzt und in dünne Streifen geschnitten

75 g entsteinte schwarze Oliven, halbiert

4 EL trockener Weißwein

125 ml Hühnerbrühe, vorzugsweise selbst gekocht

abgeriebene Schale von 1 Zitrone

Zum Anrichten

Thymianzweige

Zitronenschnitze

1 Mehl, Thymian, Salz und Pfeffer in einen großen Gefrierbeutel geben und schütteln. Hähnchenkeulen zufügen; das Ganze schütteln, um das Fleisch mit der Mehlmischung zu überziehen. Überschüssiges Mehl abklopfen, die Keulen auf einen Teller legen. Backofen auf die niedrigstmögliche Temperatur vorheizen.

2 Das Öl in einer großen Pfanne bei mittlerer Hitze heiß werden lassen. Die Keulen hineingeben und auf jeder Seite etwa 3 Minuten braten, bis sie goldbraun sind, dabei in der Pfanne hin- und herschieben. Falls sie ansetzen, etwas heißes Wasser in die Pfanne geben.

3 Die Keulen noch einmal wenden, dann weitere 8 Minuten garen, bis beim Einstechen klare Flüssigkeit austritt. Auf eine ofenfeste Platte legen und im Ofen warm halten.

4 Überschüssiges Öl aus der Pfanne gießen. Knoblauch in die Pfanne geben, 10 Sekunden unter Rühren braten. Artischocken und Paprikastreifen zugeben. 3–5 Minuten unter häufigem Rühren mitbraten, bis die Paprikastreifen weich sind. Die Oliven unterrühren.

5 Den Wein angießen, aufkochen und verdampfen lassen. Brühe und Zitronenschale zugeben; die Flüssigkeit auf die Hälfte einkochen lassen. Abschmecken.

6 Hähnchenkeulen mit dem Gemüse auf Tellern anrichten. Mit Thymianzweigen und Zitronenschnitzen garnieren; servieren.

Varianten

Auf dieselbe Weise können Sie 4 Putenschnitzel zubereiten.

Bunter wird das Gemüse, wenn Sie die rote Paprikaschote durch je 1 gelbe und orange ersetzen, statt der Oliven 200 g Zucchinischeiben und anstelle von Artischocken 100 g in Scheiben geschnittene Pilze, z. B. Shiitake, nehmen. Die Pilze mit dem Knoblauch braten, bis sie Flüssigkeit ziehen, dann Paprika und Zucchini zugeben und alles 3–5 Minuten unter ständigem Rühren braten, bis die Zucchini gar, aber nicht zu weich sind.

Das gesunde Plus

- Artischocken sind kalorienarm und liefern Kalzium sowie Betakarotin und Vitamin C.
- Das Fett, das Oliven reichlich enthalten, besteht zum größten Teil aus ungesättigten Fettsäuren; diese können einen zu hohen Cholesterinspiegel senken.
- Wenn Sie sich fettarm ernähren möchten, sollten Sie sich eine gute beschichtete Pfanne anschaffen. Darin können Sie Fleisch, Geflügel, Fisch und Gemüse fast ohne Fett braten.

Foto Seite 93

Nährwerte pro Portion 350 kcal, 25 g Eiweiß, 17 g Fett (3,5 g davon gesättigte Fettsäuren), 21,5 g Kohlenhydrate (0,5 BE, 0,6 KE), 2,5 g Ballaststoffe. Ausgezeichnete Quelle für Vitamin A, Vitamin B_6, Vitamin B_{12}, Vitamin C. Reich an Eisen, Kupfer, Niazin, Vitamin E. Liefert auch Kalium, Selen, Vitamin B_1, Vitamin B_2, Zink.

Tortillas mit Hähnchen und Tomaten-Salsa

Diese mit gegrilltem Huhn, Paprika und Zwiebeln gefüllte Weizentortillas nennt man auch Fajitas. Ein Gericht, das Aromen im Überfluss bietet, aber so gut wie gar kein Fett enthält.

Vorbereitung **30 Minuten** Garzeit **25–30 Minuten** *Für 4 Portionen*

400 g Hähnchenbrustfilet, in Streifen geschnitten

2 Knoblauchzehen, fein gewürfelt

je 1 TL gemahlener Kreuzkümmel, rosenscharfes und edelsüßes Paprikapulver

¼ TL getrockneter Oregano

abgeriebene Schale und Saft von ½ Orange, Saft von ½ Zitrone

2 EL Sonnenblumenöl

30 g Koriandergrün, gehackt

2 grüne Paprikaschoten, geputzt und in dünne Streifen geschnitten

2 Zwiebeln, in dünnen Scheiben

8 Weizentortillas

125 g fettarmer Joghurt

Salz und Pfeffer

Tomaten-Salsa

4 Frühlingszwiebeln, in Ringen

125 g reife Tomaten, gewürfelt

1 mittelscharfe grüne Chilischote, entkernt und gehackt

2 EL passierte Tomaten

2 Knoblauchzehen, gewürfelt

½ TL gemahlener Kreuzkümmel

Zitronensaft (nach Geschmack)

1 Die Hähnchenfleischstreifen in einer Schüssel gründlich mit Knoblauch, Kreuzkümmel, Paprikapulver, Oregano, Orangenschale, Orangen- und Zitronensaft, 1 EL Öl und 3 EL Koriandergrün mischen. Mindestens 15 Minuten durchziehen lassen.

2 Alle Zutaten für die Salsa miteinander verrühren. Das restliche Koriandergrün zugeben und die Salsa mit ¼–½ TL Zitronensaft sowie Salz und Pfeffer abschmecken. Beiseitestellen.

3 Den Backofen auf 180 °C, den Grill auf höchster Stufe vorheizen. Eine Grillpfanne oder eine schwere Bratpfanne sehr heiß werden lassen, dann mit dem restlichen Öl (1 EL) auspinseln. Paprika und Zwiebeln darin 6–8 Minuten braten, bis sie kräftig Farbe angenommen haben. Herausnehmen und beiseitestellen.

4 Die Tortillas aufeinanderstapeln, alle zusammen in Alufolie wickeln und 10 Minuten im Backofen erwärmen. Inzwischen die Hähnchenstreifen unter/auf dem Grill oder in der Pfanne 5 Minuten grillen bzw. braten, dabei gelegentlich wenden.

5 Auf jede Tortilla je eine Portion Hähnchen und Gemüse geben und die Teigfladen aufrollen. Mit Salsa und Joghurt servieren. Sie können auch Fleisch, Gemüse und die warmen Tortillas separat anbieten, damit sich jeder bei Tisch seine eigene Fajita nach Geschmack rollen kann.

Variante

Für **Quesadillas** brauchen Sie nur 150 g Hähnchenbrust und pro Portion eine Tortilla. Auf eine Hälfte der Tortillas jeweils 15 g geriebenen Käse und je 1–2 Löffel gegartes Hähnchenfleisch und Paprikagemüse geben. Die Tortillas zu Halbmonden zusammenklappen, die Ränder zusammendrücken. Quesadillas auf beiden Seiten goldbraun braten.

Das gesunde Plus

- Zwiebeln und Knoblauch sind nicht nur unentbehrliche Küchenvorräte, sie gelten auch seit langer Zeit schon als Allheilmittel. Heute weiß man, dass Knoblauch vor Herzerkrankungen schützen kann. Zwiebeln und Knoblauch tragen dazu bei, das Blut flüssig zu halten, und lindern auch verstopfte Nasen und Nebenhöhlen.
- Üblicherweise wird zu Fajitas saure Sahne gereicht. Fettarmer Joghurt schmeckt aber genauso gut und hat weniger Kalorien.

Foto Seite 99

Nährwerte pro Portion 450 kcal, 29 g Eiweiß, 11 g Fett (2 g davon gesättigte Fettsäuren), 60 g Kohlenhydrate (3,7 BE, 4,5 KE), 5 g Ballaststoffe. Ausgezeichnete Quelle für Vitamin B_6, Vitamin C. Reich an Eisen, Kupfer, Niazin, Vitamin E. Liefert auch Folsäure, Kalium, Kalzium, Selen, Vitamin A, Vitamin B_1, Vitamin B_2, Zink.

Mexikanische Tostadas

Tostada ist das spanische Wort für „getoastet“. In Mexiko versteht man darunter eine knusprig aufgebratene Maistortilla, die mit einer Menge herzhafter Köstlichkeiten belegt wird. Besonders beliebt ist Huhn mit Bohnenkernen und Eisbergsalat. Eine würzige Tomatenpaste sorgt dafür, dass alles an seinem Platz bleibt.

Vorbereitung **35 Minuten** Garzeit **20 Minuten** *Für 4 Portionen*

2 ganze Hähnchenbrüste (etwa 500 g), ohne Haut

2 EL natives Olivenöl extra

2 rote Paprikaschoten, geputzt und gewürfelt

1 Zwiebel, gewürfelt

2 Knoblauchzehen, in dünne Scheiben geschnitten

1 EL edelsüßes Paprikapulver

2 TL rosenscharfes Paprikapulver

1 TL gemahlener Kreuzkümmel

1 Dose Pizzatomaten (etwa 400 g)

Salz und Pfeffer

8 Maistortillas

1 Dose Pinto- oder Borlotti-bohnen (etwa 425 g)

Zum Anrichten

1 Tomate, gewürfelt

eingelegte Chilis (nach Belieben)

125 g Eisbergsalat, in dünne Streifen geschnitten

8 Radieschen in Scheiben

4 EL fettarmer Joghurt

Tabasco oder eine andere scharfe Chilisauce

1 Die Hähnchenbrüste in einem Topf mit kaltem Wasser bedecken. Aufkochen, dann bei schwacher Hitze 10–15 Minuten köcheln lassen. Vom Herd nehmen und etwas abkühlen lassen. Abgießen, das Fleisch von den Knochen lösen und in Streifen schneiden. Beiseitelegen.

2 Das Olivenöl in einer Pfanne erhitzen. Paprikaschoten, Zwiebel und Knoblauch darin 5 Minuten unter Rühren braten, bis sie weich sind. Paprikapulver und Kreuzkümmel unterrühren und alles noch einige Minuten weitergaren. Tomaten mitsamt dem Saft unterrühren, in 5–8 Minuten dick einkochen lassen. Abschmecken, warm stellen.

3 Eine schwere Pfanne heiß werden lassen. Die Tortillas darin nacheinander pro Seite 15 Sekunden braten, bis sie knusprig und hellbraun sind. Tortillas aufeinanderstapeln und in einem Geschirrtuch warm halten. Inzwischen die Bohnen im Einlegsud erwärmen. Abgießen, gut abtropfen lassen.

4 Auf jeden Teller 2 Tortillas legen. Auf jede erst Sauce, dann Bohnen und Fleisch geben. Darauf kommen Tomatenwürfel, Chilis nach Belieben, Salat und Radieschen. Das Ganze jeweils mit 1 EL Joghurt krönen. Mit Tabascosauce servieren.

Variante

Statt der Bohnen können Sie die Tostadas mit einer Mischung aus Mais und Zucchini belegen. Dafür 1 Maiskolben und 1 Zucchini getrennt voneinander gar kochen. Der Mais braucht etwa 5, die Zucchini etwa 10 Minuten. Abgießen, die Zucchini würfeln, vom Maiskolben die Körner ablösen. Das Gemüse auf der Tomatensauce verteilen und darauf das Hähnchenfleisch geben.

Das gesunde Plus

- Hülsenfrüchte wie Borlotti- und Pintobohnen liefern lösliche Ballaststoffe und viel Eiweiß. Letzteres wird besser verwertet, wenn es zusammen mit Getreide wie Weizen oder Mais verzehrt wird.
- Radieschen sind extrem kalorienarm, liefern aber viel Vitamin C. In ihnen enthaltene sekundäre Pflanzenstoffe schützen möglicherweise vor Krebs.

Foto Seite 99

Nährstoffe pro Portion

425 kcal, 31 g Eiweiß, 11 g Fett (3 g davon gesättigte Fettsäuren), 53 g Kohlenhydrate (5,2 BE, 6 KE), 10 g Ballaststoffe. Ausgezeichnete Quelle für Niazin, Vitamin A, Vitamin B_6, Vitamin C. Reich an Eisen, Folsäure, Kalium, Kalzium, Selen, Vitamin B_1, Vitamin E. Liefert auch Kupfer, Vitamin B_2, Zink.

Chapatis mit Hähnchenfleisch und Brokkoli

Schon beim Anblick dieser indischen Delikatessen läuft einem das Wasser im Mund zusammen! Chapatis sind knusprige Fladenbrote. Sie gelten als das gesündeste Brot Indiens, weil sie meist aus Vollkornmehl gebacken und ohne Fettzugabe aufgebraten werden. Dazu gibt es Raita, eine Joghurtsauce, die hier mit Gurke und Tomate angereichert wird.

Vorbereitung **etwa 10 Minuten** Garzeit **etwa 10 Minuten** *Für 4 Portionen*

Chapatis

200 g gegarte Hähnchenbrust

2 EL Sonnenblumenöl

250 g Brokkoliröschen, gehackt

50 g ungesalzene Cashewkerne, grob gehackt

2 EL geriebener frischer Ingwer

1 Knoblauchzehe, fein gewürfelt

4 EL Mangochutney

Pfeffer

4 Chapatis

Raita

350 g fettarmer Joghurt

1 Salatgurke (etwa 300 g), längs geviertelt, entkernt

100 g Tomate, sehr fein gehackt

½ TL gemahlener Koriander

½ TL gemahlener Kreuzkümmel

1 Prise Cayennepfeffer

1 Prise Salz

1 Alle Zutaten für die Raita in einer Schüssel mischen. Die Raita zudecken und bis zum Servieren kalt stellen.

2 Den Grill vorheizen. Das Hähnchenfleisch in kleine, mundgerechte Stücke schneiden, die Haut dabei entfernen.

3 Das Öl in einer großen Pfanne erhitzen. Brokkoliröschen, Cashewkerne, Ingwer und Knoblauch darin etwa 5 Minuten unter Rühren braten, bis die Brokkoliröschen weich sind.

4 Fleisch und Mangochutney unter die Brokkolimischung rühren; mit Pfeffer abschmecken. Alles weitere 2 Minuten unter ständigem Rühren braten, bis die Fleischstückchen heiß sind.

5 In der Zwischenzeit die Chapatis mit Wasser besprenkeln und 2 Minuten grillen, dabei einmal wenden.

6 Die Chapatis mit der Hähnchenmischung belegen und aufrollen. Heiß mit Raita servieren.

Variante

Für **mexikanische Hähnchen-Brokkoli-Tortillas** die Chapatis durch 8 Weizentortillas ersetzen. Die Tortillas nacheinander in einer Pfanne ohne Fett je 20 Sekunden erwärmen, dabei jeweils einmal wenden. Für eine Tomaten-Salsa 4 Tomaten häuten und fein würfeln, eine kleine Zwiebel ebenfalls fein würfeln. Mit 1–2 EL fein gehacktem Koriandergrün, einem Spritzer Zitronensaft, ein paar Tropfen Tabasco sowie Pfeffer nach Geschmack verrühren. Die Hähnchen-Brokkoli-Mischung wie beschrieben zubereiten, dabei das Chutney weglassen und statt Cashewkernen Pinienkerne nehmen. Auf die heißen Tortillas verteilen, jeweils etwas von der Salsa darübergeben; Tortillas aufrollen.

Das gesunde Plus

- Brokkoli steckt voller Vitamine. Er liefert ansehnliche Mengen an Betakarotin, Vitamin C und Vitamin E. In 100 g frischem Brokkoli stecken 115 mg Vitamin C. Wenn durch Kochen die Hälfte davon verloren geht, reicht der verbliebene Rest noch, um die Hälfte des empfohlenen Tagesbedarfs an Vitamin C zu decken.
- Wie andere Kohlsorten, so enthält auch Brokkoli verschiedene sekundäre Pflanzenstoffe. Davon hervorzuheben sind die Indole. Sie schützen möglicherweise vor Brustkrebs, indem Sie die Aktivität jener Östrogene hemmen, die das Tumorwachstum fördern.

Foto Seite 99

Nährwerte pro Portion 386 kcal, 26 g Eiweiß, 17 g Fett (3,5 g gesättigte Fettsäuren), 43 g Kohlenhydrate (2,3 BE, 2,9 KE), 3 g Ballaststoffe. Ausgezeichnete Quelle für Vitamin C. Reich an Eisen, Folsäure, Kupfer, Vitamin B_6, Vitamin E. Liefert auch Kalium, Kalzium, Niazin, Vitamin B_1, Zink.

Filloteigrollen mit Hähnchen-Gemüse-Füllung

Diese knusprigen Röllchen mit Cranberry-Relish eignen sich prima als Vorspeise. Wenn Sie pro Person zwei Stück servieren, können sie auch als leichtes Hauptgericht herhalten. In der bunten Füllung steckt außer Hähnchenfleisch noch reichlich Gemüse. Räucherschinken und Kräuter sorgen für herzhafte Würze.

Vorbereitung **40 Minuten** Garzeit **30 Minuten** *Für 8 Stück*

1 große Möhre (etwa 100 g), in streichholzgroße Stifte geschnitten

75 g Wirsing, fein gehobelt

2 Frühlingszwiebeln, in dünne Streifen geschnitten

225 g gehacktes Hähnchenfleisch

50 g magerer Räucherschinken, fein gehackt

½ kleine Zwiebel, fein gewürfelt

2 EL frische Weißbrotkrumen

2 TL gehackter frischer Salbei

2 TL gehackter frischer Thymian

Salz und Pfeffer

4 Filloteigblätter (je etwa 46 × 28 cm)

2 EL natives Olivenöl extra

10 g zerlassene Butter

1 TL Sesamsamen

Cranberry-Relish

3 EL Cranberrysauce

2 TL natives Olivenöl extra

1 EL Rotweinessig

1 TL Senf

Zum Anrichten

gemischte Blattsalate

1 Möhre, Wirsing und Frühlingszwiebeln 1 Minute in sprudelnd kochendem Wasser vorgaren. Abgießen und in eine Schüssel mit kaltem Wasser geben. Wieder abgießen und mit Küchenpapier trockentupfen. Das Gemüse mit Fleisch, Schinken, Zwiebel, Brotkrumen, Kräutern, Salz und Pfeffer in einer großen Schüssel gut vermischen.

2 Den Backofen auf 190 °C vorheizen. Die Filloteigblätter längs halbieren und die Streifen auf eine Größe von 36 × 12 cm zurechtschneiden. Öl und Butter mischen.

3 Einen Teigstreifen mit etwas Butter-Öl-Mischung bestreichen. Auf ein Ende ein Achtel der Füllung setzen und zu einer Rolle formen. Den Teigstreifen aufrollen, dabei die Längsseiten nach innen klappen. Das Päckchen soll aussehen wie eine Frühlingsrolle. Auf ein Backblech legen und mit Butter-Öl-Mischung bestreichen. Auf diese Weise 7 weitere Rollen fertigen.

4 Die Teigröllchen oben jeweils dreimal schräg einschneiden, dann mit Sesam bestreuen. In 30 Minuten goldbraun backen.

5 Inzwischen die Zutaten für das Relish mischen, mit Salz und Pfeffer abschmecken und in ein Twist-off-Glas geben. Glas zuschrauben und kräftig schütteln.

6 Salatblätter, Fillorollen und Relish auf Tellern anrichten.

Variante

Für **griechische Teigtaschen mit Hähnchenfleisch** 30 g Langkornreis in 12 Minuten knapp gar kochen. Abgießen und abspülen. 1 fein gewürfelte Zwiebel in 1 TL nativem Olivenöl extra in 5 Minuten glasig werden lassen; beiseitestellen. Reis, Zwiebel, 250 g gehacktes Hähnchen- oder Putenfleisch, 2 EL geröstete Pinienkerne, 2 EL Rosinen, 2 EL gehackte Minze und 2 EL gehackte Dillspitzen in einer Schüssel gut verkneten. Den Teig in 8 Portionen teilen. Die Filloteigblätter wie beschrieben zurechtschneiden und mit etwas Butter-Öl-Mischung bestreichen. Auf ein Ende jedes Teigstreifens eine Portion vom Fleischteig geben. Eine Teigecke diagonal darüberklappen, dann den Teig zu dreieckigen Taschen aufwickeln. Diese mit Butter-Öl-Mischung bestreichen und mit 1 TL Mohnsamen bestreuen. 30 Minuten backen.

Das gesunde Plus

- Filloteig enthält im Gegensatz zu anderen Teigen wenig Fett – 2 g in 100 g – und nur 300 kcal. 100 g Mürbeteig bringt es dagegen auf 29 g Fett und etwa 450 kcal. Filloteig kann man durch Strudelteig ersetzen.

Nährwerte pro Stück 120 kcal, 8,5 g Eiweiß, 6,5 g Fett (1,5 g davon gesättigte Fettsäuren), 7 g Kohlenhydrate (6,1 BE, 6,9 KE), 1 g Ballaststoffe. Liefert auch Vitamin A, Vitamin B_6.

Filloteigrollen mit Hähnchen-Gemüse-Füllung *Seite 98*

Chapatis mit Hähnchenfleisch und Brokkoli *Seite 97*

Tortillas mit Hähnchen und Tomaten-Salsa *Seite 95*

Mexikanische Tostadas *Seite 96*

Reistopf mit Hähnchen und Schinken

Dieses gesunde, ausgewogene Gericht ist typisch für die Südstaaten der USA. Weil es viel Reis und Gemüse enthält, ist nur wenig Fleisch erforderlich.

Vorbereitung **15 Minuten** Garzeit **35–40 Minuten** *Für 6 Portionen*

300 g Hähnchenbrustfilet

1 ½ TL edelsüßes Paprikapulver

½ TL Cayennepfeffer

1 TL getrockneter Salbei oder Majoran

2 EL Sonnenblumenöl

1 Zwiebel, in Ringe geschnitten

1 grüne Paprikaschote, geputzt und in Streifen geschnitten

2 Selleriestangen, in Scheiben geschnitten

2 Knoblauchzehen, zerrieben

400 g Basmatireis

1 l Hühnerbrühe, vorzugsweise selbst gekocht

100 g Räucherschinken, in Würfel geschnitten

1 Dose Pizzatomaten (etwa 400 g)

Tabasco

Salz und Pfeffer

Zum Anrichten

die hellen Teile von 4–6 Frühlingszwiebeln, in Ringe geschnitten

grob gehackte Petersilie

1 Das Fleisch in 2 cm große Würfel schneiden. Mit Paprikapulver und Cayennepfeffer sowie Salbei oder Majoran bestreuen. 1 EL Öl in einem großen Topf bei mittlerer Hitze heiß werden lassen. Die Fleischwürfel darin 5 Minuten kräftig anbraten; mit einem Schaumlöffel herausheben.

2 Das restliche Öl (1 EL) in die Pfanne geben. Zwiebel, Paprikaschote und Sellerie darin etwa 2 Minuten unter Rühren braten. Knoblauch und Reis zufügen und 1 Minute mitbraten.

3 Die Brühe angießen. Umrühren und das angebratene Fleisch zufügen. Aufkochen, anschließend zugedeckt bei schwacher Hitze 15 Minuten köcheln lassen. Die Schinkenwürfel und die Tomaten mitsamt dem Saft zugeben; alles zugedeckt noch 5–10 Minuten garen, bis der Reis sämtliche Flüssigkeit aufgenommen hat.

4 Das Gericht mit Tabasco, Salz und Pfeffer abschmecken. Mit Frühlingszwiebeln und Petersilie bestreuen und servieren.

Varianten

Anstelle von weißem Reis können Sie Naturreis verwenden. Seine Garzeit ist 5–10 Minuten länger, und er braucht möglicherweise mehr Flüssigkeit. Beim Naturreis wurde die ballaststoffreiche Hülle nicht entfernt.

Für einen **Reistopf mit Hähnchen und Garnelen** den Schinken weglassen und stattdessen 200 g geschälte Tiger-Prawns (Riesengarnelen) zugeben. Zusätzlich können Sie kurz vor Ende der Garzeit je 100 g tiefgekühlte grüne Bohnen und Erbsen zufügen.

Wenn Sie einen Teil der Brühe durch Weißwein ersetzen, bekommt das Gericht ein besonders feines Aroma.

Das gesunde Plus

- Grüne Paprikaschoten liefern Vitamin C und Betakarotin. Beide wirken als Antioxidanzien gegen Krebs, Herzerkrankungen und Schlaganfall.
- Lykopin, das z. B. in Tomaten vorkommt, wird durch Erhitzen wirkungsvoller. Bei diesem Gericht spart die Verwendung von Dosentomaten also nicht nur Zeit, sondern nützt auch der Gesundheit.

Foto Seite 105

Nährwerte pro Portion

390 kcal, 18 g Eiweiß, 8 g Fett (0,5 g davon gesättigte Fettsäuren), 58 g Kohlenhydrate (3,7 BE, 4,4 KE), 1,5 g Ballaststoffe. Ausgezeichnete Quelle für Vitamin C. Reich an Eisen, Vitamin B_6, Vitamin E. Liefert auch Kalium, Kupfer, Niazin, Zink.

Gegrillte Hähnchenbrust indische Art

Wer im indischen Restaurant Gerichte aus dem Tandoor bestellt, tut etwas für seine Gesundheit, denn diese Speisen werden ohne Fett gegart. Zu Hause erzielen Sie mit dem Grill ähnliche Resultate. Zu dem mageren Hähnchenfleisch reichen Sie am besten eine cremige Raita und Basmatireis oder Naan, das indische Fladenbrot.

Vorbereitung **etwa 15 Minuten** Garzeit **15 Minuten** *Für 4 Portionen*

4 Hähnchenbrustfilets (je 150 g)

Sonnenblumenöl zum Bestreichen

Zitronen- oder Limettenschnitze zum Anrichten

Koriandergrün zum Garnieren

Joghurtmarinade

1 Knoblauchzehe, zerdrückt

1 EL fein gehackter frischer Ingwer

1 ½ TL Tomatenmark

1 ½ TL Garam masala

1 ½ TL gemahlener Koriander

1 ½ TL gemahlener Kreuzkümmel

¼ TL Kurkuma

1 Prise Cayennepfeffer (oder nach Geschmack)

100 g fettarmer Joghurt

Raita

Zutaten siehe Seite 97

1 Den Grill auf höchster Stufe vorheizen. Die Zutaten für die Marinade in eine große Schüssel geben und mit dem Schneebesen verrühren oder alles im Blitzhacker glatt mixen. Marinade in eine Schüssel geben, in die auch die Hähnchenfilets passen.

2 Die Hähnchenbrustfilets an den Seiten jeweils zweimal einritzen. In die Marinade legen; darin wenden und dabei Marinade in die Einschnitte drücken. (Falls die Zeit es erlaubt, das Fleisch über Nacht im Kühlschrank durchziehen lassen.)

3 Den Grillrost einölen, die Hähnchenbrüste darauflegen. 12–15 Minuten grillen, dabei regelmäßig wenden und mit der restlichen Marinade bestreichen, bis beim Einstechen des Fleisches klare Flüssigkeit austritt und die Marinade stellenweise sehr dunkel geworden ist.

4 Inzwischen die Zutaten für die Raita in einer Schüssel gut verrühren. Die Raita in eine Servierschüssel umfüllen.

5 Das Fleisch mit Zitronen- oder Limettenschnitzen auf einer Servierplatte anrichten und mit Koriandergrün garnieren. Die Raita separat dazu reichen.

Varianten

Für **Zwiebel-Kräuter-Raita** 200 g Frühlingszwiebeln fein hacken. In einer Schüssel mit 4–6 EL fein gehackter Minze, 2 EL fein gehacktem Koriandergrün, 1 fein gehackten grünen Chili und 350 g fettarmem Joghurt verrühren. 2 TL Kreuzkümmelsamen bei starker Hitze rösten, bis sie beginnen zu „hüpfen". Die Raita damit bestreuen.

Für **indische Spießchen** die Hähnchenbrust vor dem Marinieren in Würfel schneiden. 8 Bambusspieße wässern, während der Grill vorheizt. Die Fleischwürfel abwechselnd mit Zucchini- sowie gelben und roten Paprikastücken auf die Spieße stecken. 12–15 Minuten grillen, dabei regelmäßig mit Marinade bestreichen und häufig wenden.

Das gesunde Plus

- Joghurt ist ein ausgezeichneter Eiweiß- und Kalziumlieferant (letzteres wird für starke Knochen und Zähne gebraucht). Außerdem enthält er Phospat, die Vitamine B_2 und B_{12} sowie darmfreundliche Bakterien.
- Basmatireis ist eine passende Beilage, weil sein glykämischer Index niedrig ist.

Foto Seite 105

Nährwerte pro Portion 250 kcal, 40 g Eiweiß, 5 g Fett (1,5 g davon gesättigte Fettsäuren), 11 g Kohlenhydrate (0,1 BE, 0,1 KE), 1 g Ballaststoffe. Ausgezeichnete Quelle für Niazin, Vitamin B_6. Reich an Kalium, Kalzium, Selen, Vitamin B_2. Liefert auch Eisen, Folsäure, Kupfer, Vitamin B_1, Vitamin B_{12}, Vitamin C, Vitamin E, Zink.

Hühnercremesuppe mit Mais

Diese Suppe enthält keine Sahne, ist aber trotzdem herrlich cremig und voll im Geschmack. Sie wird mit gegartem Hähnchenfleisch, Mais, Kartoffeln und Speck zubereitet. Mit Brot dazu und Obst danach eine wunderbare leichte Mahlzeit.

Vorbereitung **15 Minuten** Garzeit **25 Minuten** *Für 4 Portionen*

3 Zuckermaiskolben

1 EL Sonnenblumenöl

1 Zwiebel, fein gewürfelt

2 Kartoffeln (etwa 300 g), geschält und in kleine Würfel geschnitten

500 ml Hühnerbrühe, vorzugsweise selbst gekocht

500 ml entrahmte Milch

250 g gegartes Hühnerfleisch, fein gehackt

2 TL gehackter frischer Estragon

Salz und Pfeffer

Zum Anrichten

2 Scheiben magerer Rückenspeck

Estragonblätter

1 Die Maiskolben von Hüllblättern und Fäden befreien. Die Kolben aufrecht auf ein Schneidebrett stellen, mit einer Hand festhalten. Die Körner von oben nach unten vom Kolben schneiden. Abwiegen: Es sollen 225–250 g sein. Beiseitestellen.

2 Das Sonnenblumenöl in einem großen Topf erhitzen. Die Zwiebel darin glasig werden lassen. Kartoffeln und Maiskörner zugeben und 5 Minuten unter häufigem Rühren mitbraten. Die Brühe zugießen und aufkochen. Das Ganze zugedeckt bei schwacher Hitze 5 Minuten köcheln lassen, bis die Kartoffeln knapp gar sind.

3 Die Milch, zwei Drittel des Hühnerfleischs und den gehackten Estragon sowie Salz und Pfeffer nach Geschmack zugeben. Alles unter Rühren noch 2–3 Minuten köcheln lassen.

4 Die Hälfte der Mischung in die Küchenmaschine geben und grob pürieren. In den Topf füllen und das restliche Hühnerfleisch zufügen. Die Suppe bei schwacher Hitze heiß werden lassen.

5 Inzwischen den Speck knusprig braten, auf Küchenpapier abtropfen lassen und fein hacken.

6 Die Suppe in tiefe Teller schöpfen, mit Speck und Estragon garnieren, servieren.

Variante

Für eine **Hühnercremesuppe mit Pilzen** anstelle von Mais und Kartoffeln 100 g fein gehackte Egerlinge verwenden. Die Pilze 5 Minuten braten; 1 EL Madeira zugeben und fast die ganze Flüssigkeit verdampfen lassen, dann erst die Brühe angießen. Etwas Milch mit 1 gehäuften EL Mehl glatt verrühren, die restliche Milch zugeben und das Ganze mit Fleisch und Estragon in den Topf geben. Unter Rühren kochen lassen, bis die Suppe andickt.

Das gesunde Plus

- Milch ist ein hervorragender Eiweiß-, Kalzium- und B-Vitamin-Lieferant. Nehmen Sie zum Kochen möglichst entrahmte oder fettarme Milch.
- Mais liefert lösliche Ballaststoffe. Diese halten die Blutzuckerwerte konstant.
- Im Speck stecken Eisen und Vitamin B_1. Dieses wird zur Gesunderhaltung des Nervensystems benötigt. Verwenden Sie nur geringe Mengen – Speck ist sehr salzig.

Foto Seite 105

Nährwerte pro Portion 297 kcal, 26 g Eiweiß, 7,5 g Fett (1,5 g davon gesättigte Fettsäuren), 27 g Kohlenhydrate (2 BE, 2,6 KE), 1,5 g Ballaststoffe. Reich an Kalzium, Vitamin B_6, Vitamin E. Liefert auch Eisen, Folsäure, Kalium, Kupfer, Niazin, Vitamin B_1, Vitamin B_2, Vitamin B_{12}, Vitamin C.

Griechische Hühner-Zitronen-Suppe

Diese flaumige, wohlschmeckende Suppe enthält lauter gute Sachen und ist ein wärmendes, stärkendes Hauptgericht. Hähnchenbrustfilets werden dafür mit Gemüse pochiert, und Reis gart in würzigem Sud. Wie in Griechenland üblich, wird die Suppe in letzter Minute mit Ei legiert und mit Zitrone aromatisiert.

Vorbereitung **15 Minuten** Garzeit **30 Minuten** *Für 4 Portionen*

- 3 kleine Hähnchenbrustfilets (etwa 350 g)
- 1 große Zwiebel, in dünne Ringe geschnitten
- 2 Selleriestangen, gehackt
- 1 große Möhre, in dünne Scheiben geschnitten
- 6 schwarze Pfefferkörner
- 1 Streifen Zitronenschale
- 1 kleines Bund Dill oder glatte Petersilie
- 150 g Langkornreis
- Saft von 1 Zitrone
- 2 Eier
- Salz und Pfeffer
- Dillspitzen oder Petersilie zum Garnieren

1 Fleisch, Zwiebel, Sellerie, Möhre, Pfefferkörner, Zitronenschale und Dill oder Petersilie in einen großen Topf geben. 1,5 l Wasser dazugießen und bei mittlerer Hitze zum Kochen bringen, dabei Schaum von der Oberfläche abschöpfen. Bei schwacher Hitze und halb aufgelegtem Deckel 15 Minuten schwach köcheln lassen, bis das Fleisch durchgegart ist.

2 Das Fleisch mit einem Schaumlöffel aus der Brühe heben. Die Brühe durch ein Sieb in einen zweiten Topf gießen; den Siebinhalt wegwerfen.

3 Die Brühe aufkochen und den Reis einrühren. 15 Minuten köcheln lassen, bis der Reis fast gar ist. Inzwischen die Hähnchenbrust in dünne Streifen schneiden und den Zitronensaft mit den Eiern kräftig verquirlen.

4 Die Fleischstreifen in die Suppe geben. Bei schwacher Hitze bis kurz unter dem Siedepunkt heiß werden lassen. Dann die Suppe vom Herd nehmen und unter ständigem Rühren die Zitronen-Eier-Creme zugeben. Mit Salz und Pfeffer abschmecken, mit Dill oder Petersilie garnieren und servieren.

Variante

Für eine **chinesische Enten-Reis-Suppe** die Hähnchenbrust durch 2 Entenbrüste ohne Haut (etwa 300 g) ersetzen. Die Brühe mit 4 Scheiben frischem Ingwer und 1 Handvoll Korianderstängeln statt mit Zitronenschale und Dill oder Petersilie aromatisieren. 20 Minuten köcheln lassen. Gegartes Entenfleisch in Streifen schneiden. Die Brühe durchsieben und mit 1 TL geriebenem frischem Ingwer erneut aufkochen. 2 Selleriestangen in dünnen Scheiben und 85 g Basmatireis zufügen. Wenn der Reis fast gar ist, Entenfleisch, 1 EL gehacktes Koriandergrün, ein paar Chiliflocken und 1 Spritzer Sojasauce zugeben. Aufkochen lassen, dann sofort servieren.

Das gesunde Plus

- Weil sie viel Reis, Gemüse und Hühnerfleisch enthält, ist diese Suppe fettarm und liefert Eiweiß und komplexe Kohlenhydrate.
- Eier enthalten zwar Cholesterin, sind aber auch ausgezeichnete Eiweißlieferanten. Inzwischen ist man sich einig, dass das Essen von Eiern sich kaum auf den Cholesterinspiegel auswirkt. Dessen Erhöhung wird eher durch den Verzehr gesättigter Fettsäuren sowie durch weitere Faktoren verursacht.

Nährwerte pro Portion

305 kcal, 28 g Eiweiß, 5 g Fett (1 g davon gesättigte Fettsäuren), 40 g Kohlenhydrate (2,1 BE, 2,5 KE), 2 g Ballaststoffe. Ausgezeichnete Quelle für Niazin, Vitamin A. Reich an Selen, Vitamin B_6. Liefert auch Eisen, Folsäure, Kalium, Kupfer, Vitamin B_1, Vitamin B_2, Vitamin B_{12}, Vitamin C.

Hähnchen in Rotwein französische Art

Wenn man Sie jetzt bittet, vor Ihrem inneren Auge ein typisch französisches Gericht entstehen zu lassen, dann wird es höchstwahrscheinlich ein in kräftigem Rotwein geschmortes Huhn sein. Die Version hier ist angereichert mit Schalotten, Pilzen und Möhren. Fehlen nur noch ein paar Kartoffeln oder knuspriges Brot – bon appétit.

Vorbereitung **15 Minuten** Garzeit **etwa 1¼ Stunden** *Für 4 Portionen*

12 Schalotten

1½ TL Olivenöl mit Knoblaucharoma

50 g magerer Rückenspeck, quer in dünne Streifen geschnitten

12 Egerlinge oder Champignons

4 Hähnchenteile ohne Haut, je etwa 175 g (z. B. Brüste)

einige Petersilienstängel, die Stiele gequetscht

einige Thymianzweige

1 Lorbeerblatt

150 ml Hühnerbrühe, vorzugsweise selbst gekocht

350 ml kräftiger Rotwein (z. B. Burgunder)

Pfeffer

300 g Möhren, in Stücke geschnitten

Salz

1 EL Speisestärke

gehackte Petersilie zum Garnieren

1 Die Schalotten in einer Schüssel mit kochend heißem Wasser bedecken. Nach 30 Sekunden abgießen. Kurz abkühlen lassen, dann schälen und beiseitestellen.

2 In einem Schmortopf 1 EL Öl erhitzen. Den Speck darin unter häufigem Rühren in 3 Minuten knusprig braten. Mit einem Schaumlöffel herausheben, beiseitestellen.

3 Die Schalotten in den Topf geben und unter häufigem Rühren etwa 5 Minuten braten, bis sie rundherum Farbe angenommen haben. Mit einem Schaumlöffel herausheben und beiseitestellen.

4 Die Pilze in den Topf geben. In 3–4 Minuten unter häufigem Rühren rundum bräunen. Falls nötig, dabei das restliche Öl (½ EL) zufügen.

5 Die Hälfte von Speck und Schalotten zu den Pilzen geben. Die Hähnchenteile darauflegen, die restlichen Schalotten und den restlichen Speck darauf verteilen. Die Kräuter zu einem Sträußchen zusammenbinden; mit Brühe und Wein in den Topf geben und alles kräftig mit Pfeffer würzen.

6 Alles aufkochen, dann bei sehr schwacher Hitze 15 Minuten köcheln lassen. Die Möhren zufügen und das Gericht weitere 30 Minuten köcheln, bis das Fleisch durchgegart ist und die Möhren knapp gar sind.

7 Das Fleisch aus dem Topf heben und auf einer vorgewärmten Platte anrichten. Den Schmorsud durch ein Sieb in einen Topf gießen. Speck, Pilze, Schalotten und Möhren zum Fleisch legen. Warm halten.

8 Das Kräutersträußchen in die durchgesiebte Flüssigkeit geben und eine Prise Zucker zufügen. Aufkochen lassen und die Flüssigkeit auf 350 ml reduzieren. Speisestärke mit etwas Wasser anrühren. In die Sauce geben und diese köcheln lassen, bis sie andickt. Abschmecken, Kräuterstrauß entfernen. Sauce über Fleisch und Gemüse schöpfen. Mit Petersilie bestreuen, servieren.

Das gesunde Plus

- Gegarte Hähnchenbrust liefert mit Haut sechsmal mehr Fett als ohne. Wenn Sie mögen, können Sie das Fleisch mit der Haut garen, damit es saftig bleibt, und die Haut erst vor dem Servieren entfernen. Das Fleisch mit etwas edelsüßem Paprikapulver bestreuen.
- Rotwein enthält Flavonoide, die möglicherweise vor Herzerkrankungen schützen.

Nährwerte pro Portion 300 kcal, 37 g Eiweiß, 6 g Fett (1 g davon gesättigte Fettsäuren), 22 g Kohlenhydrate (0,1 BE, 0,1 KE), 3 g Ballaststoffe. Ausgezeichnete Quelle für Kupfer, Niazin, Vitamin A, Vitamin B_6. Reich an Eisen, Kalium, Selen, Vitamin B_1, Vitamin B_2, Zink. Liefert auch Folsäure, Vitamin E.

Hähnchen in Rotwein französische Art *Seite 104*

Hühnercremesuppe mit Mais *Seite 102*

Reistopf mit Hähnchen und Schinken *Seite 100*

Gegrillte Hähnchenbrust indische Art *Seite 101*

Hähnchenleber mit Salbei

Hähnchenlebern gibt es frisch oder tiefgefroren in fast jedem Supermarkt. Sie sind sehr preiswert und lassen sich mit ein paar würzenden Zutaten – in diesem Rezept sind es Salbei und Balsamico-Essig – zu einer besonderen kulinarischen Köstlichkeit verwandeln.

Vorbereitung **5 Minuten** Garzeit **12–15 Minuten** *Für 4 Portionen*

8 Scheiben Baguette

2 EL natives Olivenöl extra

1 kleine rote Zwiebel, in feine Würfel geschnitten

2 Knoblauchzehen, fein gehackt

400 g Hähnchenlebern

225 g Egerlinge oder Champignons, in Viertel geschnitten

3 EL Balsamico-Essig

2 EL in Streifen geschnittene Salbeiblätter

Salz und Pfeffer

Salbeizweige zum Garnieren

1 Den Backofen auf 180 °C vorheizen. Baguettescheiben auf ein Backblech legen und mit 1 EL Öl bestreichen. Im heißen Ofen in etwa 10 Minuten goldbraun rösten.

2 Inzwischen das restliche Öl (1 EL) in einer Pfanne erhitzen. Die Zwiebel und den Knoblauch zufügen und bei mittlerer Hitze in 2–3 Minuten glasig dünsten.

3 Hähnchenlebern und Pilze zugeben. Unter ständigem Rühren rundherum kräftig anbraten, dabei große Leberstücke mit dem Kochlöffel zerteilen.

4 Balsamico und Salbei zugeben. Alles mit Salz und Pfeffer würzen; bei schwacher Hitze 5–10 Minuten braten, bis die Lebern gebräunt und durchgegart sind.

5 Hähnchenlebern auf die gerösteten Baguettescheiben verteilen. Mit Salbeizweigen garnieren und servieren.

Varianten

Servieren Sie die Lebern einmal auf dicken Kastenweißbrotscheiben oder mit einem Püree aus Knollensellerie und Kartoffeln.

Für ein **provenzalisches Hähnchenlebergericht** den Balsamico-Essig durch 4 EL Rotwein ersetzen und 1 TL Kräuter der Provence anstelle des Salbeis verwenden. Dazu schmeckt Reis.

Sie können die Hähnchenlebern auch im Backofen braten. Dafür die Buttter zerlassen. Mit den restlichen Zutaten in eine ofenfeste Form geben und alles mischen. Falls nötig, zugedeckt kalt stellen. Im vorgeheizten Ofen bei 220 °C 12–15 Minuten garen.

Das gesunde Plus

- Hähnchenleber und andere Leber liefern reichlich gut verwertbares Eisen. Dieses kann Anämie (Blutarmut) vorbeugen.
- Knoblauch enthält wie Lauch, Zwiebeln und Schnittlauch die schwefelhaltige Substanz Allizin, die antibiotische Eigenschaften hat und helfen kann, Entzündungen zu lindern.

Foto Seite 109

Nährwerte pro Portion 285 kcal, 24 g Eiweiß, 9,5 g Fett (2 g gesättigte Fettsäuren), 29 g Kohlenhydrate (2 BE, 2,5 KE), 1,5 g Ballaststoffe. Ausgezeichnete Quelle für Eisen, Folsäure, Kupfer, Vitamin A, Vitamin B_2, Vitamin B_6, Vitamin B_{12}. Reich an Niazin, Selen, Vitamin B_1, Vitamin C, Zink. Liefert auch Vitamin E.

Marsala-Hühnchen mit Fenchel

Wein – hier der berühmte Süßwein Marsala aus Sizilien – verleiht Saucen einen tollen Geschmack. Alkohol und Kalorien verdampfen, und es bleibt nur das feine Aroma zurück. Die Sauce wird nicht mit Butter oder Sahne angedickt, sondern auf mediterrane Art mit Eigelb und Zitronensaft.

Vorbereitung **15 Minuten** Garzeit **45 Minuten** *Für 4 Portionen*

1 Hähnchen (etwa 1,4 kg), zerteilt

2 EL Mehl

Salz und Pfeffer

2 EL natives Olivenöl extra

1 große Lauchstange, grob gehackt

1 EL gehackte Petersilie

1 TL Fenchelsamen

100 ml Marsala

500 ml Hühnerbrühe, vorzugsweise selbst gekocht

2 Fenchelknollen, geputzt und in Stücke geschnitten

300 g Erbsen, frisch oder tiefgekühlt

Saft von 1 Zitrone

1 Ei, verquirlt

Zum Anrichten

gehackte Petersilie

Zitronenschale

1 Die Hähnchenteile, bis auf sehr kleine Stücke wie die Flügel, häuten. Das Mehl mit Salz und Pfeffer mischen, die Hähnchenteile darin wenden.

2 In einer hohen Pfanne 1 EL Öl erhitzen. Lauch, Petersilie und Fenchelsamen bei mittlerer Hitze unter häufigem Rühren garen, bis der Lauch weich ist. Mit einem Schaumlöffel herausheben und beiseitestellen.

3 Das restliche Öl (1 EL) in die Pfanne geben und die Hähnchenteile darin unter ständigem Wenden rundherum anbraten. Herausheben und beiseitestellen. Marsala in die Pfanne gießen und auf etwa 2 EL einkochen lassen. Dann Brühe, Lauchmischung, Fenchel, nur die dunkelfleischigen Hähnchenteile und die Hähnchenflügel zufügen. Alles zugedeckt bei schwacher Hitze 10–15 Minuten köcheln lassen. Die Bruststücke zugeben und alles weitere 15 Minuten garen, bis alles Fleisch durchgegart ist.
5 Minuten vor Ende der Garzeit die Erbsen in die Pfanne geben.

4 Hähnchenstücke und Gemüse mit einem Schaumlöffel aus der Pfanne heben und auf eine Servierplatte legen. Warm stellen.

5 Zitronensaft und Ei verquirlen. Nach und nach 4 EL heiße Garflüssigkeit unterschlagen, dann das Ganze langsam unter die Garflüssigkeit in der Pfanne rühren. Hähnchenteile und Gemüse in die Sauce legen und bei schwächster Hitze warm werden lassen, damit die Sauce nicht gerinnt. Mit Salz und Pfeffer abschmecken, mit Petersilie und Zitronenschale garnieren und servieren.

Variante

Für **Hähnchen mit Spargel und Fenchelsamen** Erbsen und Fenchelknollen weglassen. 250 g grünen Spargel in mundgerechte Stücke schneiden, nach Schritt 3 zum Fleisch geben. Die Sauce mit Ei-Zitronen-Mischung binden.

Das gesunde Plus

- Fenchelknollen enthalten mehr Phytoöstrogene (pflanzliches Östrogen) als andere Gemüsesorten. Phytoöstrogene tragen vermutlich dazu bei, einen erhöhten Östrogenspiegel zu senken. Zu viel Östrogen wird mit einem erhöhten Brustkrebsrisiko in Verbindung gebracht.
- Dunkles Hähnchenfleisch enthält doppelt so viel Eisen und Zink wie helles, ist aber auch etwas fettreicher.

Foto Seite 109

Nährwerte pro Portion

380 kcal, 46 g Eiweiß, 12 g Fett (2,5 g davon gesättigte Fettsäuren), 18 g Kohlenhydrate (0,9 BE, 1,2 KE), 5,5 g Ballaststoffe. Ausgezeichnete Quelle für Niazin, Vitamin B_6. Reich an Eisen, Folsäure, Kalium, Selen, Vitamin B_1, Vitamin B_2, Vitamin C, Zink. Liefert auch Kalzium, Kupfer, Vitamin A, Vitamin B_{12}, Vitamin E.

Kräuterwürziges Knoblauchhuhn

Das Huhn wird in diesem Rezept nicht einfach mit einer Kräuter-Knoblauch-Mischung eingerieben, sondern diese Paste wird vor dem Garen unter die Haut des Geflügels geschoben. So bleibt das zarte Fleisch herrlich saftig und bekommt ein wunderbares Aroma. Die Sauce ist im Nu aus dem Bratensatz gemacht.

Vorbereitung **15 Minuten** Garzeit **1¾–2 Stunden** *Für 4 Portionen*

1 Zitrone

1 küchenfertiges Hähnchen (etwa 1,4 kg)

15 g Koriandergrün

15 g Petersilie

2 Knoblauchzehen, geschält

2 EL Frischkäse

Salz und Pfeffer

150 ml trockener Weißwein

Zum Anrichten

Zitronenscheiben

Koriandergrün oder Petersilie

1 Den Backofen auf 180 °C vorheizen. Von der Zitrone die Schale abreiben, dann die Frucht halbieren. Den Saft aus den Zitronenhälften direkt in die Bauchhöhle des Hähnchens pressen, die ausgedrückten Hälften und die Hälfte der Zitronenschale dazugeben.

2 Das Hähnchen mit der Brust nach oben in einen Bräter legen. Mit den Fingern behutsam die Haut von Brust und Keulen lösen, ohne sie dabei zu zerreißen. Mit dem Lösen der Haut an der Halsöffnung beginnen.

3 Kräuter und Knoblauch im Blitzhacker fein hacken. Frischkäse, restliche Zitronenschale sowie Salz und Pfeffer unterarbeiten. Die Kräuterpaste unter die Haut des Hähnchens schieben und gleichmäßig verteilen.

4 Das Hähnchen mit Alufolie bedecken und im heißen Ofen 45 Minuten braten. Die Folie entfernen und das Hähnchen weitere 1–1¼ Stunde garen, bis beim Einstechen einer Keule klare Flüssigkeit herausläuft. Das Geflügel während des Garens ein-, zweimal mit Bratensaft bestreichen.

5 Das Hähnchen anheben und schräg halten, damit der Saft in den Bräter laufen kann. Dann das Hähnchen auf ein Tranchierbrett setzen und ruhen lassen. Das Fett von der Flüssigkeit im Bräter abschöpfen, den Bräter auf den Herd stellen und die Flüssigkeit zum Kochen bringen. Weißwein zugeben und den Bratensatz losschaben. Die Sauce 1 Minute kochen lassen. Abschmecken.

6 Das Hähnchen tranchieren, mit Zitronenscheiben und Kräutern garnieren und mit dem Bratensaft servieren.

Variante

Für ein **einfaches Brathuhn** nur Zitronensaft und -schalen in das Hähnchen geben. Die Kräuterpaste weglassen. Die Sauce statt mit Wein mit Hühnerbrühe, Gemüsekochwasser oder einfach nur Wasser zubereiten.

Das gesunde Plus

- Neuere Studien haben ergeben, dass Alkohol, in kleinen Mengen regelmäßig genossen, davor schützen kann, an der koronaren Herzkrankheit zu sterben. Männer sollten allerdings täglich nicht mehr als 30 g, Frauen höchstens 15 g Alkohol zu sich nehmen.
- Einige Studien weisen darauf hin, dass Knoblauch erhöhte Cholesterinspiegel senken und der Bildung von Blutgerinnseln vorbeugen kann. Dadurch sinkt das Risiko, einen Herzinfarkt oder einen Schlaganfall zu erleiden.

Nährwerte pro Portion

229 kcal, 37 g Eiweiß, 6 g Fett (2 g davon gesättigte Fettsäuren), 1 g Kohlenhydrate (0 BE, 0 KE), 0 g Ballaststoffe. Ausgezeichnete Quelle für Niazin, Vitamin B_6, Vitamin B_{12}. Reich an Kupfer. Liefert auch Eisen, Kalium, Selen, Vitamin B_1, Vitamin B_2, Zink.

Kräuterwürziges Knoblauchhuhn *Seite 108*

Hähnchenleber mit Salbei *Seite 106*

Marsala-Hühnchen mit Fenchel *Seite 107*

Suppe mit Pute, Maronen und Graupen *Seite 110*

Suppe mit Pute, Maronen und Graupen

Die Karkasse von gebratener Pute oder Brathuhn sollten Sie aufheben – sie eignet sich prima für eine leckere Suppe. Die Suppe hier erinnert an eine italienische Minestrone und steckt voller guter Sachen: Gemüse, Graupen, Putenfleisch und Maronen. Reichen Sie dazu warmes, knuspriges Vollkornbrot.

Vorbereitung **15 Minuten** Garzeit **etwa 2¼ Stunden** *Für 6 Portionen*

Brühe

1 Putenkarkasse, vom Braten übrig geblieben

1 Zwiebel, geviertelt

1 Möhre, zerkleinert

2 Selleriestangen, zerkleinert

einige Petersilienstängel

einige Thymianzweige

1 Lorbeerblatt

Suppe

1 große Möhre, zerkleinert

1 große Pastinake, zerkleinert

3 Selleriestangen, zerkleinert

4–6 Rosenkohlröschen, zerkleinert

1 große Lauchstange, zerkleinert

100 g gegarte Maronen, grob gehackt

75 g Perlgraupen

3 EL gehackte Petersilie

100 g gegartes Putenfleisch, klein gewürfelt oder gehackt

Salz und Pfeffer

1 Für die Brühe die Karkasse in Stücke teilen und in einen großen Topf geben – eventuell vorhandene Haut zuvor entfernen. Zwiebel, Möhre und Sellerie zufügen. Kräuter und Lorbeerblatt zu einem Strauß zusammenbinden und ebenfalls in den Topf geben. Alles mit reichlich Wasser bedecken und zum Kochen bringen, dabei Schaum von der Oberfläche abschöpfen. Die Brühe zugedeckt bei schwacher Hitze 1½ Stunden köcheln lassen, dann durch ein Sieb gießen. Knochen und Gemüse wegwerfen.

2 Die Brühe abmessen und, falls nötig, mit Wasser auf 1,7 l auffüllen. Fett abschöpfen, die Brühe in den inzwischen gesäuberten Topf zurückschütten.

3 Die Brühe aufkochen. Gemüse, Maronen und Graupen hineingeben und alles 35 Minuten köcheln lassen, bis die Graupen weich sind.

4 Petersilie und Fleischwürfel zugeben und heiß werden lassen. Die Suppe vor dem Servieren mit Salz und Pfeffer abschmecken.

Variante

Für eine **Suppe mit Putenfleisch, Linsen und Süßkartoffeln** die Graupen durch rote Linsen ersetzen und anstelle des angegebenen Gemüses 1 große orangefleischige Süßkartoffel, 1 große Pastinake und 225 g Knollensellerie verwenden. Die Suppe vor dem Servieren mit 1 EL Rote-Johannisbeeren-Gelee (einfach hineinrühren) würzen.

Das gesunde Plus

- Gerste ist vermutlich das älteste Kulturgetreide der Welt. Sie enthält kaum Fett, aber reichlich komplexe Kohlenhydrate. Ihr Glutengehalt ist gering, weshalb sie auch im Rahmen einer glutenfreien Ernährung (bei Zöliakie) verzehrt werden kann.
- Putenfleisch ist fettärmer als Hühnerfleisch. Die Haut sollten Sie aber nicht mitessen.
- Im Gegensatz zu Nüssen enthalten Maronen reichlich komplexe Kohlenhydrate und nur wenig Fett. Para-, Hasel- oder Walnüsse sind zwanzigmal fettreicher. Maronen liefern zudem die Vitamine E und B_6.

Foto Seite 109

Nährwerte pro Portion 115 kcal, 7 g Eiweiß, 1,2 g Fett (0,2 g davon gesättigte Fettsäuren), 20 g Kohlenhydrate (1,3 BE, 1,4 KE), 2 g Ballaststoffe. Liefert auch Folsäure, Vitamin B_6, Vitamin C, Vitamin E.

Putenbraten mit Zitronen-Couscous

Einen ganze kleine Pute zuzubereiten, macht sich bezahlt: Acht Esser werden davon satt – oder Sie servieren vier Portionen und verwenden den Rest als Brotbelag oder Suppeneinlage, für Eintöpfe oder für Salate. Die Karkasse unbedingt aufheben und für eine Brühe auskochen (siehe links).

Vorbereitung **20 Minuten,** plus **10 Minuten** Einweichzeit Garzeit **etwa 1¾ Stunden** *Für 8 Portionen*

- 4 große Zitronen
- 350 g Instant-Couscous
- 1 TL Kurkuma
- 1 TL gemahlener Kreuzkümmel
- 1 TL gemahlener Zimt
- 1 l heiße Geflügelbrühe, vorzugsweise selbst gekocht
- 125 g weiche getrocknete Aprikosen, gehackt
- 4 EL gehackte frische Minze
- 1 küchenfertige Pute (etwa 2,25 kg)
- 150 ml trockener Sherry
- Salz und Pfeffer
- Minze zum Garnieren

1 Zitronen längs halbieren und den Saft auspressen. Trennhäute und Fruchtfleisch so aus den Schalen lösen, dass die sauberen Zitronenhälften übrig bleiben. Von jeder Hälfte unten eine dünne Scheibe abschneiden. Hälften beiseitestellen.

2 Den Couscous in eine Schüssel geben. Mit 4 EL Zitronensaft, den Gewürzen, 750 ml Brühe, Aprikosen und gehackter Minze verrühren. 10 Minuten quellen lassen, bis die Flüssigkeit aufgesogen ist.

3 Den Backofen auf 200 °C vorheizen. Die Pute über dem tiefen Backblech auf den Grillrost setzen und mit 150 ml heißem Wasser begießen.

4 Einen Teil des Couscous durch die Halsöffnung in die Pute füllen. Die lose Haut nach hinten darüberschlagen und mit den Flügelspitzen fixieren. Die Pute mit 2 EL Zitronensaft beträufeln, dann locker mit Alufolie bedecken und 1¾ Stunden im heißen Ofen braten. Gelegentlich mit Bratensaft beschöpfen, damit das Fleisch saftig bleibt. 30 Minuten vor Ende der Garzeit die Folie entfernen, damit die Haut schön braun wird. Am Ende der Garzeit eine Keule an der dicksten Stelle mit einem Metallspieß einstechen. Rinnt klarer Saft heraus, ist das Geflügel gar, ansonsten die Garzeit verlängern und alle 10 Minuten eine Garprobe machen.

5 Inzwischen die Zitronenhälften mit Couscous füllen. Restlichen Couscous in eine kleine ofenfeste Form streichen. Die gefüllten Fruchthälften daraufsetzen und alles locker mit Alufolie bedecken. Für die letzten 20 Minuten der Garzeit zur Pute in den Ofen schieben.

6 Pute aus dem Ofen nehmen. 10 Minuten auf einem Tranchierbrett ruhen lassen. Vom Bratensaft das Fett abschöpfen. Sherry und restliche Brühe (250 ml) zum Bratensaft gießen. Aufkochen, dabei den Bratensatz losschaben. 5 Minuten sprudelnd kochen lassen, dann abschmecken.

7 Die Pute tranchieren. Mit den gefüllten Zitronen, dem Couscous, der Sauce und etwas Minze auf Tellern anrichten.

Das gesunde Plus

- Couscous ist fettarm und liefert reichlich komplexe Kohlenhydrate. Sein glykämischer Index ist recht niedrig, die Energie wird nach und nach freigesetzt.

Foto Seite 115

Nährwerte pro Portion 310 kcal, 36 g Eiweiß, 4 g Fett (1 g davon gesättigte Fettsäuren), 28 g Kohlenhydrate (3,5 BE, 3,6 KE), 1 g Ballaststoffe. Ausgezeichnete Quelle für Vitamin B_6, Vitamin B_{12}. Reich an Eisen, Niazin. Liefert auch Kalium, Kupfer, Vitamin B_1, Vitamin B_{12}, Zink.

Putenspieße mit Fenchel-Paprika-Relish

Für diese Spieße wird mageres Putenfleisch gewürfelt und vor dem Grillen für eine Weile in Wein, Gewürzen und Kräutern mariniert. Das Relish aus rohem Gemüse schmeckt nicht nur toll dazu, sondern liefert auch Vitamin C. Servieren Sie zu den Spießen Basmatireis oder Couscous, beide liefern komplexe Kohlenhydrate.

Vorbereitung **20 Minuten,** plus **mindestens 10 Minuten** Marinierzeit Garzeit **15 Minuten** *Für 4 Portionen*

- 500 g Putenschnitzel
- 3 Knoblauchzehen, gewürfelt
- 1 ½ EL Zitronensaft
- 2 EL trockener Weißwein
- 1 EL gehackter frischer Salbei oder 2 TL getrockneter Salbei, gerebelt
- 1 EL gehackter Rosmarin
- 1 ½ TL frische Thymianblättchen oder ½ TL getrockneter Thymian
- 1 TL Fenchelsamen, leicht zerdrückt
- 2 ½ EL natives Olivenöl extra
- Salz und Pfeffer
- 1 rote Paprikaschote, geputzt und fein gewürfelt
- 1 Fenchelknolle, fein gewürfelt
- 1 EL Tapenade (Olivenpaste) oder 10 schwarze Kalamata-Oliven, fein gewürfelt
- 8 Rosmarinzweige (nach Belieben)
- 8 Schalotten oder Perlzwiebeln

1 Putenschnitzel in 24 Stücke (je 5 × 2 cm) schneiden. Diese mit 2 gewürfelten Knoblauchzehen, 1 EL Zitronensaft, Wein, Salbei, Rosmarin, Thymian, Fenchelsamen, 2 EL Olivenöl sowie Salz und Pfeffer gründlich mischen. 10 Minuten (oder, wenn die Zeit reicht, 1 Stunde) durchziehen lassen.

2 Für das Relish Paprika, Fenchel und Tapenade oder Oliven mit der dritten Knoblauchzehe, ½ EL Zitronensaft, ½ EL Olivenöl sowie Salz und Pfeffer nach Geschmack in einer Schüssel mischen. Beiseitestellen.

3 Den Grill auf hoher Stufe vorheizen. Die marinierten Fleischstücke auf 8 Spieße oder nach Belieben auf die Rosmarinzweige stecken. Jeweils mit einer Schalotte oder Perlzwiebel abschließen.

4 Die Spieße 15 Minuten grillen, bis das Fleisch gar und stellenweise gebräunt ist, dabei häufig wenden und mit Marinade bestreichen. Mit dem Paprika-Relish servieren.

Varianten

Eine geputzte rote Paprikaschote und eine Fenchelknolle in 2,5 cm große Stücke schneiden. Abwechselnd mit dem Fleisch auf Spieße stecken. Mit Marinade bestreichen, wie beschrieben grillen; mit dem restlichen Zitronensaft servieren.

Für ein **fettfreies Paprika-Tomaten-Relish** 1 große rote Paprikaschote putzen und halbieren. Grillen, bis die Schale angekohlt ist. Abkühlen lassen, dann die Haut abziehen. Das Fruchtfleisch fein würfeln und mit 1 gewürfelten Tomate, 1 fein gewürfelten Schalotte, 2 gewürfelten Knoblauchzehen, 2 EL gehacktem Basilikum oder gehackter Petersilie, 1 Spritzer Balsamico-Essig sowie Salz und Pfeffer nach Geschmack verrühren.

Das gesunde Plus

- Das Gemüse-Relish liefert Vitamin C und – aus der Paprikaschote – Betakarotin. Beide sind wirksame Antioxidanzien, die möglicherweise unter anderem vor Krebs und Herzkrankheiten schützen.
- Fenchel liefert einiges an Kalium und Folsäure. Außerdem ist er kalorienarm: 100 g enthalten 12 kcal.

Foto Seite 115

Nährwerte pro Portion 224 kcal, 28 g Eiweiß, 9,5 g Fett (1,5 g davon gesättigte Fettsäuren), 7 g Kohlenhydrate (0 BE, 0 KE), 2,5 g Ballaststoffe. Ausgezeichnete Quelle für Vitamin B_6, Vitamin B_{12}, Vitamin C. Reich an Niazin, Vitamin A. Liefert auch Eisen, Folsäure, Kalium, Kupfer, Vitamin E, Zink.

Puten-Linsen-Pâté

Diese grobe Pâté, die herrlich nach Knoblauch und Koriandergrün duftet, wird aus gehacktem Putenfleisch und Putenleber gemacht und ist daher viel fettärmer als eine klassische Pâté. Servieren Sie sie mit geröstetem Toastbrot, knackigem rohem Gemüse und Radieschen.

Vorbereitung **1¼ Stunden,** plus **etwa 2 Stunden** Kühlzeit *Für 6 Portionen*

- 50 g grüne Linsen
- 1½ EL Sonnenblumenöl
- 4 Schalotten, fein gewürfelt
- 1 Knoblauchzehe, zerrieben
- 500 g Putenfleisch, gehackt
- 125 g Putenleber, gehackt
- 3 EL trockener Marsala
- Salz und Pfeffer
- 30 g abgezupfte Korianderblättchen
- Koriandergrün zum Garnieren

1 Die Linsen in einem Topf mit reichlich Wasser bedecken; zum Kochen bringen. 45 Minuten köcheln lassen, bis die Linsen gar sind. Abgießen, gut abtropfen lassen und zum Abkühlen beiseitestellen.

2 Das Öl in einer großen Pfanne erhitzen. Schalotten und Knoblauch darin in etwa 2 Minuten glasig werden lassen. Die Hitze herunterschalten, Putenfleisch- und -leber in die Pfanne geben. Unter ständigem Rühren 8–10 Minuten braten.

3 Den Marsala zugießen. Aufkochen und 1–2 Minuten sprudelnd kochen lassen. Mit Salz und Pfeffer würzen.

4 Die Mischung in die Küchenmaschine geben. Korianderblättchen und gegarte Linsen zufügen und das Ganze grob pürieren. Ersatzweise den Koriander fein hacken und alle Zutaten mithilfe einer Gabel gründlich vermischen.

5 Die Paste in Patéförmchen füllen und mit einem Löffelrücken hineindrücken. Zudecken und für 2 Stunden in den Kühlschrank stellen. Zum Servieren mit Koriandergrün garnieren.

Varianten

Anstelle der Putenleber können Sie Hähnchenleber verwenden oder beides zu gleichen Teilen mischen.

Den Marsala durch Sherry (medium) ersetzen.

Für eine **Puten-Pâté mit Aprikosen** die Linsen weglassen und stattdessen 50 g zerkleinerte getrocknete Aprikosen und 125 g fein gehackte Champignons nehmen. Beides in Schritt 2 mit Fleisch und Leber braten. Marsala durch 2 EL Weinbrand ersetzen. Getrocknete Aprikosen liefern viel Betakarotin und enthalten (für Obst erstaunlich viel) Eisen.

Das gesunde Plus

- Putenleber ist reich an Eisen und Zink, an Vitamin A und vielen B-Vitaminen, insbesondere an Vitamin B_{12}. Das Eisen kann vom Körper besonders gut verwertet werden.
- Linsen können Fleischteige strecken – ersetzen Sie beispielsweise bei Frikadellen die Hälfte des Fleisches durch gekochte Linsen. Dadurch werden die Laibchen fett- und cholesterinärmer, aber ballaststoffreicher.

Foto Seite 115

Nährwerte pro Portion 245 kcal, 33 g Eiweiß, 9 g Fett (2,5 g davon gesättigte Fettsäuren), 6 g Kohlenhydrate (0,2 BE, 0,4 KE), 1 g Ballaststoffe. Ausgezeichnete Quelle für Eisen, Folsäure, Niazin, Vitamin A, Vitamin B_2, Vitamin B_6, Vitamin B_{12}. Reich an Kupfer, Vitamin B_1, Vitamin C, Zink. Liefert auch Kalium, Selen, Vitamin E.

Eintopf mit Putenwurst und Bohnen

Wer Diabetes hat, muss keineswegs auf deftige Eintöpfe verzichten. In diesem Gericht werden Wurzelgemüse und Kartoffeln mit Kidneybohnen, würziger Sauce und magerer Putenwurst (statt Schweinefleisch) im Ofen gegart.

Vorbereitung **etwa 1 Stunde** Garzeit **30–35 Minuten** *Für 4 Portionen*

400 g Kartoffeln, geschält und in dünne Scheiben geschnitten

1 große Möhre (etwa 200 g), schräg in dünne Scheiben geschnitten

1 Pastinake (etwa 200 g), schräg in dünne Scheiben geschnitten

1 ½ EL Sonnenblumenöl

8 Putenwürstchen (etwa 400 g)

1 Zwiebel, fein gewürfelt

2 TL edelsüßes Paprikapulver

2 EL Mehl

450 ml Hühnerbrühe, vorzugsweise selbst gekocht

1 EL Worcestersauce

3 TL körniger Senf

1 TL brauner Zucker

Pfeffer

1 Dose Kidneybohnen (etwa 400 g), der Inhalt abgespült und abgetropft

20 g zerlassene Butter

1 Den Backofen auf 190 °C vorheizen. Kartoffel-, Möhren- und Pastinakenscheiben in 3–4 Minuten knapp gar kochen; abgießen und beiseitestellen.

2 Das Öl in einer Pfanne erhitzen. Die Würstchen darin bei mittlerer Hitze unter gelegentlichem Wenden braten. Herausnehmen und beiseitelegen.

3 Die Zwiebelwürfel in die Pfanne geben und in 5 Minuten unter ständigem Rühren goldbraun braten. Erst Paprikapulver und Mehl, dann nach und nach die Brühe zugeben. Unter Rühren aufkochen. Alles köcheln lassen, bis die Sauce dick und glatt ist. Worcestersauce, 2 TL Senf und den Zucker unterrühren. Nach Geschmack pfeffern. Bohnen zufügen. Würstchen in dicke Scheiben schneiden und ebenfalls unterrühren. Die Sauce aufkochen.

4 Wurst-Bohnen-Mischung in eine ofenfeste Form (Inhalt etwa 1,5 l) füllen. Kartoffel- und Gemüsescheiben dachziegelartig darauflegen. Den restlichen Senf (1 TL) mit der Butter verrühren und das Gemüse mit dieser Mischung bestreichen.

5 Das Ganze 30–35 Minuten backen, bis die Sauce brodelt und das Gemüse Farbe angenommen hat. Heiß servieren.

Varianten

Für einen **Eintopf ohne Fleisch** Sojawürstchen und Gemüsebrühe verwenden.

Für eine **Püreehaube** Kartoffeln, Möhre und Pastinake klein schneiden und in 15–20 Minuten gar kochen. Abgießen, gut abtropfen lassen und mit 200 g fettreduziertem Frischkäse (0,2% Fett) zerdrücken. Abschmecken und auf die Wurst-Bohnen-Mischung streichen. Mit 15 g Butterflöckchen belegen und mit etwas Paprikapulver bestreuen. Wie beschrieben im Ofen backen.

Das gesunde Plus

- Rote Kidneybohnen liefern wie alle Hülsenfrüchte reichlich (vor allem lösliche) Ballaststoffe. Diese senken möglicherweise den Cholesterinspiegel.
- Pastinaken und Kartoffeln enthalten viel Kalium, Pastinaken außerdem ansehnliche Mengen einiger B-Vitamine, insbesondere Folsäure und Vitamin B_1.
- Weil Wurst und Brühe bereits gesalzen sind, ist nachsalzen bei diesem Gericht überflüssig.

Nährwerte pro Portion 486 kcal, 39 g Eiweiß, 12 g Fett (4 g davon gesättigte Fettsäuren), 58 g Kohlenhydrate (2,9 BE, 3,3 KE), 12 g Ballaststoffe. Ausgezeichnete Quelle für Vitamin A, Vitamin B_6, Vitamin B_{12}. Reich an Eisen, Folsäure, Kalium, Kupfer, Niazin, Vitamin B_1, Vitamin C, Vitamin E. Liefert auch Kalzium, Selen.

Eintopf mit Putenwurst und Bohnen *Seite 114*

Putenspieße mit Fenchel-Paprika-Relish *Seite 112*

Putenbraten mit Zitronen-Couscous *Seite 111*

Puten-Linsen-Pâté *Seite 113*

Geschmorte Putenkeulen mit Gemüse

Dies ist das perfekte Alltagsgericht für die ganze Familie: Es hat wenig Kalorien und kaum Fett, ist lecker, preiswert und schnell vorbereitet. Reichern Sie das Ganze mit vielen Kohlenhydraten an, indem Sie dazu stärkereiche Ofen- oder Salzkartoffeln servieren.

Vorbereitung **10 Minuten** Garzeit **1½ Stunden** *Für 4 Portionen*

- 2 EL Sonnenblumenöl
- 4 Lauchstangen, in dicke Scheiben geschnitten
- 12 Baby-Möhren
- 12 Baby-Zucchini
- 12 Baby-Maiskolben
- 300 ml Geflügelbrühe, vorzugsweise selbst gekocht
- 2 Rosmarinzweige
- 1 Lorbeerblatt
- 2 große Putenunterkeulen (je etwa 600 g) ohne Haut
- Pfeffer

1 Den Backofen auf 200 °C vorheizen. Das Öl in einem großen ofentauglichen Schmortopf bei mittlerer Hitze heiß werden lassen. Lauch, Möhren, Zucchini und Mais hineingeben und in 3–4 Minuten unter ständigem Rühren Farbe annehmen lassen.

2 Brühe angießen, Rosmarinzweige und Lorbeerblatt zufügen. Putenunterkeulen pfeffern und auf das Gemüse legen.

3 Das Ganze 1½ Stunden im Ofen garen, bis die Keulen goldbraun und gar sind. Nach der Hälfte der Garzeit das Fleisch mit Garsud beträufeln und das Gemüse umrühren. Eine Keule an der dicksten Stelle mit einem spitzen Messer einstechen. Rinnt klare Flüssigkeit heraus, ist das Fleisch gar.

4 Das Fleisch in Scheiben schneiden. Mit dem Gemüse anrichten und etwas Garsud darüberschöpfen.

Varianten

Verwenden Sie anstelle der Putenunterkeulen 8 Hähnchenunterkeulen. Diese nur etwa 1 Stunde schmoren.

150 ml Brühe können Sie durch dieselbe Menge Weißwein ersetzen.

Lassen Sie das Baby-Gemüse weg, und nehmen Sie dafür je 4 große Möhren und Zucchini, die Sie in 5 cm große Stücke schneiden.

Köstlich sind die Keulen auf einem Bett aus Wurzelgemüse. Dafür die Baby-Möhren sowie 4 Pastinaken, 4 weiße Rübchen und ½ Steckrübe (alles in mundgerechte Stücke geschnitten) verwenden, Lauch, Zucchini und Maiskölbchen weglassen. Alles wie beschrieben garen.

Das gesunde Plus

- Möhren stammen aus Asien. Dort wurden Sie schon lange vor Christi Geburt angebaut. Das in Möhren enthaltene Betakarotin wird vom Körper optimal aufgeschlossen, wenn das Gemüse gegart und möglichst mit etwas Fett verzehrt wird.
- Die Maiskölbchen steuern zu diesem Gericht Ballaststoffe und Lutein bei, ein Karotinoid, das zum Schutz vor altersbedingter Makuladegeneration beitragen kann.

Foto Seite 119

Nährwerte pro Portion 250 kcal, 32 g Eiweiß, 10 g Fett (2 g davon gesättigte Fettsäuren), 9 g Kohlenhydrate (0 BE, 0 KE), 6 g Ballaststoffe. Ausgezeichnete Quelle für Folsäure, Vitamin A, Vitamin B_6, Vitamin B_{12}, Vitamin C. Reich an Eisen, Kalium, Niazin, Vitamin B_1, Vitamin E, Zink. Liefert auch Kalzium, Kupfer, Vitamin B_2.

Gebratene Putenschnitzel mit Zitrus-Honig-Sauce

In diesem Rezept werden Putenschnitzel auf grüne Böhnchen gebettet und mit einer Sauce übergossen, die die Aromen von Orangen und Zitronen, Honig und Schalotten in sich vereint. Dazu passen in der Schale gegarte neue Kartoffeln.

Vorbereitung **15 Minuten** Garzeit **etwa 15 Minuten** *Für 4 Portionen*

- 4 kleine Putenschnitzel (je etwa 125 g)
- 30 g Butter
- 4 große Schalotten, in dünne Ringe geschnitten
- 1 Knoblauchzehe, fein gewürfelt
- 400 g dünne grüne Bohnen, geputzt
- Salz
- 2 EL flüssiger Honig
- abgeriebene Schale und Saft von 1 Orange
- abgeriebene Schale und Saft von 1 Zitrone
- Pfeffer

1 Die Putenschnitzel zwischen zwei Lagen Frischhaltefolie auf 5 mm flach klopfen. Die Schnitzel beiseitelegen.

2 Butter in einer großen Pfanne zerlassen. Schalotten und Knoblauch darin unter Rühren glasig dünsten; mit einem Schaumlöffel herausheben und beiseitestellen.

3 Die Schnitzel nebeneinander in die Pfanne legen und auf jeder Seite 5 Minuten braten.

4 Inzwischen die Bohnen in reichlich kochendem Salzwasser in 3–4 Minuten knapp garen. Abgießen und mit kaltem Wasser abschrecken. Warm halten.

5 Den Honig mit Zitrusschalen und -saft verrühren. Die Putenschnitzel aus der Pfanne nehmen und warm stellen. Die Honigmischung mit Schalotten und Knoblauch in die Pfanne geben und mit Salz und Pfeffer würzen. Aufkochen, dann 2 Minuten unter ständigem Rühren sprudelnd kochen lassen.

6 Die Bohnen auf 4 Teller häufen. Auf jede Portion ein Schnitzel legen; Honigsauce darüberträufeln. Sofort servieren.

Varianten

Anstelle von Putenschnitzeln können Sie auch kleine Entenbrustfilets (insgesamt etwa 600 g) verwenden. Die Filets von Haut und sichtbarem Fett befreien und auf jeder Seite 3 Minuten braten (etwas länger, wenn Sie das Fleisch durchgebraten wünschen). Für die Sauce die abgeriebene Schale und den Saft von 1 rosa Grapefruit nehmen, Orange und Zitrone weglassen. Die Sauce zusätzlich mit ein paar dünnen Scheiben von eingelegtem Ingwer und mit 1 EL Ingwersirup würzen.

Das gesunde Plus

- Für die Sauce ist hier nur ganz wenig Butter nötig, damit sie glatt wird und schön glänzt. Das Aroma stammt aus den gesunden Zitrusfrüchten.
- Alle Zitrusfrüchte liefern viel Vitamin C. Oft geht dieses mit der Garflüssigkeit verloren. Hier ist es in der Sauce, deshalb den köstlichen Sud mit Kartoffeln oder Brot auftunken.

Foto Seite 119

Nährwerte pro Portion 245 kcal, 27 g Eiweiß, 9 g Fett (5 g davon gesättigte Fettsäuren), 14 g Kohlenhydrate (0,4 BE, 0,5 KE), 2,5 g Ballaststoffe. Ausgezeichnete Quelle für Vitamin B_{12}. Reich an Eisen, Folsäure, Niazin, Vitamin B_6, Vitamin C, Zink. Liefert auch Kalium, Kupfer, Vitamin A.

Putengeschnetzeltes mexikanische Art

In seiner Heimat heißt dieses Gericht Mole. Es wird dort ziemlich scharf gewürzt, diese Version hier ist mild, aber trotzdem angenehm würzig. Dazu passen gekochter Reis und Blattsalate.

Vorbereitung **10 Minuten** Garzeit **25 Minuten** *Für 4 Portionen*

- 2 EL Sonnenblumenöl
- 1 große Zwiebel, gewürfelt
- 2 Knoblauchzehen, gewürfelt
- 1 rote Chilischote (nach Belieben), entkernt und in Streifen geschnitten
- 2 EL Sesamsamen
- 500 g Putenbrust, in dünne Streifen geschnitten
- 1 ½ EL mildes Chilipulver, mehr nach Geschmack
- ½ TL gemahlene Gewürznelke
- 1 Dose Pizzatomaten (400 g)
- 40 g Rosinen
- 150 ml Hühnerbrühe, vorzugsweise selbst gekocht
- 3 EL geröstete Mandelblättchen
- 2 EL gehacktes Koriandergrün
- Salz und Pfeffer
- Koriandergrün zum Garnieren

1 Das Öl in einer Pfanne bei mittlerer bis schwacher Hitze heiß werden lassen. Zwiebel, Knoblauch, Chili und Sesam unter häufigem Rühren darin braten, bis die Zwiebelwürfel goldgelb sind.

2 Die Fleischstreifen zufügen und unterrühren. Mit Chilipulver und Nelke bestreuen, dann die Pizzatomaten mitsamt Saft und die Rosinen zufügen; alles gut mischen.

3 Die Brühe angießen. Aufkochen, dann zugedeckt bei schwacher Hitze 10 Minuten köcheln lassen.

4 Mandelblättchen und gehacktes Koriandergrün untermischen. Das Gericht mit Salz und Pfeffer abschmecken, in eine Schüssel füllen und mit Koriandergrün garnieren. Sofort servieren.

Varianten

Anstelle der rohen Putenbrust können Sie gewürfeltes gegartes Putenfleisch nehmen. Dieses mit den Rosinen in die Pfanne geben.

Für **Tacos mit Putenfleisch** 1 TL Speisestärke mit 1 TL kaltem Wasser verrühren. Die Mischung unter die Sauce rühren, bevor die Mandeln zugegeben werden. Die Sauce unter Rühren kochen lassen, bis sie andickt, dann Mandeln und Koriandergrün unterrühren. Für einen Salat 1 rote Zwiebel in dünne Ringe schneiden, 2 Tomaten hacken, 1 große Avocado in Scheiben und ¼ Eisbergsalat in dünne Streifen schneiden. Alles mit einer Handvoll Koriandergrün mischen. 12 Taco-Shells im vorgeheizten Ofen bei 180 °C 3 Minuten (oder nach Packungsanweisung) aufbacken. Zum Servieren in jede Schale etwas Salat und eine kleine Portion vom Putengeschnetzelten geben. Aus der Hand essen (an reichlich Papierservietten denken!).

Das gesunde Plus

- Studien haben gezeigt, dass Lykopin – das ist der natürliche Farbstoff, dem Tomaten ihr schönes Rot verdanken – vor Herzkrankheiten und Prostatakrebs schützen kann. Eine an der Harvard-Universität durchgeführte Studie ergab, dass diejenigen, die zweimal pro Woche mit Tomaten zubereitete Speisen aßen, das Risiko, an Prostatakrebs zu erkranken, um 34 % senken konnten. In verarbeiteten Tomaten steckt mehr Lykopin als in rohen.
- Rosinen enthalten Ballaststoffe und Kalium.

Nährwerte pro Portion 400 kcal, 34 g Eiweiß, Fett 21 g (3,5 g davon gesättigte Fettsäuren), 22 g Kohlenhydrate (1,2 BE, 1,4 KE), 3,5 g Ballaststoffe. Ausgezeichnete Quelle für Kupfer, Vitamin B_6, Vitamin B_{12}, Vitamin E. Reich an Eisen, Kalium, Niazin, Vitamin C, Zink. Liefert auch Folsäure, Vitamin B_1, Vitamin B_2.

Putengeschnetzeltes mexikanische Art *Seite 118*

Pfannengerührte Entenbrust *Seite 120*

Gebratene Putenschnitzel mit Zitrus-Honig-Sauce *Seite 117*

Geschmorte Putenkeulen mit Gemüse *Seite 116*

Pfannengerührte Entenbrust

Hier wird Entenfleisch auf chinesische Art gebraten, zusammen mit Zwiebeln, Wasserkastanien, Pak Choi, Sprossen und – für einen Hauch von Süße – Birne. Für die Zubereitung ist kaum Fett erforderlich, und das Gericht bietet reichlich Gemüse und wenig Fleisch. Dazu passen Nudeln oder Reis.

Vorbereitung **etwa 15 Minuten** Garzeit **etwa 10 Minuten** *Für 4 Portionen*

400 g Entenbrust (ohne Knochen)

2 TL Fünf-Gewürz-Pulver

100 g Schalotten, in dünne Ringe geschnitten

4 kleine Selleriestangen, in dünne Scheiben geschnitten, etwas Grün für die Garnitur

1 große feste Birne, geschält und in Würfel geschnitten

1 Dose Wasserkastanien (etwa 225 g), der Inhalt abgetropft und in Scheiben geschnitten

1 EL flüssiger Honig

3 EL Reis- oder Sherryessig

1 EL helle Sojasauce

200 g Pak Choi oder Chinakohl, in Streifen geschnitten

150 g Mungobohnensprossen

1 Die Entenbrust von Haut und sichtbarem Fett befreien und quer zur Faser in dünne Streifen schneiden. Mit dem Fünf-Gewürz-Pulver bestreuen und durch Rühren damit gleichmäßig überziehen. Für ein paar Minuten beiseitestellen.

2 Den Wok oder eine hohe Pfanne sehr heiß werden lassen. Entenbruststreifen hineingeben und ohne zusätzliches Fett 2 Minuten braten. Schalotten und Sellerie zugeben, 3 Minuten mitbraten. Birne und Wasserkastanien zufügen und unterrühren.

3 Honig, Essig und Sojasauce zugeben. Sobald die Flüssigkeit kocht, alles bei schwacher Hitze 2 Minuten köcheln lassen.

4 Hitze wieder erhöhen. Kohl und Sprossen zugeben, alles zusammen 1 Minute pfannenrühren. Der Kohl soll zusammenfallen, die Sprossen sollen gut heiß werden.

5 Das Gericht in eine vorgewärmte Schüssel geben, mit Selleriegrün garnieren und sofort servieren.

Varianten

Die Sauce wird milder, wenn Sie statt Essig Rotwein oder Apfel- oder Orangensaft nehmen.

Anstelle der Birne können Sie 3–4 reife, aber feste Pflaumen (entsteint und in Scheiben geschnitten) verwenden.

Für **Wok-Ente mit Zitrusaroma** das Fünf-Gewürz-Pulver durch gemahlenen Sternanis, die Birne durch etwa 175 g in Scheiben geschnittene Kumquats (Kernchen entfernen) ersetzen. Statt des Pak Chois nehmen Sie ½ Chinakohl und statt Essig Orangensaft oder Rotwein.

Das gesunde Plus

- Der Fettgehalt von Entenbrust verringert sich erheblich, wenn man Haut und sichtbares Fett entfernt. Das reine Entenfleisch hat kaum mehr Kalorien als Hähnchenbrustfilet.
- Dunkles Blattgemüse wie Pak Choi liefert Vitamin C, Vitamin B_6, Folsäure und Niazin.
- Wasserkastanien enthalten Kalium, Eisen und Ballaststoffe in geringen Mengen, dafür sind sie aber fettfrei und sehr kalorienarm.

Foto Seite 119

Nährwerte pro Portion 150 kcal, 13 g Eiweiß, 5 g Fett (1 g davon gesättigte Fettsäuren), 17 g Kohlenhydrate (1,6 BE, 1,7 KE), 2,5 g Ballaststoffe. Ausgezeichnete Quelle für Vitamin B_{12}. Reich an Eisen, Folsäure, Kupfer, Vitamin B_6, Vitamin C, Vitamin E. Liefert auch Kalium, Kalzium, Niazin, Vitamin B_1, Vitamin B_2, Zink.

Pikanter Nudelsalat mit Thunfisch

Knapp gegarte Zucchini sowie Thunfisch, Tomaten und Nudeln werden mit einem süßsauren Dressing angemacht. Servieren Sie den Salat noch warm oder abgekühlt, aber auf keinen Fall eiskalt. Reichen Sie dazu am besten Pittabrot zum Auftunken der köstlichen Salatsauce.

Vorbereitung **20–25 Minuten,** plus **Kühlzeit** *Für 4 Portionen*

250 g Hörnchen- oder Spiralnudeln (z. B. Cavatappi, Fusilli, Rotini oder ähnliche Formen)

Salz

2 EL natives Olivenöl extra

1 Zwiebel, gewürfelt

1 Knoblauchzehe, gewürfelt

2 Zucchini, in dünne Scheiben geschnitten

2 TL Zucker

2 EL roter Pesto

1 EL Weiß- oder Rotweinessig

2 EL Kapern

6 Tomaten, gehäutet, halbiert und in Spalten geschnitten

1 Dose Thunfisch naturell (etwa 200 g), der Inhalt abgetropft und grob zerpflückt

6 schwarze Oliven, entsteint und halbiert

Petersilie zum Garnieren (nach Belieben)

1 Die Nudeln in Salzwasser nach Packungsanweisung bissfest garen. Abgießen, mit kaltem Wasser abschrecken und gut abtropfen lassen.

2 Inzwischen 1 EL Öl in einem Topf erhitzen. Zwiebel und Knoblauch hineingeben und 3 Minuten unter häufigem Rühren braten. Den zweiten EL Öl und die Zucchini zufügen und 3 Minuten unter gelegentlichem Rühren mitbraten.

3 Zucker, Pesto, Essig und Kapern zugeben und kurz heiß werden lassen, dabei rühren, bis die Zutaten sich zu einem Dressing verbunden haben. Tomaten unterrühren, dann das Ganze in eine große Schüssel geben und abkühlen lassen.

4 Die abgekühlten Nudeln, den Thunfisch und die Oliven zum Dressing geben und alles behutsam mischen. Nach Belieben mit Petersilienblättchen garnieren; servieren.

Varianten

Sättigender und ballaststoffreicher wird der Salat, wenn Sie den abgetropften Inhalt einer Dose (etwa 400 g) Borlottibohnen zugeben.

Für Vegetarier den Thunfisch weglassen.

Den Thunfisch kann man durch Sardellen aus der Dose ersetzen. Das Öl von einer 50-g-Dose zum Anbraten in Schritt 2 verwenden.

Das gesunde Plus

- Der Nudelsalat ist fettarm, weil in Wasser (und nicht in Öl) eingelegter Thunfisch verwendet wird.
- Tomaten und Zucchini sorgen hier gemeinsam dafür, dass der Salat ansehnliche Mengen an Vitamin C liefert.

Nährwerte pro Portion 420 kcal, 25 g Eiweiß, 12 g Fett (2 g davon gesättigte Fettsäuren), 57 g Kohlenhydrate (3,7 BE, 4,4 KE), 4 g Ballaststoffe. Ausgezeichnete Quelle für Selen, Vitamin C. Reich an Vitamin A. Liefert auch Folsäure, Kalium, Kupfer, Niazin, Vitamin B_1, Vitamin E.

Provenzalischer Thunfisch-Paprika-Salat

Dieser bunte Salat vereint eine Vielzahl von Aromen und Konsistenzen. Thunfischstücke, Kartoffelhälften, knackige Bohnen und saftige Tomaten – jeder Bissen ist wie eine Reise in die Provence. Mit Baguette servieren.

Vorbereitung **45 Minuten** *Für 4 Portionen*

400 g kleine neue Kartoffeln

50 g dünne grüne Bohnen

6 Wachteleier

250 g gemischte Salatblätter

1 EL gehackte Petersilie

1 EL Schnittlauchröllchen

1 kleine rote Zwiebel, in dünne Ringe geschnitten

1 EL Tapenade (Paste aus schwarzen Oliven)

2 Knoblauchzehen, zerdrückt

2 EL natives Olivenöl extra

1 EL Rotweinessig

1 TL Balsamico-Essig

Salz und Pfeffer

10–15 Radieschen, in dünne Scheiben geschnitten

1 Dose Thunfisch naturell (etwa 200 g), der Inhalt abgetropft

100 g Cocktailtomaten

je 1 rote, gelbe und grüne Paprikaschote, in dünne Streifen geschnitten

8 schwarze Oliven

Basilikum zum Garnieren

1 Die ungeschälten Kartoffeln in einem Topf mit kochend heißem Wasser bedecken. Bei mittlerer Hitze 10 Minuten kochen, dann die Bohnen zugeben und 5 Minuten mitkochen lassen. Die Kartoffeln sollen weich, die Bohnen knapp gar sein. Abgießen, dann abkühlen lassen.

2 Die Wachteleier in einem Topf mit kaltem Wasser bedecken. Das Wasser aufkochen, dann 3 Minuten köcheln lassen. Die Eier gründlich mit kaltem Wasser abschrecken, dann vorsichtig pellen. In kaltes Wasser legen.

3 Salatblätter, Petersilie, Schnittlauch und Zwiebel in einer großen Schüssel mischen.

4 Für das Dressing die Tapenade mit Knoblauch, Olivenöl, Rotwein- und Balsamico-Essig sowie Salz und Pfeffer nach Geschmack verrühren. Die Salatmischung mit zwei Dritteln des Dressings anmachen.

5 Die Kartoffeln halbieren und mit Bohnen, Radieschen, Thunfischstücken, Tomaten, Paprika und Oliven auf dem angemachten Salat anrichten. Die Wachteleier halbieren und zufügen. Den Salat vor dem Servieren mit dem restlichen Dressing beträufeln und mit Basilikum garnieren.

Varianten

Für einen klassischen italienischen **Weiße-Bohnen-Salat mit Thunfisch** Kartoffeln und Wachteleier weglassen. Stattdessen den Inhalt von 1 Dose Cannellinibohnen (400 g) abtropfen lassen und zu den Salatblättern geben. Beim Dressing den Balsamico-Essig durch den Saft von ½ Zitrone ersetzen.

Nehmen Sie für den Salat auch einmal andere Tomatensorten, beispielsweise gelbe Cocktailtomaten, kleine Datteltomaten oder geviertelte Flaschentomaten.

Das gesunde Plus

- Thunfisch aus der Dose ist reich an den Vitaminen B_{12} und D.
- Ihre Schärfe verdanken Radieschen Senfölen, die den Appetit fördern und die Verdauung unterstützen.
- Grüne Bohnen sind reich an Ballaststoffen und gute Folsäurelieferanten.

Foto Seite 125

Nährwerte pro Portion 296 kcal, 20 g Eiweiß, 13 g Fett (2 g davon gesättigte Fettsäuren), 26 g Kohlenhydrate (1,1 BE, 1,5 KE), 5 g Ballaststoffe. Ausgezeichnete Quelle für Niazin, Selen, Vitamin B_1, Vitamin B_6, Vitamin B_{12}, Vitamin C. Reich an Eisen, Folsäure, Kalium, Vitamin A. Liefert auch Kalzium, Kupfer, Vitamin B_2, Vitamin E, Zink.

Salat mit gegrilltem Lachs

Farben und Aromen dieses außergewöhnlichen warmen Salats lassen an tropische Gefilde denken. Der kräftige Lachsgeschmack wird durch die feine Säure von Orangen und die aparte Süße von Mango und Papaya ausgeglichen. Dazu passt Reis- oder Bulgursalat.

Vorbereitung und Kochzeit **30 Minuten,** plus **30 Minuten** Marinierzeit *Für 4 Portionen*

8 Kardamomkapseln, geöffnet

1 TL Kreuzkümmelsamen

fein abgeriebene Schale und Saft von 1 Limette

Saft von 1 großen Orange

1 EL helle Sojasauce

1 EL flüssiger Honig

Salz und Pfeffer

4 Stücke Lachsfilet ohne Haut (je etwa 125 g)

150 g gemischte bunte Blattsalate (z. B. Lollo Rossa, Eichblatt- oder Burgundersalat)

1 Mango, geschält, das Fruchtfleisch in 1 cm große Würfel geschnitten

1 Papaya, geschält, von den Kernen befreit und in 1 cm große Würfel geschnitten

1 Orange, geschält und in Schnitze geteilt

1 Eine kleine Pfanne heiß werden lassen. Die Samen aus den Kardamomkapseln schaben und mit den Kreuzkümmelsamen in die Pfanne geben. Kurz anrösten, dann in eine Schale (nicht aus Metall) geben.

2 Limettenschale und -saft, Orangensaft, Sojasauce, Honig sowie Salz und Pfeffer nach Geschmack zu den Gewürzen geben, alles verrühren. Lachsstücke in die Mischung legen und darin wenden. Zugedeckt etwa 30 Minuten durchziehen lassen.

3 Den Grill auf höchster Stufe vorheizen. Den Lachs aus der Marinade heben und nur auf einer Seite 4–5 Minuten grillen – die Filets sollten innen noch etwas glasig sein. Inzwischen die Marinade in einen kleinen Topf geben; zum Kochen bringen.

4 Die Salatblätter mittig auf 4 Teller geben. Mango- und Papayawürfel sowie die Orangenschnitze darauf und darum verteilen. Das Ganze jeweils mit einem Stück Lachs krönen und darüber etwas von der warmen Marinade schöpfen. Sofort servieren.

Variante

Für einen **fernöstlichen Heilbuttsalat** den Lachs durch 4 Stücke Heilbuttfilet ohne Haut (je etwa 150 g) ersetzen. Den Fisch in einer Marinade aus 2 gehackten Knoblauchzehen, 1 TL geriebenem frischem Ingwer, je 1 TL gemahlenem Kreuzkümmel und Koriander, 2 EL Reiswein oder trockenem Sherry, 1 EL Fischsauce, der abgeriebenen Schale von 1 Limette, dem Saft von 2 Limetten sowie Salz nach Geschmack 30 Minuten durchziehen lassen. Fischstücke 5–6 Minuten grillen. Die Marinade durch ein Sieb in einen Topf gießen und aufkochen lassen. Den Fisch auf einer Mischung aus Bohnensprossen, Chinakohlstreifen, Möhre, Paprikaschote und Champignonscheiben anrichten und die warme Marinade darüberschöpfen.

Das gesunde Plus

- Lachs liefert Kalium. Dieser Mineralstoff wird für einen ausgeglichenen Flüssigkeitshaushalt gebraucht und sorgt für einen normalen Blutdruck. Außerdem enthält Lachs herzschützende Omega-3-Fettsäuren.
- Papaya enthält Vitamin A in seiner Vorstufe Betakarotin.

Foto Seite 125

Nährwerte pro Portion 330 kcal, 25 g Eiweiß, 13 g Fett (2 g davon gesättigte Fettsäuren), 29 g Kohlenhydrate (1,1 BE, 1,1 KE), 5 g Ballaststoffe. Ausgezeichnete Quelle für Niazin, Vitamin A, Vitamin B_1, Vitamin B_6, Vitamin B_{12}, Vitamin C. Reich an Kalium, Selen, Vitamin E. Liefert auch Eisen, Folsäure, Kalzium, Kupfer, Zink.

Krabben-Avocado-Salat

Frisches Krabbenfleisch ist eine ganz besondere Delikatesse. Es hat einen kräftigen Eigengeschmack und passt prima in einen Salat mit Äpfeln und Sprossen, Avocados und nussigem Bulgur.

Vorbereitung **40 Minuten,** plus Kühlzeit *Für 4 Portionen*

Bulgursalat

200 g Bulgur

1 EL natives Olivenöl extra

3 EL Zitronensaft

3 EL gehackte glatte Petersilie

1 EL Schnittlauchröllchen

2 Tomaten, gewürfelt

Salz und Pfeffer

Krabbensalat

350 g helles Krabbenfleisch

2 Avocados

2 knackige grüne Äpfel

125 g Mungobohnensprossen

3 EL Salatcreme oder Light-Mayonnaise

3 EL fettarmer Joghurt

1 EL Zitronensaft

Cayennepfeffer

2 Römersalatherzen, in Blätter zerteilt

30 g Walnusskernhälften, geröstet und grob gehackt

1 Den Bulgur mit 1,5 l kaltem Wasser in einen Topf geben. Bei starker Hitze aufkochen, dann bei mittlerer Hitze 10–15 Minuten köcheln lassen, bis die Körner knapp gar sind. In ein großes Sieb schütten und überschüssiges Wasser herausdrücken. Abkühlen lassen.

2 Öl, Zitronensaft, Petersilie, Schnittlauch und Tomatenwürfel in einer großen Schüssel verrühren. Bulgur zufügen und untermischen; salzen und pfeffern.

3 Falls nötig, vorhandene Panzerscherben aus dem Krabbenfleisch entfernen. Avocados halbieren, entsteinen, schälen, würfeln und zum Krabbenfleisch geben. Äpfel vierteln, von den Kerngehäusen befreien und in dünne Scheiben schneiden. Mit den Sprossen zum Krabbenfleisch geben.

4 Die Salatcreme mit dem Joghurt glatt rühren. Mit dem Zitronensaft und einer kleinen Prise Cayennepfeffer würzen. Die Creme auf die Krabbenmischung geben und alles behutsam mischen.

5 Den Bulgursalat auf eine Servierplatte häufen und die Salatblätter darauflegen. Den Krabbensalat auf die Blätter geben und das Ganze mit Walnüssen bestreuen.

Varianten

Krabbenfleisch aus der Dose (Crabmeat) eignet sich hervorragend für Salate. Hier können Sie das frische Krabbenfleisch durch den abgetropften Inhalt von 2 Dosen (je etwa 170 g) ersetzen.

Nehmen Sie statt Bulgur einmal Basmatireis: in kochendem Wasser 10–12 Minuten (oder nach Packungsanweisung) garen. Abgießen, kalt abspülen und gut abtropfen lassen. Mit Dressing und Tomatenwürfeln mischen.

Das gesunde Plus

- Im Orient, in Asien und in Osteuropa wird Joghurt seit Hunderten von Jahren wegen seiner positiven Wirkung auf die Gesundheit geschätzt. Er liefert Kalzium für starke Knochen sowie für reibungslose Muskelfunktion und Blutgerinnung.
- Walnusskerne liefern die Antioxidanzien Selen, Zink, Kupfer und Vitamin E. Wegen ihres relativ hohen Fettgehalts erhöhen Nüsse den Blutzuckerspiegel nur gering.

Nährwerte pro Portion 553 kcal, 28 g Eiweiß, 26 g Fett (4 g davon gesättigte Fettsäuren), 52 g Kohlenhydrate (3,2 BE, 4,1 KE), 5 g Ballaststoffe. Ausgezeichnete Quelle für Kupfer, Niazin, Vitamin B_1, Vitamin B_6. Reich an Eisen, Kalium, Vitamin B_2, Vitamin C, Vitamin E, Zink. Liefert auch Folsäure, Kalzium, Selen, Vitamin A.

Krabben-Avocado-Salat *Seite 124*

Provenzalischer Thunfisch-Paprika-Salat *Seite 122*

Salat mit gegrilltem Lachs *Seite 123*

Salat mit Garnelen, Melone und Mango *Seite 126*

Salat mit Garnelen, Melone und Mango

Dieser Salat sieht nicht nur gut aus, er ist mit seinem Honig-Minze-Dressing auch wunderbar leicht und erfrischend. Mit Brot oder Brötchen ein herrliches Sommeressen.

Vorbereitung **20 Minuten,** plus **mindestens 30 Minuten** Marinierzeit *Für 4 Portionen*

400 g gegarte, geschälte Riesengarnelen

1 Mango (etwa 600 g)

350 g Honigmelone, gewürfelt

8 Cocktailtomaten, halbiert

100 g Rucolablätter

¼ Gurke, in Scheiben geschnitten

Salz und Pfeffer

Minzeblätter zum Garnieren

Minze-Honig-Dressing

2 EL natives Olivenöl extra

Saft von 1 Zitrone

1 EL flüssiger Honig

2 EL gehackte Minzeblätter

1 Die Zutaten für das Dressing in einer Schüssel aufschlagen; abschmecken. Die Garnelen in das Dressing legen, zudecken und im Kühlschrank 30–60 Minuten durchziehen lassen

2 Die Mango längs halbieren, dabei rundherum am Stein entlangschneiden. Das Fruchtfleisch auf jeder Hälfte kreuz und quer einschneiden, damit Würfel entstehen. Würfel von der Schale schneiden.

3 Die Garnelen aus dem Kühlschrank nehmen. Mango, Melone und Tomaten zufügen und alles vorsichtig verrühren. Den Rand einer Servierplatte mit Rucola und Gurkenscheiben belegen, den Salat in die Mitte geben. Mit Minze garnieren; servieren.

Varianten

Statt Riesengarnelen können Sie gemischte Meeresfrüchte oder Surimi verwenden.

Sehr pikant wird das Dressing, wenn Sie 15 g frischen Ingwer, in sehr dünne Streifen geschnitten, unterheben.

Melonen und Mango können Sie durch anderes Obst ersetzen, beispielsweise durch gehackte Nektarinen und halbierte kernlose weiße Trauben oder Kiwischeiben und gewürfelte Ananas.

Besonders ansprechend: den Salat in ausgehöhlten Melonenhälften anrichten.

Das gesunde Plus

- Frische Mangos liefern reichlich Betakarotin. Es wird vom Körper nach Bedarf in Vitamin A umgewandelt. Wie viel Betakarotin genau in einer Frucht steckt, hängt vom Reifegrad ab – es können 300, aber auch 3000 Mikrogramm je 100 g Fruchtfleisch sein.
- Melonen bestehen zu etwa 90 % aus Wasser. Deshalb sind sie so erfrischend. Orangefleischige Sorten wie die Charentaismelone enthalten Betakarotin.
- Garnelen enthalten zwar Cholesterin, doch dieses scheint auf das Blutcholesterin keinen Einfluss zu haben.

Foto Seite 125

Nährwerte pro Portion 253 kcal, 24 g Eiweiß, 7 g Fett (1 g davon gesättigte Fettsäuren), 25 g Kohlenhydrate (1,7 BE, 2 KE), 4 g Ballaststoffe. Ausgezeichnete Quelle für Niazin, Vitamin B_1, Vitamin B_{12}, Vitamin C. Reich an Eisen, Kupfer, Selen, Vitamin A, Zink. Liefert auch Kalium, Vitamin E.

Hummersalat mit Limettendressing

Ein Hummer reicht für einen edlen Salat für zwei Genießer. Das feste, süßliche Hummerfleisch wird hier mit pfeffrigen Salatblättern, zarten Zuckerschoten, Weintrauben und Pellkartöffelchen kombiniert. Das Dressing erhält eine zitruswürzige Note durch Limettenschale. Dazu passt Bauernbrot.

Vorbereitung **1 Stunde** *Für 2 Portionen*

250 g sehr kleine neue Kartoffeln, sauber gebürstet

2 EL Salatcreme oder Light-Mayonnaise

2 EL stichfester Magerjoghurt

fein abgeriebene Schale von ½ Limette

Salz und Pfeffer

1 gegarter Hummer (etwa 500 g)

2 kleine Schalotten, in dünne Ringe geschnitten

75 g Zuckerschoten, in Streifchen geschnitten

je 75 g kernlose dunkle und helle Weintrauben

30 g Brunnenkresse

50 g Rucola

1 Die Kartoffeln in etwa 15 Minuten knapp gar kochen. Abgießen, abkühlen lassen und halbieren.

2 Inzwischen Mayonnaise, Joghurt und Limettenschale zu einem Dressing verrühren; mit Salz und Pfeffer abschmecken und beiseitestellen.

3 Die Hummerscheren mit einer Drehbewegung abziehen. Den Körper mit einem scharfen Messer längs halbieren, dabei vom Schwanz bis durch den Kopf schneiden. Das Fleisch aus den Scheren und den Schwanzhälften lösen und in Stücke schneiden. (In den dünnen Beinen steckt auch etwas Fleisch. Man kann es mit einer Pinzette herausholen, aber der Aufwand lohnt sich nicht unbedingt.)

4 Kartoffeln, Schalotten, Zuckerschoten, Trauben und Brunnenkresse mit dem Dressing anmachen. 2 große Teller mit dem Rucola auslegen und darauf den Kartoffelsalat anrichten. Das Hummerfleisch darauflegen und das Ganze servieren.

Varianten

Für ein **currywürziges Zitronen-Honig-Dressing** 2 EL Erdnussöl mit 1 EL Zitronensaft, ½ TL Currypaste und ½ TL flüssigem Honig verrühren.

Für einen **Hummer-Papaya-Salat** Zuckerschoten und Trauben weglassen. Kartoffeln, Brunnenkresse und Schalotten, 1 große reife Papaya (entkernen und in Scheiben schneiden) und 1 gewürfelte Avocado mit dem Dressing anmachen. Den Papayasalat auf 100 g Blattsalaten und Kräutern anrichten. Mit dem Limetten-Honig-Dressing beträufeln. Das Hummerfleisch daraufgeben und mit 30 g gerösteten Cashewkernen bestreuen.

Den Rucola können Sie durch Chicorée, Römer- oder Kopfsalat ersetzen.

Das gesunde Plus

- Hummer liefert viel Selen. Dieses Spurenelement wirkt u.a. als Antioxidans; es schützt die Zellen vor Schäden durch freie Radikale.
- Aus einigen Traubensorten wird Wein gemacht, andere werden durch Trocknen zu Rosinen, Sultaninen oder Korinthen, und wieder andere sind zum Rohessen gedacht. Ob hell oder dunkel – die Trauben unterscheiden sich in ihren Nährwerten kaum. Trauben enthalten viel Kalium, ihre Schalen sind ballaststoffreich, und sie enthalten relativ viele leicht verdauliche Kohlenhydrate.

Nährwerte pro Portion 338 kcal, 27 g Eiweiß, 10 g Fett (3 g davon gesättigte Fettsäuren), 39 g Kohlenhydrate (2,8 BE, 2,4 KE), 4 g Ballaststoffe. Ausgezeichnete Quelle für Kupfer, Niazin, Selen, Vitamin B_1, Vitamin B_6, Vitamin B_{12}, Vitamin C. Reich an Eisen, Kalium, Kalzium, Vitamin A, Vitamin E, Zink. Liefert auch Folsäure, Vitamin B_2.

Maritimer italienischer Eintopf

Ob Fisch, Muschel oder Krustentier – sie alle sind köstlich in einem solchen Gericht. Einfach die Tomatensauce zubereiten und die fangfrischen Schätze des Meeres hineingeben. Dazu gibt es gegrillte Polentaschnitten.

Vorbereitung **20 Minuten** Garzeit **1 Stunde** *Für 4 Portionen*

2 EL natives Olivenöl extra

1 Lauchstange, gehackt

1 Zwiebel, gewürfelt

4 Knoblauchzehen, gewürfelt

½ grüne Paprikaschote, gewürfelt

½ Fenchelknolle, gewürfelt

350 ml trockener Weißwein

300 ml Fischfond

1 Dose Pizzatomaten (400 g)

Salz und Pfeffer

2 EL Tomatenmark

¼ TL getrocknete italienische Kräutermischung

1 Zucchini, in Scheiben geschnitten

3 EL grob gehackte Petersilie

50 g Erbsen

75 g Spinat

200 g Dorschfilet ohne Haut, in Stücke geschnitten

400 g küchenfertige gemischte Meeresfrüchte (z. B. Garnelen, Jakobs- und Miesmuschelfleisch)

Polenta

225 g Instant-Polenta

2 TL natives Olivenöl extra

1 Das Öl in einem großen Topf erhitzen. Lauch und Zwiebel darin in 2 Minuten weich werden lassen. Knoblauch, Paprika und Fenchel zugeben, 5–10 Minuten mitgaren, bis sie beginnen, weich zu werden.

2 Wein, Fond, Tomaten mitsamt Saft sowie Salz und Pfeffer nach Geschmack zufügen. Die Mischung 30 Minuten köcheln lassen, bis sie leicht angedickt ist. Tomatenmark, Kräuter und Zucchini zugeben und alles weitere 10 Minuten köcheln lassen; bei Bedarf etwas Wasser zugießen.

3 Inzwischen die Polenta nach Packungsanweisung zubereiten; salzen und pfeffern. In eine gefettete Form (18 × 28 cm) gießen. Abkühlen und fest werden lassen, dann in Dreiecke schneiden. Den Grill auf höchster Stufe vorheizen.

4 Petersilie, Erbsen, Spinat, Fisch und Meeresfrüchte in die Tomatenmischung rühren. Zugedeckt bei mittlerer Hitze etwa 5 Minuten köcheln lassen.

5 Die Polentadreiecke dünn mit Olivenöl bestreichen und unter dem Grill etwas Farbe annehmen lassen. Den Eintopf in Suppenschalen servieren, dazu die Polentadreiecke reichen.

Variante

Für einen **maritimen Eintopf mit Spargel** anstelle von Lauch und Paprikaschote 3 gewürfelte Zwiebeln verwenden. Die Brühe weglassen. Fisch und Meeresfrüchte durch 1 kg Venusmuscheln mit Schale ersetzen: in die Tomatensauce geben und bei schwacher Hitze etwa 2 Minuten mitköcheln lassen. 125 g in mundgerechte Stücke geschnittenen grünen Spargel zugeben. Alles weitere 5 Minuten köcheln lassen, bis sich die Muscheln geöffnet haben (geschlossene Exemplare wegwerfen) und der Spargel knapp gar ist.

Das gesunde Plus

- Dorsch liefert reichlich Jod. Der Jodgehalt von Meeresfischen ist recht konstant, weil der Jodgehalt des Meerwassers sich kaum verändert. Der Jodgehalt anderer Lebensmittel hängt davon ab, wie jodhaltig der Boden ist, und das ist von Region zu Region unterschiedlich.
- Polenta (feiner Maisgrieß) ist eine gute, glutenfreie Quelle für komplexe Kohlenhydrate.
- Sie können für dieses Gericht frische oder gefrorene Erbsen nehmen. Sofern sie nicht zu lange gegart werden, unterscheiden sie sich in ihren Nährwerten nicht.

Foto Seite 131

Nährwerte pro Portion 356 kcal, 33 g Eiweiß, 9 g Fett (1 g davon gesättigte Fettsäuren), 22 g Kohlenhydrate (3,7 BE, 3,7 KE), 5 g Ballaststoffe. Ausgezeichnete Quelle für Kupfer, Niazin, Selen, Vitamin B_1, Vitamin B_6, Vitamin B_{12}, Vitamin C. Reich an Folsäure, Eisen, Kalium, Vitamin A, Vitamin E, Selen. Liefert auch Kalzium.

Deftige Fischsuppe

Diese Suppe enthält zwar Speck und Wurzelgemüse, hat aber trotzdem einen sehr feinen Geschmack. Deshalb ist sie das ganze Jahr über eine willkommene Vorspeise. Sie liefert B-Vitamine, ist fettarm und enthält einiges an Ballaststoffen. Zur Suppe passen knusprige Vollkornbrötchen.

Vorbereitung **15 Minuten** Garzeit **etwa 20 Minuten** *Für 4 Portionen*

1 Prise Safranfäden

2 TL natives Olivenöl extra

50 g magerer Räucherspeck in Scheiben, von der Schwarte befreit und gehackt

100 g festkochende Kartoffeln

100 g Pastinaken, klein gewürfelt

2 Selleriestangen, fein gehackt

1 kleine Zwiebel, fein gehackt

1 Lorbeerblatt

1 Streifen Zitronenschale

Salz und Pfeffer

750 ml Fischfond, vorzugsweise selbst gekocht

250 g Schellfischfilet ohne Haut, in mundgerechte Stücke geschnitten

4 Frühlingszwiebeln, fein gehackt, zum Garnieren

1 Safranfäden in eine kleine Pfanne geben und bei mittlerer Hitze rühren, bis sie beginnen zu duften. Sofort auf einen Teller schütten und beiseitestellen.

2 Das Öl in einem großen beschichteten Topf erhitzen. Den Speck hineingeben und unter Rühren etwa 2 Minuten braten. Kartoffeln, Pastinaken, Sellerie und Zwiebel zufügen und unter häufigem Rühren 1 Minute mitgaren.

3 Safran, Lorbeer und Zitronenschale sowie Salz und Pfeffer nach Geschmack zugeben. Fond zufügen und alles aufkochen; bei schwacher bis mittlerer Hitze bei halb aufgelegtem Deckel unter gelegentlichem Rühren etwa 8 Minuten garen, bis das Gemüse knapp gar ist (zur Probe mit einem Messer hineinstechen).

4 Die Fischstücke auf das Gemüse legen. Alles bei schwacher Hitze 7–8 Minuten zugedeckt köcheln lassen, bis der Fisch sich leicht zerpflücken lässt und das Gemüse weich ist. Lorbeerblatt und Zitronenschale herausfischen und wegwerfen.

5 Die Suppe in Suppenschalen schöpfen, mit den gehackten Frühlingszwiebeln bestreuen und sofort servieren.

Varianten

Möchten Sie die Suppe dickflüssiger, verwenden Sie mehligkochende Kartoffeln.

Nehmen Sie, entsprechend der jeweiligen Saison, unterschiedliche Gemüsesorten, beispielsweise grüne Bohnen statt Sellerie oder Mairübchen statt Pastinaken. Auch Möhren, Zucchini, Fenchel und Paprikaschoten sind geeignet.

Das gesunde Plus

- Weißfleischiger Fisch wie Schellfisch liefert hochwertiges Eiweiß. Die Menge entspricht etwa der in magerem Fleisch.
- Kartoffeln enthalten zwar nicht so viel Vitamin C wie anderes Gemüse. Trotzdem sind sie eine gute Quelle dafür, weil man üblicherweise große Mengen Kartoffeln isst.
- Staudensellerie wurde ursprünglich als Heilpflanze angebaut. Seinen Weg in die Küche fand er erst im späten 17. Jahrhundert. Grüne Selleriestangen enthalten Betakarotin. Der Körper wandelt dieses in Vitamin A um.

Foto Seite 131

Nährwerte pro Portion 148 kcal, 16 g Eiweiß, 5 g Fett (1 g davon gesättigte Fettsäuren), 11 g Kohlenhydrate (0,3 BE, 0,3 KE), 3 g Ballaststoffe. Ausgezeichnete Quelle für Niazin, Vitamin B_1, Vitamin B_6. Reich an Selen. Liefert auch Folsäure, Kalium, Kalzium, Vitamin B_{12}, Vitamin C.

Klare Suppe mit Meeresfrüchten und Nudeln

In China reicht man Suppen nicht als Auftakt einer Mahlzeit, sondern zwischendrin. Diese hier erfreut – wegen der Hühnerbrühe, auf der sie basiert – westliche Gaumen auch als erster Gang. Sie lässt sich teilweise im Voraus zubereiten. Jakobsmuscheln, Gemüse und Nudeln kommen erst im letzten Moment hinein.

Vorbereitung und Garzeit **25 Minuten** *Für 6 Portionen*

- 55 g dünne Reisnudeln, in 10 cm lange Stücke gebrochen
- 2 TL Erdnussöl
- 2,5 cm frischer Ingwer, fein gehackt
- 75 g Shiitakepilze, von den Stielen befreit, die Kappen in dünne Scheiben geschnitten
- 1,2 l Hühnerbrühe
- 1 EL trockener Sherry
- 2 EL helle Sojasauce
- 125 gegarte gemischte Meeresfrüchte (z. B. Garnelen, Kalmare, ausgelöste Jakobsmuscheln)
- 75 g Chinakohl, gehobelt
- 4 Frühlingszwiebeln, in dünne Ringe geschnitten
- 75 g Mungobohnensprossen
- Koriandergrün zum Garnieren
- Chilisauce zum Nachwürzen

1 Die Nudeln in eine Schüssel geben, mit reichlich kochend heißem Wasser bedecken und in 4 Minuten oder nach Packungsanleitung weich werden lassen.

2 Inzwischen das Öl in einem großen Topf erhitzen. Ingwer und Pilze hineingeben und etwa 2 Minuten garen. Brühe, Sherry und Sojasauce zugeben und aufkochen lassen.

3 Große Muscheln halbieren. Die Meeresfrüchte mit Chinakohl, Frühlingszwiebeln und Sprossen in die kochende Brühe geben. Erneut aufkochen, dann 1 Minute sprudelnd kochen lassen, bis die Meeresfrüchte heiß sind.

4 Die Nudeln abgießen und zur Suppe geben. Diese aufkochen lassen, dann in große Suppenschalen schöpfen. Mit Koriandergrün bestreuen und servieren. Chilisauce zum individuellen Nachwürzen bereitstellen.

Variante

Für eine **Krabben-Nudel-Suppe** die Meeresfrüchte durch den abgetropften Inhalt von 1 Dose (etwa 170 g) Crabmeat ersetzen. Statt der Pilze 100 g in dünne Scheiben geschnittene Baby-Maiskolben und 100 g Zucchinischeiben verwenden, diese 1 Minute mit dem Ingwer garen. Den Chinakohl in Schritt 3 weglassen. Die Suppe nach der Zugabe der Reisnudeln in Schritt 4 noch einmal zum Kochen bringen, dann mit 1 EL Fischsauce würzen.

Das gesunde Plus

- Jakobsmuscheln liefern viel Selen und Vitamin B_{12}, außerdem Phosphat und Kalium. Garnelen enthalten Kalzium, und Kalmare sind eine hervorragende Vitamin-B_{12}-Quelle.
- Shiitakepilze enthalten u. a. Vitamin B_2, Niazin und Pantothensäure, außerdem Kalium und Kupfer.
- Reisnudeln sind glutenfrei, deshalb sind sie gut für Menschen geeignet, die an Zöliakie leiden. Außerdem ist der glykämische Index von Reisnudeln recht niedrig.

Nährwerte pro Portion 80 kcal, 5 g Eiweiß, 1,5 g Fett (0,3 g davon gesättigte Fettsäuren), 9 g Kohlenhydrate (0,5 BE, 0,6 KE), 0,5 g Ballaststoffe. Reich an Vitamin B_{12}. Liefert auch Kupfer, Selen.

Klare Suppe mit Meeresfrüchten und Nudeln *Seite 130*

Meeresfrüchte-Jambalaya *Seite 132*

Maritimer italienischer Eintopf *Seite 128*

Deftige Fischsuppe *Seite 129*

Meeresfrüchte-Jambalaya

Viel Reis und reichlich Gemüse, aber nur wenig Lachs und Garnelen braucht man, um dieses typische Gericht aus Lousiana zuzubereiten. Was besonders praktisch ist: Alles wird in einem einzigen Topf gegart.

Vorbereitung und Garzeit **30 Minuten** *Für 4 Portionen*

- 1 ½ EL natives Olivenöl extra
- 1 Zwiebel, in Würfel geschnitten
- 2 Selleriestangen, in Scheiben geschnitten
- 1 grüne oder rote Paprikaschote, geputzt und in Streifen geschnitten
- 2 zerdrückte Knoblauchzehen
- ½ TL gemahlener Ingwer
- ½ TL Cayennepfeffer
- 1 TL mildes Chilipulver
- 350 g Langkornreis
- 1 l heiße Gemüsebrühe
- 1 kleine Dose Pizzatomaten (etwa 200 g)
- 3 EL grob gehackte Petersilie
- 100 g geschälte große rohe Garnelen
- 200 g Lachsfilet ohne Haut, in 2–3 cm große Würfel geschnitten
- Salz und Pfeffer
- 1 Spritzer Tabasco (nach Belieben)

1 Das Öl in einem großen, weiten Topf mit gut schließendem Deckel erhitzen. Zwiebelwürfel hineingeben und bei mittlerer Hitze unter Rühren etwa 3 Minuten dünsten. Sellerie, Paprika, Knoblauch, Ingwer, Cayennepfeffer, Chilipulver und Reis zufügen; unter Rühren 2 Minuten mitdünsten.

2 Gemüsebrühe zugießen und gründlich untermischen. Aufkochen; bei schwacher Hitze zugedeckt 15 Minuten garen.

3 Erst die Pizzatomaten mitsamt dem Saft sowie 2 EL Petersilie, dann Garnelen und Lachs zugeben. Zugedeckt 3–4 Minuten köcheln lassen, bis der Reis fast alle Flüssigkeit aufgenommen hat und weich ist.

4 Das Reisgericht mit Salz, Pfeffer und eventuell Tabasco abschmecken. Mit der restlichen gehackten Petersilie bestreuen und heiß servieren.

Varianten

Verwenden Sie braunen Reis anstelle von weißem. Dafür brauchen Sie etwa 150 ml mehr Brühe, als im Rezept angegeben. Die Garzeit beträgt 30–40 Minuten.

Für Jambalaya mit Schweinefilet und Wurst 200 g Schweinefilet in dünne Streifen schneiden. In 1 EL Olivenöl anbraten. 1 gewürfelte rote Zwiebel zugeben und etwa 5 Minuten mitgaren. Reis unterrühren und 2–3 Minuten andünsten, dann 750 ml Gemüsebrühe angießen. Zugedeckt etwa 10 Minuten köcheln. Den Inhalt von 1 Dose Pizzatomaten (400 g) mit Basilikum oder Oregano und 200 g Zucchinischeiben zugeben. Alles zugedeckt weitere 5 Minuten garen. Die Filetstreifen sowie 100 g in Scheiben geschnittene Räucherwurst (z. B. Mettwurst bzw. Salami) zufügen und alles zugedeckt garen, bis der Reis die gesamte Flüssigkeit aufgenommen hat und weich ist. Mit 2 EL gehackter Petersilie bestreuen.

Das gesunde Plus

- Garnelen sind fettarm und eiweißreich. Sie enthalten reichlich Magnesium, das das Herz-Kreislauf-System schützt.
- Lachs und andere fettreiche Seefische liefern die fettlöslichen Vitamine A und D sowie wertvolle Omega-3-Fettsäuren. Letztere fördern u. a. die Konzentrationsfähigkeit, weil sie dafür sorgen, dass wichtige Nährstoffe optimal in die Gehirnzellen gelangen.
- Von allen Reissorten hat Basmatireis den niedrigsten glykämischen Index.

Foto Seite 131

Nährwerte pro Portion 483 kcal, 22 g Eiweiß, 11 g Fett (2 g davon gesättigte Fettsäuren), 80 g Kohlenhydrate (4,8 BE, 5,8 KE), 2 g Ballaststoffe. Ausgezeichnete Quelle für Vitamin B_{12}, Vitamin C. Reich an Kupfer, Niazin, Selen, Vitamin B_6, Vitamin E, Zink. Liefert auch Eisen, Folsäure, Kalium, Vitamin B_1.

Dorsch mit Gremolata-Kruste

Hier erfahren Sie, wie man schlichte Dorsch- oder Kabeljaufilets aufpeppen kann. Gremolata ist eine italienische Würzmischung aus Petersilie, Zitronenschale und Knoblauch (manchmal auch Sardellen). Mit Brotkrumen gemischt, wird daraus eine feine Haube für den Fisch, der mit Tomaten und Zucchini im Ofen gegart wird. Dazu gibt es Kartoffelpüree mit Safran.

Vorbereitung **20 Minuten** Garzeit **25 Minuten** *Für 4 Portionen*

- 2 Zitronen
- 55 g frische Weißbrotkrumen
- 3 EL gehackte Petersilie
- 2 Knoblauchzehen, gehackt
- Salz und Pfeffer
- 4 dicke Stücke Dorsch- oder Kabeljaufilet (etwa 600 g)
- 2 TL körniger Senf
- 3 Eiertomaten, geviertelt
- 1 große Zucchini, schräg in dünne Scheiben geschnitten
- 1 EL natives Olivenöl extra
- 1 kg Kartoffeln, geschält und in Stücke geschnitten
- 1 TL Safranfäden
- 3 EL fettarme Milch

1 Den Backofen auf 200 °C vorheizen. Von einer Zitrone die Schale fein abreiben; die Frucht auspressen. Die Schale mit Brotkrumen, Petersilie, Knoblauch sowie Salz und Pfeffer nach Geschmack mischen.

2 Die Fischfilets in eine dünn gefettete große ofenfeste Form legen, mit Senf bestreichen und mit Zitronensaft beträufeln. Die Fischstücke mit Tomaten und Zucchini umlegen. Die zweite Zitrone vierteln und die Viertel ebenfalls in die Form geben.

3 Bröselmischung auf dem Fisch verteilen und leicht andrücken. Mit dem Olivenöl beträufeln und das Ganze im Ofen 25 Minuten garen, bis die Kruste knusprig ist.

4 Inzwischen die Kartoffeln in einen Topf geben und mit kochend heißem Wasser bedecken. Den Safran zufügen. Die Kartoffeln in 15–20 Minuten gar kochen, dann abgießen und mit der Milch zerstampfen. Abschmecken. Das Püree zu Fisch und Gemüse servieren.

Varianten

Für einen besonderen Anlass können Sie die Fischfilets in Portionsformen garen. In dem Fall die Tomaten in Scheiben schneiden und die Zucchini durch 1 geputzte und gewürfelte rote oder gelbe Paprikaschote ersetzen. In jede Form ein Fischfilet legen und dieses mit Tomatenscheiben bedecken. Die Paprikawürfel darüberstreuen, dann die Bröselmischung darauf verteilen. 20 Minuten garen. Mit Zitronenvierteln garnieren und servieren.

Statt mit Brotkrumen können Sie das Topping mit 20 g Haferflocken zubereiten.

Anstelle von Dorsch oder Kabeljau können Sie Lachsfiletstücke ohne Haut verwenden und die Zitronen- durch Orangenschale ersetzen. Die Bröselmischung noch mit Schnittlauchröllchen anreichern.

Das gesunde Plus

- Auch wenn Vollkornbrot gesünder ist als Weißbrot, so enthält letzteres doch doppelt so viel Kalzium (58 mg pro 100 g gegenüber 37 mg in 100 g Vollkornbrot). Für dieses Gericht eignen sich am besten Weißbrotkrumen. Ansonsten sollten Diabetiker aber so oft wie möglich zu Vollkornprodukten greifen.
- Zitrusfrüchte spielen in der Ernährung wegen ihres relativ hohen Vitamin-C-Gehalts eine wichtige Rolle.

Foto Seite 135

Nährwerte pro Portion 362 kcal, 33 g Eiweiß, 5 g Fett (1 g davon gesättigte Fettsäuren), 48 g Kohlenhydrate (3,6 BE, 4,5 KE), 5 g Ballaststoffe. Ausgezeichnete Quelle für Niazin, Selen, Vitamin B_1, Vitamin B_6, Vitamin C. Reich an Eisen, Folsäure, Kalium, Vitamin B_{12}. Liefert auch Kupfer, Vitamin A, Vitamin E, Zink.

Kabeljau mit scharfem Linsengemüse

Die dunkelgrünen Puy-Linsen aus Südfrankreich haben ein einzigartiges, pfeffriges Aroma, das durch Chili noch unterstrichen wird. Sie zerfallen nicht beim Kochen, und ihre Konsistenz bildet einen aparten Kontrast zu der des Fisches. Zu diesem Gericht sollten Sie warmes, knuspriges Brot und gemischten Salat servieren.

Vorbereitung und Garzeit **etwa 35 Minuten** *Für 4 Portionen*

- 2 EL natives Olivenöl extra
- 1 Zwiebel, gewürfelt
- 2 Selleriestangen, gehackt
- 2 Lauchstangen, gehackt
- 1–2 rote Chilischoten, entkernt und fein gehackt
- 175 g Puy-Linsen, abgespült und abgetropft
- 750 ml Gemüsebrühe
- 1 Thymianzweig
- 1 Lorbeerblatt
- Saft von 1 Zitrone
- Cayennepfeffer
- 4 Stücke Kabeljaufilet oder 4 Kabeljaukoteletts (je 150 g)
- Salz und Pfeffer
- Zitronenschnitze zum Anrichten

1 Den Grill auf mittlerer Stufe vorheizen. 1 EL Olivenöl in einem Topf erhitzen. Zwiebel, Sellerie, Lauch und Chilis darin 2 Minuten garen. Die Linsen zufügen und unterrühren. Brühe, Thymian und Lorbeerblatt zugeben. Alles aufkochen, dann bei mittlerer Hitze köcheln lassen, bis die Linsen weich sind. Falls die Linsen die Flüssigkeit nicht vollständig aufgenommen haben, diese abgießen. (Die Flüssigkeit auffangen und z. B. für eine Suppe verwenden.)

2 Während die Linsen garen, das restliche Olivenöl (1 EL) mit Zitronensaft und einer Prise Cayennepfeffer verrühren. Die Fischstücke mit den Hautseiten nach oben auf das Grillblech legen. Salzen, pfeffern und mit dem Würzöl bestreichen. 6–7 Minuten grillen, bis der Fisch sich leicht zerpflücken lässt. Er muss nicht umgedreht werden.

3 Die Linsen auf Teller verteilen, die Fischfilets darauflegen. Mit Zitronenschnitzen garnieren und sofort servieren.

Variante

Für **Kabeljau mit Senflinsen** die Linsen wie beschrieben, aber ohne Chili garen. 125 g saure Sahne mit 1–2 EL Dijon-Senf verrühren, die Mischung unter die Linsen ziehen. Den gesalzenen und gepfefferten Fisch dünn mit Dijon-Senf bestreichen, dann mit Olivenöl beträufeln und grillen. Auf den Linsen anrichten, mit gegrillten Cocktailtomaten garnieren.

Das gesunde Plus

- Weißfleischiger Fisch wie Kabeljau ist kalorienarm. Wird er in Backteig oder Panade frittiert, verdoppelt sich die Kalorienmenge. Wird er nur mit etwas Öl beträufelt und gegrillt, hält sich der Fettgehalt und damit die Kalorienzahl im gesunden Rahmen.
- Linsen sind Hülsenfrüchte, brauchen aber (anders als andere Sorten) vor dem Garen nicht eingeweicht zu werden. Linsen liefern Eiweiß, Kohlenhydrate, Ballaststoffe und B-Vitamine. Das enthaltene Eisen wird vom Körper nur schwer aufgenommen – Vitamin-C-Haltiges wie Zitronensaft erleichtert die Absorption erheblich. Linsen haben einen niedrigen glykämischen Index.

Nährwerte pro Portion 324 kcal, 38 g Eiweiß, 7,5 g Fett (1 g davon gesättigte Fettsäuren), 26 g Kohlenhydrate (1,4 BE, 2,2 KE), 7,5 g Ballaststoffe. Ausgezeichnete Quelle für Niazin, Selen, Vitamin B_1, Vitamin B_6. Reich an Vitamin B_{12}, Vitamin C. Liefert auch Eisen, Folsäure, Kalium, Vitamin A, Vitamin E.

Kabeljau mit scharfem Linsengemüse *Seite 134*

Dorsch mit Gremolata-Kruste *Seite 133*

Forellen aus dem Ofen
mit Gurkensauce *Seite 136*

Schwertfisch mit Salsa-Dressing *Seite 137*

Forellen aus dem Ofen mit Gurkensauce

Dieses Rezept ist einfach und trotzdem raffiniert – dafür sorgen Orangen- und Zitronenscheiben sowie die belebende Sauce aus Gurke und Joghurt. Zum Fisch gibt es außerdem Ofenkartoffeln.

Vorbereitung und Garzeit **40 Minuten** *Für 4 Portionen*

750 g kleine neue Kartoffeln, längs geviertelt, ungeschält

1 EL natives Olivenöl extra

4 küchenfertige kleine Forellen, (je etwa 300 g)

Salz und Pfeffer

4 Estragonzweige

1 Orange, in 8 Scheiben geschnitten

1 Zitrone, in 8 Scheiben geschnitten

4 EL Orangensaft

100 g Brunnenkresse zum Garnieren

Gurkensauce

200 g Salatgurke

150 g fettarmer Joghurt

2 EL gehackte Minze

1 Den Backofen auf 200 °C vorheizen, zwei Backbleche darin heiß werden lassen. Die Kartoffeln in heißes Wasser geben, aufkochen; 5 Minuten köcheln lassen.

2 Die Kartoffeln mit Olivenöl beträufeln und ein paarmal wenden, damit sie rundherum damit überzogen werden. Nebeneinander auf ein heißes Backblech legen und im Ofen 10 Minuten rösten. Wenden; weitere 10 Minuten backen, dann erneut wenden und noch 5 Minuten garen, bis sie außen knusprig und innen weich sind.

3 Inzwischen die Fische innen und außen salzen und die Estragonzweige hineinstecken. Aus Alufolie 4 große Quadrate zuschneiden, um die Forellen hineinzuwickeln. Orangen- und Zitronenscheiben halbieren. Die Hälfte davon auf die Folienstücke verteilen. Fische darauflegen, mit den restlichen Zitrusscheiben bedecken. Jede Forelle mit 1 EL Orangensaft beträufeln.

4 Die Folie über den Fischen zusammenfalten, die Enden zusammendrehen. Die Päckchen auf das zweite heiße Backblech legen. Im Ofen 20 Minuten garen.

5 Während Fisch und Kartoffeln im Ofen sind, die Sauce zubereiten. Dafür die Gurke raspeln und in ein Sieb geben. Überschüssiges Wasser herausdrücken. Gurkenraspel, Joghurt und Minze miteinander verrühren. Mit Salz und Pfeffer abschmecken.

6 Fisch, Zitrusscheiben und Kartoffeln auf vorgewärmten Tellern anrichten. Mit Brunnenkresse garnieren und mit der Gurkensauce servieren.

Varianten

Für ein schnelles Forellengericht brauchen Sie pro Person 2 Forellenfilets. Diese mit Olivenöl beträufeln und mit den Hautseiten nach unten 2–4 Minuten grillen. Mit Kartoffeln servieren.

Sie können 1 TL geriebenen Meerrettich unter die Sauce mischen und anstelle von Minze 1 EL Schnittlauchröllchen oder gehackte grüne Oliven verwenden.

Das gesunde Plus

- Joghurt wird oft als Sahneersatz verwendet. Der Vorteil: Der Fettgehalt eines Gerichts wird reduziert, der Gehalt an Kalzium erhöht – Joghurt liefert mehr Kalzium als Sahne.

Foto Seite 135

Nährwerte pro Portion 440 kcal, 43 g Eiweiß, 13 g Fett (3 g davon gesättigte Fettsäuren), 40 g Kohlenhydrate (2,6 BE, 3,1 KE), 3,5 g Ballaststoffe. Ausgezeichnete Quelle für Niazin, Kalium, Vitamin B_1, Vitamin B_6, Vitamin B_{12}, Vitamin C. Reich an Eisen, Kalzium, Selen, Vitamin E. Liefert auch Folsäure, Kupfer, Vitamin A, Vitamin B_2, Zink.

Schwertfisch mit Salsa-Dressing

Dieser kunterbunte Salat ist durch Orangensaft wunderbar erfrischend. Das Dressing können Sie prima im Voraus zubereiten, und der Fisch ist im Handumdrehen gar – ein ideales Essen also, wenn es mal schnell gehen muss oder sich Gäste angesagt haben. Reichen Sie zum Salat Sesambrotstangen oder knuspriges Vollkornbrot.

Vorbereitung und Garzeit **30 Minuten,** plus **mindestens 20 Minuten** Marinierzeit *Für 4 Portionen*

4 Schwertfischsteaks, 1 cm dick (je etwa 150 g)

1 ½ TL natives Olivenöl extra

250 g junge Spinatblätter

2 Zucchini, grob geraspelt

1 EL gehackte Petersilie

Salsa-Dressing

1 große Orange

600 g reife Tomaten, entkernt und in 5 mm große Würfel geschnitten

4 große Frühlingszwiebeln, nur die grünen Teile, fein gehackt

je 1 orange und gelbe Paprikaschote, in 5 mm große Würfel geschnitten

1 TL gemahlener Kreuzkümmel (oder nach Geschmack)

1 EL natives Olivenöl extra

1 grüne Chilischote, entkernt und fein gehackt

Salz und Pfeffer

1 EL gehacktes Koriandergrün

1 Das Salsa-Dressing mindestens 20 Minuten (oder höchstens 8 Stunden) vor dem Servieren zubereiten. Dafür von der Orange die Schale fein abreiben und 4 EL Saft auspressen. Schale und Saft in eine große Schüssel geben, Tomaten, Frühlingszwiebeln, Paprikawürfel, Kreuzkümmel, Olivenöl, Chili sowie Salz und Pfeffer nach Geschmack zufügen. Umrühren, dann zudecken und kalt stellen.

2 Den Grill auf höchster Stufe vorheizen. Die Fischsteaks mit etwas Olivenöl bestreichen und auf den Grillrost legen. 7,5 cm von der Hitzequelle entfernt 2 ½ Minuten garen. Wenden, mit dem restlichen Olivenöl bestreichen und noch 2 ½–3 Minuten grillen, bis die Ränder fast schwarz sind und das Fleisch gerade eben fest geworden ist. Zu langes Garen macht den Fisch zäh und trocken. Fisch beiseitestellen und kurz abkühlen lassen.

3 Inzwischen Spinat, Zucchini und Petersilie in einer Schüssel mischen. Auf 4 Teller verteilen.

4 Koriandergrün in das Dressing rühren. Die Fischsteaks in mundgerechte Stücke teilen. Diese in das Dressing geben und behutsam untermischen. Den angemachten Fisch auf dem Spinatsalat verteilen.

Variante

Für einen **warmen mediterranen Thunfischsalat** 4 Thunfischsteaks (je 2 cm dick und 140 g schwer) grillen. Dabei regelmäßig mit einer Mischung aus 1 ½ TL Olivenöl und 1 EL Orangensaft einpinseln. Die Tomaten nicht für das Dressing nehmen, sondern in Scheiben schneiden. Das Salsa-Dressing ohne Kreuzkümmel, Chili und Koriander zubereiten; 200 g Radicchio und 100 g Rucola damit anmachen. Tomaten und Salat auf Tellern anrichten. Thunfisch in Stücken darauflegen und alles mit frischem Basilikum bestreuen.

Das gesunde Plus

- Schwertfisch ist eine guter, fettarmer Eiweißlieferant und enthält reichlich Vitamin B_{12}, Niazin, Selen und Kalium.
- Paprikaschoten stammen aus den tropischen Regionen Amerikas. In Europa werden sie seit dem 16. Jahrhundert angebaut. Sie enthalten Betakarotin und mehr als doppelt so viel Vitamin C wie Orangen.
- Zucchini liefern die B-Vitamine B_6, Folsäure und Niazin. Am meisten davon findet sich unter der Schale, die auch viel von dem Antioxidans Betakarotin enthält.

Foto Seite 135

Nährwerte pro Portion 280 kcal, 31 g Eiweiß, 11 g Fett (2 g davon gesättigte Fettsäuren), 16 g Kohlenhydrate (0,3 BE, 0,3 KE), 6 g Ballaststoffe. Ausgezeichnete Quelle für Folsäure, Niazin, Selen, Vitamin A, Vitamin B_1, Vitamin B_6, Vitamin B_{12}, Vitamin C, Vitamin E. Reich an Eisen, Kalium, Kalzium, Vitamin B_2.

Lachs mit Estragonmayonnaise

Lachs ist das ganze Jahr über erhältlich und inzwischen durchaus erschwinglich. Dieses Gericht können Sie warm oder kalt servieren. Dazu passen Kopfsalat mit Zuckerschoten oder blanchierten grünen Bohnen und knuspriges Brot.

Vorbereitung und Garzeit **35 Minuten** *Für 4 Portionen*

4 Lachssteaks oder 4 Stücke Lachsfilet (je etwa 125 g)

150 ml trockener Weißwein

1–2 Lorbeerblätter

1 Streifen Zitronenschale

Salz und Pfeffer

Estragonmayonnaise

150 g fettarmer Joghurt

4 EL Salatcreme oder Light-Mayonnaise

fein abgeriebene Schale von 1 Zitrone

2 EL gehackter Estragon

Couscous

250 g Instant-Couscous

4 Tomaten, grob gehackt

3 Frühlingszwiebeln, gehackt

50 g Brunnenkresse, grob gehackt

1 EL natives Olivenöl extra

Saft von 1 Zitrone

Salz und Pfeffer

1 Den Lachs in eine hohe beschichtete Pfanne legen. Mit Wein begießen, Lorbeerblätter, Zitronenschale sowie Salz und Pfeffer nach Geschmack zufügen. Aufkochen, dann bei schwacher Hitze zugedeckt 5–6 Minuten gar ziehen lassen, bis er knapp gar, also innen noch etwas glasig ist.

2 Inzwischen den Joghurt mit Salatcreme bzw. Mayonnaise, abgeriebener Zitronenschale und Estragon verrühren. Abschmecken und in eine Schüssel geben.

3 Sobald der Fisch gar ist, den Garsud in einen Messbecher geben und mit kochend heißem Wasser auf 350 ml auffüllen. Den Deckel auf den Topf legen, damit der Fisch warm bleibt, und den Topf vom Herd nehmen.

4 Den Couscous mit dem verdünnten Fischsud begießen und 3–4 Minuten quellen lassen. Den Couscous mit einer Gabel auflockern. Tomaten, Frühlingszwiebeln und Brunnenkresse zufügen, Olivenöl und Zitronensaft darüberträufeln. Alles gut verrühren. Abschmecken.

5 Den Lachs warm mit Couscoussalat und Estragonmayonnaise servieren.

Varianten

Der Anisgeschmack von Pernod passt gut zur Estragonmayonnaise. Also ruhig einmal den Lachs in 100 ml Wasser oder Fond mit 4 EL Pernod oder Pastis pochieren.

Für einen besonderen Anlass einen ganzen Lachs zubereiten und zum Servieren mit Zitronenscheiben und Estragonzweigen garnieren. Dafür den Fisch salzen und pfeffern, dann locker in eingeölte Alufolie wickeln und in den auf 180 °C vorgeheizten Ofen geben. Die Garzeit beträgt 10 Minuten je 450 g.

Das gesunde Plus

- Wenn man Mayonnaise oder Salatcreme mit fettarmem oder Magerjoghurt streckt, wird die Sauce bekömmlicher und kalorienärmer.
- Couscous ist fettarm und liefert reichlich komplexe Kohlenhydrate. Der glykämische Index verringert sich, wenn Sie den Couscous durch Hartweizen- oder Reisnudeln ersetzen.

Foto Seite 141

Nährwerte pro Portion 500 kcal, 32 g Eiweiß, 22 g Fett (5 g davon gesättigte Fettsäuren), 39 g Kohlenhydrate (3,6 BE, 4,3 KE), 1 g Ballaststoffe. Ausgezeichnete Quelle für Eisen, Niazin, Vitamin B_1, Vitamin B_6, Vitamin B_{12}, Vitamin E. Reich an Selen, Vitamin A, Vitamin C. Liefert auch Folsäure, Kalium, Kalzium, Vitamin B_2, Zink.

Heilbuttsteaks mit Tomaten-Paprika-Salsa

Die Fischsteaks sind im Handumdrehen zubereitet, und eine leuchtend rote Salsa macht die Sache richtig interessant. Wenn Sie den Fisch in einer Grillpfanne mit gerilltem Boden braten, bekommt er attraktive Streifen. Reichen Sie zum Fisch eine körnig gekochte Wildreismischung, Blattsalate und Vollkornbrot.

Vorbereitung **15 Minuten** Garzeit **4–6 Minuten** *Für 4 Portionen*

- 4 Heilbuttsteaks (je 150 g)
- 2 EL natives Olivenöl extra
- Saft von 1 kleinen Orange
- 1 Knoblauchzehe, zerrieben
- Salz und Pfeffer
- 1 Orange, in Schnitze geschnitten, zum Garnieren

Tomaten-Paprika-Salsa

- 200 g reife Eiertomaten, in Würfel geschnitten
- ½ rote Paprikaschote, geputzt und gewürfelt
- ½ rote Zwiebel, fein gewürfelt
- Saft von 1 kleinen Orange
- 1 EL gehacktes Basilikum
- 1 EL Balsamico-Essig
- 1 TL Zucker

1 Die Heilbuttsteaks in eine Schale (nicht aus Metall) legen. Das Öl mit Orangensaft, Knoblauch sowie Salz und Pfeffer nach Geschmack verrühren. Die Mischung auf die Fischsteaks geben.

2 Die Zutaten für die Salsa mischen. Die Salsa abschmecken und in eine Servierschüssel umfüllen.

3 Eine dünn ausgefettete Grillpfanne mit gerilltem Boden oder eine schwere Pfanne bei starker Hitze heiß werden lassen. Die Fischsteaks hineinlegen und pro Seite 2–3 Minuten braten, dabei gelegentlich mit der Ölmischung bestreichen.

4 Die Fischsteaks auf warme Teller legen und etwas schwarzen Pfeffer darübermahlen. Mit Orangenschnitzen garnieren und mit der Salsa servieren.

Varianten

Sie können den Heilbutt durch anderen weißfleischigen Fisch ersetzen, etwa durch Dorsch, Kabeljau, Schellfisch oder Schwertfisch.

Für eine Tomaten-Oliven-Salsa die Tomaten mit ½ gewürfelten Gurke, 4 gehackten Frühlingszwiebeln, 50 g entsteinten Oliven und 1 EL gehacktem Basilikum mischen. Statt der Oliven können Sie auch 1 EL Kapern nehmen.

Im Sommer können Sie den Fisch im Freien auf dem Holzkohlengrill garen. Dabei auf Alufolie legen, damit keine Fischstücke durch den Grillrost rutschen.

Das gesunde Plus

- Heilbutt ist ein guter Niazinlieferant. Dieses B-Vitamin spielt eine Hauptrolle bei der Freisetzung von Energie in den Zellen. Niazin gehört zu den stabilsten Vitaminen – beim Zubereiten und Garen geht kaum etwas davon verloren.
- In Restaurants wird Fisch oft mit viel Butter oder Öl in der Pfanne gebraten. Das erhöht den Fettgehalt erheblich. Wenn Sie Fisch selbst zubereiten, sollten Sie die Fettmengen gering halten, das macht das Essen gesünder.

Foto Seite 141

Nährwerte pro Portion

225 kcal, 31 g Eiweiß, 8 g Fett (2 g davon gesättigte Fettsäuren), 7,5 g Kohlenhydrate (0,5 BE, 0,5 KE), 1 g Ballaststoffe. Ausgezeichnete Quelle für Niazin, Vitamin B_1, Vitamin B_6, Vitamin C. Reich an Vitamin A, Vitamin B_{12}, Vitamin E. Liefert auch Eisen, Kalium.

Schellfisch mit Petersiliensauce

Wenn Fisch und Petersilie absolut frisch sind, ist dieses Gericht der Renner. Dazu gibt es Kartoffelpüree mit Lauch und Zucchini und möglichst knackige Blattsalate – Familie und/oder Gäste werden begeistert sein.

Vorbereitung und Garzeit **45–50 Minuten** *Für 4 Portionen*

- 4 Stücke Schellfischfilet (je etwa 150 g)
- 20 g Petersilie
- 1 kleine Zwiebel, in dünne Ringe geschnitten
- 1 Möhre, in dünne Scheiben geschnitten
- 6 schwarze Pfefferkörner
- 300 ml fettarme Milch
- 750 g Kartoffeln, geschält und in Stücke geschnitten
- 1 große Lauchstange, in dünne Ringe geschnitten
- 2 Zucchini, in dünne Stifte geschnitten
- 25 g Butter
- 25 g Mehl
- abgeriebene Schale und Saft von ½ Zitrone
- Salz und Pfeffer
- gehackte Petersilie zum Garnieren
- Zitronenschnitze zum Anrichten

1 Den Fisch in eine große Pfanne legen. Die Blätter von den Petersilienstängeln zupfen. Die Stängel mit Zwiebel, Möhre, Pfefferkörnern und Milch zum Fisch geben. Alles aufkochen und 5 Minuten schwach köcheln lassen. Vom Herd nehmen und den Fisch 5 Minuten nachgaren lassen.

2 Inzwischen die Kartoffeln in einem Topf mit kochend heißem Wasser bedecken und in etwa 15 Minuten gar kochen. Etwa 5 Minuten vor Ende der Garzeit die weißen Teile vom Lauch zugeben. Einen Durchschlag auf den Topf setzen, darin die grünen Lauchteile und die Zucchini dämpfen.

3 Den Fisch auf eine Platte heben und die Haut entfernen. Warm stellen, Sud durch ein Sieb gießen und beiseitestellen.

4 Butter zerlassen. Mehl hineinrühren und 1 Minute anschwitzen. Unter ständigem Rühren nach und nach den Garsud zugeben. Die Sauce kochen lassen, bis sie andickt. Petersilienblättchen hacken, mit Zitronenschale in die Sauce rühren. Abschmecken.

5 Kartoffeln und weiße Lauchstücke abgießen; mit Zitronensaft, Salz und Pfeffer zerstampfen. Grüne Lauchstücke und Zucchinistifte unterrühren. Fisch auf Tellern anrichten, mit der Sauce begießen. Mit Petersilie garnieren und mit Püree und Zitronenschnitzen servieren.

Variante

Für ein **Schellfisch-Spinat-Gratin** Fisch und Kartoffeln wie beschrieben garen. 3 Tomaten in Scheiben schneiden und in eine flache ofenfeste Form legen. 300 g Spinatblätter dämpfen, bis sie zusammengefallen sind, dann ausdrücken und mit 1 EL Zitronensaft beträufeln. Auf die Tomaten geben, den Fisch daraufsetzen. Die Petersiliensauce darübergießen und darauf die zerstampften Kartoffeln streichen. Mit 2 EL geriebenem altem Cheddar oder Gouda bestreuen und unter dem Grill goldgelb überbacken.

Das gesunde Plus

- Zucchini liefern Niazin und Vitamin B_6. Das meiste davon sitzt unter der Schale.
- Bei den alten Griechen galt Petersilie als Heilpflanze. Die Römer nutzten sie als Würzkraut und brachten sie in andere Länder. Petersilie ist nährstoffreich und enthält vor allem Vitamin C. Ein Teelöffel gehackte Petersilie am Tag kann schon beachtlich viel vom Tagesbedarf daran decken.

Nährwerte pro Portion

389 kcal, 3,6 g Eiweiß, 8 g Fett (4 g davon gesättigte Fettsäuren), 46 g Kohlenhydrate (2,9 BE, 3,5 KE), 5 g Ballaststoffe. Ausgezeichnete Quelle für Niazin, Selen, Vitamin A, Vitamin B_1, Vitamin B_6, Vitamin B_{12}, Vitamin C. Reich an Eisen, Folsäure, Kalium. Liefert auch Kalzium, Kupfer, Vitamin B_2, Vitamin E, Zink.

Schellfisch mit Petersiliensauce *Seite 140*

Heilbuttsteaks mit Tomaten-Paprika-Salsa *Seite 139*

Linguine mit gebratenem Lachs *Seite 142*

Lachs mit Estragonmayonnaise *Seite 138*

Linguine mit gebratenem Lachs

Dieses Nudel-Fisch-Gericht ist in Windeseile gekocht. Dabei schmeckt es nicht nur köstlich, sondern ist auch optisch beeindruckend. Wenn Sie es mit Brot und Salat servieren, wird es zu einer ausgewogenen Mahlzeit.

Vorbereitung **10 Minuten,** plus Marinierzeit nach Belieben Garzeit **15 Minuten** *Für 4 Portionen*

400 g Lachsfilet, ohne Haut

abgeriebene Schale und Saft von 1 Zitrone

2 EL gehackte Dillspitzen

350 g Linguine (sehr dünne Bandnudeln)

225 g Möhren, in streichholzdünne Stifte geschnitten

225 g Zucchini, in streichholzdünne Stifte geschnitten

1 EL Sonnenblumenöl

100 g Schmand

Salz und Pfeffer

Für die Garnitur

Dillzweige (nach Belieben)

1 Zitrone, in Schnitze geschnitten

1 Den Lachs in Würfel schneiden und in eine Schüssel geben. Zitronenschale und -saft sowie Dill zufügen. Die Lachswürfel mehrmals in der Mischung wenden. Möglichst mindestens 10 Minuten zugedeckt im Kühlschrank durchziehen lassen.

2 Die Nudeln in kochendem Wasser nach Packungsanweisung garen. 2 Minuten vor Ende der Garzeit die Möhrenstreifen, 1 Minute später die Zucchinistreifen zugeben.

3 In der Zwischenzeit eine beschichtete Pfanne oder eine Pfanne mit schwerem Boden mit Öl ausstreichen und sehr heiß werden lassen. Den Lachs abtropfen lassen, die Zitronen-Dill-Marinade beiseitestellen. Lachs in die heiße Pfanne geben, 3–4 Minuten braten, dabei gelegentlich wenden.

4 Marinade und Schmand zum Lachs geben und einige Sekunden erhitzen. Die Pfanne vom Herd nehmen und alles mit Salz und Pfeffer abschmecken.

5 Nudeln und Gemüse abgießen und in eine Servierschüssel füllen oder auf Teller verteilen. Die Lachsmischung darübergeben. Nach Belieben mit Dillzweigen garnieren und mit Zitronenschnitzen servieren.

Varianten

Forellenfilets, grüne Spargelspitzen und Dicke-Bohnen-Kerne sind, miteinander kombiniert, ebenso köstlich wie der Dreiklang Lachs, Möhren, Zucchini. Spargelspitzen und Bohnen 4–5 Minuten vor Ablauf der Garzeit zu den Nudeln geben.

Ein ähnliches Gericht lässt sich schnell aus dem Vorrat zubereiten: dafür grüne TK-Bohnen sowie TK-Maiskörner mit den Nudeln garen und anstelle von frischem Lachs gut abgetropften Lachs aus der Dose nehmen. Er braucht weder mariniert noch gegart zu werden: Die heißen Nudeln sorgen dafür, dass sich der Lachsgeschmack im Gericht entfaltet.

Das gesunde Plus

- Lachs ist ein fettreicher Fisch, der reichlich Omega-3-Fettsäuren enthält. Diese können Herzerkrankungen vorbeugen.
- Die in nudelartige Streifen geschnittenen Möhren und Zucchini werden oft auch von Kindern gegessen, die ansonsten Gemüse nicht so gern mögen.

Foto Seite 141

Nährwerte pro Portion 560 kcal, 33 g Eiweiß, 18 g Fett (5 g davon gesättigte Fettsäuren), 70 g Kohlenhydrate (4,8 BE, 5,8 KE), 4,5 g Ballaststoffe. Ausgezeichnete Quelle für Niazin, Vitamin A, Vitamin B_{12}. Reich an Kupfer, Selen, Vitamin B_1, Vitamin B_6, Vitamin C. Liefert auch Folsäure, Kalium, Vitamin E.

Spaghetti vongole

Italienischer geht es nicht: eine klassische Tomatensauce, pikant gewürzt mit Chili und Kräutern, angereichert mit kleinen Venusmuscheln, serviert mit perfekt „al dente“ gekochten Spaghetti. Dazu gehören unbedingt Ciabattabrot, grüner Salat und – ein Gläschen Rotwein.

Vorbereitung **15 Minuten** Garzeit **20 Minuten** *Für 4 Portionen*

- 1 EL natives Olivenöl extra
- 1 Zwiebel, gewürfelt
- 2 Knoblauchzehen, gewürfelt
- 1 kleine rote Chilischote, entkernt und gehackt
- 150 g Egerlinge, gehackt
- 1 Dose ganze Tomaten (400 g)
- 1 EL gehacktes Basilikum
- 1 EL gehackte Petersilie
- ½ TL Zucker
- 350 g Spaghetti
- 48 Venusmuscheln mit Schale (etwa 900 g), abgespült
- 4 EL Rotwein
- Salz und Pfeffer

1 Das Öl in einem Topf erhitzen. Zwiebel, Knoblauch und Chili darin bei mittlerer Hitze 5 Minuten braten. Die Pilze unterrühren und 2 Minuten mitbraten, dann die Tomaten mitsamt dem Saft zufügen und mit dem Kochlöffelrücken zerdrücken. Basilikum, Petersilie und Zucker zugeben und alles zugedeckt 10 Minuten köcheln lassen.

2 Inzwischen die Spaghetti nach Packungsanweisung bissfest garen. In einen Durchschlag abgießen und abtropfen lassen.

3 Den leeren Nudeltopf wieder auf den Herd stellen. Die Muscheln hineingeben und den Wein zugießen. Die Nudeln dazuschütten und alles 3 Minuten zugedeckt kochen lassen, dabei den Topf gelegentlich rütteln. Muscheln, die sich nicht geöffnet haben, aussortieren und wegwerfen – sie sind giftig!

4 Die Tomatensauce zur Nudel-Muschel-Mischung geben. Bei starker Hitze 1–2 Minuten vermengen, bis sie kurz aufkocht. Mit Salz und Pfeffer abschmecken und servieren.

Variante

Für eine **Tomatensauce mit Oliven, Kapern und Muscheln** 2 TL natives Olivenöl extra in einem Topf erhitzen. Darin 2 Streifen gehackten mageren Speck anbraten. 1 gehackte Zwiebel, 1 kleine gewürfelte rote Paprikaschote und 1 zerdrückte Knoblauchzehe zugeben, alles 5 Minuten kochen lassen. Den Inhalt von 1 Dose Tomaten (400 g) mitsamt dem Saft zugeben. Tomaten zerdrücken, 10 Minuten zugedeckt köcheln lassen. Den Inhalt von 1 Dose Baby-Venusmuscheln in Lake (etwa 280 g) in die Sauce rühren, 8 grob gehackte schwarze Oliven, 1 EL Kapern und 1 Handvoll klein gezupfte Basilikumblätter zugeben. Mit schwarzem Pfeffer abschmecken. 2 Minuten köcheln lassen, dann mit Spaghetti servieren.

Das gesunde Plus

- Venusmuscheln enthalten Phosphor. Dieser Mineralstoff wird für gesunde Knochen gebraucht.
- Entgegen der vorherrschenden Meinung machen Nudeln nicht dick. Kalorienreich werden sie erst durch Öl, Sahne oder Butter in der Sauce. Spaghetti haben einen niedrigen glykämischen Index.
- Pilze liefern Kupfer. Es erfüllt im Körper eine Reihe wichtiger Aufgaben, darunter die Gesunderhaltung der Knochen. Außerdem erleichtert es die Verwertung von Eisen aus der Nahrung und beugt so Anämie vor.

Foto Seite 147

Nährwerte pro Portion 448 kcal, 25 g Eiweiß, 7 g Fett (1 g davon gesättigte Fettsäuren), 73 g Kohlenhydrate (4,8 BE, 5,8 KE), 6 g Ballaststoffe. Ausgezeichnete Quelle für Eisen, Kupfer, Niazin, Vitamin B_1, Vitamin B_6. Reich an Folsäure, Kalium, Vitamin C, Selen. Liefert auch Kalzium, Vitamin A, Vitamin E.

Muscheln mit Parmesankruste

Am besten bereiten Sie diese Vorspeise zu, wenn Sie große Miesmuscheln bekommen können – kleine werden beim Überbacken leicht zäh. Sie brauchen für dieses Rezept 24 Stück. Kaufen Sie trotzdem mindestens 30, vermutlich werden Sie einige aussortieren müssen. Bieten Sie zu den Muscheln Vollkornbrot an.

Vorbereitung und Garzeit **30 Minuten** *Für 4 Portionen*

100 ml Weißwein oder Fischfond, vorzugsweise selbst gekocht

1 große Zwiebel, sehr klein gewürfelt

3 große Knoblauchzehen, fein gehackt

etwa 30 große Miesmuscheln, abgebürstet und entbartet

50 g frisches Vollkornbrot

30 g Petersilie, gehackt

30 g Parmesan, frisch gerieben

½ EL fein abgeriebene Zitronenschale

Cayennepfeffer

1 EL natives Olivenöl extra

Zitronenschnitze zum Anrichten

1 Wein oder Fond in einen großen Topf schütten. Zwiebel und Knoblauch zugeben. Alles bei starker Hitze aufkochen und 1 Minute sprudelnd kochen lassen. Die Muscheln zufügen und zugedeckt 2–3 Minuten kochen lassen, dabei den Topf gelegentlich rütteln. Mit einer Küchenzange aus dem Topf nehmen, sobald sie sich geöffnet haben. Geschlossene Exemplare wegwerfen.

2 Muscheln etwas abkühlen lassen, dann die oberen Schalenhälften abnehmen und wegwerfen. Das Muschelfleisch jeweils von der unteren Schalenhälfte lösen, aber darin lassen. Muscheln in den Schalen nebeneinander in eine ofenfeste Form setzen.

3 Den Grill auf höchster Stufe vorheizen. Das Brot in der Küchenmaschine oder im Mixer zu feinen Bröseln verarbeiten. Petersilie, Parmesan, Zitronenschale, eine Prise Cayennepfeffer und das Olivenöl zugeben und alles gründlich mischen.

4 Mit den Händen je ein Häufchen von der Bröselmischung auf die Muscheln setzen und flach drücken, bis das Muschelfleisch ganz bedeckt ist. Unter den Grill schieben und die Muscheln 2–3 Minuten gratinieren. Muscheln auf Tellern mit Zitronenschnitzen garnieren und servieren.

Variante

Für **Muscheln in Cidre** mit Zwiebel und Knoblauch 1 l trockenen Cidre (französischer Apfelwein) in den Topf geben und auf etwa 500 ml einkochen lassen. Petersilie, Zitronenschale und Cayennepfeffer einrühren. Die Miesmuscheln zufügen und dämpfen, bis sie sich geöffnet haben. Die Muscheln auf tiefe Teller verteilen. Den Garsud abschmecken und über die Muscheln schöpfen.

Das gesunde Plus

- Miesmuscheln sind gute Eisenlieferanten. Eisen ist Bestandteil des Hämoglobins in den roten Blutkörperchen. Es sorgt dafür, dass Sauerstoff im Körper transportiert werden kann.
- Parmesan ist ein sehr harter Käse aus unpasteurisierter Kuhmilch. Zwar ist sein Fettgehalt hoch, doch wegen des intensiven Aromas genügt nur wenig Parmesan für ein Gericht.
- Cayennepfeffer wird aus den kleinsten und schärfsten Chilischoten gewonnen. In der Naturheilkunde wird er oft zur Anregung der Durchblutung eingesetzt.

Foto Seite 147

Nährwerte pro Portion 167 kcal, 12 g Eiweiß, 7 g Fett (2 g davon gesättigte Fettsäuren), 12 g Kohlenhydrate (0,5 BE, 0,5 KE), 2 g Ballaststoffe. Ausgezeichnete Quelle für Eisen, Niazin, Vitamin B_1, Vitamin B_6, Vitamin B_{12}. Reich an Selen. Liefert auch Folsäure, Kalzium, Kupfer, Kalium, Vitamin A, Vitamin C, Zink.

Riesengarnelen mit Paprika-Salsa

Eine Salsa ist eine pikante Gemüsesauce auf mexikanische Art. Eine Salsa mit Tomaten, Paprika und Chili passt hervorragend zu gegrillten Garnelen am Spieß, vor allem, wenn es noch Melone und Körnerbrot dazu gibt.

Vorbereitung und Garzeit **30 Minuten** *Für 4 Portionen*

32 küchenfertige rohe Riesengarnelen, geschält, aber mit Schwänzen

1 Charentaismelone, entkernt und gewürfelt

Marinade

2 EL Limettensaft

1 TL gehackter Knoblauch in Öl, abgetropft

1 TL gehackter Ingwer in Öl, abgetropft

Salsa

6 Strauchtomaten, gehackt

1 kleine rote Zwiebel, fein gehackt

1 rote Paprikaschote, in Würfel geschnitten

1 TL gehackter Knoblauch in Öl, abgetropft

1 grüne Chilischote, entkernt und fein gehackt

2 EL Limettensaft

2 EL gehacktes Koriandergrün

Salz und Pfeffer

gehackte Frühlingszwiebeln zum Garnieren

1 Den Grill vorheizen. 8 Bambusspieße in kaltem Wasser einweichen (damit sie unter dem Grill nicht verbrennen). Die Zutaten für die Marinade in einer Schale verrühren. Die Garnelen hineingeben und darin wenden, bis sie ganz davon überzogen sind. Zudecken und kalt stellen.

2 Die Zutaten für die Salsa mischen. Die Salsa in eine Schüssel füllen. Die Melonenwürfel auf ungewässerte Bambusspieße stecken und diese auf eine Platte legen. Beiseitestellen.

3 Auf jeden der eingeweichten Spieße 4 Garnelen stecken, die Spieße dabei vorn und hinten durch die Garnelen piksen, damit sie flach bleiben. 3–4 Minuten grillen, bis die Garnelen rosa werden, dabei einmal wenden. Nicht zu lange grillen, damit sie nicht zäh werden.

4 Die Salsa mit den gehackten Frühlingszwiebeln garnieren. Die Garnelenspieße zu den Melonenspießen legen und sofort mit der Salsa servieren.

Varianten

Für **Hähnchenspieße mit Zitrus-Salsa** 500 g Hähnchenbrustfilet würfeln, auf Spieße stecken und wie beschrieben marinieren. 10 Minuten grillen, bis das Fleisch zart und durchgegart ist. Für die Salsa das Fruchtfleisch von 1 rosa Grapefruit, 1 Orange und 1 knackigen Apfel hacken und mit 2 gehackten Frühlingszwiebeln, 1 fein gehackten grünen Chilischote und 1 EL gehackter frischer Minze mischen.

Statt der Melonenwürfel können Sie aufgespießte Ananaswürfel zu den Garnelen- oder den Hähnchenspießen reichen.

Das gesunde Plus

- Das Gemüse in der Salsa steckt voller Vitamine. Tomaten und rote Paprikaschoten sind ausgezeichnete Betakarotin- und Vitamin-C-Lieferanten. Rote Paprikaschoten enthalten sogar doppelt so viel Vitamin C wie Orangen.
- Garnelen sind eiweißreich und fettarm.

Foto Seite 147

Nährwerte pro Portion 150 kcal, 24 g Eiweiß, 1,5 g Fett (0,5 g davon gesättigte Fettsäuren), 11 g Kohlenhydrate (1 BE, 1,2 KE), 3 g Ballaststoffe. Ausgezeichnete Quelle für Vitamin A, Vitamin B_{12}, Vitamin C. Reich an Eisen, Vitamin B_6. Liefert auch Folsäure, Kalium, Niazin, Selen, Zink.

Garneleneintopf

In den Südstaaten der USA wird so ein Eintopf Gumbo genannt. Ganz typisch: Er enthält reichlich Paprika, Tomaten, Okra, Kräuter und Garnelen. Servieren Sie ihn mit Reis, und vergessen Sie nicht das Brot zum Auftunken der Sauce.

Vorbereitung **25 Minuten** Garzeit **40 Minuten** *Für 4 Portionen*

- 1 EL natives Olivenöl extra
- 2 Zwiebeln, gewürfelt
- 1 rote Paprikaschote, geputzt und gewürfelt
- 2 Selleriestangen, gehackt
- 3 Knoblauchzehen, gehackt
- 75 g magerer geräucherter Speck in Scheiben, von der Schwarte befreit, gewürfelt
- 1 EL Mehl
- 1 EL edelsüßes Paprikapulver
- 1 l Fischfond, vorzugsweise selbst gekocht
- 1 TL gehackter Thymian
- 1 Dose Pizzatomaten (200 g)
- 2 EL gehackte Petersilie
- 2 Lorbeerblätter
- 2 TL Worcestersauce
- Tabasco (nach Geschmack)
- 100 g Okraschoten, quer in Scheiben geschnitten
- 350 g küchenfertige geschälte rohe Garnelen
- 50 g dünne grüne Bohnen, in Stücke geschnitten
- Salz und Pfeffer
- 3 Frühlingszwiebeln, in Ringe geschnitten

1 Das Öl in einem großen Topf erhitzen. Zwiebeln, Paprika und Sellerie zugeben und 5–6 Minuten braten, bis sie etwas Farbe angenommen haben. Knoblauch und Speck unterrühren und 3–4 Minuten mitbraten. Mehl und Paprikapulver unterrühren, die Hitze etwas erhöhen und alles 2 Minuten unter Rühren kochen. Nach und nach den Fond zugießen. Dabei kräftig rühren, damit die Mehlmischung sich auflöst.

2 Thymian, Tomaten mitsamt dem Saft, Petersilie, Lorbeer und Worcestersauce zugeben. Aufkochen, dann das Ganze bei schwacher Hitze köcheln lassen; mit Tabasco abschmecken. Okras zugeben und alles etwa 15 Minuten köcheln lassen, bis die Okras weich sind und die Mischung dickflüssig geworden ist.

3 Garnelen und Bohnen zufügen und etwa 3 Minuten mitgaren, bis die Garnelen rosa und die Bohnen weich sind. Lorbeerblätter entfernen und den Eintopf mit Salz und Pfeffer abschmecken. Auf tiefe Teller verteilen, mit Frühlingszwiebeln bestreuen und servieren.

Variante

Für einen **Eintopf auf Jamaika-Art** statt Speck 75 g magere Wurst, z. B. Kabanossi, verwenden. In Schritt 2 mit den Tomaten und den anderen Zutaten 1 TL gehackten frischen Ingwer, ½ TL Angostura, den abgetropften Inhalt von einer kleinen Dose (etwa 200 g) Kidneybohnen und 1 EL braunen Rum zufügen. Die Hälfte der Petersilie durch Koriandergrün ersetzen.

Das gesunde Plus

- Okraschoten enthalten eine schleimige Substanz, die bei bestimmten Gerichten die Flüssigkeit andicken soll. Die Nährwerte entsprechen in etwa denen anderer grüner Gemüsesorten. So enthalten Okras z. B. Ballaststoffe, Kalium, Kalzium, Folsäure und Vitamin C.
- Speck ist ein guter Vitamin-B_1-Lieferant. Das wird für ein gesundes Nervensystem benötigt. Verwenden Sie nur mageren Speck, und behalten Sie den Salzgehalt im Auge.

Nährwerte pro Portion 206 kcal, 23 g Eiweiß, 6 g Fett (1 g davon gesättigte Fettsäuren), 17 g Kohlenhydrate (0,1 BE, 0,1 KE), 4 g Ballaststoffe. Ausgezeichnete Quelle für Niazin, Vitamin B_1, Vitamin B_6, Vitamin B_{12}, Vitamin C. Reich an Eisen, Kalium, Vitamin A, Vitamin E. Liefert auch Folsäure, Kalzium, Kupfer, Selen, Zink.

Garneleneintopf *Seite 146*

Spaghetti vongole *Seite 143*

Muscheln mit Parmesankruste *Seite 144*

Riesengarnelen mit Paprika-Salsa *Seite 145*

Scampi auf provenzalische Art

Die perfekte Beilage hierzu sind Tomatenscheiben, mit etwas Vinaigrette beträufelt und auf zarten jungen Spinatblättern angerichtet – alles zusammen eine schnelle kleine Mahlzeit.

Vorbereitung und Garzeit **30 Minuten** *Für 4 Portionen*

1 EL natives Olivenöl extra

1 große Zwiebel, gehackt

1 Fenchelknolle, gehackt

1 große Knoblauchzehe, zerdrückt

1 Dose Pizzatomaten (400 g)

125 ml Fischfond, vorzugsweise selbst gekocht

½ TL Fenchelsamen

fein abgeriebene Schale und Saft von ½ Orange

Salz und Pfeffer

1 Prise Safranfäden

250 g Langkornreis

400 g geschälte rohe Scampi (Kaiserganat)

Basilikumblätter zum Garnieren

1 Das Öl in einer großen beschichteten Pfanne mit passendem Deckel erhitzen. Zwiebel, Fenchel und Knoblauch darin 5 Minuten braten, bis sie weich, aber noch nicht braun sind. Tomaten mitsamt Saft, Fond, Fenchelsamen, Orangenschale und -saft sowie Salz und Pfeffer nach Geschmack zufügen. Alles unter Rühren aufkochen, dann bei schwacher Hitze und halb aufgelegtem Deckel 12 Minuten köcheln lassen.

2 Inzwischen die Safranfäden zerkrümeln und in einen Topf mit kochendem Wasser geben. Reis zufügen und nach Packungsanweisung garen.

3 Die Tomatensauce erneut zum Kochen bringen. Die Scampi darauflegen und alles zugedeckt bei schwacher Hitze 3–4 Minuten köcheln lassen, bis die Scampi durchgegart und nicht mehr glasig sind. Nicht kochen lassen, dann werden die Scampi zäh.

4 Den Reis abgießen und auf tiefe Teller verteilen. Scampi und Tomatensauce daraufgeben. Mit Basilikum bestreuen und sofort servieren.

Varianten

Die Scampi-Tomaten-Sauce passt auch gut zu Vollkornspaghetti. Für 4 Portionen brauchen Sie 400 g.

Für Thunfisch auf provenzalische Art den Inhalt von 2 Dosen Thunfisch naturell (je etwa 200 g) abtropfen lassen, zerpflücken und kurz vor dem Servieren in die Tomatensauce geben. So passt die Sauce prima zu gekochten Muschelnudeln. Mit Dillspitzen garnieren.

Wenn Sie keine Scampi bekommen, können Sie rohe Riesengarnelen, Jakobsmuscheln oder 400 g gemischte Meeresfrüchte nehmen.

Das gesunde Plus

- Scampi, bei uns auch Kaisergranat genannt, liefern viel Vitamin E.
- Bei Tomaten steckt das meiste Vitamin C in der geleeartigen Flüssigkeit, von der die Kerne umgeben sind. Vitamin C ist für ein starkes Immunsystem und gesunde Haut unentbehrlich.
- Von Fenchelsamen nimmt man an, dass sie verdauungsfördernd wirken. Bei Blähungen wird oft Fencheltee empfohlen.

Foto Seite 151

Nährwerte pro Portion 377 kcal, 25 g Eiweiß, 4 g Fett (0,5 g davon gesättigte Fettsäuren), 64 g Kohlenhydrate (3,5 BE, 4,2 KE), 3 g Ballaststoffe. Ausgezeichnete Quelle für Niazin, Vitamin B_1, Vitamin B_6, Vitamin B_{12}. Reich an Eisen, Kupfer, Selen, Vitamin C, Vitamin E, Zink. Liefert auch Kalium, Kalzium, Folsäure.

Meeresfrüchte mit Brunnenkresse-Dressing

Jakobsmuscheln und Lachsfiletstreifen werden kurz in einem Weinsud pochiert und dann auf einem knackigen gemischten Salat angerichtet. Der Garsud dient als Grundlage für das cremige Dressing. Dazu passt knuspriges Brot.

Vorbereitung und Garzeit **etwa 40 Minuten** *Für 4 Portionen*

300 g Lachsfilet am Stück, ohne Haut, in 4 Streifen geschnitten

200 g ausgelöste kleine Jakobsmuscheln, ohne Corail

3 EL trockener Weißwein

200 ml Fischfond, vorzugsweise selbst gekocht

1 dünne Scheibe frischer Ingwer

250 g Zuckerschoten

150 g Radieschen

150 g gemischte Blattsalate (z. B. junger Spinat, Brunnenkresse, Kopf- und Eichblattsalat)

Brunnenkresse-Dressing

75 g Brunnenkresse

1 Schalotte, gewürfelt

1 dünner Streifen Zitronenschale

2 EL Schnittlauchröllchen

1 TL Zitronensaft

2 EL saure Sahne

Salz und Pfeffer

1 Die Lachsfiletstücke in einen Topf (nicht aus Aluminium) mit passendem Deckel legen. Die Jakobsmuscheln auf den Fisch legen. Wein, Fischfond und Ingwerscheibe zufügen. Bei mittlerer Hitze aufkochen, dann die Flüssigkeit bei schwacher Hitze köcheln lassen. Fisch und Muscheln darin in 5–8 Minuten gar ziehen lassen.

2 Inzwischen die Zuckerschoten in einen Topf mit kochendem Wasser geben und 3–4 Minuten kochen, bis sie knapp gar, aber noch knackig sind. Abgießen und mit kaltem Wasser abschrecken. Beiseitelegen.

3 Die Radieschen jeweils von der Spitze bis fast zum Stielansatz fünfmal einschneiden. In eine Schüssel mit Eiswasser legen, bis sich die „Blüten" etwas geöffnet haben. Man kann die Radieschen auch einfach in Scheiben schneiden.

4 Salatblätter in eine große Schüssel geben. Zuckerschoten und abgetropfte Radieschen zufügen; gründlich mischen.

5 Fisch und Muschelfleisch mit einem Schaumlöffel aus dem Topf auf einen Teller heben. Garsud aufbewahren. Lachsstücke halbieren oder zerpflücken. Lachs und Muscheln auf dem Salat anrichten.

6 Für das Dressing die Brunnenkresseblätter von den Stängeln zupfen, die Stängel aufheben. Die Blätter in einen Topf mit kochendem Wasser geben. Kurz aufkochen, dann sofort abgießen und mit kaltem Wasser abschrecken. Überschüssiges Wasser ausdrücken, die Blätter fein hacken.

7 Brunnenkressestängel mit Schalotte, Zitronenschale und 125 ml Garsud in einen Topf geben. Bei halb aufgelegtem Deckel 5 Minuten köcheln lassen. Sud durch ein Sieb gießen. Brunnenkresse, Schnittlauch, Zitronensaft und saure Sahne, Salz und Pfeffer in die Flüssigkeit rühren. Dressing über Fisch und Muscheln geben.

Das gesunde Plus

- Jakobsmuscheln enthalten viel Selen. Zusammen mit Vitamin C stärkt es das Immunsystem. Außerdem liefern Jakobsmuscheln viel Vitamin B_{12} sowie Phosphat und Kalium.
- Brunnenkresse strotzt nur so vor gesundheitsfördernden Substanzen. Sie enthält sekundäre Pflanzenstoffe, die wahrscheinlich zum Krebsschutz beitragen und Schäden beheben, die durch Rauchen verursacht wurden. Außerdem liefert Brunnenkresse reichlich Vitamin C und Betakarotin.

Foto Seite 151

Nährwerte pro Portion 217 kcal, 30 g Eiweiß, 12 g Fett (2 g davon gesättigte Fettsäuren), 6 g Kohlenhydrate (0,6 BE, 0,6 KE), 2 g Ballaststoffe. Ausgezeichnete Quelle für Niazin, Selen, Vitamin A, Vitamin B_1, Vitamin B_6, Vitamin B_{12}, Vitamin C, Vitamin E. Reich an Folsäure, Kalium, Vitamin B_2, Zink. Liefert auch Eisen, Kalzium.

Wolfsbarschfilets mit Frühlingsgemüse

Zum Dämpfen der Zutaten eignen sich am besten asiatische Dämpfkörbchen. Man kann sie aufeinanderstapeln – so wird alles gleichzeitig gar. Wenn Sie fertig gekauften Fischfond oder Fond aus Brühwürfeln verwenden, sollten Sie diesen etwas verdünnen, er wird später durch die Marinade würzig genug.

Vorbereitung und Garzeit **30 Minuten** *Für 4 Portionen*

- 1 TL geriebener frischer Ingwer
- 1 EL helle Sojasauce
- ½ TL geröstetes Sesamöl
- 1 Knoblauchzehe, fein gewürfelt
- 1 EL trockener Sherry, trockener Weißwein oder Wermut
- 4 Wolfsbarschfilets, 3,5 cm dick (je etwa 150 g)
- 700 ml Fischfond
- 200 g Couscous
- 1 Streifen Zitronenschale
- 250 g Baby-Möhren
- 12 Frühlingszwiebeln, auf etwa 10 cm Länge gekürzt
- 200 g grüne Spargelspitzen
- 2 EL gehackte Petersilie
- Salz und Pfeffer

1 Für die Marinade Ingwer, Sojasauce, Sesamöl, Knoblauch und Sherry, Wein oder Wermut in einer Schüssel verrühren. Fisch hineinlegen und mit der Marinade überziehen. Beiseitestellen.

2 In einem Topf, der später auch den Dämpfkorb/die Dämpfkörbe fasst, 250 ml Fischfond aufkochen. Couscous in eine Schüssel geben und mit dem kochend heißen Fond begießen. Zugedeckt 15 Minuten quellen lassen, bis alle Flüssigkeit aufgenommen wurde.

3 Die restlichen 450 ml Fond mit der Zitronenschale in den Topf geben. Aufkochen und die Möhren hineingeben, dann nur noch köcheln lassen.

4 Die Fischfilets mit den Hautseiten nach unten in einen Dämpfkorb legen. Frühlingszwiebeln und Spargel zufügen oder in einen separaten Dämpfkorb geben. Den Korb/die Körbe über die schwach köchelnde Flüssigkeit setzen. Fisch und Gemüse zugedeckt 10–12 Minuten dämpfen, bis der Fisch nicht mehr glasig ist und beginnt, auseinanderzufallen. Das Gemüse soll weich sein.

5 Die Petersilie zum fertigen Couscous geben. Diesen mit einer Gabel auflockern und dabei die Petersilie untermischen. Mit Salz und Pfeffer abschmecken.

6 Den Korb/die Körbe aus dem Topf heben. Die Möhren abgießen, den Garsud auffangen. Den Fisch, die Möhren und das gedämpfte Gemüse mit dem Couscous auf Tellern anrichten. Die Zitronenschale entfernen und den Garsud als Sauce servieren.

Varianten

Wenn Sie keinen Dämpfkorb besitzen, können Sie Fisch und Gemüse auch in einen Durchschlag geben. Diesen in einen großen Topf setzen und einen Deckel auflegen.

Auch Lachs oder Dorsch bzw. Kabeljau eignet sich für dieses Gericht. Bei dünneren Filets genügt eine Garzeit von 8–9 Minuten.

Das gesunde Plus

- Weißfleischiger Fisch wie Wolfsbarsch ist fett- und kalorienarm und liefert reichlich B-Vitamine. Wolfsbarsch enthält außerdem viel Kalzium, das z. B. dafür sorgt, dass Knochen und Zähne kräftig bleiben.
- Der Hauptwirkstoff im Spargel, das Asparagin, entwässert stark. Naturmediziner empfehlen deshalb den Verzehr von Spargel bei Rheuma, Arthritis und PMS-bedingten Wasseransammlungen.

Nährwerte pro Portion 320 kcal, 34 g Eiweiß, 5 g Fett (1 g davon gesättigte Fettsäuren), 35 g Kohlenhydrate (2,7 BE, 3,3 KE), 3 g Ballaststoffe. Ausgezeichnete Quelle für Vitamin A, Vitamin B_{12}. Reich an Eisen, Folsäure, Kalzium, Vitamin C. Liefert auch Vitamin B_1, Vitamin B_6.

Wolfsbarschfilets mit Frühlingsgemüse *Seite 150*

Scampi auf provenzalische Art *Seite 148*

Winterlicher Gemüsetopf *Seite 152*

Meeresfrüchte mit Brunnenkresse-Dressing *Seite 149*

Winterlicher Gemüsetopf

Die Zubereitung von gutem Essen muss nicht aufwendig oder zeitraubend sein. Dieser Eintopf hat keine endlose Zutatenliste voll exotischer Lebensmittel, und es muss auch nichts akkurat geschnitten und geschnipselt werden. Nehmen Sie, was Sie im Vorrat haben, und kochen Sie ein wärmendes, herzgesundes Mahl.

Vorbereitung **15 Minuten** Garzeit **1 Stunde** *Für 4 Portionen*

2 Zwiebeln, jede in 6 Spalten geschnitten

3 Möhren, in Stücke geschnitten

3 Selleriestangen, in Stücke geschnitten

400 g Steckrübe oder Süßkartoffeln, in Stücke geschnitten

1 l heiße Gemüsebrühe, vorzugsweise selbst gekocht

2 Knoblauchzehen, fein gehackt

3 Lauchstangen (etwa 300 g), in dicke Ringe geschnitten

150 g Perlgraupen

2 TL getrockneter Salbei

Salz und Pfeffer

3 EL grob gehackte glatte Petersilie zum Garnieren

1 Den Backofen auf 180 °C vorheizen. Zwiebeln, Möhren, Sellerie und Steckrübe oder Süßkartoffeln in einen großen ofenfesten Schmortopf geben. Die Brühe zugießen und zum Kochen bringen.

2 Knoblauch, Lauch, Graupen, Salbei sowie Salz und Pfeffer nach Geschmack zugeben und unterrühren. Den Topf zudecken und den Eintopf 1 Stunde im heißen Ofen garen, bis das Gemüse noch etwas bissfest ist und die Graupen weich sind.

3 Mit Petersilie bestreuen und servieren. Dazu passen dicke Scheiben kräftiges Bauernbrot.

Varianten

In diesen Eintopf passen auch Linsen sehr gut. Nehmen Sie 100 g Perlgraupen und 50 g Puy-Linsen. Nach 30 Minuten Garzeit 1 in Scheiben geschnittenen Apfel (z. B. Golden Delicious) zum Eintopf geben. Das fertige Gericht mit 50 g gerösteten, gehackten Haselnusskernen und der Petersilie bestreuen.

In dem Eintopf schmecken auch Pastinaken, Petersilienwurzeln oder Kürbis.

Nehmen Sie statt der Brühe einmal Cidre (französischer Apfelwein). Außerdem 50 g weiche getrocknete Birnen hacken und zugeben, das bringt etwas Süße ins Spiel.

Man kann das Gericht auch 45–50 Minuten auf dem Herd bei schwacher Hitze kochen lassen; dabei gelegentlich umrühren.

Das gesunde Plus

- Von Gerste weiß man, dass sie beruhigend auf Darm und Harnwege wirkt. Früher verabreichte man sie Rekonvaleszenten zur Stärkung. Sie tut auch bei Stress und Abgespanntheit gut. Für Diabetiker ist Gerste günstig, weil sie sehr langsam aufgeschlossen wird.
- Den Ballaststoffen der Gerste wird eine stark cholesterinsenkende Wirkung zugeschrieben.
- Das Gemüse wird hier nicht in Fett gebraten, sondern in Brühe geschmort. Deshalb ist das Gericht extrem fettarm. Wenn Sie Brot dazu essen, liefert die Mahlzeit zusätzlich komplexe Kohlenhydrate.

Foto Seite 151

Nährwerte pro Portion 205 kcal, 6 g Eiweiß, 2 g Fett (0,1 g davon gesättigte Fettsäuren), 45 g Kohlenhydrate (2,5 BE, 2,5 KE), 5 g Ballaststoffe. Ausgezeichnete Quelle für Vitamin A. Reich an Folsäure, Vitamin B_1, Vitamin B_6, Vitamin C, Vitamin E. Liefert auch Kalium, Niazin.

Kürbis-Mais-Topf karibische Art

Das Fruchtfleisch vom Butternusskürbis zerfällt nicht beim Garen. Deshalb eignet sich diese Kürbissorte wunderbar für Eintopfgerichte. Mit Augenbohnen, Mais und roter Paprika entsteht daraus im Handumdrehen eine gesunde Mahlzeit für kühle Tage. Dazu passt körnig gekochter Reis oder knuspriges Brot.

Vorbereitung und Garzeit **30 Minuten** *Für 4 Portionen*

1 EL natives Olivenöl extra

1 Zwiebel, in Scheiben geschnitten

2 zerdrückte Knoblauchzehen

1 Butternusskürbis (etwa 700 g), halbiert, entkernt, geschält und in etwa 1 cm große Würfel geschnitten

1 rote Paprikaschote, in Streifen geschnitten

1 Lorbeerblatt

1 Dose Pizzatomaten (400 g)

1 Dose Augen- oder Kidneybohnen (400 g), der Inhalt abgespült und abgetropft

1 Dose Maiskörner (200 g), der Inhalt abgegossen und abgetropft

300 ml Gemüsebrühe

1 EL Worcestersauce nach Geschmack

1 TL Tabasco (oder nach Geschmack)

1 TL dunkler Vollrohrzucker

1–2 EL Balsamico-Essig

gehackte Petersilie zum Garnieren

1 Das Öl in einem großen Topf erhitzen. Zwiebel, Knoblauch, Kürbis, Paprikastreifen und Lorbeerblatt hineingeben und alles gut verrühren. Den Topf schließen und das Gemüse 5 Minuten Flüssigkeit ziehen lassen, dabei gelegentlich umrühren.

2 Tomaten mitsamt Saft sowie Bohnen und Mais zum Gemüse in den Topf geben und unterrühren. Brühe, Worcestersauce und Tabasco, Vollrohrzucker und Essig zufügen und ebenfalls unterrühren. Zugedeckt etwa 15 Minuten köcheln lassen.

3 Das fertige Gericht mit Petersilie bestreuen und sofort servieren.

Variante

Eine **indische Note** erhält der Kürbistopf so: Zwiebel und Knoblauch im Olivenöl 2–3 Minuten dünsten, dann 2 EL mildes Currypulver unterrühren. Kürbis und 150 g in dicke Scheiben geschnittene Baby-Maiskolben zufügen. Zugedeckt 5–6 Minuten garen. Die Augenbohnen durch Borlottobohnen ersetzen. Diese mit den Dosentomaten und der Brühe zugeben. Maiskörner weglassen. Statt mit Petersilie mit Koriandergrün garnieren und mit Jasminreis oder warmem Naan-Brot servieren.

Das gesunde Plus

- Es gibt mehr als 25 Kürbissorten. Einige werden bereits seit 9000 Jahren angebaut. Alle Sorten sind reich an Betakarotin und enthalten Vitamin C.
- Lässt man frisch zerkleinerten Knoblauch etwa 10 Minuten stehen, bevor man ihn an ein Gericht gibt, verstärkt sich seine gesundheitsfördernde Wirkung. In dieser Zeit bilden sich unter Einwirkung von Luftsauerstoff vermehrt die hochwirksamen Substanzen.

Nährwerte pro Portion 340 kcal, 15 g Eiweiß, 4 g Fett (1 g davon gesättigte Fettsäuren), 62 g Kohlenhydrate (2 BE, 2,2 KE), 9 g Ballaststoffe. Ausgezeichnete Quelle für Folsäure, Vitamin A, Vitamin B_6, Vitamin C. Reich an Eisen, Kalium, Kupfer, Vitamin B_1, Vitamin E. Liefert auch Kalzium, Zink.

Eintopf mit Röstgemüse und Bohnen

Dieser unkomplizierte Eintopf mit Wurzelgemüse und Pintobohnen ist ein wunderbar wärmendes Hauptgericht. Er braucht keine Beilagen – aber gönnen Sie sich dazu ein Glas Apfelwein oder Apfelsaft.

Vorbereitung **20 Minuten** Garzeit **50–55 Minuten** *Für 4 Portionen*

1 Acorn- oder Butternusskürbis (etwa 600 g)

500 g kleine festkochende Kartoffeln, abgebürstet und in 4 cm große Stücke geschnitten

200 g Möhren, in 4 cm große Stücke geschnitten

200 g Pastinaken, in 4 cm große Stücke geschnitten

2 Zucchini (etwa 400 g), in 4 cm große Stücke geschnitten

2 EL natives Olivenöl extra

1 Knoblauchzehe, fein gewürfelt

Salz und Pfeffer

4 große Rosmarinzweige, mehr zum Garnieren

2 Dosen Pintobohnen (je 400 g), der Inhalt abgespült und abgetropft

250 ml trockener Cidre (französischer Apfelwein)

250 ml heiße Gemüsebrühe, vorzugsweise selbst gekocht

1 Den Backofen auf 200 °C vorheizen. Den Kürbis halbieren, Kerne und das wattige Innere entfernen. Die harte Schale abschneiden und das Fruchtfleisch in 4 cm große Stücke schneiden.

2 Kürbis, Kartoffeln, Möhren, Pastinaken und Zucchini in eine Schüssel geben und mit dem Öl beträufeln; alles mischen. Den Knoblauch unterrühren und das Gemüse mit Salz und Pfeffer würzen.

3 Die Rosmarinzweige auf den Boden einer großen ofenfesten Form legen und die Gemüsestücke nebeneinander darüberlegen. Das Gemüse im Ofen 30 Minuten rösten, bis es Farbe angenommen hat, dabei einmal wenden.

4 Das Gemüse aus dem Ofen nehmen und Bohnen, Cidre und Brühe unterrühren. Die Form mit Alufolie verschließen und für weitere 25 Minuten in den Ofen stellen, bis das Gemüse weich ist. Vor dem Servieren die Rosmarinzweige entfernen. Mit Rosmarin garnieren; servieren.

Varianten

Der Eintopf lässt sich auch auf dem Herd zubereiten. Dafür das Öl in einem großen Topf erhitzen und das Gemüse darin 4–5 Minuten unter Rühren braten. Knoblauch, Rosmarin und Bohnen unterrühren. Salzen und pfeffern. Cidre und Brühe angießen, alles 30–35 Minuten köcheln lassen.

Sie können den Eintopf ohne Kartoffeln und mit nur 150 ml Gemüsebrühe zubereiten. Gleichzeitig 4 große ungeschälte Kartoffeln im Ofen backen. Zum Servieren die Kartoffeln aufdrücken und den Eintopf darauf anrichten.

Das gesunde Plus

- Pastinaken liefern Kalium, Vitamin B_1, Folsäure und Vitamin C.
- Verwenden Sie möglichst immer frisch geerntete Kartoffeln. Sie enthalten viel mehr Vitamin C als Knollen, die lange gelagert wurden.

Nährwerte pro Portion 452 kcal, 17 g Eiweiß, 8 g Fett (1 g davon gesättigte Fettsäuren), 76 g Kohlenhydrate (3,7 BE, 4,7 KE), 9 g Ballaststoffe. Ausgezeichnete Quelle für Folsäure, Kalium, Kupfer, Vitamin A, Vitamin B_1, Vitamin B_6, Vitamin C. Reich an Eisen, Kalzium, Zink. Liefert auch Niazin, Selen, Vitamin E.

Eintopf mit Röstgemüse und Bohnen *Seite 154*

Mexikanische Bohnensuppe *Seite 156*

Salat aus Kichererbsen und Pitabrot *Seite 157*

Nudelsalat mit gegrilltem Gemüse *Seite 158*

Mexikanische Bohnensuppe

Die cremige Konsistenz von Augenbohnen kommt in dieser würzigen Suppe besonders gut zur Geltung. Diese ist so sättigend, dass sie als Hauptgericht dienen kann. Köstlicher Akzent: In der Suppe zerfließt geriebener Käse.

Vorbereitung **20 Minuten** Garzeit **20 Minuten** *Für 6 Portionen*

1 EL Sonnenblumenöl

1 große grüne Chilischote, entkernt und fein gehackt

2 grüne Paprikaschoten, gewürfelt

1 TL gemahlener Kreuzkümmel

1 Dose Pizzatomaten (400 g)

1 TL Tomatenmark

600–750 ml Gemüsebrühe, vorzugsweise selbst gekocht

1 Lorbeerblatt

2 Dosen Augenbohnen (je etwa 400 g), der Inhalt abgespült und abgetropft

180 g TK-Maiskörner

3 EL gehacktes Koriandergrün

Salz und Pfeffer

Zum Anrichten

12 große Weizentortillas

50 g alter Cheddar, grob geraspelt

Koriandergrün (nach Belieben)

grüne Chilischote, in Ringe geschnitten (nach Belieben)

1 Das Öl in einem großen Topf erhitzen. Gehackte Chili und Paprikawürfel darin unter häufigem Rühren 5 Minuten dünsten. Kreuzkümmel zugeben und kurz mitdünsten.

2 Tomaten mitsamt Saft, Tomatenmark, 600 ml Brühe, Lorbeerblatt und drei Viertel der Bohnen zugeben. Alles aufkochen, dann bei schwacher Hitze 15 Minuten köcheln lassen. Lorbeerblatt entfernen.

3 Die Suppe pürieren – portionsweise im Mixer oder mit dem Stabmixer direkt im Topf. Die restlichen Bohnen, die Maiskörner und das Koriandergrün in die Suppe geben. Die Suppe, falls nötig, mit der restlichen Brühe verdünnen. Mit Salz und Pfeffer abschmecken und noch einmal sehr heiß werden lassen.

4 Inzwischen die Tortillas nach Packungsanleitung im Ofen oder im Mikrowellengerät aufbacken.

5 Die Suppe auf Suppenschalen verteilen und mit Käse bestreuen. Nach Belieben mit Koriandergrün und mit Chili garnieren.

Variante

Für eine **Suppe mit Röstgemüse und Kidneybohnen** ½ Butternusskürbis (etwa 350 g) schälen, entkernen und würfeln. Mit 1 halbierten Zwiebel, 1 halbierten Pastinake und 1 in dicke Scheiben geschnittenen Lauchstange in eine ofenfeste Form legen. Alles mit 1 EL Olivenöl beträufeln und 2 Thymianzweige zufügen. Das Gemüse im 220 °C heißen Ofen 45 Minuten rösten, dabei gelegentlich wenden. Den Thymian entfernen, das Gemüse in einen Topf schütten. Den Inhalt von einer Dose Kidneybohnen (etwa 400 g) abspülen und abtropfen lassen. Die Hälfte der Bohnen und 1 l Gemüsebrühe zum Gemüse geben. Alles pürieren, dann die restlichen Bohnen unterrühren und die Suppe salzen und pfeffern. Erhitzen, auf Suppenteller verteilen, in jede Portion 1 TL Pesto rühren.

Das gesunde Plus

- Hülsenfrüchte aus der Dose unterscheiden sich in ihrem Nährwert nicht von getrockneten, die Sie selbst weich gekocht haben. Ihre Verwendung spart aber viel Zeit. Bohnenkerne liefern reichlich Ballaststoffe. Dosenware gut abspülen, um die Stoffe zu entfernen, die Blähungen verursachen können.

Foto Seite 155

Nährwerte pro Portion 428 kcal, 19 g Eiweiß, 8 g Fett (3,5 g davon gesättigte Fettsäuren), 75 g Kohlenhydrate (5,3 BE, 6,7 KE), 7 g Ballaststoffe. Ausgezeichnete Quelle für Folsäure, Vitamin C. Reich an Eisen, Kupfer, Vitamin B_1, Vitamin E, Zink. Liefert auch Kalium, Kalzium, Niazin, Selen, Vitamin A, Vitamin B_6.

Salat aus Kichererbsen und Pitabrot

Ein ähnlicher Salat zum Sattessen ist – unter dem Namen Fattoush – im Libanon und in Syrien sehr beliebt. Wichtig ist, dass das Brot ausreichend lange gegrillt wird. Dann ist es knusprig und wird nicht gleich matschig, wenn es mit den anderen Zutaten gemischt wird. Beim Dressing schmecken Oliven, Sardellen und Knoblauch deutlich hervor.

Vorbereitung und Garzeit **20 Minuten** *Für 4 Portionen*

4 Pitabrote mit Sesam

2 Dosen Kichererbsen (je etwa 400 g), der Inhalt abgespült und abgetropft

½ Salatgurke, gewürfelt

4 große Fleischtomaten (etwa 900 g), gewürfelt

6 Frühlingszwiebeln, in Ringe geschnitten

50 g entkernte schwarze Oliven, vorzugsweise aus Kalamata

Minze zum Garnieren

Tapenade-Dressing

2 EL natives Olivenöl extra

1 EL Balsamico-Essig

2 TL Tapenade (Paste aus schwarzen Oliven)

1 EL gehackte Minze

Pfeffer

1 Den Grill auf höchster Stufe vorheizen. Die Pitabrote halbieren und aufschneiden. Grillen, bis sie goldbraun und knusprig sind, dabei einmal wenden. Abkühlen lassen und in mundgerechte Stücke reißen.

2 Kichererbsen, Gurke, Tomaten, Frühlingszwiebeln und Oliven in eine Schüssel geben. Alle Zutaten für das Dressing mit einem Schneebesen kräftig verquirlen. Gemüse mit dem Dressing anmachen.

3 Unmittelbar vor dem Servieren die Brotstücke unter den Salat heben und den Salat mit Minze garnieren.

Varianten

Versuchen Sie den Salat einmal mit **Polenta-Croûtons** anstelle von Pitabrot: Aus 750 ml Gemüsebrühe und 170 g Maisgrieß nach Packungsanleitung Polenta kochen. 1 EL geriebenen Parmesan und 3 EL gehacktes Koriandergrün unterrühren; salzen und pfeffern. Polenta in eine gefettete ofenfeste flache Form (18 × 28 cm) streichen; in 30 Minuten abkühlen und fest werden lassen. Auf ein Brett stürzen, in 1 cm große Würfel schneiden. Ein Backblech mit Alufolie belegen, Würfel darauflegen, bei mittlerer Hitze 5–8 Minuten grillen, ab und zu wenden. Die meisten Croûtons unter den Salat heben, restliche darüberstreuen.

Für **Kichererbsen-Auberginen-Salat** 350 g Aubergine in 1 cm große Würfel schneiden und diese in 2 EL Olivenöl 2 Minuten braten. 1 TL Kreuzkümmelsamen unterrühren und die Auberginenwürfel weiterbraten, bis sie etwas Farbe angenommen haben und weich sind. In eine Schüssel geben. Den Inhalt von 2 Dosen Kichererbsen (je 400 g) abspülen und abtropfen lassen. 1 rote Zwiebel in dünne Ringe schneiden, 1 gelbe Paprikaschote putzen und in dünne Streifen schneiden. Alles mit 175 g zarten Spinatblättern zur Aubergine geben. Für das Dressing 1 EL Olivenöl, 2 TL Zitronensaft und 2 EL gehacktes Koriandergrün sowie Pfeffer nach Geschmack verquirlen.

Das gesunde Plus

- Oliven sind fettreich, enthalten aber überwiegend ungesättigte Fettsäuren, die als sehr gesund gelten.
- Kichererbsen sind wegen ihres niedrigen glykämischen Index für Diabetiker besonders empfehlenswert.

Foto Seite 155

Nährwerte pro Portion 454 kcal, 18 g Eiweiß, 12 g Fett (2 g davon gesättigte Fettsäuren), 72 g Kohlenhydrate (5,3 BE, 6,6 KE), 10 g Ballaststoffe. Ausgezeichnete Quelle für Vitamin C, Vitamin E. Reich an Eisen, Kalium, Kupfer, Niazin, Vitamin A, Vitamin B_1, Zink. Liefert auch Kalzium, Folsäure, Vitamin B_6.

Nudelsalat mit gegrilltem Gemüse

Diesen aromatischen Salat aus buntem Gemüse, dicken Röhrennudeln und pikantem Dressing sollten Sie nicht eiskalt servieren. Genießen Sie ihn als Hauptgericht oder zu Grillfleisch oder -geflügel.

Vorbereitung **35 Minuten,** plus Kühlzeit und **30 Minuten** Marinierzeit *Für 4 Portionen*

- 200 g Rigatoni
- 1 große rote Paprikaschote, geputzt und halbiert
- 125 g Tomaten, in Spalten geschnitten
- 1 Aubergine, längs in Scheiben geschnitten
- 2 EL Balsamico-Essig oder Zitronensaft
- 2 EL natives Olivenöl extra
- 2 EL in Streifen geschnittenes Basilikum
- 1 EL gehackte Kapern
- 1 große Knoblauchzehe (nach Belieben), fein gehackt
- 30 g geriebener Parmesan
- Salz und Pfeffer

1 Die Rigatoni nach Packungsanleitung bissfest garen. Abgießen und kalt abspülen. Zum Abkühlen beiseitestellen.

2 Den Grill auf höchster Stufe vorheizen. Die Paprikahälften mit den Hautseiten nach oben darunter 5–10 Minuten grillen, bis die Schale angekohlt ist und Blasen wirft. In einen Gefrierbeutel geben und abkühlen lassen, bis man sie anfassen kann.

3 Tomaten und Aubergine 5 Minuten grillen, bis sie dunkel geworden sind. Öfter wenden, damit sie gleichmäßig garen. Fertig gegarte Stücke herausnehmen. Tomaten in eine große Schüssel geben. Auberginen auf einem Teller etwas abkühlen lassen.

4 Auberginenscheiben in 2–3 cm breite Streifen schneiden; zu den Tomaten geben. Paprikaschoten häuten, in 2–3 cm breite Streifen schneiden, ebenfalls zu den Tomaten geben. Die Nudeln untermischen.

5 Essig bzw. Zitronensaft, Olivenöl, Basilikum, Kapern, Knoblauch (nach Belieben) und Parmesan zu einem Dressing verrühren. Den Salat mit dem Dressing anmachen. Mit Salz und Pfeffer abschmecken und vor dem Servieren noch etwa 30 Minuten durchziehen lassen, damit sich das Aroma gut entwickeln kann.

Varianten

Für einen sättigenden vegetarischen Salat den Inhalt von 1 Dose Cannellini- oder Kidneybohnen (etwa 400 g) abgießen, abspülen, abtropfen lassen und zum Salat geben.

Sie können den Salat noch mit gegrillten Zucchini oder gegrilltem Spargel anreichern. Die Zucchini dafür längs in Scheiben schneiden und mit Tomaten und Aubergine grillen.

Ersetzen Sie die Aubergine durch gut abgetropfte gegrillte Artischocken aus dem Glas.

Das gesunde Plus

- Auberginen machen Speisen sättigend, ohne viele Kalorien zu liefern – 100 g bringen es gerade mal auf 15 kcal.
- Grillen oder das Rösten im Ofen sind ideale Garmethoden für Gemüsesorten, die – wie Auberginen – beim Braten viel Fett aufsaugen.
- Nudeln aus Hartweizengrieß haben einen recht niedrigen glykämischen Index.

Foto Seite 155

Nährwerte pro Portion 285 kcal, 10 g Eiweiß, 9 g Fett (3 g davon gesättigte Fettsäuren), 42 g Kohlenhydrate (2,7 BE, 3,3 KE), 3 g Ballaststoffe. Reich an Vitamin A, Vitamin C. Liefert auch Kalium, Kalzium, Kupfer, Niazin.

Tagliatelle mit Gemüse-Joghurt-Sauce

Für die Zubereitung der Sauce brauchen Sie genau so viel Zeit wie zum Kochen und Abgießen der frischen Nudeln. Die Sauce ist unglaublich aromatisch und cremig, aber nicht schwer wie eine klassische Sahnesauce. Zu diesem Gericht passt prima ein Salat aus Lollo Rossa und Radicchio.

Vorbereitung **5 Minuten** Garzeit **7–8 Minuten** *Für 4 Portionen*

- 225 g junger Spinat, dicke Stiele abgezupft
- 100 g Brunnenkresse, dicke Stiele abgezupft
- 125 g TK-Erbsen
- 500 g frische Tagliatelle
- 2 TL Speisestärke
- 200 g stichfester Vollmilchjoghurt (3,5 % Fett)
- 4 EL gehackte Petersilie
- 6 Basilikumzweige, in Stücke gerissen
- Salz und Pfeffer

1 Spinat und Brunnenkresse waschen. Tropfnass in einen großen Topf geben und bei schwacher Hitze in 2 Minuten unter gelegentlichem Rühren und Wenden zusammenfallen lassen.

2 Die Erbsen zufügen und 2 Minuten offen mitgaren – die Flüssigkeit im Topf sollte dafür ausreichen. Das Gemüse in eine Schüssel schütten. Beiseitestellen.

3 Die Nudeln in einem großen Topf mit kochendem Wasser in 3 Minuten oder nach Packungsangabe bissfest garen.

4 Inzwischen die Speisestärke mit dem Joghurt glatt verrühren. Die Mischung in den Gemüsetopf geben und bei mittlerer Hitze heiß werden lassen, bis sie brodelt. Gemüse, Petersilie und Basilikum zugeben, die Sauce mit Salz und Pfeffer abschmecken. Erhitzen, dann vom Herd nehmen.

5 Die Nudeln abgießen, abtropfen lassen und unter die Gemüsesauce mischen.

Variante

Für eine **cremige Brokkoli-Erbsen-Sauce** Spinat und Brunnenkresse durch 200 g Brokkoli ersetzen. Den Brokkoli in etwas kochendem Wasser 5–8 Minuten garen. Abgießen, kalt abschrecken, abtropfen lassen und wieder in den Topf geben. Mit dem Kartoffelstampfer zerdrücken. Joghurt mit der Speisestärke sowie 5 EL fettarme Milch zufügen. 125 g TK-Erbsen und 2 fein gehackte Frühlingszwiebeln unterrühren. Aufkochen und unter Rühren 1–2 Minuten kochen lassen, bis die Sauce andickt. Abschmecken und nach Belieben mit etwas Zitronensaft abrunden. Mit den frisch gekochten Nudeln mischen und mit reichlich gehackter Petersilie bestreuen.

Das gesunde Plus

- Cremige Saucen sind zu Nudeln sehr beliebt. Üblicherweise werden sie mit reichlich Sahne und Käse zubereitet. Diese hier aber wird mit stichfestem Vollmilchjoghurt gemacht und hat deshalb viel weniger Kalorien.
- Vitamin C kann durch Hitze zerstört werden. Deshalb sollte man Blattgemüse wie Spinat und Brunnenkresse nur kurz zusammenfallen lassen – so bleibt am meisten Vitamin C übrig.
- Erbsen liefern wertvolles Eiweiß. Außerdem enthalten sie reichlich Ballaststoffe, darunter auch lösliche. Diese helfen, Blutzucker- und Cholesterinwerte im Griff zu behalten.

Foto Seite 161

Nährwerte pro Portion 215 kcal, 11 g Eiweiß, 6 g Fett (3 g davon gesättigte Fettsäuren), 30 g Kohlenhydrate (2,5 BE, 2,7 KE), 4 g Ballaststoffe. Ausgezeichnete Quelle für Vitamin A. Reich an Folsäure, Kalzium, Vitamin C, Vitamin E. Liefert auch Eisen, Kupfer, Niazin, Vitamin B_2, Zink.

Penne Rigate mit Sesam-Orangen-Dressing

Dieser Nudelsalat schmeckt herrlich frisch. Nichtvegetarier können dazu gegrilltes Hühnchen oder festfleischigen Fisch wie Thun- oder Schwertfisch essen. Eine gesunde Abwechslung zu Nudeln mit reichlich Butter und Parmesan.

Vorbereitung **25–30 Minuten,** plus Kühlzeit *Für 4 Portionen*

200 g Penne Rigate (gerillte Röhrennudeln)

2 große Orangen

6 Frühlingszwiebeln, in kurze, dünne Streifen geschnitten

50 g Mungobohnensprossen

2 EL Sesamsamen, geröstet

Dressing

abgeriebene Schale und Saft von 1 Orange

1 EL geröstetes Sesamöl

2 EL helle Sojasauce

1 Knoblauchzehe, zerrieben

1 EL fein geriebener frischer Ingwer

Salz und Pfeffer

1 Die Nudeln nach Packungsanleitung bissfest garen.

2 Inzwischen die Orangen so dick schälen, dass auch die weiße Haut mit entfernt wird. Über einer Schüssel die Orangenfilets zwischen den Trennhäuten herausschneiden, den Saft dabei auffangen. Filets und Saft getrennt beiseitestellen.

3 Die Frühlingszwiebelstreifen in eine Schüssel mit kaltem Wasser geben und beiseitestellen, bis sie sich kräuseln.

4 Für das Dressing Orangenschale und -saft zu dem Saft geben, der beim Filetieren der Orangen aufgefangen wurde. Sesamöl, Sojasauce, Knoblauch, Ingwer sowie Salz und Pfeffer nach Geschmack zugeben und alles mit einem Schneebesen glatt verrühren.

5 Die Nudeln abgießen, in das Dressing geben und damit anmachen. Zudecken und zum Abkühlen beiseitestellen.

6 Kurz vor dem Servieren die Frühlingszwiebeln abgießen und gut abtropfen lassen. Einige Streifen für die Garnitur beiseitelegen, die restlichen mit Orangenfilets, Sprossen und Sesam zu den Nudeln geben. Alles behutsam mischen. Den Salat mit den Frühlingszwiebelstreifen garnieren und sofort servieren.

Varianten

Verwenden Sie einmal japanische Buchweizennudeln (Soba) statt Penne. Sie sind in 5–7 Minuten gar. Für das Dressing dann Sonnenblumenöl statt Sesamöl nehmen und die Sesamsamen weglassen. Anstelle von Ingwer 1 EL rote Thai-Currypaste unterrühren. Nach Belieben mit den Orangenfilets 2 EL fein gehacktes Koriandergrün zugeben.

Den Gemüseanteil können Sie erhöhen, indem Sie ½ Fenchelknolle hobeln und zum Salat geben. Mit Fenchelgrün garnieren.

Das gesunde Plus

- Orangen sind hervorragende Vitamin-C-Quellen. Bereits eine Frucht liefert mehr als das Doppelte der empfohlenen Tagesmenge. Studien lassen den Schluss zu, dass ein Zusammenhang zwischen der regelmäßigen Aufnahme dieses Vitamins und der intellektuellen Leistungsfähigkeit im Alter besteht. Außerdem war bei Probanden, die Vitamin C in größeren Mengen zu sich nahmen, das Schlaganfallrisiko geringer.
- Orangen und andere Zitrusfrüchte enthalten Kumarine. Das sind Stoffe, die möglicherweise das Blut verdünnen und so Schlaganfall und Herzinfarkt vorbeugen können.

Nährwerte pro Portion 280 kcal, 9 g Eiweiß, 8 g Fett (1 g davon gesättigte Fettsäuren), 45 g Kohlenhydrate (3,3 BE, 3,9 KE), 4 g Ballaststoffe. Ausgezeichnete Quelle für Vitamin C. Reich an Kupfer. Liefert auch Folsäure, Kalium, Niazin, Selen, Vitamin B_1.

Penne Rigate mit Sesam-Orangen-Dressing *Seite 160*

Reisbällchen mit Kichererbsen *Seite 163*

Überbackene Paprika mit Nudelfüllung *Seite 162*

Tagliatelle mit Gemüse-Joghurt-Sauce *Seite 159*

Überbackene Paprika mit Nudelfüllung

Für vier Personen reichen die Schoten als Vorspeise, für zwei sind sie ein vegetarisches Hauptgericht. Die Füllung besteht aus Linguine in einem fein gewürzten, cremigen Guss. Sie können Paprika in Rot, Orange und Gelb verwenden, allerdings besser keine grünen Schoten – sie sind nicht süß genug.

Vorbereitung **etwa 40 Minuten** Garzeit **20–25 Minuten** *Für 4 Portionen*

- 2 große rote, orange oder gelbe Paprikaschoten
- 50 g Linguine (sehr dünne Bandnudeln)
- 2 Eier, verquirlt
- 50 g alter Cheddar, gerieben
- 1 ½ TL Senfpulver
- 3 EL fettarme Milch
- 3 EL Schnittlauchröllchen
- ½ TL getrockneter Majoran oder Oregano
- 2 Tomaten, gehäutet, entkernt und gewürfelt
- Salz und Pfeffer
- Schnittlauch zum Garnieren

Zum Anrichten

- Salatblätter

1 Den Backofen auf 180 °C vorheizen. Die Paprikaschoten längs halbieren, dabei vorsichtig durch die Stiele schneiden. Trennwände und Kerne entfernen. Die Schoten in kochendem Wasser 6–8 Minuten garen, bis sich weich sind. Abgießen und auf Küchenpapier abtropfen lassen.

2 Die Linguine nach Packungsanweisung bissfest garen. Abgießen, gut abtropfen lassen und beiseitestellen.

3 Eier, Käse, Senf, Milch, Schnittlauchröllchen und Majoran oder Oregano gründlich verquirlen. Tomaten zugeben und die Creme mit Salz und Pfeffer würzen.

4 Die Paprikahälften in eine ofenfeste Form legen; eventuell mit zerknautschter Alufolie stützen, damit sie nicht umkippen und die Füllung später nicht herausläuft. Jede Schote zur Hälfte mit Nudeln füllen, Ei-Käse-Mischung darüberschöpfen.

5 Im Ofen 20–25 Minuten backen, bis die Eiercreme gestockt und goldbraun ist. Mit Schnittlauch garnieren, auf Salatblättern anrichten und servieren.

Varianten

Verwenden Sie statt der getrockneten Nudeln 50 g frische Linguine. Deren Garzeit beträgt nur 2–3 Minuten.

Sättigender wird das Gericht, wenn Sie 150 g Linguine kochen, mit 1 EL Schnittlauchröllchen mischen und darauf die Paprikaschoten anrichten.

Eine leckere nicht vegetarische Hauptmahlzeit für 2 Personen erhalten Sie, wenn Sie den Inhalt von 1 Dose Thunfisch (naturell; etwa 100 g) zerpflücken und in den Eierguss geben. Pro Portion 2 halbe Schoten reichen.

Man kann den Eierguss mit 4 fein gehackten entsteinten grünen Oliven anreichern.

Das gesunde Plus

- Diese Paprikaschoten sind ein apartes, köstliches vegetarisches Gericht mit einem ausgewogenen Nährstoffgehalt: Sie bieten Kohlenhydrate, Eiweiß aus Milch und Käse sowie reichlich Gemüse.

Foto Seite 161

Nährwerte pro Portion 180 kcal, 10 g Eiweiß, 9 g Fett (4 g davon gesättigte Fettsäuren), 15 g Kohlenhydrate (0,7 BE, 0,8 KE), 2 g Ballaststoffe. Ausgezeichnete Quelle für Niazin, Vitamin A, Vitamin B_1, Vitamin B_6, Vitamin C, Vitamin E. Reich an Vitamin B_{12}.

Reisbällchen mit Kichererbsen

Die köstlichen Kugeln sind eine feine Alternative zu Reis oder Kartoffeln. Sie sind mit Knoblauch, Chili und Koriandergrün gewürzt und werden hier im Ofen gegart – in Indien (von dort stammt das Gericht) würde man sie frittieren.

Vorbereitung **50 Minuten** Garzeit **30 Minuten** *Für 4 Portionen oder 12 Stück*

- 100 g Langkornreis
- 1 EL Sonnenblumenöl
- 1 kleine Zwiebel, fein gehackt
- 1 Knoblauchzehe, fein gehackt
- 1 rote Chilischote, entkernt und fein gehackt
- 2 Tomaten, gehäutet, entkernt und sehr fein gehackt
- 1 Dose Kichererbsen (400 g), der Inhalt abgespült und abgetropft
- 1 Eigelb
- 3 EL gehacktes Koriandergrün
- ½ TL edelsüßes Paprikapulver
- Salz und Pfeffer

1 Den Reis in einen Topf geben. 250 ml Wasser zufügen und zum Kochen bringen. Zugedeckt 10–15 Minuten sehr schwach köcheln lassen, bis die Reiskörner weich sind und alles Wasser aufgenommen haben. Vom Herd nehmen und ein paar Minuten abkühlen lassen.

2 Inzwischen den Backofen auf 180 °C vorheizen. Das Öl in einem Topf erhitzen. Die Zwiebel darin in 5 Minuten unter häufigem Rühren glasig werden lassen. Knoblauch und Chili zufügen und 2 Minuten mitgaren. Vom Herd nehmen, gehackte Tomaten unterrühren.

3 Kichererbsen mit dem Kartoffelstampfer möglichst glatt zerdrücken oder in der Küchenmaschine pürieren. Zwiebelmischung, Reis, Eigelb, Koriandergrün, Paprikapulver, Salz und Pfeffer nach Geschmack zugeben; alles gut mischen. Die Masse in 12 gleich große Portionen teilen und jede zu einer Kugel formen.

4 Die Kugeln auf ein gefettetes Backblech legen und im Ofen 30 Minuten backen, bis sie beginnen, Farbe anzunehmen; dabei nach 15 Minuten wenden. Heiß servieren.

Variante

Für **Zwiebel-Kichererbsen-Puffer** eine große Zwiebel in Ringe schneiden, diese in 1 EL Sonnenblumenöl in 10 Minuten glasig dünsten. 85 g Kichererbsenmehl mit 1 TL gemahlenem Koriander, 1 TL Kurkuma, einer Prise Chilipulver und ½ TL Salz in eine Schüssel sieben. ½ TL Kreuzkümmelsamen unterrühren. In der Mitte eine Mulde formen. 4 EL Joghurt, 3 EL kaltes Wasser und 1 TL Zitronensaft hineingeben; alles zu einem dickflüssigen glatten Teig verrühren. Etwa 250 g abgetropfte Kichererbsen aus der Dose abspülen, abtropfen lassen und grob zerdrücken. Mit der Zwiebel zum Teig geben. Den Teig löffelweise in heißem Öl braten, die Teighäufchen dabei etwas glatt streichen. Auf jeder Seite 2–3 Minuten braten.

Das gesunde Plus

- Kichererbsen haben einen sehr niedrigen glykämischen Index, der durch das Zerdrücken allerdings erhöht wird. Trotzdem ist dieses Gericht für Diabetiker eine gute Wahl, weil es fett- und kalorienarm ist.
- Durch regelmäßigen Zwiebelverzehr kann u. a. der Cholesterinspiegel gesenkt und der Blutgerinnselbildung vorgebeugt werden.

Foto Seite 161

Nährwerte pro Portion 213 kcal, 7 g Eiweiß, 6 g Fett (1 g davon gesättigte Fettsäuren), 34 g Kohlenhydrate (2,4 BE, 3 KE), 3 g Ballaststoffe. Reich an Vitamin E. Liefert auch Eisen, Vitamin B_{12}, Vitamin C, Zink.

Gefüllte Weinblätter

Dies ist eine neue, gesunde Variante der beliebten griechischen Röllchen. Um Ballast- und Nährstoffgehalt zu erhöhen, wird anstelle von weißem Reis Naturreis verwendet. Die Füllung schmeckt nach Knoblauch und frischen Kräutern, Rosinen steuern Süße bei, Nüsse sorgen für Biss.

Vorbereitung **1 Stunde** Garzeit **10–15 Minuten** *Für 8 Portionen oder 24 Stück*

200 g Natur-Langkornreis

24 große, in Lake eingelegte Weinblätter (abgetropft etwa 125 g)

3 EL natives Olivenöl extra

1 Zwiebel, fein gewürfelt

1 große Knoblauchzehe, fein gewürfelt

1 EL gehackte Petersilie

1 EL gehackte Minze

1 EL gehackte Dillspitzen

abgeriebene Schale und Saft von 1 Zitrone

50 g Rosinen

50 g Walnusskerne, gehackt

Salz und Pfeffer

Zum Anrichten

Zitronenschnitze

Dill, Petersilie oder Minze

1 Den Reis in einen Topf geben und 600 ml Wasser zufügen. Aufkochen lassen. Umrühren, dann fest zudecken und den Reis 30–40 Minuten bei sehr schwacher Hitze garen, bis er das Wasser aufgenommen hat. Vom Herd nehmen.

2 Inzwischen die Weinblätter abgießen, kalt abspülen und mit Küchenpapier trockentupfen.

3 In einem Topf 2 EL Öl bei mittlerer Hitze heiß werden lassen. Zwiebel und Knoblauch unter gelegentlichem Rühren darin glasig werden lassen. Vom Herd nehmen, Petersilie, Minze, Dill, Zitronenschale und Rosinen unterrühren.

4 Die Nüsse in einer kleinen Pfanne bei mittlerer Hitze unter ständigem Rühren rösten, bis sie Farbe angenommen haben und duften.

5 Die Nüsse zur Zwiebelmischung geben. Den gekochten Reis unterrühren und die Mischung mit Zitronensaft (möglicherweise brauchen Sie nur etwas davon), Salz und Pfeffer abschmecken.

6 Ein Weinblatt auf der Arbeitsfläche ausbreiten und etwa 2 EL Reismasse in die Mitte streichen. Erst das Stielende, dann die Seiten darüberklappen. Das Blatt aufrollen; restliche Blätter ebenso füllen und rollen.

7 Die Röllchen mit den Nahtseiten nach unten in einen Dämpfeinsatz legen und mit dem restlichen Olivenöl (1 EL) bestreichen. Zugedeckt 10–15 Minuten dämpfen, bis sie sehr heiß sind. Heiß oder mit Raumtemperatur servieren, dafür mit Zitronenschnitzen und Kräutern garnieren.

Das gesunde Plus

- Naturreis enthält alle Nährstoffe aus dem Keim und den Randschichten. 100 g ungekochter Naturreis enthalten 1,9 g Ballaststoffe, 100 g roher weißer Reis 0,4 g. Außerdem liefert Naturreis mehr B-Vitamine.
- Bei Rosinen, Sultaninen und Korinthen handelt es sich um getrocknete Weinbeeren. Sie enthalten viel Zucker – überwiegend Glukose und Fruktose –, werden in diesem Gericht aber mit anderen Zutaten gemischt, sodass ein rascher Anstieg des Blutzuckerspiegels unwahrscheinlich ist.

Foto Seite 167

Nährwerte pro Portion 199 kcal, 4 g Eiweiß, 9 g Fett (1 g davon gesättigte Fettsäuren), 27 g Kohlenhydrate (2 BE, 2,4 KE), 1 g Ballaststoffe. Ausgezeichnete Quelle für Kupfer. Liefert auch Eisen, Folsäure, Kalzium, Vitamin A, Vitamin B_1, Vitamin C, Zink.

Graupen und Bohnen mit Minzeduft

In diesem Salat wird milde, leicht süßliche Gerste mit Augenbohnen und einer Menge buntem Gemüse kombiniert. Ein erfrischendes Tomaten-Minze-Dressing verleiht dem Ganzen eine sommerliche Note. Eine komplette Mahlzeit für mittags oder abends – reichen Sie als Nachtisch frisches Obst.

Vorbereitung und Garzeit **1½ Stunden** *Für 4 Portionen*

1,5 l Gemüsebrühe

1 Streifen Zitronenschale

1 Lorbeerblatt

250 g kleine Lauchstangen, nur die hellen Teile

1 TL Sonnenblumenöl

225 g Perlgraupen

1 Dose Augenbohnen (400 g), der Inhalt abgespült und abgetropft

6 feste, reife Eiertomaten (500 g), in schmale Spalten geschnitten

150 g junge Spinatblätter, in Streifen geschnitten

100 g Frühlingszwiebeln, halbiert und in Streifen geschnitten

Minze zum Garnieren

Tomaten-Minze-Dressing

2 in Öl eingelegte getrocknete Tomaten, abgetropft und fein gehackt

1 EL Öl von den Tomaten

1 EL Rotweinessig

1 Knoblauchzehe, fein gehackt

2 EL gehackte Minze

1 EL gehackter Kerbel

Salz und Pfeffer

1 Die Gemüsebrühe mit Zitronenschale und Lorbeerblatt in einen Topf geben. Zum Kochen bringen. Lauchstangen hineingeben und 2–3 Minuten kochen. Mit einem Schaumlöffel herausheben und kalt abschrecken. Schräg in 2–3 cm lange Stücke schneiden. Beiseitestellen.

2 Das Öl in die Brühe geben. Die Flüssigkeit aufkochen lassen. Die Graupen hineingeben und zugedeckt 30–40 Minuten köcheln lassen, bis sie weich sind.

3 Von der Brühe 2 EL abnehmen und beiseitestellen. Die Graupen abgießen, Zitronenschale und Lorbeerblatt wegwerfen. Die Graupen in eine Schüssel geben und abkühlen lassen.

4 Lauch, Bohnen, Tomaten, Spinat und Frühlingszwiebeln zu den Graupen geben und alles behutsam mischen.

5 Für das Dressing getrocknete Tomaten, Öl, Essig, Knoblauch, Minze, Kerbel, die aufgehobene Brühe, Salz und Pfeffer in ein Schraubdeckelglas füllen. Das Glas verschließen und kräftig schütteln, bis alles gut vermischt ist.

6 Das Dressing über Graupen und Gemüse geben, gründlich untermischen. Das Gericht mit Raumtemperatur servieren. Mit Minze garnieren.

Variante

Für einen **scharfen Graupensalat** die Brühe mit einer Prise Safranfäden würzen und statt der Augenbohnen rote Kidneybohnen nehmen. Für das Dressing 1 entkernte, fein gehackte rote Chilischote und 1 EL Olivenöl mit dem Essig und dem Knoblauch verrühren und anstelle von Minze und Kerbel Koriandergrün und Petersilie verwenden.

Das gesunde Plus

- Gerste ist fettarm, aber reich an komplexen Kohlenhydraten und liefert reichlich B-Vitamine. Sie ist für Diabetiker sehr empfehlenswert, weil sie den Blutzuckerspiegel nur langsam ansteigen lässt.
- Perlgraupen werden stark bearbeitet. Trotzdem liefern sie mehr Ballaststoffe als die gleiche Menge Naturreis.
- Spinat enthält Oxalsäure. Sie bindet Eisen, das dem Körper dann nicht mehr zur Verfügung steht. Wenn man Spinat zusammen mit etwas Vitamin-C-Reichem verzehrt, kann mehr Eisen verwertet werden.

Foto Seite 167

Nährwerte pro Portion 442 kcal, 14 g Eiweiß, 16 g Fett (2,5 g davon gesättigte Fettsäuren), 67 g Kohlenhydrate (5,2 BE, 5,2 KE), 6 g Ballaststoffe. Ausgezeichnete Quelle für Folsäure, Kupfer, Vtamin A, Vitamin C, Vitamin E. Gute Quelle für Eisen, Kalium, Vitamin B_1, Vitamin B_6, Zink. Liefert auch Kalzium, Niazin.

Quinoa mit Auberginen

Quinoa ist ein nährstoffreiches Getreide aus Südamerika. Die Konsistenz der gegarten Körner erinnert an die von Linsen. In diesem Rezept wird Quinoa mit gebratenen Auberginen, Paprikaschoten, Cocktailtomaten und Zwiebeln kombiniert, dann mit würzigem Ziegenkäse bedeckt und überbacken. Dazu passen Blattsalate.

Vorbereitung **35 Minuten** Garzeit **35 Minuten** *Für 4 Portionen*

- 300 g Quinoa
- 3–4 Thymianzweige
- 1,2 l Gemüsebrühe, vorzugsweise selbst gekocht
- 250 g sehr kleine Auberginen, längs geviertelt
- 1 rote Paprikaschote, geputzt und in Stücke geschnitten
- 1 rote Zwiebel, in Stücke geschnitten
- 2 EL natives Olivenöl extra
- 200 g Cocktailtomaten
- 2 Knoblauchzehen, fein gehackt
- 300 ml Tomatensaft
- Salz und Pfeffer
- 150 g Ziegenrolle mit Kräutern, in 8 Scheiben geschnitten

1 Den Backofen auf 190 °C vorheizen. Quinoa in ein Sieb geben und gründlich mit kaltem Wasser abspülen. Mit Thymianzweigen und Brühe in einen Topf geben und aufkochen. Zugedeckt 20 Minuten schwach köcheln lassen, bis die Körner die Brühe aufgenommen haben und weich sind.

2 Inzwischen eine Grillpfanne mit gerilltem Boden heiß werden lassen. Auberginen, Paprika und Zwiebel mit Olivenöl bestreichen und – falls nötig, portionsweise – 4–5 Minuten braten, bis sie weicher geworden sind und rundum Farbe angenommen haben. Auf einen Teller geben.

3 Die Tomaten in die Pfanne geben und etwa 2 Minuten braten, bis sie beginnen aufzuplatzen. Vom Herd nehmen.

4 Das gegarte Getreide in eine ofenfeste Form schütten. Grillgemüse, Knoblauch, Tomatensaft sowie Salz und Pfeffer nach Geschmack zugeben und alles gut mischen.

5 Käsescheiben auf die Quinoamischung legen. Die Form mit Alufolie verschließen und alles 35 Minuten im Ofen garen, bis das Gemüse weich ist. Heiß servieren.

Variante

Probieren Sie **Quinoa mit frischem Thunfisch**. Dafür 2 Thunfischsteaks (je etwa 150 g) in einer Sauce aus 1 EL Olivenöl, der abgeriebenen Schale von 1 Zitrone und ¼ TL Chiliflocken marinieren. Inzwischen 125 g grüne Spargelspitzen und 2 in Scheiben geschnittene Zucchini mit 1 EL Olivenöl mischen; in der Grillpfanne braten. Tomaten wie beschrieben braten. Den Thunfisch in der Grillpfanne auf jeder Seite 2 Minuten braten. Quinoa, Gemüse, Knoblauch und Tomatensaft in einer ofenfesten Form mischen. Den Thunfisch in Flocken zerteilen und obenauf legen. Mit Alufolie bedecken und 25 Minuten im Ofen garen.

Das gesunde Plus

- Quinoa ist fettarm, liefert reichlich komplexe Kohlenhydrate und enthält mehr Eiweiß als andere Getreidesorten.
- Auberginen sättigen gut, belasten aber das Kalorienkonto nicht – 100 g bringen es gerade mal auf 15 kcal.
- Ziegenkäse ist ein guter Eiweiß- und Kalziumlieferant, fettärmer als viele andere Käse, die zum Überbacken verwendet werden.

Nährwerte pro Portion 413 kcal, 20 g Eiweiß, 16 g Fett (5 g davon gesättigte Fettsäuren), 53 g Kohenhydrate (3,7 BE, 5 KE), 3 g Ballaststoffe. Ausgezeichnete Quelle für Kupfer, Vitamin A, Vitamin C. Reich an Eisen, Kalium, Kalzium, Eisen, Niazin, Vitamin B_2, Vitamin B_{12}, Zink. Liefert auch Folsäure, Vitamin B_1, Vitamin B_6, Vitamin E.

Quinoa mit Auberginen *Seite 166*

Graupen und Bohnen mit Minzeduft
Seite 165

Spinat-Kartoffel-Frittata *Seite 169*

Gefüllte Weinblätter *Seite 164*

Kürbis mit Reisfüllung

Dies ist eine prima Idee, wie Sie kleine Winterkürbisse auf originelle Art und Weise servieren können: Die ausgehöhlten Früchte werden mit einer Mischung aus wildem und weißem Reis, Maronen, getrockneten Cranberrys und Mozzarella gefüllt – eine vegetarische Hauptmahlzeit, die Eindruck macht.

Vorbereitung **25 Minuten** Garzeit **45 Minuten** *Für 4 Portionen*

- 200 g Wildreis-Reis-Mischung
- 4 kleine Eichelkürbisse (je etwa 750 g)
- Salz und Pfeffer
- 175 g gegarte Maronen, grob gehackt
- 75 g getrocknete Cranberrys
- 1 kleine rote Zwiebel, fein gewürfelt
- 2 EL gehackter Thymian
- 2 EL gehackte Petersilie
- 150 g Mozzarella, gerieben

1 Den Reis in einen Topf geben. 500 ml Wasser zugeben und zum Kochen bringen. Zugedeckt 20 Minuten sehr schwach köcheln lassen, bis der Reis knapp gar ist. Überschüssiges Wasser abgießen.

2 Inzwischen den Backofen auf 180 °C vorheizen. Mit einem großen scharfen Messer von jedem Kürbis das obere Viertel abschneiden. Diese Deckel beiseitelegen. Aus den Kürbissen Kerne und wattige Fasern mit einem Löffel herauslösen. Unten für bessere Standfestigkeit jeweils eine dünne Scheibe abschneiden. Die Kürbisse innen salzen und pfeffern. In eine große ofenfeste Form setzen.

3 Reis, Maronen, Cranberrys, Zwiebel, Thymian, Petersilie und Mozzarella in einer großen Schüssel mischen. Mit Salz und Pfeffer abschmecken.

4 Die Füllung auf die Kürbisse verteilen. Die Deckel daraufsetzen. Kürbisse im Ofen etwa 45 Minuten garen, bis das Fruchtfleisch weich ist (zum Testen mit einem Messer hineinstechen).

Variante

Für **Paprikaschoten mit Feta-Rosinen-Füllung** 2 große rote und 2 große gelbe Paprikaschoten längs halbieren. Trennwände und Kerne entfernen. Die Füllung wie beschrieben, aber ohne Salz zubereiten, die Cranberrys durch Rosinen und den Mozzarella durch geriebenen Feta ersetzen. Die Füllung auf die Schotenhälften verteilen. Die Paprikaschoten nebeneinander in eine ofenfeste Form setzen, mit dem Saft von 1 Orange und mit 1 EL Olivenöl beträufeln und pfeffern. Mit gefetteter Alufolie bedecken und im vorgeheizten Ofen bei 190 °C etwa 1 Stunde garen.

Das gesunde Plus

- Eichelkürbisse zählen zu den Winterkürbissen. Diese lässt man reifen, bis sie hart sind und viel Stärke entwickelt haben – Sommerkürbisse wie Zucchini hingegen isst man, solange sie unreif sind und ihre Schale essbar ist. Eichelkürbisse liefern viel Betakarotin. Daraus bildet der Körper nach Bedarf Vitamin A.
- Getrocknete und frische Cranberrys enthalten viel Vitamin C. Außerdem scheinen sie bei Harnwegsinfekten wie Zystitis hilfreich zu sein.

Nährwerte pro Portion 474 kcal, 19 g Eiweiß, 11 g Fett (6 g davon gesättigte Fettsäuren), 79 g Kohlenhydrate (6 BE, 7,3 KE), 10 g Ballaststoffe. Ausgezeichnete Quelle für Kalzium, Vitamin A, Vitamin B_1, Vitamin C, Vitamin E. Reich an Eisen, Kalium, Kupfer, Vitamin B_{12}, Zink. Liefert auch Folsäure, Niazin, Vitamin B_6.

Spinat-Kartoffel-Frittata

Dieses flache Omelett ist eine köstliche vegetarische Hauptmahlzeit, die man heiß oder mit Raumtemperatur genießen kann. Das Gericht lässt sich kinderleicht abwandeln (man kann fast alles hineingeben), und es eignet sich prima zur Resteverwertung. Servieren Sie es mit geröstetem Vollkornbrot und Tomaten- oder Blattsalat.

Vorbereitung und Garzeit **30 Minuten** *Für 4 Portionen*

500 g Kartoffeln, sauber gebürstet und in 1 cm große Würfel geschnitten

250 g junge Spinatblätter, von harten Stielen befreit

1 EL natives Olivenöl extra

1 rote Paprikaschote, längs geviertelt, dann geputzt und in dünne Streifen geschnitten

5–6 Frühlingszwiebeln, in dünne Ringe geschnitten

5 Eier

Salz und Pfeffer

2 EL geriebener Parmesan

1 Die Kartoffeln in einen Topf mit kochendem Wasser geben und in 5–6 Minuten knapp garen. Den Spinat in einen Dämpfeinsatz oder einen Durchschlag geben und etwa 5 Minuten über den Kartoffeln dämpfen, bis die Kartoffeln weich und die Blätter zusammengefallen sind. Die Kartoffeln abgießen. Den Spinat mit einem Löffelrücken ausdrücken, dann hacken.

2 Das Öl in einer beschichteten Pfanne (25 cm Ø) erhitzen. Paprikastreifen darin bei mittlerer Hitze unter Rühren 2 Minuten braten. Die Kartoffeln und die Frühlingszwiebeln unterrühren und 2 Minuten mitbraten.

3 Die Eier in einer großen Schüssel verquirlen. Mit Salz und Pfeffer würzen und den Spinat unterrühren. Mit einem Schaumlöffel etwa die Hälfte der Gemüsemischung aus der Pfanne heben und zur Eimischung geben, dabei das Öl in der Pfanne lassen. Eier und Gemüse kurz verrühren, dann in die Pfanne gießen. Zugedeckt ohne Rühren etwa 6 Minuten braten, bis die Eier gestockt sind, die Frittata an der Oberfläche aber noch etwas feucht ist. Währenddessen den Grill vorheizen.

4 Die Frittata mit Parmesan bestreuen und 3–4 Minuten grillen, bis die Ränder braun und aufgegangen sind. In Viertel schneiden und servieren.

Varianten

Für eine **Zucchini-Kartoffel-Frittata** den Spinat durch 1 geviertelte, in Scheiben geschnittene Zucchini, die Frühlingszwiebelringe durch Lauchringe ersetzen. Lauch, Zucchini und Paprikastreifen 3–4 Minuten unter Rühren braten. Kartoffeln unterrühren. 1 Handvoll zerrissene Basilikumblätter unter die Eier rühren und die Frittata wie beschrieben zubereiten.

Für eine **Räucherlachs-Frittata** Kartoffeln und Paprikaschote weglassen, stattdessen 1 Zucchini vierteln, in Scheiben schneiden und mit den Frühlingszwiebeln braten. Mit dem Spinat 75 g zerkleinerten Räucherlachs zu den Eiern geben.

Das gesunde Plus

- Spinat liefert viele Antioxidanzien, darunter die Vitamine C und E, außerdem Folsäure, Niazin und Vitamin B_6. Entgegen der landläufigen Meinung enthält er nur wenig Eisen.
- Eier sind cholesterinreich. Das Blutcholesterin wird aber überwiegend durch die Menge der mit der Nahrung aufgenommenen gesättigten Fettsäuren beeinflusst. Trotzdem sollten Diabetiker höchstens 4 Eier pro Woche essen.

Foto Seite 167

Nährwerte pro Portion 300 kcal, 19 g Eiweiß, 14 g Fett (4,5 g davon gesättigte Fettsäuren), 26 g Kohlenhydrate (1,5 BE, 1,9 KE), 4 g Ballaststoffe. Ausgezeichnete Quelle für Vitamin A, Vitamin B_6, Vitamin B_{12}, Vitamin C. Reich an Eisen, Folsäure, Kalzium. Liefert auch Kalium, Vitamin B_1, Vitamin B_2, Vitamin E, Zink.

Salate und Beilagen

Knoblauchwürziger Tomatensalat

Wenn die Tomaten am süßesten sind, schmeckt dieser Salat am allerbesten. Zum Hingucker wird er, wenn Sie Tomaten in verschiedenen Farben verwenden. Es kommen ständig neue Sorten auf den Markt – halten Sie nach gelben Cocktailtomaten und roten oder gelben Mini-Eiertomaten Ausschau.

Vorbereitung **15 Minuten** *Für 4 Portionen*

1 großer Kopfsalat, große Blätter in Stücke gerissen

4 große oder 6 kleine reife Eiertomaten (etwa 500 g), in Scheiben geschnitten

20 Cocktailtomaten (etwa 250 g), halbiert

16 Basilikumblätter

je 1 ½ EL geröstete Kürbis- und Sonnenblumenkerne

Knoblauchvinaigrette

1 kleine Knoblauchzehe, sehr fein gehackt

1 ½ TL Rotweinessig

2 EL natives Olivenöl extra

Salz und Pfeffer

1 Für die Vinaigrette alle Zutaten in einer kleinen Schüssel mit dem Schneebesen kräftig verrühren.

2 Eine Platte oder 4 Teller mit Salatblättern auslegen. Die Tomatenscheiben und die halbierten Cocktailtomaten darauf anrichten und mit der Vinaigrette beträufeln.

3 Mit den Basilikumblättern und den gerösteten Kernen bestreuen und sofort servieren.

Varianten

Für einen **Tomatensalat mit schwarzen Oliven** 500 g Fleischtomaten in Scheiben schneiden und auf einer Platte anrichten. Mit 100 g Frühlingszwiebelringen bestreuen, mit 1 EL Olivenöl und dem Saft von ¼ Zitrone beträufeln. Dann 8 gehackte schwarze Oliven über die Tomaten streuen und alles mit Petersilie garnieren.

Für einen **Salat aus frischen und getrockneten Tomaten** 6 Eiertomaten in Spalten schneiden; in eine Schüssel geben. 3 getrocknete Tomaten in dünne Streifen schneiden und zufügen. Aus 1 ½ EL Einlegöl von den Tomaten, 1 ½ TL Weinessig, Salz und Pfeffer eine Vinaigrette rühren. Über die Tomaten geben. Kurz durchziehen lassen. 4 Teller mit Rucola belegen, Tomaten darauf verteilen. Mit gerösteten Pinienkernen bestreuen.

Probieren Sie einmal einen **Salat aus Cocktailtomaten und Zuckerschoten**. Dafür 250 g Zuckerschoten putzen und 3 Minuten dämpfen, bis sie gar, aber noch knackig sind. Mit kaltem Wasser abschrecken; abkühlen lassen. 375 g Cocktailtomaten (große Exemplare halbiert) und 6 in dünne Ringe geschnittene Frühlingszwiebeln zu den Tomaten geben. Alles mit der Knoblauchvinaigrette beträufeln und mit 3 EL gehackter Minze oder je 1 EL gehacktem Estragon und gehackter Petersilie bestreuen. Gut mischen; servieren.

Das gesunde Plus

- Kürbiskerne sind die besten pflanzlichen Zinklieferanten. Das Spurenelement ist für Immunsystem, Wachstum und Wundheilung unentbehrlich. Außerdem enthalten die Kerne Eiweiß und ungesättigte Fettsäuren sowie Eisen, Magnesium und Ballaststoffe.
- In Tomaten steckt viel Vitamin C. Es ist wichtig für das Immunsystem und eine gesunde Haut. Das meiste davon sitzt in der geligen Flüssigkeit, die die Tomatenkerne umgibt.

Foto Seite 175

Nährwerte pro Portion 160 kcal, 5 g Eiweiß, 12 g Fett (2 g davon gesättigte Fettsäuren), 9 g Kohlenhydrate (0 BE, 0 KE), 3 g Ballaststoffe. Ausgezeichnete Quelle für Niazin, Vitamin A, Vitamin B_1, Vitamin B_6, Vitamin C, Vitamin E. Gute Quelle für Folsäure, Kupfer. Liefert auch Eisen, Zink.

Salat aus gerösteten Paprikaschoten

Dieser farbenfrohe Salat passt gut zu Fisch und Meeresfrüchten, Huhn oder Lammfleisch, macht sich aber – mit Ciabatta oder Baguette dazu – auch hervorragend als Teil einer mediterranen Vorspeisenauswahl. Paprikaschoten enthalten viel Vitamin C. Einiges davon bleibt beim Rösten erhalten.

Vorbereitung **45 Minuten,** plus Kühlzeit *Für 6* Portionen

- 2 große rote Paprikaschoten
- 2 große gelbe oder orange Paprikaschoten
- 2 große grüne Paprikaschoten
- 2 ½ EL natives Olivenöl extra
- 2 TL Balsamico-Essig
- 1 kleine Knoblauchzehe, sehr fein gewürfelt
- Salz und Pfeffer

Zum Anrichten

- 12 schwarze Oliven, entsteint
- 1 Handvoll kleine Basilikumblätter

1 Den Backofen auf 200 °C vorheizen. Die Paprikaschoten mit 1 EL Olivenöl bestreichen und in eine flache ofenfeste Form legen. Etwa 35 Minuten rösten, bis sie gleichmäßig angekohlt sind, dabei drei- bis viermal umdrehen. In einen Gefrierbeutel geben und abkühlen lassen, bis man sie anfassen kann.

2 Die Paprikaschoten über einer Schüssel häuten, den Saft dabei auffangen. Die Schoten halbieren, Trennwände und Kerne entfernen. Kerne, die in die Flüssigkeit gefallen sind, herausfischen. Das Fruchtfleisch in dicke Streifen schneiden.

3 Vom Paprikasaft 1 ½ EL abmessen, den Rest wegschütten. Aus Saft, Essig, Knoblauch, Salz, Pfeffer und den restlichen 1 ½ EL Olivenöl mit einem Schneebesen ein Dressing rühren.

4 Die Paprikastreifen auf einer Servierplatte oder auf Portionstellern anrichten. Mit dem Dressing beträufeln und mit Oliven und Basilikumblättern garnieren.

Variante

Für einen **Salat mit gerösteten Paprika und Zwiebeln** für 4 Portionen 4 rote Paprikaschoten vierteln, entkernen und in eine ofenfeste Form setzen. 4 kleine Zwiebeln vierteln und zufügen. Alles mit 1 ¼ EL Olivenöl beträufeln, dann salzen und pfeffern. Im vorgeheizten Ofen bei 200 °C etwa 35 Minuten rösten, bis das Gemüse weich und an denn Rändern angekohlt ist. Abkühlen lassen, die Schoten nach Belieben häuten. 2 TL Zitronensaft, 1 ½ EL natives Olivenöl extra, Salz und Pfeffer mit dem Schneebesen zu einem Dressing aufschlagen. 125 g Rucola oder gemischte rote Salatblätter damit anmachen. Paprika und Zwiebeln daraufgeben und mit der Garflüssigkeit beträufeln.

Das gesunde Plus

- In der Naturheikunde gilt Basilikum als Beruhigungsmittel. Außerdem soll es die Verdauung fördern sowie Magenkrämpfe und erkältungsbedingte Kopfschmerzen lindern.
- Oliven enthalten Vitamin E. Allerdings isst man üblicherweise nicht so viele davon, dass diese Tatsache zum Tragen käme.

Foto Seite 175

Nährwerte pro Portion 97 kcal, 2 g Eiweiß, 6 g Fett (1 g davon gesättigte Fettsäuren), 10 g Kohlenhydrate (0 BE, 0 KE), 3 g Ballaststoffe. Ausgezeichnete Quelle für Niazin, Vitamin A, Vitamin B_1, Vitamin B_6, Vitamin C, Vitamin E. Reich an Folsäure.

Warmer Kartoffelsalat

Hier werden neue Kartoffeln in der Schale gegart und dann mit knackigem Sellerie, Frühlingszwiebeln und Walnusskernen gemischt. Ein nussiges Dressing verbindet das Ganze. Dieser Salat ist eine köstliche Alternative zu mayonnaise- und ölträchtigen Varianten und passt gut zu Aufschnitt oder gegrilltem Fisch, Geflügel, Fleisch oder Gemüse.

Vorbereitung **10–20 Minuten** Garzeit **20–25 Minuten** *Für 4 Portionen*

450 g kleine neue Kartoffeln

50 g zerteilte Walnusskerne

3 Selleriestangen, in dünne Scheiben geschnitten

6 Frühlingszwiebeln, in dünne Ringe geschnitten

4 EL gehackte Petersilie

glatte Petersilie zum Garnieren

Walnuss-Balsamico-Dressing

2 EL Walnussöl

1 EL Balsamico-Essig

1 Knoblauchzehe (nach Belieben), zerdrückt

Zucker

Salz und Pfeffer

1 Große Kartoffeln halbieren. Kartoffeln in einen Topf geben, mit kochend heißem Wasser bedecken und aufkochen. Bei schwacher Hitze 15–20 Minuten köcheln lassen, bis sie knapp gar sind.

2 Inzwischen für das Dressing Öl, Essig, Knoblauch, eine Prise Zucker, Salz und Pfeffer zu einem Dressing verquirlen.

3 Kartoffeln abgießen und in eine Schüssel geben. Walnüsse, Sellerie, Frühlingszwiebeln und gehackte Petersilie zufügen, das Dressing darübergießen. Alles behutsam mischen. Etwas abkühlen lassen, dann mit Petersilie garnieren und warm servieren.

Varianten

Statt Kartoffeln können Sie Topinambur verwenden. Die Knollen schälen oder sauber bürsten, dann sofort mit 1 Zitronenscheibe oder etwas Zitronensaft in einen Topf voll Wasser geben, damit sie sich nicht braun verfärben. Genau wie Kartoffeln kochen.

Eine pfeffrige Note bekommt der Salat durch 50 g Brunnenkresse oder Rucola. Statt Petersilie können Sie auch Koriandergrün oder Basilikum nehmen.

Ersetzen Sie einmal die Hälfte der Kartoffeln durch die gleiche Menge Wurzelgemüse, z. B. junge Möhren und/oder Rübchen. Mit den Kartoffeln zusammen garen.

Statt mit Walnussöl können Sie das Dressing mit Haselnuss- oder Kürbiskernöl zubereiten. Cremig wird es, wenn Sie 4 EL saure Sahne statt Öl verwenden.

Das gesunde Plus

- Sellerie liefert Kalium. Dieser Mineralstoff reguliert den Flüssigkeitshaushalt des Körpers und kann so hohem Blutdruck vorbeugen.
- Kartoffeln enthalten die meisten Kohlenhydrate in Form von Stärke. Wie viele Ballaststoffe sie liefern, hängt davon ab, wie sie zubereitet werden. Junge Kartoffeln als Pellkartoffeln bieten 30 % mehr Ballaststoffe als Salzkartoffeln. Beim Garen in der Schale bleiben außerdem die Nährstoffe, die direkt unter der Schale sitzen, erhalten.
- Walnüsse können vermutlich den Cholesterinspiegel senken.

Nährwerte pro Portion 220 kcal, 4 g Eiweiß, 15 g Fett (1 g davon gesättigte Fettsäuren), 19 g Kohlenhydrate (1,4 BE, 1,7 KE), 2 g Ballaststoffe. Reich an Vitamin B_6, Vitamin C. Liefert auch Eisen, Folsäure, Kalium, Kupfer, Vitamin B_1, Vitamin E.

Warmer Kartoffelsalat *Seite 174*

Kartoffelsalat mit Wurzelgemüse *Seite 177*

Knoblauchwürziger Tomatensalat *Seite 172*

Salat aus gerösteten Paprikaschoten *Seite 173*

Pikanter Tomatensalat

Wählen Sie für diesen Salat möglichst am Strauch und in der Sonne gereifte Tomaten, und Sie werden mit einem unvergleichlichen Geschmackserlebnis belohnt. Zitrone, Koriandergrün und Minze verleihen dem Salat eine würzige und erfrischende Note.

Vorbereitung **10 Minuten** *Für 4 Portionen*

500 g vollreife Tomaten, in Scheiben geschnitten

1 Zitrone

3 Frühlingszwiebeln, in dünne Scheiben geschnitten

1 EL gehacktes Koriandergrün

1 EL gehackte Minzeblättchen

Minzezweige zum Garnieren

1 Die Tomatenscheiben in eine große Schale geben. Die Zitrone längs halbieren. Eine Hälfte beiseitelegen, die andere in Schnitze schneiden. Diese mitsamt der Schale in Stücke schneiden, die Kerne dabei entfernen.

2 Die Zitronenstücke auf den Tomaten anrichten. Frühlingszwiebeln, Koriander und Minze darüberstreuen. Die zweite Zitronenhälfte auspressen und den Saft über den Salat träufeln. Den Salat sofort servieren oder zugedeckt kalt stellen. Kurz vor dem Servieren mit Minzezweigen garnieren.

Varianten

Für einen **Tomatensalat mit Rosmarin und Basilikum** ein Dressing aus je 1 EL gehacktem Rosmarin und Basilikum, 1–2 gehackten Knoblauchzehen sowie 2 TL Himbeeressig oder Balsamico-Essig herstellen. Tomaten mit 3–4 Prisen Zucker bestreuen, um ihre natürliche Süße zu unterstreichen. ½ rote oder weiße Zwiebel in feine Scheiben schneiden und diese über die Tomatenscheiben streuen. Alles mit dem Dressing beträufeln und bis zum Servieren kalt stellen.

Tomatensalat eignet sich gut als Füllung für heiße gebackene (Süß-)Kartoffeln. Dafür 4 große Kartoffeln im Ofen weich backen. Die Knollen aufdrücken und mit dem Tomatensalat füllen. Jeweils 1 EL Frischkäse oder Joghurt darübergeben und sofort servieren.

Auch Omeletts lassen sich mit Tomatensalat füllen. Dafür pro Portion 2 Eier mit 2 EL kaltem Wasser, Salz und Pfeffer verquirlen. In wenig Olivenöl in einer sehr heißen Pfanne stocken lassen, dabei die Ränder anheben, damit das noch flüssige Ei auf den heißen Pfannenboden fließen kann. Mit einem Löffel ein Viertel des Tomatensalats auf eine Hälfte des Omeletts geben, die andere Hälfte darüberklappen. Das Omelett auf einen vorgewärmten Teller gleiten lassen. Mit Blattsalat und Baguette servieren.

Das gesunde Plus

- Rohe Tomaten liefern Vitamin C, das das Immunsystem stärkt. Den fertigen Salat nicht so lange offen stehen lassen, damit Ihnen so viel wie möglich von dem empfindlichen Vitamin zugute kommt.

Nährwerte pro Portion 25 kcal, 1 g Eiweiß, 0,5 g Fett (0,1 g davon gesättigte Fettsäuren), 4 g Kohlenhydrate (0 BE, 0 KE), 1 g Ballaststoffe. Ausgezeichnete Quelle für Vitamin C. Reich an Vitamin E. Liefert auch Folsäure, Vitamin A.

Kartoffelsalat mit Wurzelgemüse

Wurzelgemüse wie Knollensellerie und Rüben werden oft nicht als Salatzutat betrachtet. Probieren Sie einmal diese farbenfrohe Mischung, die mit einem cremigen Dressing angemacht wird. Sie werden feststellen: Es muss nicht immer Kartoffelsalat mit viel Mayonnaise sein. Der Salat schmeckt allein oder als Beilage zu gegrilltem Fleisch oder Fisch.

Vorbereitung **45 Minuten,** plus Abkühlzeit und **2–3 Stunden** Kühlzeit *Für 4 Portionen*

300 g kleine neue oder festkochende Kartoffeln, in 2,5 cm große Würfel geschnitten

200 g Knollensellerie, in 1 cm große Würfel geschnitten

150 g Steckrübe, in 1 cm große Würfel geschnitten

200 g Süßkartoffeln, in 2,5 cm große Würfel geschnitten

Saft von 1 Zitrone

Senf-Kräuter-Dressing

1 EL Salatcreme oder Light-Mayonnaise

2 EL fettarmer Joghurt

1 TL körniger Senf

2 EL Schnittlauchröllchen

1 EL gehackte Dillspitzen

gemahlener schwarzer Pfeffer

Zum Fertigstellen

4 Möhren (etwa 250 g)

4 EL Korinthen

3 EL Kürbiskerne

1 EL Orangensaft

Zum Anrichten

Schnittlauchröllchen und Dill

1 Kartoffeln, Sellerie und Steckrübe in einem Topf mit kochend heißem Wasser bedecken und aufkochen. 10 Minuten köcheln lassen, bis das Gemüse weich ist.

2 Die Süßkartoffeln in einem zweiten Topf mit kochend heißem Wasser bedecken und aufkochen. 3 Minuten köcheln lassen.

3 Während das Gemüse gart, das Dressing zubereiten. Salatcreme oder Mayonnaise, Joghurt und Senf glatt rühren, dann Schnittlauch, Dill und Pfeffer unterziehen.

4 Das Gemüse abgießen und gut abtropfen lassen. Mit Zitronensaft und Dressing in eine große Schüssel geben und alles kurz mischen. Zum Abkühlen beiseitestellen, dann zudecken und für 2–3 Stunden kühl stellen.

5 Die Möhren mit einem Sparschäler in Streifen schneiden. Diese mit Korinthen und Kürbiskernen mischen und das Ganze mit dem Orangensaft verrühren. Auf den Boden einer flachen Schüssel streichen oder auf Tellern verteilen.

6 Den gekühlten Salat auf die Möhrenmischung häufen. Mit Schnittlauch und Dill garnieren und servieren.

Varianten

Als Alternative zur Möhrenmischung 75 g jungen Spinat, 75 g in Streifen geschnittene Römersalatherzen und 1 in dünne Scheiben geschnittene weiße Zwiebel mischen. 75 g weiche Trockenaprikosen und 12 EL geröstete Sesamsamen darüberstreuen; das Ganze mit Orangensaft beträufeln.

Ersetzen Sie zur Abwechslung einmal Dill, Schnittlauch und körnigen Senf durch 1 EL gehackten frischen Estragon, 1 EL gehackte Petersilie und 1 TL Dijon-Senf.

Das gesunde Plus

- Wurzelgemüse liefern reichlich Ballaststoffe, einige zusätzlich komplexe Kohlenhydrate.
- Möhren enthalten Vitamin A in Form von Betakarotin. Es wird für gutes Sehen im Dunkeln gebraucht.
- Kürbiskerne sind reich an Ballaststoffen und Mineralstoffen wie Kupfer, Eisen und Zink.

Foto Seite 175

Nährwerte pro Portion 350 kcal, 7 g Eiweiß, 15 g Fett (2 g davon gesättigte Fettsäuren), 50 g Kohlenhydrate (3,1 BE, 3,7 KE), 7 g Ballaststoffe. Ausgezeichnete Quelle für Vitamin A, Vitamin B, Vitamin E. Reich an Folsäure, Kalium, Vitamin B_1, Vitamin B_6. Liefert auch Eisen, Kalzium, Kupfer, Eisen, Niazin, Zink.

Melonensalat mit Feta und Orange

Parmaschinken und Melone, der Klassiker unter den Vorspeisen, wird hier mit Feta, Cocktailtomaten, Gurken und Orangen in einen verführerischen Salat verwandelt, der eine Hauptmahlzeit ersetzen kann. Tunken Sie den Saft mit aufgebackener Ciabatta auf. Servieren Sie den Salat als Vorspeise für sechs Personen.

Vorbereitung **20–25 Minuten** *Für 4 Portionen*

2 Orangen

½ Zuckermelone, geschält, entkernt, in Scheiben geschnitten

125 g halbierte Cocktailtomaten

85 g entsteinte schwarze Oliven

½ kleine gewürfelte Salatgurke

4 Frühlingszwiebeln, in dünne Scheiben geschnitten

6 Scheiben (etwa 80 g) Parmaschinken, vom Fettrand befreit, in Streifen geschnitten

75 g grob zerkrümelter Feta

Orangen-Basilikum-Dressing

½ TL abgeriebene Orangenschale

4 EL Orangensaft

1 EL natives Olivenöl extra

1 TL geröstetes Sesamöl

6 Basilikumblätter, in Streifen geschnitten

Salz und Pfeffer

1 Zuerst das Dressing zubereiten. Dafür in einer großen Salatschüssel Orangenschale und -saft, Olivenöl, Sesamöl und Basilikum verrühren. Mit Salz und Pfeffer abschmecken.

2 Die Orangen mit einem scharfen Messer so dick schälen, dass auch die weiße Haut entfernt wird. Die Früchte dabei über die Salatschüssel halten, damit der Saft hineintropfen kann. Die Segmente aus den Trennhäuten schneiden und in die Schüssel geben.

3 Melone, Tomaten, Oliven, Gurke, Frühlingszwiebeln und Parmaschinken zufügen und alles gut mischen. Den Salat mit Feta bestreuen und servieren.

Varianten

Für einen **Melonen-Ananas-Salat** mit körnigem Frischkäse ½ Ananas schälen, von Augen und Strunk befreien und hacken. Mit Melone, Tomaten, Gurke und 3 Schalotten in dünnen Scheiben mischen. Aus ½ TL abgeriebener Limettenschale, 2 EL Limettensaft, 2 EL Sonnenblumenöl und 1 TL flüssigem Honig ein Dressing rühren. Mit Pfeffer und Salz würzen. Das Dressing unter die Melonenmischung heben. Den Salat auf 4 Teller verteilen und auf jede Portion 75 g körnigen Frischkäse geben. 50 g Macadamianüsse hacken und darüberstreuen. Mit reichlich Brunnenkresse garnieren.

Den Parmaschinken können Sie durch spanischen Serranoschinken oder Schwarzwälder Schinken ersetzen.

Probieren Sie den Salat einmal mit Charentais- oder Wassermelone.

Das gesunde Plus

- Feta ist ein hervorragender Kalziumlieferant. Er ist zwar fettreich und salzig, doch wegen seines intensiven Geschmacks benötigt man nicht viel davon für einen Salat. Kalzium aus Milch und Milchprodukten wird vom Körper leichter aufgenommen als Kalzium aus anderen Lebensmitteln.
- Mit wasserreichen Lebensmitteln wie Melone und Gurke lässt sich die Flüssigkeitsaufnahme auf einfache Weise steigern.

Nährwerte pro Portion 220 kcal, 9 g Eiweiß, 12 g Fett (5 g davon gesättigte Fettsäuren), 16 g Kohlenhydrate (1 BE, 1,1 KE), 3 g Ballaststoffe. Ausgezeichnete Quelle für Vitamin C. reich an Kalzium, Vitamin B_6, Vitamin B_{12}. Liefert auch Folsäure, Kalium, Vitamin A, Vitamin B_1, Vitamin E.

Mango auf Kräuter-Spinat-Salat

Blattsalat, Spinat und Kräuter mit ihren ausgeprägten Aromen vertragen sich bestens mit fruchtig-süßer und weicher Mango. Diesen farbenfrohen, erfrischenden Salat sollten Sie als Vorspeise oder Beilage servieren. Reichen Sie dazu Mehrkornbrot oder -brötchen.

Vorbereitung **15 Minuten** *Für 4 Portionen*

1 große reife Mango

insgesamt 200 g zarter Blattspinat, Brunnenkresse, Rucola und Friséesalat

etwa 12 grob zerteilte Basilikumblätter

Blättchen von 6 Koriandergrünstängeln, grob gehackt

30 g Cashew- oder Erdnusskerne, geröstet und grob gehackt

Limetten-Ingwer-Dressing

abgeriebene Schale von 1 Zitrone

2 EL Limettensaft

1 EL geröstetes Sesamöl

2 TL fein gehackter oder geriebener Ingwer

Salz und Pfeffer

1 Die Mango schälen. Das Fruchtfleisch vom flachen Stein auf beiden Seiten abschneiden, dann längs in Spalten schneiden.

2 Spinat, Salat und Kräuter mischen und auf eine Servierplatte geben. Die Mangospalten darauf und dazwischen anrichten.

3 Für das Dressing alle Zutaten mit einem Schneebesen gründlich verquirlen. Mit einem Löffel über den Salat geben. Alles mit den gehackten Cashew- oder Erdnusskernen bestreuen und servieren.

Varianten

Gegarte und in feine Streifen geschnittene Rote Bete und Sellerieknolle ergänzen diesen Salat vortrefflich.

Statt der Mango kernlose Weintrauben (größere halbieren), dünne Apfelscheiben oder 1 in Würfel geschnittene Avocado verwenden.

Nüsse durch würzige Croûtons ersetzen. Dafür 2 Scheiben altbackenes Brot würfeln und in einen Gefrierbeutel geben. Eine Prise Cayennepfeffer und 1 EL Olivenöl zufügen. Gut schütteln. In eine beschichtete Pfanne schütten und unter Rühren knusprig braun braten. Über den Salat streuen.

Für ein fettfreies Dressing 1 EL Reiswein mit Ingwer, Limettenschale und -saft sowie 2 EL Orangensaft verrühren.

Ein **gemischter Salat** passt als Beilage zu allen Gerichten, eignet sich aber auch, um darauf Obst oder Räucherfisch als Vorspeise anzurichten. Dafür etwa 250 g Blattsalate (Römersalat, Feldsalat, Lollo rossa, Rucola und Kopfsalatherzen) mit zartem Blattspinat mischen. 50 g gehackte Kräuter unterheben (z. B. Basilikum, Estragon, Kerbel, Petersilie und Minze). Eine Salatschüssel mit ½ Knoblauchzehe ausreiben. Die Salat-Spinat-Kräuter-Mischung hineingeben. Für das Dressing eine fein gewürfelte Schalotte, ½ TL Dijon-Senf, 2 EL Weißweinessig, 4 EL Olivenöl, Salz und Pfeffer verrühren. Über den Salat träufeln.

Das gesunde Plus

- Mangos enthalten reichlich Karotinoide. Diese schützen die Körperzellen vor den Angriffen freier Radikale und beugen so bestimmten Erkrankungen vor. Außerdem liefern Mangos Eisen, Kalium, Magnesium sowie Vitamin E, C und verschiedene B-Vitamine.
- Kräuter und Salate enthalten Kalium, Kalzium und Eisen. Roher Spinat liefert Folsäure. All diese Stoffe können Krebs vorbeugen.

Nährwerte pro Portion 100 kcal, 3 g Eiweiß, 7 g Fett (1,5 g davon gesättigte Fettsäuren), 6 g Kohlenhydrate (0,8 BE, 0,9 KE), 2 g Ballaststoffe. Ausgezeichnete Quelle für Vitamin C. Reich an Vitamin A. Liefert auch Eisen, Folsäure, Kalzium, Kupfer, Vitamin B_1, Vitamin E.

Marinierter Mittelmeersalat

Bei diesem Salat aus geröstetem Gemüse werden – wie häufig in der mediterranen Küche – die intensiven Aromen von einem pikanten Dressing abgerundet. Genießen Sie den Salat mit reichlich knusprigem Brot als Hauptmahlzeit, bei einem festlichen Essen als Vorspeise oder als Beilage zu gegrilltem Fisch, Geflügel oder Gemüse.

Vorbereitung **etwa 1 Stunde,** plus **mindestens 5 Stunden** Marinierzeit *Für 4 Portionen*

1 Aubergine, in 1 cm dicke Scheiben geschnitten

1 rote Paprikaschote, längs geviertelt

1 gelbe Paprikaschote, längs geviertelt

4 kleine Zucchini, längs halbiert

1 EL Olivenöl

1 Knoblauchzehe, fein gehackt

4 Sardellenfilets aus der Dose, abgetropft und fein gehackt

4 EL gehackter Rosmarin

Salz und Pfeffer

Rosmarin zum Garnieren (nach Belieben)

Honig-Senf-Dressing

1 EL natives Olivenöl extra

1 EL Rotweinessig

1 TL flüssiger Honig

1 TL Dijon-Senf

1 Den Backofen auf 200 °C vorheizen. Die Auberginenscheiben nebeneinander in eine große ofenfeste Form legen. Drumherum Paprikastücke und Zucchinischeiben mit den Schnittflächen nach oben anrichten.

2 Das Gemüse dünn mit Öl bestreichen; mit Knoblauch, Sardellen, gehacktem Rosmarin, Salz und Pfeffer bestreuen. Im Ofen 25–30 Minuten rösten.

3 Die Form mit Alufolie verschließen, das Gemüse 10–15 Minuten weitergaren, bis es weich ist. Das Gemüse dekorativ in eine große Schale schichten und mit der Garflüssigkeit beträufeln.

4 Die Zutaten für das Dressing mit einem Schneebesen verrühren. Über das Gemüse gießen. Zudecken und auskühlen lassen, dann mindestens 4 Stunden im Kühlschrank durchziehen lassen.

5 Den Salat 1 Stunde vor dem Servieren aus dem Kühlschrank nehmen und Raumtemperatur annehmen lassen. Nach Belieben mit Rosmarin garnieren.

Varianten

Ersetzen Sie einmal die Zucchini durch 250 g halbierte Eiertomaten, und nehmen Sie Thymian anstelle des Rosmarins. Auberginen und Paprika 30 Minuten rösten, dann die Tomaten zugeben und 15 Minuten mitrösten, die Form dabei nicht mit Folie zudecken.

Vegetarisch wird der Salat, wenn Sie die Sardellen durch 2 EL gehackte Kapern ersetzen.

Das gesunde Plus

- Auberginen sättigen prima, sind aber kalorienarm – 100 g liefern 15 kcal. Sie nehmen beim Braten viel Fett auf, bereitet man sie wie hier beschrieben zu, bleibt der Fettgehalt erfreulich gering.
- Rosmarin regt Nerven und Kreislauf an und beruhigt den Verdauungstrakt.
- Zucchini liefern die Vitamine B_1 und B_6.
- Alle Gemüse in diesem Salat enthalten reichlich Ballaststoffe sowie diverse Vitamine und Mineralstoffe.

Foto Seite 183

Nährwerte pro Portion 140 kcal, 4 g Eiweiß, 10 g Fett (1 g davon gesättigte Fettsäuren), 9 g Kohlenhydrate (0,1 BE, 0,1 KE), 3 g Ballaststoffe. Ausgezeichnete Quelle für Vitamin C. Reich an Folsäure, Vitamin A, Vitamin B_6, Vitamin E. Liefert auch Eisen, Kalium, Niazin, Vitamin B_{12}.

Blattsalate mit Blüten und Heidelbeeren

Dieser hübsche Salat ist eine wohlschmeckende Mischung aus essbaren Blüten, Blattsalaten, Alfalfasprossen und saftigen Heidelbeeren. In manchem gut sortierten Supermarkt findet man bereits abgepackte Blüten. Sie können Blüten aber auch im Garten pflücken, vorausgesetzt, sie wurden nicht mit Pestiziden gespritzt.

Vorbereitung **10–15 Minuten** Für *4 Portionen*

1 kleiner Eichblattsalat, die Blätter in mundgerechte Stücke gerissen

75 g Rucola

75 g Alfalfasprossen

100 g Heidelbeeren

30 g gemischte essbare Blüten (z. B. Kapuzinerkresse, Borretsch-, Salbei- und Rosmarinblüten, Veilchen oder Gänseblümchen)

Honig-Senf-Dressing

2 EL Traubenkernöl

Saft von 1 kleinen Zitrone

1 TL Dijon-Senf

1 TL flüssiger Honig

Salz und Pfeffer

1 Die Zutaten für das Dressing in einer großen Schüssel mit dem Schneebesen gründlich verrühren.

2 Salat und Rucola zufügen und mit dem Dressing anmachen. Mit Alfalfasprossen und Heidelbeeren bestreuen, mit den Blüten garnieren und sofort servieren.

Varianten

Für einen **Möhrensalat mit Blüten** einen Batavia- oder Eichblattsalat in mundgerechte Stücke reißen und diese in eine flache Salatschüssel geben. 2 Möhren mit dem Sparschäler in Streifen schneiden, 2 Orangen schälen und die Filets aus den Trennhäuten schneiden. Möhrenstreifen, Orangenfilets und 75 g Heidelbeeren zu den Salatblättern geben. Das Dressing wie beschrieben, aber mit Orangen- statt Zitronensaft zubereiten. Den Salat damit beträufeln und mit orangefarbenen und gelben Kapuzinerkresseblüten garnieren.

Für einen erfrischenden **Blattsalat mit Himbeeren und Zitronenduft** 15 g Süßdoldenblätter und ein paar Zitronengeranienblätter mit einem kleinen Römersalatherzen (die Blätter in Stücke reißen) mischen. 100 g Himbeeren darübergeben. Für das Dressing 2 EL natives Olivenöl extra mit dem Saft von 1 Zitrone sowie etwas Salz und Pfeffer verrühren. Den Salat mit 30 g gemischten Blüten (von Schnittlauch, Süßdolde und Minze oder Veilchen) garnieren.

Probieren Sie auch einen **Salat mit Birnen und Knoblauchblüten**. Dafür die Blätter von 2 Romanasalatherzen und 85 g Rucola in einer großen Schüssel mischen. Ein Dressing aus 2 EL Olivenöl, dem Saft von einer Zitrone und 3 EL Schnittlauchröllchen aufschlagen. Eine rote Williamsbirne in dünne Scheiben schneiden. Mit dem Dressing mischen, dann beides zu den Salatblättern geben, mischen. Mit 30 g Blüten (von Schnittknoblauch, Schnittlauch und Borretsch) garnieren.

Das gesunde Plus

- Heidelbeeren sind von Natur aus süß und sehr reich an Vitamin C. Außerdem enthalten Sie antibakterielle Substanzen, die möglicherweise bei einigen Magen-Darm-Erkrankungen und Harninfektionen wie Zystitis hilfreich sind.
- Blüten sind für die Gesundheit kaum von Bedeutung, weil sie nur in kleinen Mengen verzehrt werden. Einige (insbesondere Kräuterblüten) liefern aber immerhin ein paar essenzielle Fettsäuren und sekundäre Pflanzenstoffe (vor allem Antioxidanzien).

Nährwerte pro Portion 80 kcal, 2 g Eiweiß, 6 g Fett (0,5 g davon gesättigte Fettsäuren), 5 g Kohlenhydrate (0,2 BE, 0,2 KE), 2 g Ballaststoffe. Ausgezeichnete Quelle für Niazin, Vitamin B_2, Vitamin B_6, Vitamin C. Reich an Vitamin E. Liefert auch Folsäure, Vitamin A.

Blattsalate mit Blüten
und Heidelbeeren *Seite 182*

Papaya-Avocado-Salat *Seite 184*

Pfannengemüse mit Basilikumduft *Seite 185*

Marinierter
Mittelmeersalat *Seite 181*

Papaya-Avocado-Salat

Dieser Salat wird jeden überzeugen, der bezweifelt, dass man Obst und Gemüse mischen kann. Auf einem Bett aus knackigem Salat werden orange und gelbe Paprikastreifen mit Avocado- und Papayastücken angerichtet. Geröstete Kürbiskerne sorgen für Biss und extra Proteine. Mit Körnerbrot wird eine komplette leichte Mahlzeit draus.

Vorbereitung **12 Minuten** *Für 4 Portionen*

1 Römersalat

2 Frühlingszwiebeln, in dünne Ringe geschnitten

1 große orange oder gelbe Paprikaschote, geviertelt

1 große Avocado (etwa 200 g)

1 große Papaya (etwa 500 g)

6 EL Kürbiskerne

Dressing

Saft von ½ Limette

1½ EL natives Olivenöl extra

1 Prise edelsüßes Paprikapulver

1 Prise gemahlener Kreuzkümmel

1 Die Salatblätter in Streifen schneiden und eine große Schale oder 4 Portionsteller damit auslegen.

2 Die Paprika quer in dünne Streifen schneiden und auf dem Salat anrichten. Die Avocado halbieren, entsteinen, schälen und quer in 5 mm breite Streifen schneiden. Die Papaya halbieren, die Kerne entfernen. Die Frucht quer in 5 mm breite Streifen schneiden. Avocado- und Papayastreifen auf den Paprikastreifen verteilen.

3 Die Zutaten für das Dressing mit einem Schneebesen verrühren. Einen kleinen Topf mit schwerem Boden erhitzen. Die Kürbiskerne hineingeben und unter Rühren und Wenden etwas anrösten. Den Salat mit den Kürbiskernen bestreuen und servieren.

Varianten

Für einen **Salat mit Fenchel, Orangen und Melone** 1 kleine Fenchelknolle in dünne Scheiben, ½ Galia- oder Ogenmelone in Spalten schneiden. Fenchel und Melone mit den Filets von 2 Orangen mischen. Auf einem Bett aus Rucola anrichten und mit 8 halbierten schwarzen Oliven bestreuen.

Für einen **Mango-Avocado-Salat** mit Chilidressing die Papaya durch Mango ersetzen, die orange oder gelbe Paprikaschote durch eine rote. Das Dressing ohne Kreuzkümmel und Paprikapulver zubereiten, stattdessen 1 kleine rote oder grüne Chilischote entkernen und hacken und mit der abgeriebenen Schale von 1 Limette hineingeben. Den Salat mit 100 g gerösteten Cashew- oder Kürbiskernen bestreuen.

Das gesunde Plus

- Paprikaschoten sind bekanntermaßen sehr reich an Vitamin C – wenn man sie roh isst, nimmt man am meisten davon auf. Außerdem enthalten sie viel Betakarotin und andere Karotinoide, z. B. Capsanthin and Zeaxanthin. bei allen handelt es sich um Antioxidanzien, die Krebs, Herzerkrankungen, Schlaganfall und Grauem Star vorbeugen können.
- Papayas liefern Vitamin C und Karotinoide, außerdem Kalzium, Eisen und Zink.
- Kürbiskerne haben einiges zu bieten: Eiweiß, Ballaststoffe, ungesättigte Fettsäuren, Vitamin E und einige B-Vitamine, darüber hinaus Eisen für gesundes Blut, Magnesium für die Gesunderhaltung der Körperzellen und Zink für Wachstum und Entwicklung.

Foto Seite 183

Nährwerte pro Portion 240 kcal, 2 g Eiweiß, 18 g Fett (3 g davon gesättigte Fettsäuren), 17 g Kohlenhydrate (0,2 BE, 0,3 KE), 5 g Ballaststoffe. Ausgezeichnete Quelle für Vitamin A, Vitamin C. Reich an Vitamin B_6, Vitamin E. Liefert auch Eisen, Kalium, Kupfer, Vitamin B_1, Vitamin B_2.

Pfannengemüse mit Basilikumduft

Zum Sautieren – so nennt man in westlichen Ländern das kurze Braten unter ständigem Rühren – ist eine beschichtete Pfanne ideal. Diese Garmethode sorgt dafür, dass die Farben erhalten bleiben und die Aromen sich wunderbar entfalten können. Servieren Sie das Gemüse zu Fisch, Geflügel oder Fleisch, oder mischen Sie es mit frisch gekochten Nudeln.

Vorbereitung **10 Minuten** Garzeit **7–8 Minuten** *Für 4 Portionen*

500 g Brokkoli

1 EL natives Olivenöl extra

3–4 große Knoblauchzehen (nach Belieben), in dünne Scheiben geschnitten

1 große oder 2 kleine rote Paprikaschoten, geputzt und in Stücke geschnitten

1 weißes Rübchen (150 g), in mundgerechte Stücke geschnitten

flüssiger Süßstoff nach Geschmack

Salz

Blätter von 8 Basilikumstängeln, in Streifen geschnitten

1 Den Brokkoli in kleine Röschen teilen. Die dicken Stiele in dünne Scheiben schneiden. Das Olivenöl in einer großen beschichteten Pfanne oder im Wok erhitzen. Knoblauch (falls gewünscht), Paprika, Rübchen und die in Scheiben geschnittenen Stiele sowie Süßstoff und Salz nach Geschmack hineingeben. Unter häufigem Rühren 2–3 Minuten braten.

2 Die Brokkoliröschen zugeben und unterrühren. 6 EL Wasser angießen (der Pfannenboden soll bedeckt sein). Zugedeckt bei recht starker Hitze 3–4 Minuten garen. Der Brokkoli sollte gerade eben weich und kräftig grün sein.

3 Das Basilikum unterrühren. Alles zugedeckt noch ganz kurz erhitzen, dann sofort servieren.

Varianten

Den Brokkoli können Sie durch Zuckerschoten ersetzen. Sie sind in 1–2 Minuten gar, die Zugabe von Wasser erübrigt sich. Dazu Zitronenschnitze servieren, damit jeder Saft über seine Portion träufeln kann.

Wenn Sie Brokkoli durch Zuckerschoten ersetzen, können Sie außerdem eine gelbe statt der roten Paprika verwenden. Den Knoblauch weglassen. Anstelle des Rübchens vorgegarte kleine neue Kartoffeln nehmen und das Ganze mit reichlich Estragon (und nicht mit Basilikum) bestreuen. Diese Kombination passt hervorragend zu Fisch, besonders zu gegrillter Makrele oder gegrilltem Lachs.

Asiatisch wird das Ganze so: 8 Wasserkastanien aus der Dose abtropfen lassen, vierteln oder halbieren und statt des Rübchens nehmen. ½ grüne oder rote Chilischote entkernen und fein hacken. Mit 1 TL gehacktem Ingwer und den Brokkoliröschen in die Pfanne geben. Zum Schluss mit dem Basilikum 1 EL gehacktes Koriandergrün zufügen.

Das gesunde Plus

- Dieses Gericht steckt voller Zutaten, deren Inhaltsstoffe vor Krebs und Herzerkrankungen schützen können. Brokkoli enthält wie alle Kohlsorten Glukosinolate, bestimmte sekundäre Pflanzenstoffe. Rote Paprika ist eine gute Quelle für das Antioxidans Betakarotin.
- Weiße Rübchen liefern nicht nur Ballaststoffe, sondern auch Niazin und Vitamin B_6 sowie erstaunlich viel Vitamin C.

Foto Seite 183

Nährwerte pro Portion 90 kcal, 6 g Eiweiß, 4 g Fett (1 g davon gesättigte Fettsäuren), 7 g Kohlenhydrate (0 BE, 0 KE), 5 g Ballaststoffe. Ausgezeichnete Quelle für Vitamin A, Vitamin C. Reich an Folsäure, Vitamin E. Liefert auch Eisen, Niazin.

Kartoffeln, Kräuter und Gemüse aus dem Ofen

Orientieren Sie sich auch an diesem Gericht, wenn Sie einmal nur Kartoffeln, nur Pastinaken oder eine köstliche Mischung aus Kartoffeln und Wurzelgemüse im Ofen rösten wollen. Reichen Sie große Portionen davon zu gebratenem Geflügel oder Fleisch, und denken Sie daran, dass es auch zu vegetarischen Gerichten sowie zu Fisch passt.

Vorbereitung **15–20 Minuten** Garzeit **30–35 Minuten** *Für 4 Portionen*

200 g Kartoffeln

800 g gemischtes Wurzelgemüse (z. B. Möhren, Pastinaken, Petersilienwurzeln, Steckrübe)

225 g Schalotten

2 EL natives Olivenöl extra

1 TL grobes Meersalz

1 TL geschroteter schwarzer Pfeffer

einige Thymianzweige

einige Rosmarinzweige

Thymian und Rosmarin zum Garnieren (nach Belieben)

1 Den Backofen auf 220 °C vorheizen. Das Gemüse nach Belieben abbürsten oder schälen. Große Kartoffeln halbieren oder vierteln. Große Möhren, Pastinaken oder Petersilienwurzeln längs halbieren, die Hälften quer in Scheiben schneiden. Steckrübe in große Stücke (etwa so groß wie die Kartoffeln) schneiden. Die Schalotten ganz lassen.

2 Das Gemüse in einen Topf geben und mit kochend heißem Wasser bedecken. Aufkochen; bei schwacher Hitze 5–7 Minuten köcheln lassen, bis das Gemüse knapp gar, aber noch nicht weich ist.

3 Das Gemüse abgießen und in eine ofenfeste Form geben. Mit Öl bestreichen, mit Salz und Pfeffer bestreuen. Die Kräuterzweige dazulegen und das Ganze in den Ofen schieben.

4 Das Gemüse 30–35 Minuten backen, bis es goldbraun, knusprig und weich ist, dabei einmal wenden. Nach Belieben mit Thymian oder Rosmarin garnieren.

Varianten

Sie können das Gemüse gleichzeitig mit einem Braten (Fleisch oder Geflügel) garen. Bei 200 °C braucht es 45 Minuten, bei niedrigerer Temperatur entsprechend länger.

Beträufeln Sie das Gemüse einmal vor dem Servieren mit ein wenig Balsamico-Essig oder Zitronensaft.

Sie können diese Gemüsemischung noch mit gewürfeltem Kürbisfleisch und/oder in Stücke geschnittenem Kohlrabi anreichern.

Das gesunde Plus

- Die Kombination Kartoffeln und Wurzelgemüse wirkt sich positiv auf Aromen und Nährstoffe aus. Kartoffeln liefern Vitamin C, Möhren enthalten Betakarotin, und Steckrüben (sie gehören zur Kohlfamilie) bieten sekundäre Pflanzenstoffe, die vermutlich Krebs bekämpfen können.
- Diese ballaststoffreiche Gemüsemischung ist aromatisch und sehr sättigend, die Fleischportion dazu kann also klein ausfallen.

Nährwerte pro Portion 200 kcal, 4 g Eiweiß, 7 g Fett (1 g davon gesättigte Fettsäuren), 33 g Kohlenhydrate (0,6 BE, 07 KE), 7 g Ballaststoffe. Ausgezeichnete Quelle für Vitamin A, Vitamin C. Reich an Folsäure, Vitamin B_1, Vitamin B_6, Vitamin E. Reich an Kalium, Niazin.

Süßkartoffel-Sellerie-Püree

Pürees aus Kartoffeln und/oder Gemüse sind das ganze Jahr über lecker. Außerdem sind sie gesund und ganz leicht zu machen – alles spricht dafür, sie oft und reichlich zu verzehren. Dieses Mus aus Süßkartoffeln und Knollensellerie schmeckt fein nach Apfel und Gewürzen, und Sie finden hier noch weitere verführerische Ideen.

Vorbereitung **15 Minuten** Garzeit **15–20 Minuten** *Für 4 Portionen*

500 g Süßkartoffeln

400 g Knollensellerie

Saft von 1 Zitrone

2 EL natives Olivenöl extra

2 Knoblauchzehen, fein gehackt

1 EL grob geriebener frischer Ingwer

½–1 TL gemahlener Kreuzkümmel

1 Apfel (z. B. Golden Delicious), geschält und geraspelt

1 EL Koriandersamen, grob zerstoßen

1 Süßkartoffeln und Sellerie in etwa gleich große Stücke schneiden und diese in einen großen Topf geben. Die Hälfte des Zitronensafts zufügen, dann das Gemüse mit kochend heißem Wasser bedecken. Aufkochen; bei schwacher Hitze 15–20 Minuten köcheln lassen, bis das Gemüse weich ist.

2 In der Zwischenzeit das Öl in einem kleinen Topf erhitzen. Knoblauch, Ingwer und Kreuzkümmel darin 30 Sekunden braten. Den geriebenen Apfel und den restlichen Zitronensaft zugeben. Alles 5 Minuten weitergaren, bis der Apfel weich wird.

3 Die zerstoßenen Koriandersamen in einer kleinen Pfanne ohne Fett rösten, bis sie zu duften beginnen.

4 Das Gemüse abgießen und gut abtropfen lassen, dann zerstampfen. Die Apfelmischung unter das Gemüsepüree rühren und das Ganze mit dem gerösteten Koriander bestreuen. Sehr heiß servieren.

Varianten

Für ein **cremiges Wurzelpüree** 3 Möhren, 3 Pastinaken und 1 kleine Steckrübe (zusammen etwa 900 g) verwenden. In etwa gleich große Stücke schneiden, in einen großen Topf geben und mit kochend heißem Wasser bedecken. Aufkochen, dann bei schwacher Hitze 20–25 Minuten köcheln lassen, bis das Gemüse weich ist. Abgießen und gut abtropfen lassen. Mit 5 EL stichfestem Magerjoghurt zerstampfen oder in der Küchenmaschine pürieren. Abschmecken, mit dünnen Frühlingszwiebelringen garnieren und servieren.

Für **chiligeschärftes Erbsenpüree** 225 g gelbe Spalterbsen abspülen. Abtropfen lassen und in einen Topf geben. Nach Belieben 2 Knoblauchzehen zufügen. Alles mit reichlich kochend heißem Wasser bedecken. Aufkochen, dann bei schwacher Hitze etwa 1 Stunde köcheln lassen, bis die Erbsen weich sind. Abgießen und gut abtropfen lassen. Mit 5 EL fettarmer Milch zerstampfen oder in der Küchenmaschine pürieren. 2 kleine rote Chilischoten entkernen, hacken. Mit 4 EL gehacktem Koriandergrün oder gehackter Petersilie und 2 EL Basilikumstreifen unterrühren.

Das gesunde Plus

- Süßkartoffeln liefern viel Betakarotin. Es schützt vermutlich vor Angriffen freier Radikale, die uns altern lassen und Herzkrankheiten und Krebs verursachen können. Außerdem enthalten sie einiges an Vitamin C und Kalium sowie mehr Vitamin E als jedes andere Gemüse.

Nährwerte pro Portion 163 kcal, 3 g Eiweiß, 3,5 g Fett (0,5 g davon gesättigte Fettsäuren), 32 g Kohlenhydrate (2,8 BE, 3,5 KE), 7 g Ballaststoffe. Ausgezeichnete Quelle für Vitamin A, Vitamin C, Vitamin E. Reich an Folsäure. Liefert auch Kalium, Vitamin B_1, Vitamin B_6.

Fleischsalat mit Birnen und Pekannüssen

Dieser unkomplizierte, sättigende Salat besteht aus neuen Kartoffeln, weißem Rettich, scharfen Radieschen, würziger Brunnenkresse und saftigen Birnen. Gekrönt wird er von gebratenem Schweinefleisch und gerösteten Pekannusskernen. Das Dressing wird mit dem frisch gewonnenen Saft von frischem Ingwer gewürzt.

Vorbereitung **35 Minuten** *Für 4 Portionen*

50 g Pekannusskerne

900 g kleine neue Kartoffeln, gleich groß, sauber gebürstet

1 kleiner Rettich (etwa 170 g), geschält und in dünne Scheiben geschnitten

125 g Radieschen, geviertelt

2 reife, aber feste Birnen

1 Eichblattsalat, in Blätter geteilt

100 g Brunnenkresse, von harten Stielen befreit

350 g gebratene Schweinelende, vom Fett befreit und in dünne Streifen geschnitten

Senf-Ingwer-Dressing

30 g frischer Ingwer, geschält und fein gehackt

2 TL körniger Senf

2 TL Weißweinessig

2 EL Erdnussöl

Salz und Pfeffer

1 Eine Pfanne erhitzen. Die Nüsse darin bei mittlerer Hitze 6–7 Minuten rösten. Abkühlen lassen, hacken und beiseitestellen.

2 Die Kartoffeln in kochendem Wasser in 15 Minuten garen. Sobald sie kühl genug zum Anfassen sind, vierteln und in eine Schüssel geben.

3 Für das Dressing den Ingwer (portionsweise) in die Knoblauchpresse geben und den Saft herausdrücken. Es werden 2 TL Ingwersaft benötigt. Ingwersaft, Senf, Essig, Öl sowie Salz und Pfeffer nach Geschmack in ein Schraubdeckelglas geben. Das Glas verschließen und kräftig schütteln. Ein Drittel des Dressings über die warmen Kartoffeln gießen und untermischen. Abkühlen lassen.

4 Inzwischen Rettich und Radieschen in einer zweiten Schüssel mit der Hälfte des restlichen Dressings anmachen. Die Birnen längs halbieren, die Kerngehäuse herauslösen. Die Birnenhälften längs halbieren, in lange Spalten schneiden und mit Rettich und Radieschen mischen.

5 Salat und Kresse in eine Schüssel geben. Die Rettichmischung zu den Kartoffeln geben und unterheben. Auf die Salatblätter geben und mit den Fleischstreifen belegen.

6 Den Salat mit den gerösteten Pekannüssen bestreuen und mit dem restlichen Dressing beträufeln. Sofort servieren.

Varianten

Statt der Birnen können Sie 2 Pfirsiche oder 4 Aprikosen verwenden; oder Sie nehmen 30 g gehackte getrocknete Aprikosen und weichen diese in Orangen- oder Apfelsaft ein.

Für **Fleischsalat mit Äpfeln und Haselnüssen** Birnen durch Äpfel ersetzen. Statt Rettich und Radieschen je 150 g Knollensellerie und Möhren nehmen, diese in dünne Stifte schneiden. Mit gerösteten Haselnüssen bestreuen.

Das gesunde Plus

- Schweinefleisch enthält reichlich Vitamin B_{12} und viel Vitamin B_1 and B_6 – und ist zudem ein guter Zinklieferant.
- Radieschen sind reich an Ballaststoffen und Vitamin C und liefern darüber hinaus (wie andere Kreuzblütler auch) sekundäre Pflanzenstoffe, die möglicherweise im Kampf gegen den Krebs von Nutzen sein können. Die meisten für die Schärfe verantwortlichen Enzyme sitzen in der Schale. Wenn Sie es milder mögen, schälen Sie die Radieschen einfach.

Nährwerte pro Portion 511 kcal, 37 g Eiweiß, 20,5 g Fett (4 g davon gesättigte Fettsäuren), 48 g Kohlenhydrate (3,6 BE, 4,2 KE), 6 g Ballaststoffe. Ausgezeichnete Quelle für Folsäure, Niazin, Vitamin B_1, Vitamin B_6, Vitamin B_{12}, Zink. Reich an Kalium, Kupfer, Selen, Vitamin B_2. Liefert auch Eisen, Kalzium, Vitamin A.

Suppen und Eintöpfe

Hühnerbrühe

Eine aromatische, selbst gekochte Hühnerbrühe lässt sich vielseitig einsetzen, beispielsweise für Suppen oder Fleischgerichte. Ein weiterer Pluspunkt: Man kann sie immer im Haus haben, schließlich lässt sie sich problemlos einfrieren.

Vorbereitung **10 Minuten** Garzeit **etwa 2 Stunden** *Für etwa 1,4 l*

- 1 küchenfertiges Suppenhuhn
- 1 Zwiebel, geviertelt
- 1 große Möhre, grob gehackt
- 1 Selleriestange, in Stücke geschnitten
- 1 Lorbeerblatt
- 1 Petersilienstängel, etwas angedrückt
- 1 Thymianzweig
- 8 schwarze Pfefferkörner
- ½ TL Salz

1 Das Huhn in einen großen Topf legen. Zwiebel, Möhre und Sellerie zufügen. 2 l Wasser angießen und bei starker Hitze zum Kochen bringen. Schaum, der sich an der Oberfläche absetzt, abschöpfen.

2 Lorbeerblatt, Petersilie, Thymian, Pfefferkörner und Salz zugeben. Alles bei schwacher Hitze 2 Stunden köcheln lassen.

3 Die Brühe durch ein Sieb in eine hitzebeständige Schüssel gießen. Huhn und Gemüse herausnehmen und beiseite stellen. Die Brühe abkühlen lassen und in den Kühlschrank stellen. Das Fett, das sich an der Oberfläche abgesetzt hat, vor der Weiterverwendung der Brühe großzügig abschöpfen.

Varianten

Für die Brühe können Sie anstelle eines Huhns 2 Hühnerkeulen und Flügel verwenden.

Die Haut von dem abgekühlten Suppenhuhn entfernen und wegwerfen. Das Fleisch kann als Einlage in einer Suppe oder für einen Salat verwendet werden.

Das gesunde Plus

- Hühnerbrühe oder -suppe aus Dose oder Glas enthält meist viel Salz. Wer Brühen und Fonds selbst kocht, kann die Salzmenge niedrig halten.
- Hühnerbrühe aus Dose oder Glas, Hühnerbrühwürfel und Instant-Hühnerbrühe können Mononatriumglutamat (MSG) enthalten, einen Geschmacksverstärker, der auf der Basis von Glutaminsäure hergestellt wird. Einige Menschen reagieren auf den Verzehr von MSG mit Kopfschmerzen und Schwindel.

Anmerkung Selbst gekochte Brühen wie diese hier enthalten nur ein paar Kalorien (etwa 35 kcal pro 500 ml), 0 BE bzw. KE, wenig Fett (3–4 g pro 500 ml), liefern aber einige wertvolle Nährstoffe.

Schnelle Hühnersuppe

Bei dieser bunten, unkomplizierten Suppe mit Hähnchenbrust, roter Paprika, Zuckermais und frischen Kräutern sorgt ein Schuss Sherry für eine ganz besondere Note. Genießen Sie die Suppe mit Sesambrötchen oder -brot als leichte, schnelle Mahlzeit.

Vorbereitung **10 Minuten** Garzeit **etwa 15 Minuten** *Für 4 Portionen*

- 2 Hühnerbrühwürfel, zerbröckelt
- 1 rote Paprikaschote, in feine Streifen geschnitten
- 125 g TK-Maiskörner
- 250 g Hähnchenbrustfilet, in kurze, 1 cm dicke Streifen geschnitten
- 125 g sehr kleine Brokkoliröschen
- 2 EL Sherry (medium)
- 3 EL Schnittlauchröllchen
- 3 EL gehackter Estragon
- Salz und Pfeffer

1 In einen großen Topf 1 l Wasser gießen. Aufkochen. Die Brühwürfel hineingeben und rühren, bis sie sich aufgelöst haben. Paprikaschote und Maiskörner in die Brühe geben. Die Brühe erneut aufkochen lassen, dann die Fleischstreifen hineingeben und die Suppe bei schwacher Hitze zugedeckt 5 Minuten köcheln lassen.

2 Den Deckel abnehmen. Die Suppe erneut aufkochen lassen. Die Brokkoliröschen hineingeben, aber nicht unterrühren. Die Brokkoliröschen 3–4 Minuten mitgaren, bis sie gerade eben weich sind.

3 Den Topf vom Herd nehmen und mit Sherry, Schnittlauch, Estragon, Salz und Pfeffer würzen. Sofort servieren.

Varianten

Reichlich Estragon verleiht dieser Suppe ein sehr kräftiges Aroma. Wer die Suppe milder mag, nimmt nur 1 EL Estragon oder ersetzt das Kraut durch Kerbel.

Statt Brokkoli können Sie in Streifen geschnittenen Mangold, Wirsing oder Grünkohl verwenden. Sehr dicke Stängel vor dem Zerkleinern ab- bzw. herausschneiden.

Für eine chinesische Note das Salz weglassen und die Hähnchenbruststreifen in einer Mischung aus 2 EL Sojasauce, 2 EL Reiswein oder trockenem Sherry und 2 TL geriebenem frischem Ingwer 10 Minuten marinieren, während das Gemüse vorbereitet wird. Statt Brokkoli Pak Choi nehmen. Die dicken weißen Stiele längs und die grünen Blätter quer in dünne Streifen schneiden. Die weißen Streifen in Schritt 2 zugeben und 1 Minute garen, dann die grünen Streifen und 2 gehackte Frühlingszwiebeln zufügen und 2–3 Minuten mitkochen.

Sättigender wird die Suppe, wenn Sie in Schritt 2 noch 75 g feine Suppennudeln zugeben. Alles aufkochen lassen, dann das Gemüse zufügen.

Das gesunde Plus

- Zuckermais reichert die Suppe mit Kohlenhydraten und Ballaststoffen an. Auch grünes Gemüse liefert viele Ballaststoffe. Man nimmt an, dass diese das Darmkrebsrisiko senken.
- Hier wird das Gemüse sehr klein geschnitten. Das hat zur Folge, dass die Garzeit kurz ist und viel Vitamin C erhalten bleibt.
- Rote Paprikaschoten liefern reichlich Vitamin C und enthalten außerdem viel Betakarotin und diverse Bioflavonoide.

Foto Seite 195

Nährwerte pro Portion 140 kcal, 16 g Eiweiß, 4 g Fett (1 g davon gesättigte Fettsäuren), 10 g Kohlenhydrate (0,3 BE, 0,4 KE), 2 g Ballaststoffe. Reich an Vitamin A, Vitamin C. Liefert auch Niazin, Vitamin B_6.

Cremige Hühner-Kartoffel-Suppe

Diese einfache, aber köstliche Suppe wird die ganze Familie begeistern. Reichen Sie sie am Wochenende zum Mittagessen, und servieren Sie dazu knuspriges Brot, danach frisches Obst.

Vorbereitung **20 Minuten** Garzeit **etwa 50 Minuten** *Für 4 Portionen*

1 EL natives Olivenöl extra

2 Scheiben magerer Rückenspeck ohne Schwarte, fein gehackt

1 Hühneroberkeule (150 g), ohne Haut

2 Zwiebeln, fein gewürfelt

500 g Kartoffeln, geschält und gewürfelt

750 ml Hühnerbrühe, vorzugsweise selbst gekocht

Blätter von 4 Thymianzweigen oder ½ TL getrockneter Thymian

Salz und Pfeffer

300 ml fettarme Milch

gehackte Petersilie oder eine Mischung aus Petersilie und Thymian zum Bestreuen

1 Das Öl in einem großen Topf erhitzen. Speck, Hühnerkeule und Zwiebeln zufügen und bei schwacher Hitze 3 Minuten, dann bei mittlerer Hitze unter gelegentlichem Rühren 5 Minuten braten, die Keule dabei einmal wenden.

2 Die Kartoffeln zugeben und 2 Minuten unter ständigem Rühren mitgaren. Die Brühe angießen, dann Thymian sowie Salz und Pfeffer nach Geschmack zugeben. Aufkochen, dann bei schwacher Hitze zugedeckt 30 Minuten köcheln lassen.

3 Die Keule mit einem Schaumlöffel herausheben und auf einen Teller legen. Das Fleisch ablösen, klein schneiden und in die Suppe geben. Den Knochen wegwerfen. Die Milch unterrühren und die Suppe heiß werden, aber nicht mehr kochen lassen.

4 Die Suppe in Schalen schöpfen und mit Petersilie oder mit Petersilie und Thymian bestreuen. Sofort servieren.

Varianten

Besonders glatt wird die Suppe, wenn sie im Mixer oder in der Küchenmaschine püriert wird, bevor man sie in Schritt 3 erhitzt.

Knoblauch passt gut in Kartoffelsuppen – geben Sie mit den Kartoffeln 2–3 gehackte Knoblauchzehen zu. Auch eine Prise geriebene Muskatnuss macht sich gut. Rühren Sie diese mit dem Thymian oder stattdessen unter die Suppe.

Den Vitamin-C-Gehalt erhöhen Sie, indem Sie mit dem Hähnchenfleisch 75 g Brunnenkresse und den Saft von 1 Zitrone zugeben. Die Suppe glatt pürieren. Insgesamt 450 ml Milch einrühren. Erneut erhitzen und vor dem Servieren in jede Portion 1 TL Sahne rühren.

Für eine **winterliche Gemüsesuppe** 800 g Lauch (weiße und hellgrüne Teile), Möhren und Steckrübe – alles gewürfelt – anstelle von Zwiebeln und Kartoffeln nehmen. Die dunklen Blattenden des Lauchs fein hacken und mit der Milch zur Suppe geben.

Das gesunde Plus

- Kartoffeln gelten zu Unrecht als Dickmacher. Sie liefern Kohlenhydrate in Form von Stärke, aber kein Fett. So sättigen sie gut, ohne das Kalorienkonto stark zu belasten. Außerdem liefern sie Vitamin C, Kalium und Ballaststoffe.
- Zwiebeln enthalten Allizin. Dieses schwefelhaltige ätherische Öl senkt möglicherweise das Krebsrisiko und kann der Bildung von Blutgerinnseln und damit der koronaren Herzkrankheit vorbeugen.

Nährwerte pro Portion

220 kcal, 12 g Eiweiß, 6 g Fett, (2 g davon gesättigte Fettsäuren), 30 g Kohlenhydrate (1,8 BE, 2,2 KE). Reich an Kalzium, Kalium, Vitamin B_1, Vitamin B_6, Vitamin B_{12}, Vitamin C. Liefert auch Eisen, Kupfer, Niazin, Vitamin B_2, Zink.

Cremige Hühner-Kartoffel-Suppe *Seite 194*

Schnelle Hühnersuppe *Seite 193*

Puten-Chili mit Salsa *Seite 196*

Kräuterwürzige Schinken-Erbsen-Suppe *Seite 197*

Puten-Chili mit Salsa

Diese farbenfrohe Suppe ist verwandt mit dem würzigen, aromatischen Chili con carne. Sie enthält eine Menge köstliches Gemüse und wird mit Tortillas und einer belebenden Salsa serviert: das ideale Hauptgericht für heiße Tage.

Vorbereitung **35 Minuten** Garzeit **50 Minuten** *Für 6 Portionen*

2 TL natives Olivenöl extra

500 g Putenbrust, sehr fein gehackt

1 Zwiebel, fein gewürfelt

2 Selleriestangen, fein gehackt

1 rote Paprikaschote, fein gewürfelt

3 Knoblauchzehen, fein gewürfelt

1 Dose Pizzatomaten (400 g)

1 l Geflügelbrühe

je ¼ TL gemahlener Koriander und Kreuzkümmel

¼ TL getrockneter Oregano

½ TL Chilipulver (oder nach Geschmack)

200 g Zucchini, gewürfelt

150 g Maiskörner

1 Dose Borlotti- oder Kidneybohnen (400 g), der Inhalt abgespült und abgetropft

12 Weizentortillas (je etwa 30 g)

Salz und Pfeffer

Avocado-Salsa

2 EL Limettensaft

2 Avocados

100 g Cocktailtomaten, geviertelt

6 Frühlingszwiebeln, fein gehackt

50 g Rucola, gehackt

1 Das Öl in einem großen Topf bei starker Hitze heiß werden lassen. Gehacktes Putenfleisch darin unter gelegentlichem Rühren 4 Minuten braten, bis es etwas Farbe angenommen hat. Auf mittlere Hitze schalten und Zwiebel, Sellerie, Pfeffer und Knoblauch zum Fleisch geben. 2 Minuten mitbraten, bis die Zwiebel glasig wird. Tomaten mitsamt Saft, Brühe und Gewürze unterrühren. Alles aufkochen; zugedeckt bei schwacher Hitze 20 Minuten köcheln lassen.

2 Den Backofen auf 160 °C vorheizen. Zucchini, Maiskörner und Bohnen in die Suppe geben. Suppe aufkochen, dann zugedeckt bei schwacher Hitze weitere 10 Minuten köcheln lassen, bis die Zucchini weich sind.

3 Inzwischen die Tortillas aufeinanderstapeln. Den Stapel in Alufolie wickeln und für 10 Minuten im Ofen erwärmen.

4 Für die Salsa den Limettensaft in eine Schüssel geben. Die Avocado halbieren, entkernen, schälen und in Würfel schneiden. In die Schüssel geben und mit dem Saft mischen. Tomaten, Frühlingszwiebeln und Rucola behutsam unterheben; die Avocadowürfel dabei nicht zerdrücken. Salsa mit Salz und Pfeffer abschmecken.

5 Die Suppe salzen und pfeffern. In vorgewärmte Schalen füllen und servieren. Die Salsa auf die Suppe löffeln oder in die warmen Tortillas wickeln.

Das gesunde Plus

- Bohnen und andere Hülsenfrüchte liefern reichlich – größtenteils lösliche – Ballaststoffe. Diese können einen zu hohen Cholesterin- oder Blutzuckerspiegel senken. Außerdem liefern Bohnen Vitamin B_1 und Eisen.
- Das Vitamin C aus der Salsa hilft dem Körper, das Eisen aus den Bohnen aufzunehmen.
- Avocados enthalten viel Vitamin B_6. Es wird vom Körper für die Produktion des Gute-Laune-Hormons Serotonin benötigt. Außerdem liefern sie das Antioxidans Vitamin E. Dieses kann möglicherweise dabei helfen, Herzerkrankungen vorzubeugen.

Foto Seite 195

Nährwerte pro Portion 400 kcal, 28 g Eiweiß, 11 g Fett (2 g davon gesättigte Fettsäuren), 51 g Kohlenhydrate (4,8 BE, 5,7 KE), 8 g Ballaststoffe. Ausgezeichnete Quelle für Vitamin A, Vitamin C. Reich an Vitamin B_1, Vitamin B_2, Vitamin B_6, Vitamin B_{12}. Liefert auch Eisen, Folsäure, Niazin, Selen, Vitamin E.

Kräuterwürzige Schinken-Erbsen-Suppe

Ein kleines bisschen Sahne verleiht dieser Suppe einen Hauch von Üppigkeit. Erbsen spielen die Hauptrolle, weshalb die Suppe reichlich Vitamine und Ballaststoffe liefert. Eine bescheidene Menge Schinken steuert Eiweiß und Aroma bei. Mit Brot eine sättigende Vorsuppe, mit einem Sandwich toll als Mittagessen.

Vorbereitung **etwa 15 Minuten** Garzeit **1 Stunde** *Für 4 Portionen*

1 EL natives Olivenöl extra

1 Zwiebel, gewürfelt

1 kleine Möhre, gewürfelt

2 Knoblauchzehen, in Scheiben geschnitten

1 Lauchstange, gehackt

1 Selleriestange, gewürfelt

2 EL gehackte Petersilie

1 Kartoffel, geschält und gewürfelt

100 g magerer gekochter Schinken, gewürfelt

500 g frische oder TK-Erbsen

½ TL Kräuter der Provence (oder nach Geschmack)

1 l helle Gemüsebrühe (vorzugsweise selbst gekocht) oder eine Mischung aus halb Brühe, halb Wasser

3 große Kopfsalatblätter, in dünne Streifen geschnitten

Salz und Pfeffer

2 EL Sahne

1 Das Öl in einem Topf erhitzen. Zwiebel, Möhre, Knoblauch, Lauch, Sellerie, Petersilie, Kartoffel und Schinken hineingeben. Gut verrühren, dann zugedeckt bei schwacher Hitze unter gelegentlichem Rühren garen, bis das Gemüse weich ist.

2 Erbsen, Kräuter der Provence und Brühe oder verdünnte Brühe zugeben. Alles aufkochen, dann bei mittlerer Hitze köcheln lassen, bis die Erbsen knapp weich sind – frische Erbsen brauchen etwa 10, gefrorene 5 Minuten. Salatblätter zugeben und 5 Minuten mitköcheln lassen.

3 Die Hälfte oder zwei Drittel der Suppe im Mixer pürieren. Das Püree in die restliche Suppe geben oder die Suppe mit dem Stabmixer im Topf nicht zu glatt pürieren. Die Suppe eventuell nochmals erhitzen, dann mit Salz und Pfeffer abschmecken und in vorgewärmte tiefe Teller schöpfen. In jede Portion etwas Sahne rühren. Servieren.

Varianten

Noch sättigender wird die Suppe, wenn Sie stärkereiche Kohlenhydrate in Form von gekochtem Reis oder gekochten Nudeln hineingeben.

Für eine **kräftige Erbsensuppe** 140 g getrocknete Spalterbsen (gelb oder grün) anstelle der frischen oder TK-Erbsen verwenden. Im ersten Schritt 125 g geschälten und gewürfelten Knollensellerie, ¼ TL gemahlenen Kreuzkümmel und etwas Tabasco zu Schinken und Gemüse geben. Die Flüssigkeitsmenge auf 1,5 l erhöhen und alles 1–1½ Stunden köcheln lassen, bis die Erbsen weich sind. Salat und Sahne weglassen, die Suppe glatt pürieren. Mit Salz und Pfeffer abschmecken; servieren.

Das gesunde Plus

- Im Lauf der Geschichte wurde Knoblauch zur Behandlung der unterschiedlichsten Beschwerden verwendet, ob Fußpilz, Erkältung oder Virusgrippe. Die Wissenschaft konnte jetzt beweisen, dass die Volksmedizin Recht hat: Allizin – das ist der Stoff, der dem Knoblauch seinen typischen Geschmack und Geruch verleiht – ist ein wirkungsvolles Antibiotikum und bekämpft auch Viren und Pilze.
- Erbsen liefern die Vitamine B_1, B_6, Niazin, Folsäure und Vitamin C. Weil sie viele lösliche Ballaststoffe enthalten, sind sie für Menschen mit hohen Cholesterinwerten empfehlenswert.

Foto Seite 195

Nährwerte pro Portion

250 kcal, 16 g Eiweiß, 8 g Fett (3 g davon gesättigte Fettsäuren), 30 g Kohlenhydrate (1,4 BE, 1,8 KE), 8 g Ballaststoffe. Ausgezeichnete Quelle für Folsäure, Vitamin A, Vitamin B_1, Vitamin B_6, Vitamin C. Reich an Eisen, Kalium, Zink. Lieferrt auch Kalzium, Kupfer, Niazin.

Herzhafte Miesmuschelsuppe

Diese Suppe schmeckt einfach klasse. Die Kartoffelwürfel darin nehmen die Aromen von Kräutern und Gemüse auf und sind eine wunderbare Ergänzung zum Muschelfleisch. Reichen Sie dazu Bauernbrot zum Eintunken und Tellerauswischen! Als Nachtisch sollte es als vitaminreiches Finale etwas Obstiges geben.

Vorbereitung **30 Minuten** Garzeit **40–50 Minuten** *Für 4 Portionen*

1 kg Miesmuscheln, entbartet, gebürstet und gewaschen

2 EL natives Olivenöl extra

1 Zwiebel, fein gewürfelt

2 Knoblauchzehen, fein gehackt

2 Lauchstangen, in dünne Ringe geschnitten

3 Selleriestangen, in dünne Scheiben geschnitten

2 Möhren, gewürfelt

400 g Kartoffeln, geschält und klein gewürfelt

1 l Gemüsebrühe

150 ml trockener Weißwein

1 EL Zitronensaft

1 Lorbeerblatt

1 frischer Thymianzweig

Salz und Pfeffer

4 EL gehackte Petersilie

2 EL Schnittlauchröllchen

1 Die Muscheln vorbereiten: Exemplare mit zerbrochenen Schalen – und solche, die sich nicht schließen, wenn man daraufklopft – wegwerfen. Die Muscheln tropfnass in einen Topf geben und zugedeckt bei mittlerer Hitze 4 Minuten garen, den Topf dabei gelegentlich rütteln. Nachsehen, ob sich die Muscheln geöffnet haben. Falls nicht, zugedeckt weitere 1–2 Minuten garen. Die Muscheln abgießen, dabei den Garsud auffangen. Einige Muscheln in den Schalen für die Garnitur beiseitelegen. Aus den restlichen Schalen das Muschelfleisch herauslösen und beiseitelegen. Die Schalen und Muscheln, die sich nicht geöffnet haben, wegwerfen.

2 Den Topf ausspülen, das Öl darin erhitzen. Zwiebel, Knoblauch, Lauch, Sellerie und Möhren darin unter Rühren 5–10 Minuten dünsten, bis alles weicher, aber noch nicht braun ist. Kartoffeln, Brühe, Wein, Muschelsud, Zitronensaft, Lorbeer, Thymian, Salz und Pfeffer zufügen. Aufkochen. Bei schwacher Hitze zugedeckt 20–30 Minuten köcheln lassen, bis das Gemüse weich ist.

3 Lorbeerblatt und Thymian herausfischen. Muschelfleisch, Petersilie und Schnittlauch in den Topf geben. 1 Minute lang erhitzen, aber nicht mehr kochen lassen. Auch nicht länger garen, weil die Muscheln dann zäh werden und schrumpfen.

4 Die Suppe in vorgewärmte tiefe Teller füllen und mit den beiseitegelegten Muscheln garnieren. Sofort sehr heiß servieren.

Variante

Wenn Sie vorgegartes Muschelfleisch verwenden wollen, brauchen Sie davon 300 g. Sie können auch den abgetropften und trocken getupften Inhalt von 2 Dosen (je 250 g) in Lake eingelegte Muscheln oder von 4 Dosen (je 85 g) geräucherte Muscheln in Öl in die Suppe geben.

Das gesunde Plus

- Wie alle anderen Muscheln, so enthalten auch Miesmuscheln kaum Fett, aber viel Eiweiß. Außerdem sind sie eine hervorragende Quelle für Vitamin B_{12} und liefern ansehnliche Mengen an Kupfer, Jod, Eisen, Phosphor und Zink.
- Vitamin C – aus Kartoffeln, Petersilie und Schnittlauch – erleichtert die Aufnahme des Eisens, das die Muscheln liefern.
- Staudensellerie kann die Nerven beruhigen.

Foto Seite 201

Nährwerte pro Portion 260 kcal, 17 g Eiweiß, 8 g Fett (1 g davon gesättigte Fettsäuren), 24 g Kohlenhydrate (1,2 BE, 1,5 KE). Ausgezeichnete Quelle für Vitamin A. Reich an Folsäure, Vitamin B_6, Vitamin B_{12}, Vitamin C. Liefert auch Vitamin B_1, Vitamin B_2, Selen.

Garnelensuppe mit Fenchel und Paprika

Dieser Klassiker ist eine wunderbare Vorsuppe für ein sommerliches Essen. In letzter Minute wird gehackte rote Paprika hineingegeben – eine gesunde Zutat, die für Aroma, Biss und extra Vitamine sorgt.

Vorbereitung **etwa 45 Minuten,** plus Abkühlzeit Garzeit **etwa 35 Minuten** *Für 6 Portionen*

- 500 g Riesengarnelen ohne Köpfe
- 4 EL trockener Weißwein
- 4 Zitronenscheiben
- 4 schwarze Pfefferkörner, etwas angedrückt
- 2 Petersilienstängel, die Stiele angequetscht
- 1 Fenchelknolle
- 1 TL Zitronensaft
- 15 g Butter
- 1 EL Sonnenblumenöl
- 1 Schalotte, fein gewürfelt
- 45 g feine Weißbrotkrumen, aus Brot vom Vortag hergestellt
- edelsüßes Paprikapulver
- Salz und Pfeffer
- 1 rote Paprikaschote, fein gewürfelt
- gehacktes Fenchelgrün zum Garnieren

1 Die Garnelen schälen und beiseitelegen. Die Panzer in einen großen Topf geben. 1,2 l kaltes Wasser zugießen. Weißwein, Zitronenscheiben, Pfefferkörner und Petersilie zufügen. Aufkochen, dann bei schwacher Hitze 20 Minuten köcheln lassen. Schaum von der Oberfläche abschöpfen.

2 Mit einem kleinen scharfen Messer jede Garnele am Rücken einschneiden. Mit der Messerspitze den nun sichtbaren dunklen Faden entfernen. Die Garnelen zudecken und bis zur Verwendung kalt stellen.

3 Den Panzersud etwas abkühlen lassen, dann die Zitronenscheiben herausfischen und wegwerfen. Ein Sieb mit einem Passiertuch auslegen, das Sieb auf eine große Schüssel oder auf einen Messbecher setzen. Die Brühe mitsamt den Panzern im Mixer mixen, bis die Schalen fein gemahlen sind, dann durch das ausgelegte Sieb gießen. Die Schalenrückstände aus dem Tuch wegwerfen.

4 Vom Fenchel 75 g grob hacken. Den Rest der Knolle fein hacken. Den fein zerkleinerten Fenchel in eine Schüssel geben und mit dem Zitronensaft mischen. Die Schüssel mit Frischhaltefolie bedecken; beiseitestellen.

5 Den Topf ausspülen. Die Butter mit dem Öl darin erhitzen. Den grob gehackten Fenchel und die Schalotte zugeben. Unter häufigem Rühren bei mittlerer Hitze etwa 8 Minuten garen, bis das Gemüse weich, aber noch nicht braun ist. Brotkrumen, eine Prise Paprikapulver und die Brühe unterrühren. Aufkochen, dann köcheln lassen. Garnelen zufügen, in 3 Minuten gar ziehen lassen.

6 Mit einer Grillzange oder einem Schaumlöffel 6 Garnelen herausnehmen und für die Garnitur beiseitelegen. Die Suppe mit Salz und Pfeffer abschmecken und weitere 15 Minuten köcheln lassen.

7 Die Suppe im Mixer oder in der Küchenmaschine glatt pürieren. Wieder in den Topf geben. Den fein gehackten Fenchel und die gehackte Paprikaschote zufügen. Die Suppe noch einmal erhitzen. Mit den restlichen Garnelen und dem gehackten Fenchelgrün garnieren; heiß servieren.

Das gesunde Plus

- Garnelen sind extrem fettarm und sehr eiweißreich. Sie enthalten reichlich Vitamin B_{12}, Selen und Phosphor.
- Weil für die Suppe die Panzer der Garnelen ausgekocht werden, wird sie sehr aromatisch und darüber hinaus mit Kalzium angereichert.

Foto Seite 201

Nährwerte pro Portion 165 kcal, 8 g Eiweiß, 6 g Fett (2 g davon gesättigte Fettsäuren), 9 g Kohlenhydrate (0,4 BE, 0,4 KE), 1 g Ballaststoffe. Ausgezeichnete Quelle für Phosphor, Selen, Vitamin A, Vitamin B_6, Vitamin B_{12}, Vitamin C. Reich an Eisen, Kupfer, Zink. Liefert auch Folsäure, Kalium, Kalzium, Vitamin B_2.

Pikante Suppe mit Kabeljau

Viel Gemüse sorgt dafür, dass diese Suppe nicht nur verlockend aussieht, sondern auch sehr gesund ist. Die Brühe können Sie schon am Vortag kochen, der Fisch kommt erst ganz zum Schluss hinein – praktisch, wenn man in der Woche kochen muss. Wer so plant, kann in kürzester Zeit eine gesunde Mahlzeit auf den Tisch stellen.

Vorbereitung **etwa 20 Minuten** Garzeit **etwa 40 Minuten** *Für 4 Portionen*

2 Petersilienstängel

2 Thymianzweige

1 Lorbeerblatt

1 Dose Pizzatomaten (400 g)

750 ml Fischfond

4 EL Cidre (französischer Apfelwein)

1 große Zwiebel, gewürfelt

400 g festkochende Kartoffeln, in große Stücke geschnitten

je 225 g Möhren und Zucchini, in dicke Scheiben geschnitten

225 g grüne Bohnen, in kurze Stücke geschnitten

1 gelbe oder rote Paprikaschote, in Streifen geschnitten

Salz und Pfeffer

500 g Kabeljaufilet, gehäutet und in große Stücke geschnitten

Zum Anrichten

2 EL fein gehackte Petersilie

1 EL Schnittlauchröllchen

Schale von 1 Zitrone, in feine Streifen geschnitten

1 Petersilie, Thymian und Lorbeerblatt zu einem Strauß zusammenbinden. Diesen in einen großen Topf geben. Tomaten mitsamt dem Saft, Fond, Cidre und Zwiebel zufügen und unterrühren. Aufkochen, dann bei schwacher Hitze bei halb aufgelegtem Deckel 15 Minuten köcheln lassen.

2 Kartoffeln und Möhren zufügen und alles zugedeckt bei mittlerer Hitze 15 Minuten köcheln lassen, bis das Gemüse knapp gar ist. Zucchini, grüne Bohnen und Paprika zugeben und 5 Minuten zugedeckt mitgaren, bis Gemüse und Kartoffeln gar sind. Den Kräuterstrauß wegwerfen.

3 Suppe mit Salz und Pfeffer abschmecken. Die Fischstücke in die schwach köchelnde Suppe geben und 3–5 Minuten darin garen, bis er nicht mehr glasig ist und sich leicht zerpflücken lässt. Brühe dabei nicht sprudelnd kochen lassen, damit der Fisch nicht übergart und auseinanderfällt.

4 Für die Garnitur Petersilie, Schnittlauch und Zitronenschale mischen. Fisch und Gemüse in vorgewärmte tiefe Teller geben, die Flüssigkeit darüberschöpfen. Mit der Petersilienmischung bestreuen; sofort servieren.

Variante

Verwenden Sie zur Abwechslung immer wieder anderes Gemüse, z. B. Brokkoliröschen, Lauchringe, Maiskörner, Erbsen und in Streifen geschnittene grüne Paprikaschoten. In Schritt 2 anstelle von Zucchini, Bohnen und gelber oder roter Paprika zugeben.

Das gesunde Plus

- Wenn Sie Vollkornbrötchen zur Suppe reichen, erhöhen Sie den (wegen des vielen Gemüses ohnehin hohen) Ballaststoffgehalt der Mahlzeit.
- Grüne Bohnen liefern reichlich Ballaststoffe und einiges an Folsäure.
- Eine Portion dieser Suppe entspricht 3 Portionen Obst oder Gemüse, gemäß der Devise: „Fünf am Tag“.

Nährwerte pro Portion 290 kcal, 33 g Eiweiß, 2,5 g Fett (0,5 g davon gesättigte Fettsäuren), 35 g Kohlenhydrate (1,2 BE, 1,5 KE), 7 g Ballaststoffe. Ausgezeichnete Quelle für Vitamin B_6, Vitamin B_{12}, Vitamin C. Reich an Eisen, Folsäure, Kalium, Vitamin A. Liefert auch Kalzium, Niazin, Selen.

Pikante Suppe
mit Kalbeljau *Seite 200*

Herzhafte Miesmuschelsuppe *Seite 198*

Garnelensuppe
mit Fenchel und Paprika *Seite 199*

Kräftige Gemüsebrühe *Seite 203*

Leichte Gemüsebrühe

Diese klare Brühe eignet sich für vegetarische Speisen und für Fisch-, Gemüse- oder Fleischgerichte, bei denen ein dezentes Aroma erwünscht ist.

Vorbereitung **15 Minuten** Garzeit **etwa 1 Stunde** *Für etwa 1,7 l*

1 EL Sonnenblumenöl

200 g Lauch, gehackt

1 große Zwiebel, gewürfelt

1 großes Lorbeerblatt

einige Thymianzweige

einige Petersilienstängel

250 g Möhren, gewürfelt

3 lange Selleriestangen mit Blättern, gewürfelt

½ TL Salz

5 schwarze Pfefferkörner

1 Das Öl in einem großen Topf mit fest schließendem Deckel und schwerem Boden erhitzen. Lauch und Zwiebel hineingeben und gut verrühren. Bei schwacher Hitze zugedeckt etwa 20 Minuten dünsten, den Topf dabei gelegentlich rütteln, den Deckel aber nicht abheben.

2 Lorbeer, Thymian, Petersilie, Möhren, Sellerie und Salz zugeben. 2 l kaltes Wasser angießen. Bei starker Hitze aufkochen lassen, dabei gelegentlich abschäumen.

3 Sobald das Wasser kocht und aller Schaum von der Oberfläche entfernt ist, die Pfefferkörner zugeben und alles bei schwacher Hitze zugedeckt 35 Minuten köcheln lassen.

4 Die Brühe durch ein Sieb in eine große Schüssel gießen und abkühlen lassen. Sofort verwenden oder auskühlen lassen und bis zur Weiterverarbeitung im Kühlschrank aufbewahren.

Das gesunde Plus

- Diese Brühe ist leicht und mild, deshalb kann man sehr gut Reis oder Nudeln darin garen. Außerdem reichert sie Speisen mit wertvollen Nährstoffen an.

Anmerkung Selbst gekochte Brühen wie diese hier enthalten nur ein paar Kalorien (etwa 35 kcal pro 500 ml), 0 BE bzw. 0 KE und wenig Fett (3–4 g pro 500 ml), liefern aber einige wertvolle Nährstoffe.

Kräftige Gemüsebrühe

Diese Brühe eignet sich prima für herzhafte Eintöpfe und Suppen mit und ohne Fleisch und für viele vegetarische Gerichte. Sie lässt sich ganz einfach zubereiten und bleibt im Kühlschrank tagelang frisch.

Vorbereitung **55 Minuten** Garzeit **55 Minuten** *Für etwa 1,7 l*

- 125 g Weizenkörner
- 1 EL Sonnenblumenöl
- 2 Zwiebeln, gewürfelt
- 125 g Egerlinge, gehackt
- 3 Möhren, gehackt
- 3 Selleriestangen, gehackt
- 1 Petersilienstängel
- 1 Thymianzweig
- 1 Majoranzweig
- 2 Lorbeerblätter
- 8 schwarze Pfefferkörner
- ½ TL Salz

1 Den Backofen auf 180 °C vorheizen. Die Weizenkörner in eine ofenfeste Form geben und im Ofen 30 Minuten rösten, bis sie dunkelbraun sind.

2 Das Öl in einem großen Topf mit schwerem Boden bei schwacher Hitze heiß werden lassen. Zwiebeln und Pilze zugeben und rühren, bis alles mit Öl überzogen ist. Das Gemüse zugedeckt 5 Minuten dünsten, dabei die Pfanne gelegentlich rütteln.

3 Die gerösteten Weizenkörner, die Möhren und den Sellerie zufügen und 2 l kaltes Wasser angießen. Bei starker Hitze aufkochen lassen, Schaum von der Oberfläche abschöpfen.

4 Die Hitze herunterschalten. Petersilie, Thymian, Majoran, Lorbeerblätter, Pfefferkörner und Salz in die Brühe geben. Alles zugedeckt 45 Minuten köcheln lassen.

5 Die Brühe durch ein feines Sieb in eine Schüssel gießen. Sofort verwenden oder auskühlen lassen und bis zur Weiterverarbeitung im Kühlschrank aufbewahren.

Variante

Die Brühe lässt sich gut einfrieren. Am besten in Eiswürfelbehälter geben und die Würfel später in einen Gefrierbeutel füllen. Für Tomatensauce, Suppen oder Nudelgerichte erst je 1 TL Kräuter (Basilikum, Thymian, Oregano) in die Eiswürfelfächer geben, dann die Brühe darübergießen.

Das gesunde Plus

- Wenn man Gemüse oder Kartoffeln in einer so würzigen Brühe gart, kann auf Salz meist verzichtet werden. Die Brühe ist schließlich nicht nur etwas salzig, sondern liefert noch eine Menge kräftiger Aromen.

Foto Seite 201

Klare Brühe mit Pilzen und Kräuter-Croûtons

Eine Mischung verschiedener Pilze eignet sich bestens für eine schnelle Suppe, die wirklich einzigartig schmeckt. Die Suppe wird nicht angedickt oder püriert; die klare Brühe lässt die individuellen Aromen von Pilzen, Gemüsen und Kräutern deutlich erkennen.

Vorbereitung **10 Minuten** Garzeit **etwa 20 Minuten** *Für 6 Portionen*

3 EL natives Olivenöl extra

1 kleine Zwiebel, fein gehackt

1 kleine Fenchelknolle, fein gehackt

1 gehackte Knoblauchzehe

500 g gemischte Pilze (z. B. Pfifferlinge, Herbsttrompeten, Austernpilze, Egerlinge), grob gehackt

1 ½ zerkrümelte Gemüsebrühwürfel, oder 1 EL Instant-Gemüsebrühe

8 dünne Scheiben Ciabatta

2 EL gehackte Petersilie

2 EL gehackte Minzeblättchen

Salz und Pfeffer

1 In einem großen Topf 2 EL Öl erhitzen. Zwiebel und Fenchel hineingeben und bei starker Hitze 5 Minuten braten, bis sie etwas weicher geworden sind. Knoblauch und Pilze zugeben. 5 Minuten unter Rühren weitergaren. 900 ml kochend heißes Wasser zugießen, Brühwürfel oder Instant-Brühe hineingeben. Aufkochen, dann bei mittlerer Hitze 10 Minuten köcheln lassen.

2 In der Zwischenzeit den Grill vorheizen. Die Ciabattascheiben auf beiden Seiten dünn mit 1 EL Olivenöl bepinseln; unter dem Grill 1 Minute pro Seite goldbraun rösten. Das Brot würfeln und in eine Schüssel geben. Petersilie und Minze zufügen und alles gut vermischen.

3 Brühe mit Pfeffer und Salz abschmecken und auf Suppenschalen oder -teller verteilen. Mit den Kräuter-Croûtons bestreuen und servieren.

Varianten

Für eine cremige Variante 1 Eigelb und 4 EL Sahne kurz miteinander verrühren. Sobald Suppe und Croûtons fertig sind, eine Schöpfkelle voll Brühe unter die Ei-Sahne-Mischung rühren. Diese Mischung zur Suppe geben. Bei schwacher Hitze etwa 30 Sekunden unterrühren. Die Suppe nicht mehr kochen lassen.

Statt des Fenchels können Sie 3 Selleriestangen in dünnen Scheiben zur Suppe geben.

Anstelle der frischen Pilze können Sie 15 g getrocknete Steinpilze und 200 g Egerlinge verwenden. Das verlängert allerdings die Zubereitungszeit. Die getrockneten Steinpilze 15 Minuten in einem Teil des kochend heißen Wassers einweichen. Mit Einweich- und restlichem Wasser in den Topf geben. Egerlinge zuvor mit dem Knoblauch in den Topf geben.

Das gesunde Plus

- In asiatischen Kulturen schätzt man Pilze, weil sie dazu beitragen, das Immunsystem zu stärken. Seit über 6000 Jahren setzen die Chinesen Pilze zu medizinischen Zwecken ein. Pilze enthalten die B-Vitamine B_6, Folsäure und Niazin sowie das Spurenelement Kupfer in großer Menge.
- Brotscheiben dünn mit Öl zu bestreichen und vor dem Zerkleinern unter dem Grill zu bräunen ergibt knusprige, fettarme Croûtons.

Nährwerte pro Portion 95 kcal, 3 g Eiweiß, 5 g Fett (1 g davon gesättigte Fettsäuren), 10 g Kohlenhydrate, (1,6 BE, 1,6 KE), 1 g Ballaststoffe. Ausgezeichnete Quelle für Kupfer, Vitamin B_1. Reich an Niazin, Vitamin B_6, Vitamin C. Liefert auch Folsäure.

Klassische Gazpacho

Dieser spanische Suppenklassiker ist sagenhaft aromatisch und steckt voller Vitamine – schließlich bleibt das verwendete Gemüse roh. Weil die Gazpacho kalt gegessen wird, ist sie sehr erfrischend und ideal für den Sommer. Reichen Sie sie mit Bauernbrot oder -brötchen als leichtes Hauptgericht, oder servieren Sie die Gazpacho als Vorsuppe.

Vorbereitung **20 Minuten** Kühlzeit **2 Stunden** *Für 4 Portionen*

500 g aromatische Tomaten, geviertelt und entkernt

¼ Salatgurke, geschält und grob gehackt

1 rote Paprikaschote, grob gehackt

2 Knoblauchzehen

1 kleine Zwiebel, geviertelt

1 Scheibe Brot (etwa 30 g), in Stücke gerissen

2 EL Rotweinessig

½ TL Salz

2 EL natives Olivenöl extra

500 ml Tomatensaft

1 EL Tomatenmark

Zum Anrichten

1 rote Paprikaschote

¼ Salatgurke

4 Frühlingszwiebeln

2 Scheiben Brot, getoastet

1 Alle Zutaten in einer großen Schüssel mischen. Die Mischung portionsweise im Mixer glatt pürieren. Die Suppe zudecken und für mindestens 2 Stunden in den Kühlschrank stellen.

2 Kurz vor dem Anrichten das Gemüse zerkleinern. Die Paprikaschoten entkernen und klein würfeln. Das Gurkenstück ebenfalls klein würfeln. Die Frühlingszwiebeln in dünne Scheiben schneiden. Das getoastete Brot in kleine Würfel (Croûtons) schneiden. Gemüse und Croûtons in Schälchen anrichten.

3 Die Suppe abschmecken und in tiefe Teller füllen. Sofort servieren. Jeder Esser bestreut seine Suppe nach Geschmack mit Gemüse und Croûtons.

Varianten

Geben Sie an sehr heißen Tagen direkt vor dem Servieren noch ein paar Eiswürfel in die Suppe. Sie bleibt dadurch kühl, wird aber auch etwas verdünnt.

Für eine **kalte grüne Suppe** 500 g Zucchini anstelle von Tomaten und Gurke verwenden. Den Tomatensaft durch 500 ml Gemüsebrühe (vorzugsweise selbst gekocht), die rote durch 1 grüne Paprikaschote ersetzen. Eine Handvoll Basilikumblätter und 75 g entsteinte grüne Oliven zufügen. Die Suppe wie beschrieben zubereiten und kühlen. Mit gewürfelter grüner statt roter Paprika servieren.

Das gesunde Plus

- Beim Erhitzen können bis zu 70 % der wasserlöslichen Vitamine (B-Gruppe und Vitamin C) verloren gehen. Bei diesem Suppenklassiker bleiben die Gemüse roh, enthalten also das Maximum an Vitaminen und Mineralstoffen.
- Paprikaschoten sind von Natur aus mit einer Wachsschicht überzogen. Diese schützt vor Oxidation und Vitamin-C-Verlust beim Lagern. Deshalb ist der Vitamin-C-Gehalt der Früchte auch Wochen nach der Ernte noch hoch.

Foto Seite 209

Nährwerte pro Portion 215 kcal, 6 g Eiweiß, 9 g Fett (1,5 g davon gesättigte Fettsäuren), 30 g Kohlenhydrate (2,3 BE, 2,8 KE), 5 g Ballaststoffe. Ausgezeichnete Quelle für Kalium, Niazin, Vitamin A, Vitamin B_1, Vitamin B_6, Vitamin C.

Wärmende Tomaten-Paprika-Suppe

Rote Paprikaschoten und passierte Tomaten ergeben eine wunderbare rote Suppe, die originell, aber unproblematisch in der Zubereitung ist. Die Krönung der Suppe bilden ein Klacks Crème légère und Pesto-Brot, das dazu gereicht wird. Aber auch mit Kräutern statt mit Sahne garniert und mit Vollkornbrot serviert, wird die Suppe die Esser begeistern.

Vorbereitung **25 Minuten** Garzeit **25 Minuten** *Für 6 Portionen*

- 1 langes dünnes Baguette
- 3 EL Pesto
- 1 EL natives Olivenöl extra
- 1 Zwiebel, grob gewürfelt
- 1 Knoblauchzehe, gehackt
- 700 g rote Paprikaschoten (3–4 Stück, je nach Größe), grob gehackt
- 300 ml Gemüsebrühe, vorzugsweise selbst gekocht
- 300 ml passierte Tomaten
- 1 TL gehackter frischer oder ½ TL getrockneter Thymian
- ¼ TL gemahlener Zimt
- flüssiger Süßstoff
- Salz und Pfeffer

Zum Anrichten

- 6 EL Crème légère
- Basilikumblätter

1 Den Backofen auf 180 °C vorheizen. Das Brot quer halbieren, damit es in den Ofen passt. Die Hälften mit 3–4 cm Abstand tief ein-, aber nicht durchschneiden. Die Scheiben auseinanderdrücken und dünn mit Pesto bestreichen. Die Scheiben wieder zusammendrücken. Das Brot in Alufolie wickeln und beiseitelegen.

2 Das Öl in einem Topf erhitzen. Zwiebel und Knoblauch darin in 5 Minuten glasig, aber nicht braun werden lassen. Die Paprika unterrühren und 5 Minuten unter gelegentlichem Rühren mitgaren. Die Brühe angießen und den Topf vom Herd nehmen.

3 Das Brot im Ofen 15 Minuten aufbacken. Inzwischen die Suppe im Mixer glatt pürieren. Die Suppe wieder in den Topf geben und passierte Tomaten, Thymian und Zimt sowie Süßstoff nach Geschmack unterrühren. Suppe erhitzen, aber nicht aufkochen. Mit Salz und Pfeffer abschmecken.

4 Die Suppe in vorgewärmte tiefe Teller füllen und die Portionen mit je 1 EL Créme légère und Basilikum garnieren. Mit dem heißen Pesto-Brot servieren.

Varianten

Statt Crème légère können Sie fettarmen Joghurt oder saure Sahne in die Suppe geben.

Wer gern scharf isst, kann 1 rote Chilischote entkernen, fein hacken und mit der Zwiebel in die Sauce geben.

Für eine **Tomaten-Möhren-Suppe** 650 g gewürfelte Möhren statt Paprikaschoten nehmen. Nachdem die Brühe zugegeben wurde, die Suppe zugedeckt 10 Minuten kochen lassen, bis die Möhren weich sind. Wie beschrieben fertig stellen, Süßstoff dabei weglassen.

Das gesunde Plus

- Rote Paprikaschoten liefern doppelt so viel Vitamin C wie Orangen. Sie enthalten außerdem beachtliche Mengen von Karotinoiden und Bioflavonoiden. Bei beiden handelt es sich um Antioxidanzien, die Herzerkrankungen und manchen Krebsarten vorbeugen können.
- In Tomaten steckt das Karotinoid Lykopin. Von diesem Antioxidans wird angenommen, dass es vor Prostatakrebs schützt. Die Wirkung von Lykopin wird durch Erhitzen verstärkt. Am besten kann der Körper es deshalb aus Produkten wie Dosentomaten, Tomatenmark und Tomatenketchup aufnehmen.

Foto Seite 209

Nährwerte pro Portion 300 kcal, 8 g Eiweiß, 8 g Fett (2 g davon gesättigte Fettsäuren), 44 g Kohlenhydrate (2,1 BE, 2,1 KE), 4 g Ballaststoffe. Ausgezeichnete Quelle für Vitamin A, Vitamin C. Reich an Folsäure, Vitamin B_1. Liefert auch Niazin.

Paradiesische Gemüsesuppe

Eine Vielzahl von Gemüsen, gegart in Tomatensaft und Brühe, wird zu einer wohltuenden Suppe, die hervorragend schmeckt. Nutzen Sie die Vorteile von Tiefkühl-Gemüsen wie Brokkoli oder Erbsen. Sie verringern die Zubereitungszeit und sind so wertvoll wie frische Gemüse.

Vorbereitung **10 Minuten** Garzeit **etwa 20 Minuten** *Für 4 Portionen*

1 zerkrümelter Gemüsebrühwürfel oder 2 TL Instant-Gemüsebrühe

1 l Tomatensaft

2 zerdrückte Knoblauchzehen

4 gehackte Frühlingszwiebeln

1 große Kartoffel, sauber gebürstet und gewürfelt

1 gewürfelte große Möhre

100 g TK-Brokkoliröschen

100 g Weißkohl, fein gehobelt oder grob gehackt

je 50 g grüne Bohnen, Dicke-Bohnen-Kerne und Erbsen (alles TK)

Salz und Pfeffer

8 Basilikumstängel

1 Brühwürfel oder Instant-Brühe, Tomatensaft, Knoblauch, Frühlingszwiebeln, Kartoffel und Möhre in 300 ml kochendes Wasser geben, unterrühren. Alles aufkochen, dann bei mittlerer Hitze etwa 10 Minuten köcheln lassen. Gelegentlich umrühren.

2 Größere Brokkoliröschen zerteilen. Brokkoli, Weißkohl, grüne und Dicke Bohnen sowie die Erbsen in die Suppe geben. Die Suppe erneut aufkochen, dann bei etwas reduzierter Temperatur sprudelnd kochen lassen. Alles 5 Minuten garen, bis die Gemüse fast weich, aber noch knackig sind.

3 Die Suppe salzen, pfeffern und auf vorgewärmte Suppentassen verteilen. Von 4 Basilikumstängeln die Blätter abzupfen, mit einer Schere in Streifen schneiden; über die Suppe streuen. Jede Portion mit einem Basilikumstängel garnieren, servieren.

Varianten

Statt 4 verschiedene Gemüse abzuwiegen, können Sie 250 g gemischtes TK-Gemüse verwenden. Es gibt viele unterschiedliche Mischungen, und alle eignen sich für eine schnelle Suppe.

Für eine deftige Version dieser Suppe den Inhalt einer Dose Borlottibohnen (400 g) in einem Sieb abspülen und abtropfen lassen. Mit den TK-Gemüsen zur Suppe geben. Vor dem Servieren auf jede Portion 1 TL Pesto und 1 TL leicht geröstete Pinienkerne geben.

Je nachdem, welche frischen oder TK-Gemüse Sie zur Hand haben, lässt sich die Suppe beliebig abwandeln. Geben Sie z. B. statt oder mit der normalen Kartoffel noch 1 geschälte und gewürfelte Süßkartoffel hinein, und fügen Sie 1 geschälte und gewürfelte Pastinake hinzu.

Das gesunde Plus

- Dies ist ein gutes Beispiel für ein ganz unkompliziertes Rezept: Die Gemüse werden ohne Andünsten direkt in die Garflüssigkeit gegeben. So ist die Suppe praktisch fettfrei.
- Alle Gemüsesorten unterscheiden sich in ihrem Gehalt an pflanzlichen Wirkstoffen. Deshalb ist es wichtig, möglichst viele verschiedene Sorten zu essen – so wie in dieser Suppe.

Nährwerte pro Portion 135 kcal, 7 g Eiweiß, 1 g Fett (0 g gesättigte Fettsäuren), Kohlenhydrate 25 g (0,3 BE, 0,5 KE), 6 g Ballaststoffe. Ausgezeichnete Quelle für Vitamin A, Vitamin C. Reich an Vitamin B_6. Liefert auch Eisen.

Paradiesische Gemüsesuppe *Seite 208*

Möhrensuppe mit Orange *Seite 210*

Wärmende Tomaten-Paprika-Suppe *Seite 207*

Klassische Gazpacho *Seite 206*

Möhrensuppe mit Orange

Diese Suppe wird mit Kartoffeln angedickt. Das macht sie auch ohne Sahne und Butter richtig schön cremig. Sie schmeckt heiß oder kalt serviert und ist das ganze Jahr über eine Vorsuppe, die bei Gästen bestens ankommt.

Vorbereitung **15–20 Minuten** Kühlzeit **4 Stunden** (wenn kalt serviert) Garzeit **etwa 25 Minuten** Für *4 Portionen*

1 l Gemüsebrühe, vorzugsweise selbst gekocht

500 g Möhren, klein gewürfelt

100 g Kartoffel, geschält und klein gewürfelt

100 g Lauch, gehackt

2 Streifen Orangenschale

4 EL Orangensaft (oder nach Geschmack)

Salz und Pfeffer

Zum Anrichten

4 EL Sahne

2 EL grob gehackte Petersilie

1 Stück Orangenschale, in feine Streifen geschneiden

1 Die Brühe in einen großen Topf geben. Möhren, Kartoffel, Lauch und Orangenschale zufügen. Bei starker Hitze aufkochen lassen, dabei, falls nötig, abschäumen. Die Suppe bei mittlerer Hitze 20 Minuten köcheln lassen, bis das Gemüse sehr weich ist.

2 Die Orangenschale herausfischen und wegwerfen. Die Suppe im Mixer oder in der Küchenmaschine glatt pürieren.

3 Soll die Suppe heiß serviert werden, die pürierte Suppe im Topf aufwärmen. Orangensaft zufügen; mit Salz und Pfeffer abschmecken. Die Suppe in Suppenschalen oder -teller füllen und jede Portion mit 1 EL Sahne beträufeln. Mit Petersilie und Orangenschale garnieren; sofort servieren.

4 Soll die Suppe kalt gegessen werden, diese auskühlen lassen und dann für mindestens 4 Stunden in den Kühlschrank stellen. Unmittelbar vor dem Servieren den Orangensaft unterrühren und die Suppe abschmecken. Wie die heiße Suppe garnieren und servieren.

Varianten

Für eine sättigende **Brokkolisuppe** die Möhren durch 500 g Brokkoliröschen ersetzen und die Suppe vor dem Servieren mit etwas zerbröckeltem Blauschimmelkäse bestreuen. In diesem Fall die Sahne weglassen.

Auch eine **Grüne-Bohnen-Suppe** lässt sich so zubereiten. Dafür die Möhren durch 450 g gehackte grüne Bohnen ersetzen. Die Orangenschale weglassen, stattdessen 30 g fein gehackten Fenchel (etwa ¼ Knolle) zugeben. Je nach Bohnensorte muss die Suppe nach dem Pürieren durch ein Sieb gestrichen werden, damit harte Fasern entfernt werden. Das ist meist bei Stangenbohnen der Fall. Die Suppe mit fein gehacktem Fenchelgrün oder mit Dillspitzen garnieren.

Das gesunde Plus

- Werden Gemüsesuppen mit der Garflüssigkeit des Gemüses zubereitet, bleibt relativ viel von den wasserlöslichen B-Vitaminen und Vitamin C erhalten, die sonst mit dem Kochwasser weggeschüttet worden wäre.
- Diese fettarme Suppe wird mit Lauch anstelle der üblichen Zwiebeln zubereitet. Lauch liefert diverse wasserlösliche Vitamine, darunter Vitamin C und Folsäure.

Foto Seite 209

Nährwerte pro Portion 100 kcal, 2 g Eiweiß, 4 g Fett (2 g davon gesättigte Fettsäuren), 16 g Kohlenhydrate (0,3 BE, 0,3 KE), 4 g Ballaststoffe. Ausgezeichnete Quelle für Vitamin A, Vitamin E. Reich an Vitamin C. Liefert auch Folsäure, Kalium, Vitamin B_1, Vitamin B_6.

Herzhafte Gemüsesuppe

Diese Suppe enthält zwar eine Menge deftiges Gemüse, ist aber trotzdem mild im Geschmack. Am besten wäre es, wenn Sie die Gemüsebrühe dafür selbst kochen, aber Sie können auch ein Instant-Produkt verwenden oder Gemüsefond aus dem Glas nehmen. In dem Fall ist extra Salz vermutlich überflüssig.

Vorbereitung **15 Minuten** Garzeit **etwa 1 Stunde** *Für 4 Portionen*

- 1 EL Sonnenblumenöl
- 1 kleine Zwiebel, gewürfelt
- 1 kleine Lauchstange, in dünne Ringe geschnitten
- 1 große Möhre, in dünne Scheiben geschnitten
- 1 Fenchelknolle, in Scheiben geschnitten
- 250 g Steckrübe, gewürfelt
- 250 g Kartoffeln, geschält und gewürfelt
- 1 Lorbeerblatt
- einige Thymianzweige
- einige Petersilienstängel
- 600 ml Gemüsebrühe, vorzugsweise selbst gekocht
- 1 Dose Pizzatomaten (400 g)
- Salz und Pfeffer
- Fenchelgrün (von der Fenchelknolle) oder Schnittlauchröllchen zum Garnieren

1 Das Öl in einem großen Topf erhitzen. Die Zwiebel darin unter gelegentlichem Rühren in 5 Minuten glasig, aber nicht braun werden lassen.

2 Lauch, Möhre, Fenchel, Steckrübe und Kartoffeln zufügen und 5 Minuten mitgaren, bis sie etwas weicher geworden sind. Lorbeerblatt, Thymian und Petersilie zu einem Strauß zusammenbinden. Den Kräuterstrauß, die Brühe und die Tomaten mitsamt dem Saft in den Topf geben. Mit Salz und Pfeffer würzen. Aufkochen, dann zugedeckt bei mittlerer Hitze 45 Minuten köcheln lassen, bis Kartoffeln und Gemüse weich sind.

3 Den Kräuterstrauß entfernen, die Suppe abschmecken. Die Suppe mit gehacktem Fenchelgrün oder Schnittlauchröllchen bestreuen und sehr heiß servieren. Dazu passt Körner- oder Vollkornbrot besonders gut.

Varianten

Winterlich-deftig wird die Suppe, wenn Sie zusätzlich noch Knollensellerie, Pastinaken oder Petersilienwurzeln hineingeben. Auch Weißkohl oder Wirsing macht sich gut darin – in Streifen geschnitten oder gehobelt, wird er nach gut 20 Minuten der Garzeit zum restlichen Gemüse gegeben. Suppenreste kalt stellen und am nächsten Tag aufwärmen.

Perlgraupen steuern ein angenehm nussiges Aroma bei, und auch ihr niedriger glykämischer Index ist von Vorteil. Einfach 50 g Perlgraupen vor Brühe und Tomaten zum angedünsteten Gemüse geben.

Das gesunde Plus

- Heutzutage machen Kühltransporte alle Lebensmittel ganzjährig erhältlich. Dadurch vergisst man leicht, welch bedeutende Rolle althergebrachtes heimisches Gemüse in der Vitamin-C-Versorgung spielt. Früher brauchte man Kartoffeln und Wurzelgemüse, um in den Wintermonaten seine Vitamin-C-Versorgung zu sichern. Heute weiß man, dass Vitamin C auch Krebs und Herzerkrankungen vorbeugen kann.

Nährwerte pro Portion 130 kcal, 4 g Eiweiß, 4 g Fett (1 g davon gesättigte Fettsäuren), 20 g Kohlenhydrate (0,7 BE, 0,9 KE), 5 g Ballaststoffe. Ausgezeichnete Quelle für Vitamin A, Vitamin C, Vitamin E. Reich an Folsäure, Vitamin B_1, Vitamin B_6. Liefert auch Eisen, Kalium, Kupfer, Niazin.

Brote und Snacks

Teekuchen mit Schwarzen Johannisbeeren

Herbe Schwarze Johannisbeeren machen den Teekuchen saftig und sommerlich. Wenn Sie im Garten sehr viele davon haben, backen Sie einfach mehrere Kuchen und frieren diese ein. Sie halten sich dann zwei Monate.

Vorbereitung **20 Minuten** Backzeit **1¼ Stunden** *Für 1 Kuchen (12 Scheiben)*

- 350 g Mehl
- 1 ½ TL Backpulver
- 50 g Butter, in Stückchen
- 100 g brauner Zucker
- 150 g Schwarze Johannisbeeren
- 3 EL gehackte Minze
- 150 ml Orangensaft

1 Den Backofen auf 180 °C vorheizen. Eine Kastenform (20 cm lang) fetten und mit Backpapier auslegen. Mehl und Backpulver in eine Schüssel geben. Mehlmischung und Butter mit den Fingerspitzen verreiben, bis feine Streusel entstanden sind. Zucker unterrühren und in die Mitte der Mischung eine Mulde drücken.

2 Schwarze Johannisbeeren und Minze in die Mulde geben und den Orangensaft dazugießen. Alles nach und nach miteinander mischen, bis ein glatter, dickflüssiger Teig entstanden ist. Falls nötig, noch 1–2 EL Orangensaft zufügen.

3 Den Teig in die vorbereitete Form füllen und glatt streichen. Etwa 1¼ Stunden backen, bis er aufgegangen und braun ist und sich fest anfühlt. Ist der Kuchen nach 50 Minuten bereits sehr braun, diesen locker mit Alufolie bedecken.

4 Den Kuchen 5 Minuten in der Form abkühlen lassen, dann auf ein Kuchengitter stürzen und ganz auskühlen lassen. Am besten schmeckt der Teekuchen, wenn er über Nacht durchziehen kann. Luftdicht verpackt, hält er sich 3 Tage frisch.

Varianten

Die Schwarzen Johannisbeeren kann man durch Heidelbeeren ersetzen.

Für einen **Teekuchen mit Cranberrys und Pekannüssen** die Johannisbeeren durch grob gehackte frische Cranberrys ersetzen. Statt Minze ½ TL gemahlenen Zimt nehmen und diesen mit Mehl und Backpulver sieben. Mit dem Zucker noch 100 g gehackte Pekannusskerne zugeben.

Das gesunde Plus

- Schwarze Johannisbeeren sind ausgezeichnete Vitamin-C-Lieferanten. 100 g dieser Beeren enthalten davon viermal so viel wie 100 g Orangen. Außerdem liefern sie einiges an Kalium und sind reich an Bioflavonoiden. Diese sekundären Pflanzenstoffe schützen möglicherweise vor Herzerkrankungen.
- Ihr Aroma verdankt die Minze Menthol, Menthon und Menthylacetat. Diesen Ölen wird eine stark antibiotische Wirkung zugeschrieben. In der Naturheilkunde wird Minze zur Linderung von Zahnschmerzen, Stresskopfschmerzen und Verdauungsstörungen eingesetzt.

Foto Seite 217

Nährwerte pro Scheibe 170 kcal, 3 g Eiweiß, 4 g Fett (2 g davon gesättigte Fettsäuren), 32 g Kohlenhydrate (2,3 BE, 2,9 KE), 1 g Ballaststoffe. Reich an Vitamin C. Liefert auch Kalium, Vitamin B_1.

Helles Roggenbrot

Roggenmehl enthält weniger Gluten als Weizenmehl, deshalb ist daraus gebackenes Brot saftig und hat eine feste Krume. In diesem Rezept wird das Brot mit Kümmel gewürzt, was gut zum nussigen Roggenaroma passt. Reichen Sie das Brot zu Fisch (z. B. zu Hering in Gelee oder Sauce, aber auch zu Bismarckhering) und zu (Kräuter-)Quark und Obatztem.

Vorbereitung 20 Minuten, plus **etwa 1 Stunde** Gehzeit   Backzeit **40–45 Minuten**   *Für 1 Brot (24 dünne Scheiben)*

300 g Roggenmehl

100 g Weizenmehl Type 1050

½ TL Salz

1 TL Zucker

1 Päckchen Trockenhefe (etwa 7 g)

2 TL ganzer Kümmel

2 EL natives Olivenöl extra

1 Roggenmehl, Weizenmehl, Salz und Zucker in eine Schüssel geben. Hefe und Kümmel untermischen. Olivenöl und 200 ml lauwarmes Wasser miteinander verrühren; auf die Mehlmischung gießen. Alles erst mit einem Kochlöffel, dann mit den Händen zu einem klebrigen, leicht krümeligen Teig verarbeiten.

2 Den Teig auf eine bemehlte Arbeitsfläche geben und etwa 10 Minuten kneten, bis er glatt und sehr fest ist. Den Teig zu einem 18 cm langen ovalen Laib formen und auf ein gefettetes Backblech legen. Locker mit Frischhaltefolie bedecken und an einem warmen Ort etwa 1 Stunde gehen lassen, bis er sich fast verdoppelt hat und oben etwas aufgerissen ist.

3 Gegen Ende der Gehzeit den Backofen auf 200 °C vorheizen. Die Folie entfernen und das Brot 40–45 Minuten backen, bis es etwas Farbe angenommen hat und es hohl klingt, wenn man auf die Unterseite klopft.

4 Das Brot auf ein Kuchengitter heben und auskühlen lassen. Anschließend über Nacht in einen Gefrierbeutel legen, damit die Kruste weicher wird. Anschließend hält sich das Brot 2 Tage frisch.

Varianten

Für ein dunkles Roggenbrot 2 EL dunklen Zuckerrüben- oder Zuckerrohrsirup in die Öl-Wasser-Mischung geben. Für ein helleres Brot 200 g Roggenmehl und 200 g Weizenmehl Type 1050 verwenden.

Auch Kreuzkümmel- oder Fenchelsamen passen gut in diesen Brotteig. Davon 1 EL in einer kleinen Pfanne ohne Fett 1–2 Minuten rösten. Auf einen Teller geben und abkühlen lassen. Statt des Kümmels zum Mehl geben.

Für **Roggenbrot mit Orange und Kümmel** die abgeriebene Schale von einer großen Orange und 2 EL braunen Zucker mit dem Kümmel zum Mehl geben und anstelle von Olivenöl Sonnenblumenöl nehmen.

Das gesunde Plus

- Wer verschiedene Brotsorten aus unterschiedlichen Getreiden backt, hat immer eine wohlschmeckende stärkereiche Beilage parat.
- Kümmel soll die Speichelproduktion anregen und die Verdauung fördern. Als Tee kann er Blähungen lindern.

Foto Seite 217

Nährwerte pro Scheibe 65 kcal, 1,5 g Eiweiß, 1 g Fett (0 g gesättigte Fettsäuren), 13 g Kohlenhydrate (0,9 BE, 1,1 KE), 1,5 g Ballaststoffe.

Brotstangen mit Sesam und Parmesan

Diese Knusperstangen schmecken frisch aus dem Ofen am besten. Der Teig aus weißem Mehl und Vollkornmehl enthält Eigelb und geriebenen Parmesan. Das macht die Stäbchen würzig und sättigend, ohne dass sie schwer im Magen liegen. Stäbchen, die übrig bleiben, halten sich luftdicht verpackt 5 Tage frisch.

Vorbereitung **10–15 Minuten** Backzeit **15 Minuten** *Für 40 Stück*

85 g Vollkornmehl

85 g Mehl, mehr zum Ausrollen

¼ TL Salz

45 g Butter

45 g Parmesan, frisch gerieben

1 großes Ei

2 EL fettarme Milch

1 TL edelüßes Paprikapulver

1 EL Sesamsamen

1 Den Backofen auf 180 °C vorheizen. Die Mehle mit dem Salz in eine Schüssel sieben. Im Sieb verbliebene Kleie dazuschütten. Mehl und Butter mit den Fingerspitzen verreiben, bis feine Streusel entstanden sind. Den Parmesan unterrühren.

2 Eier und Milch mit dem Schneebesen verquirlen. 1 TL von dieser Mischung abnehmen und beiseitestellen, den Rest mit den Streuseln verrühren. Den recht festen Teig auf einer dünn bemehlten Arbeitsfläche ein paar Sekunden kneten, bis er glatt ist.

3 Das Paprikapulver auf die bemehlte Arbeitsfläche streuen. Den Teig darauf zu einem Quadrat mit etwas mehr als 20 cm Kantenlänge ausrollen. Die Kanten gerade schneiden. Den Teig mit der restlichen Eimischung bestreichen und mit Sesamsamen bestreuen. Das Quadrat in der Mitte durchschneiden, dann in 10 cm lange, etwa 1 cm dicke Streifen schneiden.

4 Ein Backblech mit Backpapier belegen. Die Streifen verdrehen und darauflegen. Die Teigenden leicht aufs Blech drücken, damit sie sich beim Backen nicht hochbiegen.

5 Die Stangen im Ofen 15 Minuten backen, bis sie braun und knusprig sind. Auf dem Blech ein paar Minuten abkühlen lassen, dann warm servieren oder auf einem Kuchengitter auskühlen lassen.

Variante

Für **Käse-Nuss-Taler** 30 g Blauschimmelkäse mit 55 g Halbfettbutter oder -margarine zerdrücken. 45 g Vollkornmehl, 30 g Mehl, 30 g Speisestärke und 1 Messerspitze Backpulver zugeben. Im Sieb verbliebene Kleie zufügen. 15 g gehackte geröstete Walnusskerne zugeben. Alles erst verreiben, dann kurz kneten, bis ein glatter Teig entstanden ist. Den Teig zu einer 12 cm langen Rolle formen. In Frischhaltefolie wickeln und für 30 Minuten in den Kühlschrank legen. Anschließend in etwa 16 Scheiben schneiden. Auf ein mit Backpapier belegtes Blech legen und im vorgeheizten Ofen bei 190 °C etwa 15 Minuten backen. Auf ein Kuchengitter legen; auskühlen lassen.

Das gesunde Plus

- Sesamsamen liefern viel Kalzium, außerdem Eisen und Zink.
- Vollkornmehl hat viel zu bieten: Ballaststoffe, B-Vitamine und Vitamin E, Eisen, Selen und Magnesium. Steingemahlenes Vollkornmehl enthält etwas mehr Vitamine der B-Gruppe als industriell gemahlenes Vollkornmehl, weil die Getreidekörner beim Mahlen mit Steinen kühl bleiben. Beim Mahlen mit Metall entsteht Hitze, wodurch einige Nährstoffe zerstört werden.

Nährwerte pro 2 Stück 32 kcal, 1 g Eiweiß, 2 g Fett (1 g davon gesättigte Fettsäuren), 3 g Kohlenhydrate (0,2 BE, 0,2 KE), 0,3 g Ballaststoffe.

Brotstangen mit Sesam und Parmesan *Seite 216*

Teekuchen mit Schwarzen Johannisbeeren *Seite 214*

Toskanische Crostini mit Bohnenaufstrich *Seite 218*

Helles Roggenbrot *Seite 215*

Toskanische Crostini mit Bohnenaufstrich

Dies ist eine köstliche kleine (Zwischen)Mahlzeit, die man heiß oder kalt genießen kann: geröstetes Baguette mit einem Püree aus weißen Bohnen, das nach Knoblauch und Thymian duftet und von Tomaten und Rucola gekrönt wird.

Vorbereitung und Backzeit **etwa 25 Minuten** *Für 22 Crostini*

- 2 TL natives Olivenöl extra
- 1 kleine Zwiebel, fein gewürfelt
- 1 Knoblauchzehe, zerdrückt
- 1 Dose Cannellinibohnen (400 g), der Inhalt abgespült und abgetropft
- 2 EL Crème fraîche
- 1 EL gehackter Thymian
- Salz und Pfeffer
- 1 dünnes Baguette (etwa 250 g)
- 3 Flaschentomaten, in dünne Scheiben geschnitten
- Rucola oder frische Kräuter zum Garnieren

1 Das Öl in einer kleinen Pfanne erhitzen. Zwiebel und Knoblauch darin unter gelegentlichem Rühren in etwa 10 Minuten glasig, aber nicht braun werden lassen.

2 Inzwischen die abgetropften Bohnen in eine Schüssel geben und mit dem Kartoffelstampfer oder mit einer Gabel zerdrücken. Die Pfanne vom Herd nehmen. Zwiebel und Knoblauch darin gründlich mit dem Bohnenpüree, der Crème fraîche und dem Thymian verrühren. Die Masse mit Salz und Pfeffer abschmecken. Warm stellen.

3 Den Grill auf höchster Stufe vorheizen. Vom Baguette die Enden abschneiden. Den Laib in 22 etwa 1,5 cm dicke Scheiben schneiden. Die Scheiben auf beiden Seiten grillen. (Tipp: Das geröstete Brot können Sie auch abkühlen lassen und dann luftdicht verpacken. Zum Servieren mit der abgekühlten, aber nicht eiskalten Bohnenmischung bestreichen und garnieren.)

4 Die Bohnenmischung dick auf die gerösteten Brotscheiben streichen. Mit Tomaten und Rucola oder Kräutern garnieren.

Varianten

Belegen Sie das Bohnenpüree einmal mit gegrillten Zucchinischeiben, kurz gegarten Champignons oder halbierten Cocktailtomaten.

Statt Thymian können Sie Basilikum, Oregano, Salbei und Petersilie verwenden.

Für **Thunfisch-Crostini** den Inhalt von 2 Dosen Thunfisch naturell (je 200 g) abgießen und zerpflücken. Mit je 1 ½ EL Mayonnaise und fettarmem Joghurt, 2 EL Schnittlauchröllchen und Pfeffer verrühren. Die gerösteten Brotscheiben mit ½ TL Tomatenrelish oder -chutney bestreichen, die Thunfischmischung daraufgeben und das Ganze mit Brunnenkresse oder Rucola garnieren.

Das gesunde Plus

- Cannellinibohnen sind nach dem Garen etwas mehlig. Sie liefern zwar viele Ballaststoffe, verursachen aber oft auch Völlegefühl und Blähungen. Wenn man Bohnen aus der Dose vor der Verwendung gründlich abspült, werden sie etwas bekömmlicher.
- Crème fraîche ist eine fettreiche saure Sahne (40 % Fett), die den Geschmack und die Konsistenz von Gerichten verbessert. Wenig davon genügt, um den gewünschten Effekt zu erzielen.

Foto Seite 217

Nährwerte pro Stück 62 kcal, 2 g Eiweiß, 2 g Fett (1 g davon gesättigte Fettsäuren), 9 g Kohlenhydrate (0,7 BE, 0,7 KE), 1 g Ballaststoffe.

Tomaten-Ziegenkäse-Toasts

Verwöhnen Sie einmal Gäste mit diesen köstlichen Häppchen. Dafür werden geröstete Baguettescheiben erst mit Tomatenscheiben und Ziegenkäse belegt, dann mit Pinienkernen und Kräutern bestreut. Lassen Sie sich bei der Wahl des Ziegenkäses von Ihrem Geschmack leiten. Er kann mild oder kräftig, weich oder fest sein.

Vorbereitung **15 Minuten** Backzeit **4–5 Minuten** *Für 16 Stück*

- 1 Baguette (250 g), in 2,5 cm dicke Scheiben geschnitten
- 4 EL passierte Tomaten
- 2 EL Tomatenmark
- 4 Eiertomaten (zusammen etwa 250 g)
- 150 g Ziegenkäse
- 1 EL natives Olivenöl extra
- 15 g Pinienkerne
- Thymian zum Bestreuen
- einige Thymianzweige zum Garnieren (nach Belieben)

1 Den Grill auf mittlerer Hitze vorheizen. Die Brotscheiben auf beiden Seiten grillen, bis sie etwas Farbe angenommen haben.

2 Passierte Tomaten und Tomatenmark mischen. Die Brotscheiben mit der Tomatenmischung bestreichen, dabei die Oberfläche ganz damit bedecken.

3 Die Tomaten jeweils längs in 4 Scheiben schneiden. Von den äußeren Scheiben die Rundungen jeweils flach schneiden. Die Brotscheiben mit je einer Tomatenscheibe belegen.

4 Tomaten jeweils mit einer kleinen Scheibe Ziegenhartkäse oder 1 TL weichem Ziegenkäse belegen. Mit Olivenöl beträufeln, mit Pinienkernen und Thymian bestreuen.

5 Die Brote 4–5 Minuten übergrillen, bis der Käse zu schmelzen beginnt und die Pinienkerne Farbe angenommen haben. Heiß servieren. Nach Belieben mit Thymianzweigen garnieren.

Variante

Für **fruchtige Ziegenkäsetoasts** Tomatenmischung und -scheiben weglassen. Je 2 EL Cranberrysauce und Mangochutney verrühren. Die Mischung auf die gerösteten Brotscheiben streichen, mit Käse belegen und mit Mandelblättchen bestreuen. Wie beschrieben grillen.

Das gesunde Plus

- Pinienkerne sind oft Bestandteil von orientalischen Reisgerichten und Füllungen und gehören in das italienische Pesto. Sie enthalten reichlich Mineralstoffe, darunter Magnesium, Kalium, Eisen, Zink und Kupfer.
- Ziegenkäse liefert Eiweiß und Kalzium sowie B-Vitamine (B_1, B_6, B_{12} und Niazin) und Phosphat. 100 g Ziegenfrischkäse enthalten wegen des höheren Wasseranteils weniger Fett als die gleiche Menge Ziegenhartkäse.

Nährwerte pro Stück	89 kcal, 3 g Eiweiß, 4 g Fett (1 g davon gesättigte Fettsäuren), 11 g Kohlenhydrate (0,8 BE, 0,8 KE), 0,5 g Ballaststoffe. Liefert auch Vitamin E.

Knusperkartoffeln aus dem Ofen mit Räucherlachs und Dill

Die Kartoffelstücke werden vor dem Backen dünn mit einer Mischung aus Olivenöl und Butter bestrichen. Das macht sie knusprig und bringt den Kartoffelgeschmack toll zur Geltung. Anschließend werden die Knollen mit einer würzigen Frischkäsecreme gefüllt. Tipp: Die köstlichen Happen eignen sich prima als Party-Snacks.

Vorbereitung und Garzeit **1¾–2 Stunden** *Für 8 Portionen*

8 kleine vorwiegend festkochende Kartoffeln (je etwa 200 g)

2 EL natives Olivenöl extra

Salz

20 g Butter

Pfeffer

125 g Räucherlachs

1 EL Zitronensaft

150 g fettreduzierter Frischkäse (0,2 % F. i. Tr.) oder Magerquark

1 EL Kapern, abgetropft und gehackt

2 EL gehackte Dillspitzen

Dillspitzen zum Garnieren

1 Den Backofen auf 200 °C vorheizen. Die Kartoffeln unter fließendem Wasser sauber bürsten, dann mit Küchenpapier trockenreiben. Auf Metallspieße stecken (damit die Knollen gleichmäßiger garen). Die Schalen mit 1 EL Öl bestreichen und mit etwas Salz bestreuen. Die Kartoffeln auf ein Backblech legen und im Ofen 1–1¼ Stunden backen, bis sie weich sind.

2 Die Kartoffeln von den Spießen nehmen und längs halbieren. Das Fruchtfleisch so herausschaben, dass ein etwa 1 cm dicker Rand stehen bleibt. (Aus dem weichen Kartoffelfleisch lässt sich gut Püree herstellen.) Kartoffelhälften längs halbieren und die entstandenen Kartoffelviertel mit den Schalenseiten nach unten auf ein Backblech legen.

3 Die Butter mit dem restlichen Öl (1 EL) zerlassen; mit Salz und Pfeffer würzen. Das Fruchtfleisch der Kartoffeln dünn mit dieser Mischung bestreichen. Die Kartoffelviertel 12–15 Minuten backen, bis sie goldbraun und knusprig sind.

4 In der Zwischenzeit den Räucherlachs in dünne Streifen schneiden und diese mit Zitronensaft beträufeln. Frischkäse, Dill und Kapern in einer Schüssel verrühren, dann die Lachsstreifen unter die Creme ziehen.

5 Die Kartoffelstücke 1–2 Minuten abkühlen lassen. Auf jedes Stück etwas von der Frischkäsecreme geben. Mit Dillspitzen garnieren und servieren, solange die Kartoffeln warm sind.

Das gesunde Plus

- Werden Kartoffeln in der Schale gegart, bleiben etliche Vitamine und Mineralstoffe erhalten – viele davon sitzen direkt unter der Schale. Wer die Schale mitisst, erhält auch mehr Ballaststoffe.
- Lachs ist ein Fettfisch. Sein Fleisch enthält reichlich essenzielle Omega-3-Fettsäuren. Das sind mehrfach ungesättigte Fettsäuren, die möglicherweise vor Herzerkrankungen schützen. Beim Räuchern werden diese Fettsäuren nicht zerstört.
- Kapern sind die eingelegten Knospen des Kapernstrauchs. Ihr zugleich salziger und saurer Geschmack bereichert viele Speisen und kann zusätzliches Salz überflüssig machen.

Nährwerte pro Portion 162 kcal, 7 g Eiweiß, 7 g Fett (3 g davon gesättigte Fettsäuren), 18 g Kohlenhydrate (2,5 BE, 3,0 KE), 2,5 g Ballaststoffe. Liefert auch Folsäure, Kalium, Niazin, Vitamin B_1, Vitamin B_6, Vitamin B_{12}, Vitamin C.

Tarteletts mit karamellisierten Zwiebeln

Für diese feinen Törtchen brauchen Sie keinen Teig zu kneten – die Böden sind nämlich aus Weißbrot, das gebuttert und knusprig gebacken wird. In Frankreich heißen solche Teigschälchen Croustades. Gefüllt werden sie mit einer Mischung aus Zwiebeln und getrockneten Tomaten. Croustades und Füllung können Sie gut im Voraus zubereiten.

Vorbereitung **20 Minuten** Garzeit **35 Minuten** *Für 12 Stück*

12 dünne Scheiben Weißbrot (je 25 g)

1 EL Butter, zerlassen

1 EL natives Olivenöl extra

2 große Zwiebeln (etwa 450 g), in feine Ringe geschnitten

30 g in Öl eingelegte getrocknete Tomaten, abgetropft und grob gehackt

2 TL fein gehackter Thymian

Salz und Pfeffer

30 g Walnusskerne, in grobe Stücke geteilt

1 Den Backofen auf 230 °C vorheizen. 12 beschichtete Muffinförmchen, falls nötig, dünn ausfetten. Aus den Brotscheiben 7,5 cm große Kreise ausstechen. Diese mit der Teigrolle flach drücken, dann die Förmchen damit auskleiden. Die Ränder etwas verbiegen, damit Muschelformen entstehen.

2 Die Brotböden mit zerlassener Butter bestreichen und im Ofen in 8–10 Minuten goldbraun backen. Warm halten, bis die Füllung fertig ist. (Im Voraus gebackene Böden in einer fest schließenden Dose aufbewahren.)

3 Das Öl in einer großen Pfanne mit passendem Deckel erhitzen. Zwiebelringe hineingeben und gut umrühren. Zugedeckt bei schwacher Hitze 20 Minuten garen, bis die Zwiebeln sehr weich geworden sind.

4 Den Deckel abnehmen. Die Zwiebeln bei mittlerer Hitze unter Rühren braten, bis sie goldbraun sind. Vom Herd nehmen. Tomaten und Thymian unterrühren, das Ganze mit Salz und Pfeffer abschmecken. (Im Voraus zubereitete Füllung im Kühlschrank aufbewahren. Vor der Verwendung aufwärmen.)

5 Die Zwiebelfüllung auf die Tarteletts verteilen und mit Walnussstücken bestreuen. Heiß servieren.

Variante

Statt Croustades zu backen, können Sie Filloteig verwenden. Dafür die Förmchen dünn buttern und 270 g Filloteig in 9 cm große Quadrate schneiden. Sie brauchen 48 Stück. In jedes Förmchen etwas versetzt 4 Teigquadrate drücken und mit zerlassener Butter bestreichen. Im vorgeheizten Ofen bei 220 °C in 4–5 Minuten knusprig backen.

Das gesunde Plus

- Der regelmäßige Verzehr von Walnüssen in kleinen Mengen senkt möglicherweise einen zu hohen Cholesterinspiegel und kann vor Herzerkrankungen und Krebs schützen. Das liegt an den in Walnüssen enthaltenen Antioxidanzien Kupfer, Selen, Vitamin E und Zink.

Foto Seite 225

Nährwerte pro Portion 115 kcal, 4 g Eiweiß, 4 g Fett (1 g davon gesättigte Fettsäuren), 19 g Kohlenhydrate (1 BE, 1,2 KE), 1 g Ballaststoffe. Reich an Vitamin E. Liefert auch Kupfer, Selen, Vitamin B_1.

Tortilla-Chips mit Mango-Tomaten-Salsa

Diese frische bunte Salsa enthält reichlich Vitamine und wertvolle Antioxidanzien. Sie eignet sich hervorragend als Dip für Tortilla-Chips aus Mais- oder Weizentortillas. Selbst gemachte Chips sind besonders empfehlenswert, weil sie nicht frittiert, sondern im Ofen gebacken werden und deshalb äußerst fettarm sind.

Vorbereitung und Backzeit **40 Minuten,** plus Kühlzeit *Für 6 Portionen*

8 Maistortillas (320 g)

Mango-Tomaten-Salsa

2 reife Mangos (etwa 600 g)

1 große Tomate (etwa 200 g)

abgeriebene Schale und Saft von 1 Limette

1 grüne Chilischote, entkernt und fein gehackt

1 Knoblauchzehe, zerdrückt

2 EL gehacktes Koriandergrün

1 EL Schnittlauchröllchen

Salz und Pfeffer

1 Die Mangos schälen und das Fruchtfleisch vom Stein lösen. In kleine Stücke schneiden und diese in eine große Schüssel geben. Die Tomate ebenfalls klein schneiden und zu den Mangostücken geben.

2 Limettenschale und -saft, Chili, Knoblauch, Koriandergrün und Schnittlauch zufügen. Salz und Pfeffer nach Geschmack zugeben und alles gut verrühren. In eine Schüssel füllen, zudecken und kalt stellen.

3 Den Backofen auf 160 °C vorheizen. Die Tortillas mit der Küchenschere in „Tortenstücke“ schneiden. Die Stücke nebeneinander auf ein Backblech legen und im Ofen 15 Minuten backen, bis sie knusprig und fest sind. Auf ein Kuchengitter legen und abkühlen lassen.

4 Zum Servieren die Schüssel mit der Salsa auf einen großen Teller stellen und rundherum die Tortilla-Chips anordnen.

Varianten

Nehmen Sie einmal 4 große oder 8 kleine Weizentortillas (etwa 325 g) statt der Maistortillas.

Für eine **Pfirsich-Salsa** 4 reife Pfirsiche anstelle der Mangos verwenden. Sie brauchen nicht geschält zu werden. Einfach halbieren, entsteinen und in kleine Stücke schneiden.

Für **Nachos** die Tortilla-Chips wie beschrieben backen und abkühlen lassen. Für einen Käse-Dip mit Gemüse 3 Frühlingszwiebeln, 2 grüne Paprikaschoten und 1 entkernte grüne Chilischote fein hacken und in eine flache ofenfeste Form geben. Mit ¼ TL Kreuzkümmelsamen sowie Salz und Pfeffer bestreuen. 200 g fettreduzierten Frischkäse auf dem Gemüse verteilen. Im vorgeheizten Ofen bei 190 °C 10–15 Minuten backen, bis der Käse geschmolzen ist. Salatherzen in Streifen schneiden und darüberstreuen. Den Dip heiß mit den Nachos servieren.

Das gesunde Plus

- Frische Mangos liefern das Antioxidans Vitamin C. Die Menge kann jedoch erheblich schwanken: In 100 g Mangofruchtfleisch können 10 mg, aber auch bis zu 180 mg Vitamin C enthalten sein.
- Das für die Schärfe der Chili verantwortliche Capsaicin sorgt dafür, dass im Körper Endorphine ausgeschüttet werden. Diese Substanzen lindern Schmerzen und sorgen für Wohlbefinden.

Nährwerte pro Portion 214 kcal, 5 g, Eiweiß, 1 g Fett (0,1 g davon gesättigte Fettsäuren), 50 g Kohlenhydrate (2,9 BE, 3,4 KE), 5 g Ballaststoffe. Ausgezeichnete Quelle für Vitamin A, Vitamin C, Vitamin E. Liefert auch Eisen, Kalium, Kalzium, Niazin, Vitamin B_1, Vitamin B_6, Zink.

Pikanter Krabbendip mit Gemüse und Obst

Dieser cremige Dip ist ruck, zuck aus Zutaten gemacht, die man sehr gut im Vorrat haben kann. Das ist praktisch, wenn unerwartet Gäste hereinschneien. Dazu gibt es Selleriestangen, Gurkenstäbchen und saftige Ananasspalten. Sie alle steuern wichtige Nährstoffe bei. Auch Brotstangen eignen sich prima zum Dippen.

Vorbereitung **15 Minuten** *Für 4 Portionen*

2 Selleriestangen (etwa 125 g)

½ Gurke (etwa 125 g)

1 kleine Ananas (etwa 350 g)

Krabbendip

1 Dose helles Krabbenfleisch (Crabmeat; etwa 120 g), abgetropft

2 EL Salatcreme oder Light-Mayonnaise

2 EL fettarmer Joghurt

1 TL Tomatenmark

abgeriebene Schale von 1 Limette

30 g in Öl eingelegte getrocknete Tomaten, abgetropft und fein gehackt

30 g Gewürzgurke, fein gehackt

einige Tropfen Tabasco (oder nach Geschmack)

1 Für den Dip Krabbenfleisch, Salatcreme bzw. Mayonnaise, Joghurt, Tomatenmark, Limettenschale, getrocknete Tomaten und Gewürzgurke in einer Schüssel gründlich verrühren. Den Dip mit Tabasco abschmecken. Zudecken und kalt stellen.

2 Die Selleriestangen in Stücke, die halbe Gurke in Stäbchen schneiden. Von der Ananas den Schopf abschneiden (die Blätter nach Belieben zum Garnieren verwenden). Die Ananas in Spalten schneiden und diese jeweils vom Strunk befreien.

3 Sellerie, Gurke und Ananas auf einer Platte anrichten. Die Schüssel mit dem Dip auf die Platte dazustellen. Nach Belieben mit Ananasblättern garnieren. Servieren.

Varianten

Von 2 Avocados die Kerne entfernen und den Dip in die so entstandenen Mulden häufen. Mit gewürfelter Gurke und roter Paprika bestreuen, dann mit Blattsalat und Brot als leichtes Mittagessen servieren.

Für einen **Räuchermakrelendip** 125 g geräuchertes Makrelenfilet ohne Haut mit Mayonnaise und Joghurt verrühren. Mit 1 TL Meerrettichsauce, der abgeriebenen Schale von einer Zitrone und 30 g Brunnenkresse würzen. Mit Brunnenkresse garnieren und mit in Scheiben geschnittenen roten und grünen Äpfeln zum Dippen servieren.

Für ein Buffet den Krabbendip auf etwa 1 cm dicke Gurkenscheiben geben und mit winzigen Radieschenstreifen oder Brunnenkresseblättchen garnieren.

Das gesunde Plus

- Krabbenfleisch liefert einiges an Phosphor. Dieses Spurenelement wird für die Entwicklung und die Gesunderhaltung der Knochen gebraucht und spielt eine wichtige Rolle im Energiehaushalt des Körpers.
- Staudensellerie wurde zunächst als Heilpflanze angebaut. Als Lebensmittel betrachtet man ihn erst seit dem 17. Jahrhundert. Er liefert Kalium; grüne Stangen und Blätter zudem das Antioxidans Betakarotin.

Nährwerte pro Portion 157 kcal, 8 g Eiweiß, 9,5 g Fett (1 g davon gesättigte Fettsäuren), 12 g Kohlenhydrate (0,9 BE, 1,1 KE), 2 g Ballaststoffe. Ausgezeichnete Quelle für Vitamin E. Reich an Kupfer, Vitamin C, Zink. Liefert auch Kalium, Kalzium.

Pikanter Krabbendip mit Gemüse und Obst *Seite 224*

Tarteletts mit karamellisierten Zwiebeln *Seite 222*

Provenzalischer Zwiebelkuchen *Seite 226*

Griechische Fleischklößchen mit Zitronendip *Seite 227*

Provenzalischer Zwiebelkuchen

Diese französische Verwandte der italienischen Pizza heißt in ihrer Heimat Pissaladière. Ein dick ausgerollter Brotteig wird mit einer aromatischen Tomaten-Zwiebel-Mischung bestrichen und anschließend dekorativ mit Sardellenfilets und Oliven belegt. Nach Belieben in kleine Würfel oder größere Portionen schneiden und warm oder kalt servieren.

Vorbereitung **1 Stunde,** plus **1 Stunde** Gehzeit Backzeit **40 Minuten** *Für 64 kleine Stücke*

Hefeteig

450 g Weizenmehl Type 550, mehr zum Kneten und Ausrollen

1 TL Salz

1 Päckchen Trockenhefe (etwa 7 g)

3 EL natives Olivenöl extra

Belag

3 EL natives Olivenöl extra

4 Zwiebeln (etwa 750 g), in dünne Scheiben geschnitten

2 Knoblauchzehen, zerdrückt

1 Dose Pizzatomaten (400 g)

3 EL Tomatenmark

1 EL gehackter Oregano

Pfeffer

2 Dosen Sardellenfilets (je etwa 50 g), der Inhalt abgespült, abgetropft und längs halbiert

16 entsteinte schwarze Oliven (etwa 50 g), geviertelt

1 Für den Teig Mehl in eine Schüssel sieben. Salz und Hefe unterrühren. Eine Mulde in die Mitte drücken, Öl und 300 ml lauwarmes Wasser hineingießen. Nach und nach die trockenen Zutaten mit der Flüssigkeit zu einem klebrigen Teig vermischen. Dabei erst mit einem Löffel, dann mit den Händen arbeiten.

2 Den Teig aus der Schüssel auf eine leicht bemehlte Arbeitsfläche stürzen. 10 Minuten kneten, bis er glatt und elastisch ist. In eine dünn mit Öl ausgestrichene Schüssel geben und mit Frischhaltefolie bedecken. An einem warmen Ort etwa 45 Minuten gehen lassen, bis er sein Volumen verdoppelt hat.

3 Inzwischen den Belag vorbereiten. Dafür das Öl in einem großen Topf erhitzen. Zwiebeln und Knoblauch darin 30 Minuten garen, bis sie sehr weich und goldgelb, aber nicht braun sind. Die Tomaten mitsamt dem Saft, das Tomatenmark, den Oregano sowie Salz und Pfeffer nach Geschmack zufügen und alles unter gelegentlichem Rühren noch 10 Minuten köcheln lassen. Vom Herd nehmen und abkühlen lassen.

4 Mit der Faust einmal auf den aufgegangenen Teig schlagen, um Luft entweichen zu lassen. Den Teig noch einmal durchkneten, dann auf einer bemehlten Arbeitsfläche zu einem Quadrat mit 30 cm Kantenlänge ausrollen. Auf ein dünn gefettetes Backblech legen.

5 Den Backofen auf 200 °C vorheizen. Die Zwiebelmischung gleichmäßig auf den Teig streichen, darauf gitterförmig die Sardellen legen. In jedes Fach ein Olivenviertel legen. Die Pissaladière bei Raumtemperatur etwa 15 Minuten gehen lassen.

6 Die Pissaladière etwa 30 Minuten backen, bis die Oberfläche goldbraun und fest ist. Ofentemperatur auf 190 °C reduzieren; weitere 10 Minuten backen. Etwas abkühlen lassen, dann in Stücke schneiden und servieren.

Das gesunde Plus

- Tomaten in Dosen sollte man immer im Vorrat haben. Sie sind nicht nur praktisch, sondern auch sehr gesund: Durch das Konservieren wird das in Tomaten enthaltene Lykopin (ein sekundärer Pflanzenstoff mit stark antioxidativer Wirkung) nicht zerstört, sondern sogar verstärkt.

Foto Seite 225

Nährwerte pro Stück 44 kcal, 1,5 g Eiweiß, 1,5 g Fett (0,2 g davon gesättigte Fettsäuren), 6,5 g Kohlenhydrate (0,3 BE, 0,4 KE), 0,5 g Ballaststoffe.

Griechische Fleischklößchen mit Zitronendip

Diese köstlichen Klößchen bestehen aus gehacktem Lammfleisch und Reis, gewürzt mit Thymian, Zitrone und Muskat. Damit man sie leicher verspeisen kann, werden sie auf Spießchen gegrillt. Die typisch griechische Ei-Zitronen-Sauce, die es zum Dippen dazu gibt, ist hocharomatisch und ergänzt die Fleischklößchen aufs Beste.

Vorbereitung **25 Minuten** Garzeit **20–25 Minuten** *Für 24 Stück*

30 g Langkornreis

2 kleine rote Zwiebeln

400 g gehacktes mageres Lammfleisch

1 kleine Zwiebel, sehr fein gewürfelt

1 Knoblauchzehe, zerdrückt

1 EL gehackter Thymian

½ TL frisch geriebene Muskatnuss

fein abgeriebene Schale von 1 Zitrone

Salz und Pfeffer

1 große rote Paprikaschote, in 24 kleine Quadrate geschnitten

natives Olivenöl extra zum Bestreichen

Ei-Zitronen-Dip

1½ TL Pfeilwurzelmehl

Saft von 2 kleinen Zitronen

100 ml Lamm- oder Hühnerfond

1 kleines Ei

2 TL gehackter Thymian

1 Den Reis in einen Topf geben. Mit kaltem Wasser bedecken. Aufkochen lassen. In 10 Minuten oder nach Packungsanweisung gar kochen. Abgießen und beiseitestellen.

2 Inzwischen 24 lange Holzspießchen 10 Minuten in warmem Wasser einweichen. Abgießen. Grill auf mittlerer Stufe vorheizen.

3 Die roten Zwiebeln jeweils so in 12 Stücke schneiden, dass die einzelne Schichten an den Wurzelenden noch zusammenhalten.

4 Das Hackfleisch, die Zwiebel und den gegarten Reis, Knoblauch, Thymian, Muskat und Zitronenschale sowie Salz und Pfeffer nach Geschmack in eine Schüssel geben. Alles zu einem glatten Teig verkneten. Den Teig zu 24 Bällchen formen.

5 Auf jeden Spieß ein Fleischbällchen, ein Stück Paprika und eine Zwiebelspalte stecken. Die Spießchen nebeneinander über dem Grillblech auf den Grillrost legen. (Die Spieße können Sie gut 3–4 Stunden im Voraus zubereiten. Mit Frischhaltefolie bedecken und im Kühlschrank aufbewahren.) Mit etwas Öl bestreichen und 15–18 Minuten grillen, bis sie goldbraun und durchgegart sind, dabei gelegentlich wenden.

6 Inzwischen für den Dip das Pfeilwurzelmehl mit etwa der Hälfte des Zitronensafts mischen, dann den Rest des Safts unterrühren. Den Fond in einem kleinen Topf zum Kochen bringen. Die Zitronenmischung hineinrühren. Die Flüssigkeit erneut unter ständigem Rühren aufkochen lassen, dann den Topf vom Herd nehmen.

7 Das Ei in einer Schüssel leicht verquirlen. Nach und nach unter ständigem Schlagen mit dem Schneebesen in die heiße Flüssigkeit geben. Den Topf wieder auf den Herd stellen und die Sauce etwa 4 Minuten schlagen, bis sie glatt und cremig ist. Nicht kochen lassen, damit das Ei nicht ausflockt. Mit Thymian, Salz und Pfeffer würzen und zu den Spießchen servieren.

Variante

Für einen schnellen, einfachen **Zitronen-Minze-Dip** 200 g stichfesten Joghurt mit der abgeriebenen Schale von 1 Zitrone und 2 EL gehackter frischer Minze verrühren.

Das gesunde Plus

- Lammfleisch kann recht fettreich sein. Doch beim Grillen tropft viel von dem überschüssigen Fett ab.
- Weil der Fleischteig mit Reis zubereitet wird, enthalten die Fleischbällchen weniger Fleisch als üblich, liefern aber durch den Reis gesunde komplexe Kohlenhydrate.

Foto Seite 225

Nährwerte pro 2 Stück 72 kcal, 8 g Eiweiß, 3 g Fett (0,2 g davon gesättigte Fettsäuren), 4 g Kohlenhydrate (0 BE, 0 KE), 0,4 g Ballaststoffe. Liefert auch Vitamin A, Vitamin C.

Filloteigpäckchen mit Krabbenfleisch

Diese asiatisch angehauchten dreieckigen Teigtäschchen enthalten eine ingwerwürzige Mischung aus Krabbenfleisch, Wasserkastanien und Maiskörnern. Sie schmecken so gut, wie sie aussehen, und sind ganz leicht zu machen. Für eine Party können Sie sie vorbereiten und erst kurz vor dem Servieren backen. Dazu gibt es einen süß-scharfen Dip.

Vorbereitung **45–50 Minuten** Backzeit **12–13 Minuten** *Für 18 Stück*

1 Dose helles Krabbenfleisch (Crabmeat; etwa 170 g), abgetropft

1 Dose Wasserkastanien (etwa 225 g), der Inhalt abgetropft und grob gehackt

1 Dose Maiskörner (etwa 200 g), der Inhalt abgetropft

4 Frühlingszwiebeln, gehackt

1 EL gehackter frischer Ingwer

1 rote Chilischote, entkernt und fein gehackt

2 EL chinesischer Reiswein oder trockener Sherry

Salz und Pfeffer

2 EL Erdnussöl

1 EL geröstetes Sesamöl

6 Filloteigblätter, je 50 × 30 cm groß (etwa 225 g), ersatzweise Strudelteig

1 EL Sesamsamen

Zum Anrichten

Frühlingszwiebeln

süße thailändische Chilisauce zum Dippen

1 Den Backofen auf 200 °C vorheizen. Krabbenfleisch, Wasserkastanien, Mais, Frühlingszwiebeln, Ingwer, Chili, Reiswein oder Sherry, Salz und Pfeffer in einer Schüssel mischen. Erdnuss- und Sesamöl in einem Schälchen verrühren.

2 Die Filloteigblätter von einer Schmalseite aus locker aufrollen. Die Rolle mit einem scharfen Messer in 3 gleich große Portionen teilen. 2 dieser Rollen mit Frischhaltefolie bedecken, damit sie nicht austrocknen. Die dritte Rolle auseinandernehmen, einen Streifen abnehmen, die restlichen beiden zudecken und beiseitelegen.

3 Den Teigstreifen flach so auf die Arbeitsfläche legen, dass eine Schmalseite zu Ihnen zeigt. Den Streifen mit etwas Ölmischung bepinseln. Dicht am unteren Rand 1 gehäuften EL Krabbenfleischmischung auf die rechte Ecke des Streifens setzen. Den Teigstreifen schräg darüberklappen. Den Streifen weiter schräg (im Zickzack) zusammenfalten, bis das andere Ende erreicht und ein dreieckiges Päckchen entstanden ist. Dieses mit der Naht nach unten auf ein Backblech legen.

4 Die restlichen Teigstreifen und die restliche Füllung wie beschrieben verarbeiten. (Die Päckchen lassen sich vorbereiten; die Backbleche mit Frischhaltefolie bedecken und im Kühlschrank aufbewahren. Sind die Päckchen sehr kalt, ist die Backzeit möglicherweise 15 Minuten länger.)

5 Die Päckchen mit der restlichen Ölmischung bestreichen. Mit Sesam bestreuen und 12–13 Minuten backen.

6 Auf ein Kuchengitter legen und etwas abkühlen lassen. In der Zwischenzeit die grünen Enden der Frühlingszwiebeln längs einschneiden, damit „Pinsel“ entstehen. Die Päckchen mit den Frühlingszwiebeln garnieren. Die Chilisauce in ein Schälchen füllen und dazu reichen.

Varianten

Für **Filloteigpäckchen mit Garnelen** 125 g gegarte geschälte Garnelen hacken und anstelle von Krabbenfleisch verwenden.

Für **Frühlingsröllchen** mit Gemüse 1 Möhre raspeln. Den Inhalt von 1 Dose Bambussprossen in Scheiben (etwa 220 g) abtropfen lassen. Hacken. Mit 200 g Mungobohnensprossen, 1 geraspelten Möhre, 4 gehackten Frühlingszwiebeln und 125 g gehackten Champignons mischen. 1 EL Erdnussöl in einem großen Topf erhitzen. 1 EL fein gehackten Ingwer und 2 zerdrückte Knoblauchzehen darin 30 Sekun-

Nährwerte pro Stück 79 kcal, 3 g Eiweiß, 3 g Fett (0,5 g davon gesättigte Fettsäuren), 11 g Kohlenhydrate (6 BE, 6,8 KE), 0,5 g Ballaststoffe.

den pfannenrühren. Gemüsemischung zufügen, 1 Minute mitbraten. Mit je 1 EL heller Sojasauce und Reiswein beträufeln. Noch 1 Minute pfannenrühren, dann abkühlen lassen. Filloteig wie beschrieben schneiden. 2 EL Erdnuss- mit 1 EL geröstetem Sesamöl mischen. Einen Teigstreifen damit bestreichen, 1 gehäuften EL Füllung in die Mitte geben. Die Seiten der Teigstreifen über die Füllung klappen und die Streifen zigarrenförmig aufrollen. Den restlichen Teig und die restliche Füllung ebenso verarbeiten. Fertig stellen und die Päckchen wie beschrieben backen.

Das gesunde Plus

- Weil diese Päckchen aus Filloteig bestehen, sind sie sehr fettarm. Nur ganz wenig Öl ist erforderlich, damit die Ränder zusammenhalten und die Päckchen schön braun und knusprig werden. Außerdem werden die Päckchen im Ofen gebacken und nicht in viel Öl frittiert.
- Von Ingwer nimmt man an, dass er die Verdauung fördert, den Kreislauf anregt und antiseptische Eigenschaften hat. Bei Erkältungen, Morgenübelkeit und Reisekrankheit wirkt er lindernd.

Aprikosenhappen mit geräucherter Putenbrust

Für diese Leckerbissen werden getrocknete Aprikosen mit Orangensaft benetzt, dann in Putenbruststreifen gewickelt und gegrillt. Man kann sie zum Aperitif anbieten, sie machen sich aber auch als Beilage zu Huhn gut. Vorsichtig grillen, damit die Fleischstreifen nicht austrocknen: Die fettarme Putenbrust ist schneller gar als Räucherspeck!

Vorbereitung **10 Minuten** Garzeit **2 Minuten** *Für 24 Stück*

24 weiche getrocknete Aprikosen

Saft von 1 Orange

2 TL Orangenmarmelade

2 TL körniger Senf

150 g geräucherte Putenbrust in Scheiben

1 TL natives Olivenöl extra

gehackte glatte Petersilie zum Garnieren (nach Belieben)

1 Aprikosen in eine kleine Schüssel geben. Mit Orangensaft beträufeln und darin wenden, um sie zu benetzen (so verbrennen sie beim Grillen nicht).

2 Marmelade und Senf mischen. Die Putenbrustscheiben damit bestreichen und anschließend in Streifen schneiden, die etwas länger als der Umfang einer Aprikose sind. Es werden 24 Streifen gebraucht.

3 Den Grill auf mittlerer Stufe vorheizen. Die Aprikosen abgießen. Jede in einen Putenbruststreifen wickeln und diesen mit einem Holzspießchen zusammenstecken.

4 Die eingewickelten Aprikosen auf das Grillblech legen und mit etwas Öl bestreichen. Auf jeder Seite 1 Minute grillen, bis das Fleisch knapp gar ist.

5 Die Happen in eine Schüssel geben und nach Belieben mit Petersilie bestreuen. Heiß servieren.

Varianten

Bestreichen Sie die Putenbrustscheiben einmal mit Pesto statt mit einer Marmeladen-Senf-Mischung.

Für **Bananenhappen mit geräucherter Putenbrust und Chutney** 3 Bananen in je 8 Stücke schneiden und diese sofort in etwas Zitronensaft wenden, damit sie nicht braun werden. Die Putenbruststreifen mit etwas Mangochutney bestreichen. Die Bananenstücke hineinwickeln. Auf jeder Seite 1 Minute grillen. Heiß servieren.

Für **Ananasbissen mit Schwarzwälder Schinken** eine kleine Ananas (etwa 900 g) schälen. Mitsamt dem Schopf vierteln, den Strunk wegschneiden. Jedes Viertel quer in 8 Stücke schneiden (das ergibt 32 Stücke). 8 Scheiben Schwarzwälder Schinken längs halbieren, die Streifen quer halbieren. Die Ananasstücke in die Schinkenstreifen wickeln, diese mit Spießchen fixieren. Gleich servieren.

Das gesunde Plus

- Getrocknete Aprikosen sind eine der besten pflanzlichen Quellen für Eisen und enthalten auch Kalzium.
- Geräucherte Putenbrust ist eine tolle fettarme Alternative zu Schweinespeck. 100 g enthalten 1,6 g Fett und 99 kcal, wohingegen die gleiche Menge Speck es auf 21 g Fett und 249 kcal bringt.

Foto Seite 233

Nährwerte pro Stück 75 kcal, 3 g Eiweiß, 0,5 g Fett (0,1 g davon gesättigte Fettsäuren), 15 g Kohlenhydrate (0,8 BE, 1 KE), 2,5 g Ballaststoffe. Liefert auch Kalium, Kupfer.

Würziger Ricotta-Dip mit Äpfeln und Datteln

Weil Datteln von Natur aus viel Zucker enthalten, passen sie wunderbar in Desserts, Gebäck und Chutneys. In diesem Rezept werden sie mit Äpfeln zu einem aromatischen Püree gekocht, in das man wunderbar Obst oder Gemüse tunken kann. Doch auch als ungewöhnlicher Aufstrich für Brot, Brötchen oder Crostini macht dieser Dip sich gut.

Vorbereitung **15–20 Minuten,** plus Kühlzeit *Für 4 Portionen*

3 grüne Kardamomkapseln

2 Äpfel (z. B. Boskoop; etwa 225 g), geschält und grob gehackt

125 g entsteinte getrocknete Datteln, grob gehackt

½ TL gemahlener Zimt

250 g Ricotta

Zum Anrichten

Rohkost aus Selleriestangen, Gurken- und Möhrenstiften, Ananasspalten sowie Paprikastreifen

1 Ein großes Messer zur Hand nehmen. Die Kardamomkapseln mit der flachen Seite der Messerklinge andrücken, bis sie aufplatzen. Die Samen herausnehmen. Die Kapseln wegwerfen, die Samen mit der flachen Seite der Messerklinge zerdrücken. (Das kann man auch im Mörser tun.)

2 Äpfel, Datteln, zerstoßene Kardamomsamen und Zimt mit 200 ml Wasser in einen Topf geben. Bei mittlerer Hitze unter gelegentlichem Rühren aufkochen, dann 10 Minuten unter gelegentlichem Rühren bei schwacher Hitze köcheln lassen.

3 Die Mischung vom Herd nehmen und abkühlen lassen. Sobald sie kalt ist, den Ricotta unterrühren. Den Dip zudecken und im Kühlschrank aufbewahren, bis er gebraucht wird. Er hält sich 3–4 Tage.

4 Zum Servieren in eine Schüssel füllen, die Obst- und Gemüsestücke rundherum anrichten.

Variante

Für einen **Dattel-Apfel-Orangen-Dip** den Ricotta weglassen. Die abgeriebene Schale und den Saft von 1 großen Orange unterrühren. In eine Schüssel füllen und mit Apfel- und Birnenstücken, Selleriestangen und Möhrenstiften zum Eintunken servieren.

Das gesunde Plus

- Ricotta ist eine italienische Käsesorte. Er wird aus der Molke gemacht, die bei der Herstellung von Käse wie Mozzarella anfällt. Er enthält viel Wasser und ist daher fett- und kalorienärmer als manch anderer Frischkäse.
- Wie alle Käsesorten, so liefert auch Ricotta viel Kalzium. Außerdem enthält er die Vitamine A und D, allerdings nicht so viel wie fettreicherer Käse: Vitamin D ist fettlöslich – je weniger Fett, desto weniger Vitamin D.
- Die Äpfel und die Datteln in diesem Dip liefern einiges an Ballaststoffen.
- Zimt und Kardamom sind Gewürze, die Verdauungsbeschwerden lindern können. Zimt wirkt zudem bei verstopfter Nase und Tubenkatarrh abschwellend.

Foto Seite 233

Nährwerte pro Portion (nur Dip) 195 kcal, 7 g Eiweiß, 7 g Fett (4 g davon gesättigte Fettsäuren), 27 g Kohlenhydrate (2,2 BE, 2,6 KE), 2 g Ballaststoffe. Liefert auch Kalzium, Niazin, Vitamin A, Vitamin B_{12}, Vitamin C.

Müsliriegel mit Datteln und Walnüssen

Müsliriegel sind als energiespendender Pausensnack sehr beliebt. Diese verschlankte Version kommt mit sehr wenig Butter aus, und die Süße ist zu einem großen Teil den Datteln zu verdanken. Walnuss- und Sonnenblumenkerne machen das Ganze schön knackig.

Vorbereitung **15 Minuten** Backzeit **20 Minuten** *Für 16 Stück*

- 100 g Butter
- 3 EL Sonnenblumenöl
- 50 g brauner Zucker
- 3 EL flüssiger Honig
- abgeriebene Schale von 1 Orange
- 2 EL Orangensaft
- 100 g getrocknete entsteinte Datteln, gehackt
- 75 g Walnusskerne, gehackt
- 250 g Haferflocken
- 30 g Sonnenblumenkerne

1 Den Backofen auf 180 °C vorheizen. Eine flache (etwa 2–3 cm hohe) beschichtete ofenfeste Form (28 × 18 cm oder 20 × 20 cm) dünn fetten. Wer keine beschichtete Form besitzt, verwendet eine normale, fettet sie und belegt den Formboden mit Backpapier.

2 Butter, Öl, Zucker und Honig sowie Orangenschale und -saft in einen Topf mit schwerem Boden füllen. Unter Rühren erhitzen, bis die Butter geschmolzen ist. Den Topf vom Herd nehmen. Datteln und Nüsse in die Buttermischung rühren, dann die Haferflocken gründlich unterarbeiten.

3 Die Mischung in die vorbereitete Form geben und gut und gleichmäßig festdrücken. Die Sonnenblumenkerne darüberstreuen und leicht andrücken.

4 Die Masse 20 Minuten backen, bis die Ränder Farbe angenommen haben. Aus dem Ofen nehmen und kurz in der Form abkühlen lassen. Oben mit einem scharfen Messer 16 Stücke markieren.

5 In der Form auskühlen lassen, dann entlang der markierten Linien in Riegel schneiden. Luftdicht verpackt, halten sich die Müsliriegel bis zu einer Woche frisch.

Varianten

Anstelle der Sonnenblumenkerne können Sie Kürbiskerne zum Bestreuen nehmen.

Sie können noch mehr getrocknetes Obst in die Masse geben, beispielsweise Cranberrys oder Rosinen.

Ersetzen Sie einmal 30 g braunen Zucker durch die gleich Menge Kokosraspel.

Das gesunde Plus

- Haferflocken haben einen niedrigen glykämischen Index, und sie liefern eine Menge lösliche Ballaststoffe. Diese können einen zu hohen Cholesterinspiegel senken.
- Bei Datteln stammen 95 % der Kalorien aus Zucker. Trotzdem steigt der Blutzuckerspiegel nach dem Verzehr dieser Müsliriegel nicht sprunghaft an. Das liegt daran, dass die Datteln zusammen mit den Haferflocken reichlich Ballaststoffe liefern. Sie sorgen dafür, dass der Zucker gleichmäßig in das Blut übergeht und der Blutzuckerspiegel relativ konstant bleibt.
- Sonnenblumenkerne liefern Vitamin B_1, Niazin, Zink und darüber hinaus noch eine Menge Vitamin E.

Nährwerte pro Stück 208 kcal, 3 g Eiweiß, 13 g Fett (4 g davon gesättigte Fettsäuren), 22 g Kohlenhydrate (1,4 BE, 1,9 KE), 2 g Ballaststoffe. Ausgezeichnete Quelle für Vitamin E. Liefert auch Kupfer, Vitamin B_1, Zink.

Müsliriegel mit Datteln und Walnüssen *Seite 232*

Würziger Ricotta-Dip mit Äpfeln und Datteln *Seite 231*

Aprikosenhappen mit geräucherter Putenbrust *Seite 230*

Gefüllte Champignons *Seite 235*

Mit Rosmarin marinierte Oliven

Wenn man Oliven in fruchtigem Olivenöl mit frischen Kräutern und etwas Zitronensaft einlegt, verbessert sich ihr Geschmack deutlich. Und wenn man sie mit roter und gelber Paprika und kleinen Cocktailtomaten serviert, sehen sie auch noch fabelhaft aus. Reichen Sie dazu am besten in Streifen geschnittenes Pitabrot.

Vorbereitung **10 Minuten,** plus **2 Tage** Marinierzeit *Für 800 g (8 Portionen)*

- 200 g Oliven, vorzugsweise eine Mischung aus grünen und schwarzen
- 2 EL natives Olivenöl extra
- 1 EL Zitronensaft
- 1 dünnschalige Orange, gründlich abgebürstet und ungeschält in Stücke geschnitten
- 2 Rosmarinzweige
- 1 grüne Chilischote, entkernt und in Streifen geschnitten
- je 1 rote und gelbe Paprikaschote, in kleine Stücke geschnitten
- 125 g Cocktailtomaten, halbiert oder geviertelt

1 Die Oliven in eine große Schüssel geben. Olivenöl, Zitronensaft, Orangenstücke, Rosmarinzweige und Chili zufügen. Alles verrühren, dann zudecken und in den Kühlschrank stellen.

2 In den nächsten 2 Tagen die Olivenmischung alle 12 Stunden aus dem Kühlschrank nehmen, abdecken und umrühren. Anschließend wieder zudecken, zurück in den Kühlschrank stellen und weiter durchziehen lassen.

3 Zum Servieren die Oliven in eine Schüssel geben. Paprikastücke und Tomaten zufügen und alles gut mischen.

Varianten

Die marinierten Oliven machen sich gut in Salaten. Probieren Sie sie beispielsweise in einem Salat aus jungem Spinat und Kichererbsen oder in Gurkensalat mit Thunfisch.

Für **Knoblaucholiven mit Feta** Orange, Rosmarin und Chili weglassen. Stattdessen 2 gehackte Knoblauchzehen, 30 g gehackte getrocknete Tomaten und ein paar zerrissene Basilikumblätter zugeben. Zum Servieren die Oliven mit 100 g gewürfeltem Feta, der Paprika, 125 g halbierten Cocktailtomaten und einigen Basilikumblättern mischen.

Das gesunde Plus

- Oliven enthalten viel Fett – glücklicherweise handelt es sich dabei überwiegend um gesunde einfach ungesättigte Fettsäuren. Grüne Oliven liefern mehr Karotinoide als schwarze.
- Natives Olivenöl extra ist das beste aller Olivenöle. Es ist säurearm und hocharomatisch. Weil es kaum erhitzt und raffiniert wird, bleiben die meisten essenziellen Fettsäuren und sekundären Pflanzenstoffe erhalten.
- Der Name Rosmarin stammt aus dem Lateinischen und bedeutet übersetzt Meerestau – man fand das wild wachsende Kraut mit dem intensiven Geschmack oft in Küstennähe. Die alten Römer verwendeten es überwiegend als Heilpflanze, beispielsweise um den Verdauungstrakt zu beruhigen.

Nährwerte pro Portion bzw. pro 100 g 73 kcal, 1 g Eiweiß, 6 g Fett (1 g davon gesättigte Fettsäuren), 5 g Kohlenhydrate (0 BE, 0 KE), 2 g Ballaststoffe. Ausgezeichnete Quelle für Vitamin C. Reich an Vitamin A, Vitamin E.

Gefüllte Champignons

Die Pilzhüte werden hier mit einer köstlichen Mischung aus Zucchini, Spinat und Haselnüssen gefüllt. Das Ganze wird dann noch mit geriebenem Parmesan bestreut und im Ofen gebacken. Diesen leckeren Happen wird auf der nächsten Party keiner Ihrer Gäste widerstehen können.

Vorbereitung **25–30 Minuten** Backzeit **15 Minuten** *Für 16 Stück*

16 große geschlossene Egerlinge oder Champignons (etwa 250 g)

30 g Butter

2 Schalotten, fein gewürfelt

1 Knoblauchzehe, zerdrückt

1 kleine Zucchini, fein gehackt

15 g junge Spinatblätter, in dünne Streifen geschnitten, mehr zum Garnieren

30 g frische Brotkrumen aus Vollkornbrot

30 g Haselnusskerne, fein gehackt

2 EL fein gehackte Petersilie

Salz und Pfeffer

45 g frisch geriebener Parmesan

1 Den Backofen auf 180 °C vorheizen. Die Pilze von den Stielen befreien und diese fein hacken. Die Butter in einer Pfanne zerlassen. Pilzstiele, Schalotte, Knoblauch und Zucchini hineingeben und unter gelegentlichem Rühren 5 Minuten garen.

2 Die Pfanne vom Herd nehmen. Spinat, Brotkrumen, Haselnüsse und Petersilie sowie Salz und Pfeffer nach Geschmack hineingeben und alles verrühren.

3 Die Pilzhüte mit den Vertiefungen nach oben nebeneinander in eine dünn gefettete ofenfeste Form oder auf ein dünn gefettetes Backblech setzen. Die Zucchinimischung auf die Pilze häufen und mit Parmesan bestreuen. (Die Pilze lassen sich 2–3 Stunden im Voraus vorbereiten; mit Frischhaltefolie bedecken und kalt stellen.)

4 Die gefüllten Pilzhüte im Ofen 15 Minuten backen, bis sie weich sind und der Käse zerlaufen ist. Auf einem Bett aus Spinatblättern anrichten. Warm servieren.

Varianten

Für **Pilze mit Mangold und Walnüssen** den Spinat durch Mangold, die Schalotte durch 1 rote Zwiebel und die Petersilie durch Basilikum oder Koriandergrün ersetzen.

Für **Pilze mit Paprika-Pinienkern-Füllung** 4 Frühlingszwiebeln und 2 rote Paprikaschoten fein hacken. Mit den Pilzstielen und einer gehackten Knoblauchzehe unter ständigem Rühren in 1 EL Olivenöl 5 Minuten braten. 30 g gehackte Pinienkerne, 15 g gehackte Brunnenkresse, 30 g frische Brotkrumen und 2 EL fein gehackte Petersilie sowie Salz und Pfeffer nach Geschmack zugeben. Die Mischung auf die Pilzhüte geben und 50 g Mozzarella darauf verteilen. Die gefüllten Pilze wie beschrieben backen.

Das gesunde Plus

- Pilze enthalten einige B-Vitamine, außerdem das Spurenelement Kupfer. Dieser Mineralstoff erfüllt im Körper vielfältige Aufgaben – er ist Bestandteil diverser Enzyme und wird für Knochenwachstum und die Bildung von Bindegewebe benötigt.
- In China waren Haselnüsse bereits vor 5000 Jahren bekannt, und auch die alten Römer genossen sie schon. Die Kerne sind sehr gute Quellen für Vitamin E und die meisten B-Vitamine (mit Ausnahme von Vitamin B_{12}).

Foto Seite 233

Nährwerte pro Stück 46 kcal, 2 g Eiweiß, 4 g Fett (2 g davon gesättigte Fettsäuren), 1 g Kohlenhydrate (0,1 BE, 0,1 KE), 0,5 g Ballaststoffe. Liefert auch Selen, Vitamin E.

Süß und gesund

Mango-Smoothie

Smoothies sind dickflüssige, sättigende Getränke, die entweder aus Obst und Joghurt oder Milch oder aus Fruchtsaft und Fruchtfleisch gemacht werden. Fast jede Obstsorte – allein oder mit anderen kombiniert – eignet sich wunderbar dafür.

Vorbereitung **5 Minuten** *Für 2 Portionen*

- 1 reife Mango (300 g)
- 150 g eiskalter fettarmer Joghurt
- 300 ml eiskalte entrahmte Milch
- 1 TL flüssiger Honig (5 g)
- Samen aus 6 Kardamomkapseln

1 Die Mango schälen. Das Fruchtfleisch vom Stein schneiden, grob hacken, in den Mixer oder die Küchenmaschine geben und fein pürieren.

2 Joghurt und Milch zugießen und weitermixen, bis die Mischung schaumig ist. Mit Honig süßen.

3 Das Getränk auf 2 hohe Gläser verteilen und mit den Kardamomsamen bestreuen. Sofort servieren.

Varianten

Für einen tropischen **Bananen-Smoothie** Mango und Naturjoghurt durch eine große in Scheiben geschnittene Banane und 150 g Joghurt mit exotischen Früchten ersetzen.

Ein **Kiwi-Erdbeer-Smoothie** wird aus dem gehackten Fruchtfleisch von 2 Kiwis, 225 g Erdbeeren und 300 ml Apfel- oder hellem Traubensaft hergestellt. Falls nötig, mit etwas Honig süßen.

Probieren Sie mal einen **Birnen-Brombeer-Smoothie** aus dem gehackten Fruchtfleisch von 2 saftigen Birnen, 125 g Brombeeren, Fruchtfleisch und Kernen von 2 Passionsfrüchten und 300 ml Cranberrysaft.

Ebenfalls lecker ist ein **Ananas-Erdbeer-Smoothie**. Dafür brauchen Sie das gehackte Fruchtfleisch von einer kleinen Ananas, 250 g Erdbeeren und 300 ml Apfelsaft sowie 1 TL Holunderblütensirup zum Süßen.

Das gesunde Plus

- Smoothies werden blitzschnell aus frischem Obst gemacht – so bleiben die wertvollen Inhaltsstoffe erhalten.
- Smoothies, die mit Joghurt oder Milch zubereitet wurden, enthalten auch Eiweiß, Kalzium und viele B-Vitamine – fast so etwas wie eine Trinkmahlzeit.
- Mango liefert viel Betakarotin. Die Vorstufe von Vitamin A ist wichtig für die Haut und für gutes Sehen, besonders in der Dämmerung. Die Früchte enthalten darüber hinaus beachtliche Mengen von Vitamin C und die Vitamine B_6 und E.

Nährwerte pro Portion 203 kcal, 10 g Eiweiß, 2,5 g Fett (2 g davon gesättigte Fettsäuren), 37 g Kohlenhydrate (3 BE, 3,5 KE), 4 g Ballaststoffe. Ausgezeichnete Quelle für Vitamin A, Vitamin C, Vitamin E. Reich an Vitamin B_2, Vitamin B_6, Vitamin B_{12}. Liefert auch Folsäure, Kalium, Kupfer, Niazin, Vitamin B_1, Zink.

Zitroniger Muntermacher

Köstlich belebend: Zubereitet wird dieses Getränk aus frisch gepresstem Zitrussaft, der mit ein wenig Limettenschale und Minze aromatisiert wird. Schneiden Sie die Früchte erst direkt vor dem Entsaften auf, damit kein Vitamin C verloren geht, und genießen Sie den Muntermacher zum Frühstück oder zum Brunch.

Vorbereitung **15–20 Minuten** *Für 4 Portionen*

1 Limette

4 Saftorangen (etwa 500 g)

1 rosa Grapefruit (150 g)

1 Zitrone

1 EL Zucker

2 EL in Streifen geschnittene Minzeblätter

Zum Garnieren (nach Belieben)

Limetten- und Zitronenscheiben

1 Die Schale von der Limette fein abreiben. Anschließend Limette, Orangen, Grapefruit und Zitrone quer halbieren und entsaften. Am besten eine Zitruspresse verwenden, die die Kerne, aber nicht das ganze Fruchtfleisch zurückhält.

2 Die Zitrussäfte in einen Krug gießen und mit Limettenschale, 4 EL Wasser, Zucker und Minze verrühren. Mit Eiswürfeln in hohe Gläser geben und nach Belieben mit Limetten- und Zitronenscheiben garnieren.

Varianten

Anstelle der Saftorangen können Sie Tangerinen, Satsumas, Clementinen oder Mandarinen auspressen.

Ein belebender Drink für einen lauen Sommerabend entsteht, wenn Sie die Saftmischung mit sprudelndem Mineralwasser auffüllen.

Für einen **mexikanisch inspirierten Drink** Grapefruit und Limette durch 2 Zitronen ersetzen. Die Zitrusfrüchte entsaften und mit dem gewürfelten Fruchtfleisch von 1 reifen Ananas, 3 Kiwis und ½ Gurke mischen. Sie können das Ganze so stückig servieren, wie es ist, oder alles mit dem Stabmixer pürieren. Nachsüßen ist vermutlich nicht erforderlich.

Das gesunde Plus

- Zitrussäfte sind ausgezeichnete Vitamin-C-Quellen. Studien haben ergeben, dass bei älteren Menschen ein Zusammenhang zwischen der Aufnahme von Vitamin C und der intellektuellen Leistungsfähigkeit besteht. Außerdem stecken in Zitrusfrüchten Kumarinverbindungen. Das sind Substanzen, die die Blutgerinnung hemmen können und so möglicherweise vor Schlaganfall und Herzinfarkt schützen können.
- Wird ein gezuckertes Getränk zu einer Mahlzeit getrunken, steigt der Blutzuckerspiegel nicht so schnell an, als wenn man die Getränke allein genießt.

Foto Seite 241

Nährwerte pro Portion 60 kcal, 1 g Eiweiß, 0 g Fett, 14 g Kohlenhydrate (1,2 BE, 1,3 KE), 2 g Ballaststoffe. Ausgezeichnete Quelle für Vitamin C. Liefert auch Folsäure, Vitamin B_1.

Gefrorener Ananas-Beeren-Slush

Diese Kreuzung aus Sorbet und Frühstücksdrink ist im Nu zusammengemixt und bietet einen fettfreien, erfrischenden Start in den Tag. Der Trick dabei: Sie müssen immer ein paar Sorten Obst im Gefrierfach haben, dann können Sie zu jeder Gelegenheit neue Mischungen erfinden.

Vorbereitungszeit **5–15 Minuten,** plus **mindestens 1½ Stunden** Gefrierzeit für das Obst *Für 4 Portionen*

8 Eiswürfel

250 g Erdbeeren, geputzt und eingefroren

250 g Ananas, in Stücke geschnitten und eingefroren

125 ml Ananassaft

2 EL Magermilchpulver

1 EL Vanillezucker oder Zucker

Ananasminze zum Garnieren (nach Belieben)

1 Die Eiswürfel in die Küchenmaschine oder einen stabilen Mixer geben und fein zerkleinern. (Alternative: Die Eiswürfel erst in einen Gefrierbeutel füllen und mit einer Teigrolle zerschlagen, dann in die Küchenmaschine oder den Mixer füllen.)

2 Erdbeeren, Ananasstücke, Ananassaft und Milchpulver zufügen und mixen. Es sollen noch Eis- und Obststücke erkennbar bleiben.

3 Die Fruchtmischung probieren und falls nötig süßen. Den Zucker in Intervallen unterarbeiten.

4 Den Slush in hohe Gläser füllen, nach Belieben mit Ananasminze garnieren und mit Cocktaillöffeln servieren.

Varianten

Noch schneller fertig ist das Getränk, wenn Sie 500 g TK-Obstmischung verwenden.

Für einen **Beeren-Slush** 500 g TK-Beerenmischung (Brom- und Heidelbeeren, Rote Johannisbeeren, Him- und Erdbeeren, nach Belieben auch Kirschen) mit 4 EL Orangensaft und 2 EL Magermilchpulver mit dem Eis aufmixen. Mit etwas Süßstoff nachsüßen.

Für einen **tropischen Slush** 400 g gehacktes Mangofruchtfleisch, gefroren, und 1 Banane (etwa 100 g) mit 1 EL Kokosmilch und 4 EL Orangensaft mit Eiswürfeln aufmixen.

Das gesunde Plus

- Ananas enthält das Enzym Bromelain, das Eiweiße spalten kann. Es gibt Hinweise darauf, dass Bromelain auch Blutgerinnsel auflösen kann und insofern auch vor Herzerkrankungen schützen könnte. Bromelain wirkt außerdem entzündungshemmend und wird in der Arthritistherapie eingesetzt.
- Das Angebot an TK-Obst ist riesig. Es lohnt sich, immer welches im Haus zu haben. Oft ist es vitaminreicher als manches angeblich frische Obst, das schlecht gelagert und/oder falsch behandelt wurde und schon lange im Regal liegt. TK-Obst ist ideal zum Mixen, weil es nicht auf die Konsistenz ankommt.
- Dieses Getränk wird mit Magermilchpulver angereichert. Dieses liefert Kalzium für gesunde Knochen und Zähne sowie Eiweiß, Zink und die Vitamine B_2 und B_{12}.

Nährwerte pro Portion 95 kcal, 3 g Eiweiß, 0,3 g Fett, 22 g Kohlenhydrate (1,7 BE, 1,9 KE), 2 g Ballaststoffe. Ausgezeichnete Quelle für Vitamin C. Reich an Kalzium, Folsäure, Vitamin B_1, Vitamin B_2.

Gefrorener Ananas-Beeren-Slush *Seite 240*

Eisgekühlte Melonensuppe mit Beeren *Seite 242*

Flambierte Birnen mit Orangen *Seite 243*

Zitroniger Muntermacher *Seite 239*

Eisgekühlte Melonensuppe mit Beeren

Für diese Suppe können Sie jede grünfleischige Melone, beispielsweise eine Galia- oder eine Honigmelone, verwenden. Sie muss aber unbedingt reif und süß sein. An heißen Tagen ist diese Suppe eine belebende Vorspeise, die mit dem hineingerührten Beerenpüree und den ganzen Beeren auch noch sehr schön aussieht.

Vorbereitung **20 Minuten,** plus **30 Minuten** Kühlzeit *Für 4 Portionen*

1 große reife grünfleischige Melone (etwa 1,25 kg)

Saft von 1 Limette

3,5 cm frischer Ingwer, gerieben

150 g Heidelbeeren

125 ml frisch gepresster Orangensaft

2 EL stichfester Joghurt

150 g Beeren (am besten Him- oder Erdbeeren)

1 Die Melone halbieren und die Kerne herausschaben, das Fruchtfleisch aus der Schale lösen und in den Mixer oder die Küchenmaschine geben. Limettensaft und Ingwer zugeben und alles glatt pürieren. Dabei den Motor gelegentlich stoppen und Fruchtfleisch, das an den Wänden des Behälters haftet, nach unten schieben. Das Püree in eine Schüssel geben und 30 Minuten kalt stellen.

2 Die Heidelbeeren in den Mixer oder die Küchenmaschine geben und mit Orangensaft und Joghurt glatt pürieren. In eine zweite Schüssel füllen und ebenfalls 30 Minuten kalt stellen.

3 Die Melonensuppe auf 4 gekühlte tiefe Teller verteilen. Je ein Viertel des Heidelbeerpürees dekorativ daraufgeben. Die Suppe mit Beeren garnieren und servieren.

Varianten

Sie können die Suppe aus einer orangefleischigen Melone wie Ogen, Charentais oder Cantaloupe zubereiten. In dem Fall nicht mit Beeren, sondern mit Kiwischeiben garnieren.

Verwenden Sie statt der grünfleischigen Melone einmal 2 kg Wassermelone. Das Fruchtfleisch in Stücke schneiden, von den Kernen befreien und mit dem Limettensaft und einer entkernten und gehackten grünen Chili anstelle des Ingwers pürieren. Heidelbeeren mit den anderen Beeren grob zerdrücken, dabei 1–2 EL Orangensaft zugeben. Joghurt weglassen.

Das gesunde Plus

- Melonen liefern Vitamin C und B-Vitamine und sind äußerst kalorienarm. Ihr hoher Wassergehalt macht sie zu köstlichen, erfrischenden Durstlöschern.
- Ingwer gilt als entzündungshemmend und soll deshalb helfen, bestimmte Arthritissymptome zu lindern.
- Heidelbeeren enthalten viel Vitamin C und lösliche Ballaststoffe. Außerdem sind sie voll sekundärer Pflanzenstoffe: Flavonoide kräftigen die Kapillaren und verbessern die Durchblutung; Anthozyane bekämpfen Infekte und Entzündungen; Ellagsäure kann Leberschäden vorbeugen, die als Krebsvorstufen gelten. Heidelbeeren enthalten zudem noch – genau wie Cranberrys – ein natürliches Antibiotikum, das vor Harnwegsinfektionen schützen kann.

Foto Seite 241

Nährwerte pro Portion 110 kcal, 3 g Eiweiß, 1 g Fett (0,5 g davon gesättigte Fettsäuren), 24 g Kohlenhydrate (2,1 BE, 2,7 KE), 4 g Ballaststoffe. Ausgezeichnete Quelle für Vitamin C. Reich an Kalium. Liefert auch Folsäure, Kalzium, Vitamin B_1, Vitamin B_2.

Flambierte Birnen mit Orangen

Dieser köstliche, unkomplizierte Nachtisch ist in nur 25 Minuten fertig. Beim Flambieren mit Weinbrand verbrennt fast der ganze Alkohol – zurück bleibt ein wunderbares Aroma, das Orangen und Birnen aufs Köstlichste ergänzt. Asiatische Birnen sind selbst nach dem Garen noch angenehm bissfest.

Vorbereitung **15 Minuten** Garzeit **10 Minuten** *Für 6 Portionen*

- 2 asiatische Birnen (Nashi-Birnen; 300 g)
- Saft von ½ Zitrone
- 3 Orangen
- 30 g Butter
- 3 EL brauner Zucker
- 3 EL Weinbrand
- 3 EL grob gehackte Pistazien
- Zitronenmelisse zum Garnieren

1 Die Birnen vierteln, schälen und von den Kerngehäusen befreien. In Scheiben schneiden und sofort mit Zitronensaft beträufeln, damit sie nicht braun werden.

2 Die Orangen so dick schälen, dass auch die weiße Haut mit entfernt wird. Die Früchte quer in gleichmäßig dicke Scheiben schneiden.

3 Butter in einer Pfanne erhitzen. Zucker hineingeben und unter Rühren schmelzen lassen. Die Birnenscheiben zufügen und auf jeder Seite etwa 3 Minuten bei schwacher Hitze garen. Sie sollten knapp gar, aber noch bissfest sein. Nach 2 Minuten die Orangenscheiben zugeben und in dem Karamell wenden.

4 Birnen- und Orangenscheiben mit einem Schaumlöffel aus der Pfanne heben und auf einen Teller geben. Warm stellen. Den Karamell aufkochen und etwas einkochen lassen. Über das Obst gießen. Weinbrand in die Pfanne geben, erhitzen und anzünden. Sofort brennend über das Obst gießen.

5 Sobald die Flammen verloschen sind, Obst mit karamellisierter Sauce auf vorgewärmte Teller geben, mit Pistazien bestreuen und mit Zitronenmelisse garnieren.

Varianten

Die asiatischen Birnen können Sie durch heimische Birnensorten ersetzen. Die Garzeit beträgt dann allerdings nur 2 Minuten pro Seite.

Flambieren Sie das Obst, wenn Sie möchten, einmal mit Birnen- oder Orangenlikör.

Bereiten Sie das Dessert einmal mit Apfelringen anstelle von Birnenscheiben zu. Cox Orange schmecken besonders gut. Mit Calvados flambieren und mit gehackten gerösteten Haselnüssen bestreuen.

Das gesunde Plus

- Orangen werden zu Recht wegen ihres hohen Vitamin-C-Gehalts gerühmt. Das wasserlösliche Vitamin C kann in unserem Körper nicht gespeichert werden, weshalb wir es täglich möglichst via Obst und Gemüse aufnehmen müssen. Vitamin C kann aufgrund seiner stark antioxidativen Wirkung degenerativen Erkrankungen wie Herzschwäche und Krebs vorbeugen.

Foto Seite 241

Nährwerte pro Portion 150 kcal, 2 g Eiweiß, 7 g Fett (3 g davon gesättigte Fettsäuren), 17 g Kohlenhydrate (1,4 BE, 1,5 KE), 2 g Ballaststoffe. Reich an Vitamin C. Liefert auch Folsäure, Vitamin E.

Gegrilltes Obst mit Safran und Vanille

Vor dem Grillen wird Obst mit erlesenen Gewürzen mariniert. Pur genossen, ist dieser Obstsalat ein praktisch fettfreier Nachtisch, er lässt sich aber auch gut mit Fruchtsorbet, Joghurt-Eis oder Eiscreme kombinieren.

Vorbereitung **15 Minuten,** plus **1 Stunde** Marinierzeit Garzeit **5 Minuten** Für *6 Portionen*

1 Prise Safranfäden

1 Messerspitze gemahlene Vanille

1 EL Honig (10 g)

2 EL Marsala oder süßer Sherry

Saft von 1 Orange

2 Bananen

100 g dunkle Weintrauben

1 Papaya (300 g)

2 Kiwis (160 g)

1 Grapefruit (150 g)

Zum Anrichten (nach Belieben)

6 Kugeln fettarme Eiscreme (z. B. Joghurteis) oder Sorbet

1 Eine Pfanne bei starker Hitze heiß werden lassen. Safranfäden hineingeben und 30 Sekunden rösten, bis sie duften. Den Safran in einen Mörser geben und fein zerstoßen, dann mit 4 EL heißem Wasser verrühren.

2 Das Safranwasser in eine Schüssel geben und mit Vanille, Honig, Marsala oder Sherry sowie dem Orangensaft zu einer Marinade verrühren.

3 Das Obst in der Reihenfolge, wie Sie es vorbereiten, in die Marinade geben. Bananen schälen und in mundgerechte Stücke schneiden. Trauben von den Stielchen befreien und unzerteilt in die Marinade geben. Papaya schälen, entkernen und in mundgerechte Stücke schneiden. Kiwis schälen und längs vierteln. Grapefruit schälen, dabei auch die weiße Haut entfernen; Segmente zwischen den Trennwänden herausschneiden. Das Obst mit der Marinade verrühren. Wenn die Zeit reicht, die Schüssel zudecken und das Obst 1 Stunde durchziehen lassen.

4 Den Grill vorheizen. Das Obst mitsamt der Marinade in einer Schicht in eine ofenfeste Schale geben. Für 5 Minuten unter den Grill schieben, bis das Obst durch und durch heiß ist. Das Obst warm mit Eiscreme oder Sorbet nach Belieben servieren.

Varianten

Eine tropischere Note bekommt dieses Dessert, wenn Sie die Trauben durch 2 in Stücke geschnittene dicke Ananasringe und 3–4 halbierte und entsteinte Aprikosen ersetzen. Die Marinade ohne Safranwasser, aber mit 1 TL gemahlenem Zimt zubereiten und Rum statt Marsala sowie den Saft von 2 Limetten anstelle von Orangensaft nehmen.

Sie können unter den Salat noch Steinobst wie Pfirsiche, Aprikosen oder Kirschen mischen.

Das gesunde Plus

- Langes Garen zerstört das in Obst enthaltene Vitamin C, doch hier bleibt es wegen der kurzen Grillzeit größtenteils erhalten. Ballast- und Mineralstoffen macht die Hitze nichts aus. Bananen, Kiwis und Zitrusfrüchte liefern Kalium. Dieser Mineralstoff sorgt u. a. für einen ausgeglichenen Flüssigkeitshaushalt und beugt so hohem Blutdruck vor.
- Papaya enthält sehr viel Betakarotin.

Nährwerte pro Portion (ohne Eiscreme)

130 kcal, 2 g Eiweiß, 0,5 g Fett, 30 g Kohlenhydrate (1,3 BE, 1,3 KE), 2 g Ballaststoffe. Ausgezeichnete Quelle für Vitamin C. Liefert auch Folsäure, Kalium.

Gegrilltes Obst mit Safran und Vanille *Seite 244*

Quark-Zitrus-Soufflés *Seite 246*

Gegrillte Fruchtspieße *Seite 248*

Honig-Pflaumen im Papierpäckchen *Seite 247*

Quark-Zitrus-Soufflés

Diese herrlich erfrischenden kleinen Soufflés beenden jede Mahlzeit auf das Köstlichste. Der hier verwendete Magerquark ist praktisch fettfrei. Er enthält aber wichtige Nährstoffe wie Kalzium, schlägt dabei jedoch kalorienmäßig kaum zu Buche. Als Vitamin-C-reichen Farbtupfer gibt es zu den Soufflés pürierte Erdbeeren.

Vorbereitung **30 Minuten** Garzeit **15–20 Minuten** *Für 6 Portionen*

15 g zerlassene Butter

115 g Zucker

4 Eier, getrennt

30 g Speisestärke

250 g Magerquark

abgeriebene Schale von 1 Limette

abgeriebene Schale von 1 Orange

Erdbeercoulis

300 g reife Erdbeeren, halbiert

2 TL Puderzucker, gesiebt

1 Den Backofen auf 190 °C vorheizen. 6 Souffléförmchen (je 200 ml Inhalt) mit der Butter fetten und mit insgesamt 30 g Zucker ausstreuen. Beiseitestellen.

2 Eigelbe, 30 g Zucker und die Speisestärke in einer Schüssel mit dem Schneebesen cremig verrühren. Quark und Zitrusschalen zufügen; gründlich unterarbeiten.

3 Die Eiweiße in einer großen, sauberen Schüssel zu steifem Schnee schlagen. Nach und nach unter ständigem Schlagen die restlichen 55 g Zucker unterziehen. Den Eischnee behutsam unter die Quarkmischung heben.

4 Die Masse in die vorbereiteten Förmchen geben und diese auf ein Backblech stellen. Die Soufflés 15–20 Minuten backen, bis sie hoch aufgegangen und goldbraun sind.

5 Inzwischen für das Coulis die Erdbeeren im Mixer oder in der Küchenmaschine fein pürieren. Mit dem Puderzucker süßen.

6 Die Soufflés aus dem Ofen nehmen; sofort mit dem Erdbeercoulis servieren.

Varianten

Ersetzen Sie die Limettenschale durch Zitronenschale oder die Schale von 1 rosa Grapefruit.

Die Förmchen können Sie statt mit Zucker mit zerbröselten Mandelmakronen oder gemahlenen Haselnüssen ausstreuen.

Für ein **Beerensoufflé** eine Souffléform (1,7 l Inhalt) ausbuttern und mit Zucker ausstreuen. Die Soufflémasse wie beschrieben herstellen und mit der abgeriebenen Schale von 1 Zitrone und 1 Limette aromatisieren. 350 g Beerenmischung (z. B. Himbeeren, Erdbeeren und Heidelbeeren) in die Form geben und die Soufflémasse darübergeben. 30 Minuten backen, bis das Soufflé hoch aufgegangen und goldbraun ist.

Das gesunde Plus

- Eier liefern Zink. Dieses Spurenelement ist unentbehrlich für Wachstum, Fortpflanzung und Abwehrkräfte.

Foto Seite 245

Nährwerte pro Portion 221 kcal, 12 g Eiweiß, 7 g Fett (2 g davon gesättigte Fettsäuren), 31 g Kohlenhydrate (2,2 BE, 2,8 KE), 0,5 g Ballaststoffe. Reich an Vitamin B_{12}, Vitamin C. Liefert auch Folsäure, Kalzium, Kupfer, Niazin, Vitamin A, Vitamin B_2, Zink.

Honig-Pflaumen im Papierpäckchen

Werden Lebensmittel, wie hier die Pflaumen, in Papierpäckchen gegart, bleibt die Flüssigkeit komplett erhalten. Beim Öffnen der Päckchen verbreitet sich ein wunderbarer Duft. Verwenden Sie Backpapier zum Einwickeln, es verträgt die Feuchtigkeit besser als Butterbrotpapier.

Vorbereitung **10 Minuten** Garzeit **20 Minuten** *Für 8 Portionen*

8 große Pflaumen (320 g), entsteint und in dicke Scheiben geschnitten

30 g Butter

2 Zimtstangen, in 4 Stücke gebrochen

8 Gewürznelken

4 EL Akazienhonig (40 g) oder ein anderer flüssiger Honig

1 große Orange (200 g)

Zum Servieren

8 Kugeln Joghurt- oder Vanilleeis (je 75 g)

3 EL grob gehackte Pekannuss- oder Walnusskerne

1 Den Backofen auf 200 °C vorheizen. Aus Backpapier 4 große Quadrate schneiden; diese auf der Arbeitsfläche ausbreiten. Auf jedes Papierstück ein Viertel der Pflaumenscheiben und der Butter, ein Stück Zimtstange und 2 Gewürznelken geben. Jede Portion mit 1 EL Honig beträufeln.

2 Von der Orange mit einem Zestenreißer feine Streifen abziehen oder die Schale mit einem kleinen Messer dünn abschälen. Die Schale in Streifen schneiden. Die Orange auspressen. Je ein Viertel von Orangenschale und -saft auf den Pflaumen verteilen.

3 Für jedes Päckchen zwei gegenüberliegende Papierkanten über der Fruchtfüllung zusammenfassen und zwei- oder dreimal falten, um die Päckchen oben zu schließen. Die anderen beiden Enden ebenfalls zusammenfassen und zweimal falten, dann unterschieben. Die Päckchen müssen fest verschlossen sein.

4 Die Päckchen auf ein Backblech legen und im heißen Ofen 20 Minuten backen. Dabei blähen sie sich auf und bräunen etwas. Der Inhalt wird sprudelnd heiß.

5 Die Päckchen auf Teller setzen und vorsichtig öffnen. Auf jede Portion eine Kugel Eis geben. Mit Nüssen bestreuen, nach Belieben mit Honig beträufeln.

Varianten

Für in Papier gegarte Ananas und Bananen die Pflaumen und die Gewürze weglassen. Eine kleine reife Ananas vom Strunk befreien, schälen und hacken, 4 Bananen in dicke Scheiben schneiden. Auf die Papierstücke verteilen und je 2 Sternanis zufügen. Mit Honig und Orangensaft beträufeln, die Orangenschalenstreifen darüberstreuen.

Ahornsirup statt Honig verleiht dem Dessert ein dezentes Karamellaroma.

Das gesunde Plus

- Pflaumen liefern Vitamin E, das altersbedingten degenerativen Erkrankungen vorbeugen kann.
- Pekannüsse sind wie alle anderen Nüsse fettreich, enthalten allerdings kaum gesättigte Fettsäuren. Außerdem liefern sie reichlich Vitamin E.
- Joghurt ist eine gute Kalziumquelle. Dieser Mineralstoff ist unentbehrlich für Knochen und Zähne, die 99 % des im Körper vorhandenen Kalziums enthalten. Kalzium ist jedoch auch für andere Körperfunktionen wichtig, z. B. für die Blutgerinnung und das reibungslose Zusammenspiel von Muskeln und Nerven.

Foto Seite 245

Nährwerte pro Portion 135 kcal, 1,5 g Eiweiß, 7 g Fett (2,5 g davon gesättigte Fettsäuren), 17,5 g Kohlenhydrate (2,4 BE, 2,9 KE), 1,5 g Ballaststoffe. Reich an Vitamin C, Vitamin E. Liefert auch Kalium, Kalzium, Kupfer, Vitamin A.

Gegrillte Fruchtspieße

Auf Spieße gesteckt und nur kurz erhitzt, damit der Fruchtzucker karamellisieren kann – so ist frisches Obst ein Hochgenuss! Wenn Sie die Spieße auf dem Holzkohlengrill garen, sollten Sie darauf achten, dass die Obststücke nicht verkohlen oder zu lange im Rauch bleiben.

Vorbereitung **20 Minuten** Garzeit **6–7 Minuten** *Für 8 Portionen*

½ vollreife Ananas (250 g)

2 knapp reife, feste Bananen (300 g)

2 reife, aber feste Birnen (300 g)

4 reife, aber feste frische Feigen (200 g)

2 reife, aber feste Pfirsiche (300 g)

Saft von 1 Zitrone

40 g Zucker

8 Kapstachelbeeren (80 g) zum Garnieren

Himbeer-Orangen-Sauce

250 g Himbeeren

abgeriebene Schale und Saft von ½ Orange

flüssiger Süßstoff (nach Geschmack)

1 Zuerst 8 Bambusspieße 20 Minuten in kaltes Wasser legen.

2 Inzwischen für die Sauce die Himbeeren mit Orangenschale und Orangensaft pürieren. Nach Belieben das Püree noch durch ein Sieb streichen, um die Kerne zu entfernen. Das Püree mit Süßstoff abschmecken und beiseitestellen.

3 Den Grill vorheizen. Das Obst putzen und falls nötig entsteinen und/oder schälen. In mundgerechte Stücke schneiden und abwechselnd auf die eingeweichten Spieße stecken.

4 Die Hälfte von Zitronensaft und Zucker über die Spieße geben. Die Spieße 3–4 Minuten grillen, bis sie stellenweise gebräunt sind. Wenden, den restlichen Zitronensaft und den Zucker darauf verteilen und die Spieße weitere 3 Minuten grillen, bis die zweite Seite ebenfalls leicht gebräunt und ein wenig karamellisiert ist.

5 Während die Fruchtspieße grillen, die papierdünne Hülle der Kapstachelbeeren so nach hinten streifen, dass eine sternförmige Blüte entsteht.

6 Auf jeden Teller 2 Fruchtspieße legen. Mit der Sauce umgießen, mit Kapstachelbeeren garnieren und sofort heiß servieren.

Varianten

Verwenden Sie Nektarinen anstelle der Pfirsiche. Außerhalb der Pfirsichsaison können Sie Äpfel nehmen.

Die Fruchtspieße schmecken auch roh köstlich. Mit der Sauce servieren.

Das gesunde Plus

- Diese Nachspeise liefert wichtige antioxidativ wirkende Vitamine: reichlich Vitamin C aus Himbeeren, Orangen- und Zitronensaft; Betakarotin aus den Pfirsichen. Weil das Obst nur kurz erhitzt wird, bleibt das Vitamin C größtenteils erhalten.
- In dieser Obstmischung stecken viele Ballaststoffe. Unlösliche Ballaststoffe liefern Masse und beugen dadurch Verstopfung vor. Die löslichen Ballaststoffe aus Früchten werden im Darm von Bakterien fermentiert. Dabei bilden sich Stoffe, die vor Darmkrebs schützen können.

Foto Seite 245

Nährwerte pro Portion 87 kcal, 1 g Eiweiß, 0,3 g Fett (0,1 g davon gesättigte Fettsäuren), 21 g Kohlenhydrate (2,4 BE, 2,8 KE), 2,6 g Ballaststoffe. Ausgezeichnete Quelle für Kupfer. Reich an Vitamin B_1, Vitamin C. Liefert auch Folsäure, Kalium, Niazin, Vitamin B_6, Vitamin E.

Pfirsich-Brombeer-Törtchen

Diese hübschen, unkomplizierten Törtchen haben einen knusprigen Boden aus Filloteig und darauf einen saftigen, fruchtigen Belag. Filloteig wird mit sehr wenig Fett hergestellt. Etwas Fett geben Sie selbst hinzu, wenn Sie die Teigblätter mit Butter bepinseln.

Vorbereitung **15 Minuten** Backzeit **15 Minuten** *Für 4 Portionen*

4 Filloteigblätter (je etwa 30 x 20 cm), TK-Ware aufgetaut (ersatzweise Strudelteig)

30 g zerlassene Butter

2 TL gemahlene Mandeln oder Haselnusskerne

4 Pfirsiche (je etwa 120 g)

150 g Brombeeren

2 EL Vanillezucker

Zum Servieren (nach Belieben)

stichfester Magerjoghurt

1 Den Backofen auf 200 °C vorheizen. Inzwischen ein Filloteigblatt auf die Arbeitsfläche legen und dünn mit zerlassener Butter bepinseln. Mithilfe einer Untertasse in 2 Kreise schneiden, diese aufeinander und auf ein Backblech legen.

2 Die übrigen 3 Filloteigblätter ebenfalls mit Butter bepinseln, jeweils in 2 Teigkreise schneiden, aufeinander und auf das Blech legen. Insgesamt sollen 4 Teigkreise auf dem Blech liegen. Jeden Kreis mit ½ TL gehackten Mandeln oder Nüssen bestreuen.

3 Die Pfirsiche halbieren, entsteinen und in dünne Scheiben schneiden. Die Scheiben sternförmig so auf die Teigkreise legen, dass zwischen den Scheiben etwas Teig sichtbar bleibt. Die Brombeeren auf den Pfirsichen verteilen. Jedes Törtchen mit 1½ TL Vanillezucker bestreuen.

4 Die Törtchen im heißen Ofen 15 Minuten backen, bis der Teig goldbraun ist und die Pfirsiche weich und etwas karamellisiert sind. Auf Dessertteller geben und nach Belieben mit Joghurt servieren. Spätestens 15 Minuten nach dem Backen essen, danach verliert der Teigboden an Knusprigkeit.

Varianten

Himbeeren anstelle von Brombeeren und Nektarinen statt Pfirsichen verwenden.

Statt frischer Beeren können Sie auch TK-Beeren nehmen.

Für **Birnentörtchen** die Pfirsiche und die Brombeeren durch 2 in Scheiben geschnittene Birnen ersetzen. Die Birnenscheiben in 1 TL gemahlenem Koriander wenden, dann auf die Filloteigböden legen und die Törtchen wie angegeben backen.

Das gesunde Plus

- Obwohl der Filloteig mit Butter bestrichen wird, ist der Fettgehalt dieser Törtchen niedrig im Vergleich zu Mürbeteigtörtchen.
- Pfirsiche liefern reichlich Kohlenhydrate und sind kalorienarm: ein Pfirsich hat gerade mal 30 Kalorien.
- Brombeeren enthalten Vitamin C und E sowie Bioflavonoide, die gemeinsam mit Vitamin C antioxidativ wirken und so das Immunsystem stärken.

Nährwerte pro Portion 200 kcal, 3 g Eiweiß, 9 g Fett (3 g davon gesättigte Fettsäuren), 27 g Kohlenhydrate (7,4 BE, 8,4 KE), 3 g Ballaststoffe. Reich an Vitamin C, Vitamin E.

Knuspertarte mit Birnen und Johannisbeeren

Auf einem dünnen Tarteboden sind hier herb-süße Johannisbeeren und saftige Birnen – eine unschlagbare Kombination. Der Saft der Beeren färbt das Fruchtfleisch der Birnen kräftig rot. Das sieht unter dem Teiggitter sehr hübsch aus. Die Saison für Rote Johannisbeeren ist kurz, die Früchte lassen sich aber gut einfrieren.

Vorbereitung **25 Minuten** Backzeit **15–20 Minuten** *Für 6 Portionen*

3 Filoteigblätter (je 30 × 50 cm; zusammen etwa 90 g), ersatzweise Strudelteig

20 g zerlassene Butter

Füllung

2 EL Gelee aus Roten Johannisbeeren (20 g)

1 TL Zitronensaft

3 reife, aber feste Birnen (je etwa 150 g)

125 g Rote Johannisbeeren

45 g gemahlene Mandeln

1 Den Backofen mit einem Backblech darin auf 200 °C vorheizen. Für die Füllung das Gelee mit dem Zitronensaft in einem Topf erhitzen, bis es geschmolzen ist. Vom Herd nehmen.

2 Die Birnen schälen, von den Kerngehäusen befreien und in dünne Scheiben schneiden. Birnenscheiben mit den Johannisbeeren in das Gelee geben und damit überziehen.

3 Zwei Filloteigblätter aufeinanderlegen (das dritte zudecken, damit es nicht austrocknet) und vierteln. Die 8 Teigviertel voneinander trennen und mit Butter bepinseln. Mit den Teigstücken eine Tarteform mit herausnehmbarem Boden so auslegen, dass sich die Stücke überlappen. Die Kanten nach innen einschlagen.

4 Den Tarteboden mit den gemahlenen Mandeln bestreuen. Darauf gleichmäßig die Birnen-Beeren-Mischung verteilen.

5 Das restliche Filloteigblatt quer halbieren und dünn mit Butter bepinseln. Eine Hälfte auf die andere legen und 10 etwa 2 cm breite Streifen zuschneiden. Die Doppelstreifen jeweils miteinander verdrehen, dann im Flechtmuster auf die Füllung legen. Die Enden nach innen einschlagen.

6 Form auf das heiße Backblech stellen. Tarte 15–20 Minuten backen, bis der Teig knusprig und braun ist. Warm servieren.

Varianten

Für eine **Birnen-Himbeer-Tarte** die Johannisbeeren durch Himbeeren und das Johannisbeer- durch Himbeergelee ersetzen.

Für eine **Mango-Physalis-Tarte** den Teigboden mit 30 g Kokosraspeln bestreuen. Zwei reife Mangos (je etwa 350 g) schälen, würfeln und mit 100 g halbierten Physalis (Kapstachelbeeren) mischen. Das Obst vorsichtig mit je 2 EL braunem Zucker und Zitronensaft mischen; gleichmäßig auf dem Teigboden verteilen. Mit dem Teiggitter belegen und wie beschrieben backen.

Das gesunde Plus

- Im Gegensatz zu den meisten anderen Obstsorten enthalten Birnen nur wenig Vitamin C. Das steuern hier die Roten Johannisbeeren bei, die Birnen sind für Kalium und lösliche Ballaststoffe zuständig.
- Rote Johannisbeeren enthalten mehr Betakarotin als Weiße, aber weniger als Schwarze Johannisbeeren.

Nährwerte pro Portion 164 kcal, 4 g Eiweiß, 7 g Fett (2 g davon gesättigte Fettsäuren), 22 g Kohlenhydrate (3,8 BE, 4,2 KE), 2 g Ballaststoffe. Liefert auch Kupfer, Vitamin C, Vitamin E.

Feiner Vanillekuchen

Dieser Kuchen enthält fast gar kein Fett, und er schmeckt einfach himmlisch. Der Teig wird nur mit Eiweiß, ohne Eigelb, gemacht, und beim Backen entsteht die goldbraune Kruste, die das reinweiße Innere umgibt. Reichen Sie dazu Quark mit Beeren. Tipp: saftige Pfirsiche, Mangos oder Aprikosen passen auch gut.

Vorbereitung **15 Minuten** Backzeit **35 Minuten** *Für 10 Portionen*

115 g Mehl

85 g Puderzucker

8 große Eiweiß mit Raumtemperatur

150 g Zucker

¼ TL Salz

1 Messerspitze gemahlene Vanille

Zum Anrichten

200 g Erdbeeren, geviertelt

200 g Himbeeren

200 g Heidelbeeren

300 g Magerquark

1 Den Backofen auf 180 °C vorheizen. Mehl und Puderzucker auf einen großen Teller sieben. Beiseitestellen.

2 Die Eiweiße in einer großen Schüssel mit dem Schneebesen schaumig schlagen. Weiterschlagen, dabei nach und nach Zucker, Salz und Vanille zugeben. Schlagen, bis der Eischnee steif ist und glänzt.

3 Die Mehlmischung auf den Eischnee sieben und mit einem großen Löffel gründlich unterheben.

4 Den Teig in eine ungefettete beschichtete Ringform (25 cm Ø) füllen, darauf achten, dass sich keine Luftblasen bilden. 35 Minuten backen, bis der Kuchen aufgegangen und goldbraun ist und auf Fingerdruck nachgibt.

5 Den Kuchen mitsamt der Form auf ein Kuchengitter stürzen und auskühlen lassen. Sobald er kalt ist, mit einem Messer am Rand entlangfahren und den Kuchen lösen. Kuchen auf eine Platte stürzen. (In Frischhaltefolie gewickelt oder luftdicht verpackt, hält er sich 1–2 Tage.)

6 Unmittelbar vor dem Servieren die Beeren mischen. In das Loch in der Mitte des Kuchens füllen. Den Quark glatt rühren und separat dazu reichen.

Varianten

Für einen leichten **Zitruskuchen** mit Mehl und Puderzucker die fein abgeriebene Schale von 1 Zitrone und 1 Limette zum Eischnee geben. Während der Kuchen abkühlt, 2 kleine Cantaloupemelonen schälen, entkernen und in Stücke schneiden. Diese in einer Schüssel mit dem Saft von Zitrone und Limette mischen. Zum Servieren die Melonenstücke in die Kuchenmitte füllen.

Für einen duftigen **Schokoladenkuchen** mit Mehl und Puderzucker 2 EL Kakaopulver über den Eischnee sieben.

Für einen luftigen **Mokkakuchen** mit Mehl und Puderzucker 1 EL Instant-Kaffeepulver (kein Granulat) über den Eischnee sieben. Den fertigen Kuchen mit Puderzucker bestauben.

Das gesunde Plus

- Magerquark ist eine sehr gute Kalziumquelle. Dieser Mineralstoff gehört zu den essenziellen Bestandteilen von Knochen und Zähnen – das Skelett eines Erwachsenen enthält 1,2 kg Kalzium. Kalzium spielt außerdem eine Rolle bei der Blutgerinnung, der Kontraktion der Muskeln und der Nervenfunktion.

Foto Seite 255

Nährwerte pro Portion 190 kcal, 6 g Eiweiß, 2 g Fett (1 g davon gesättigte Fettsäuren), 39 g Kohlenhydrate (2,8 BE, 3,4 KE) Zucker, 2 g Ballaststoffe. Ausgezeichnete Quelle für Vitamin C. Liefert auch Vitamin B_2, Vitamin B_{12}.

Gratinierte Pfirsiche mit Mandelfüllung

Obst im Ofen zu backen intensiviert das Aroma ganz wunderbar, und eine Füllung veredelt die Früchte geradezu. Hier besteht sie aus Aprikosen, Mandeln und Amaretti. Sie können auf die gleiche Art auch andere Früchte füllen, etwa Nektarinen, Äpfel, Birnen oder Quitten, je nachdem, was die Saison bereithält.

Vorbereitung **20 Minuten** Backzeit **30 Minuten** *Für 8 Portionen*

5 große reife, aber feste Pfirsiche

10 weiche getrocknete Aprikosen, klein gewürfelt

6 Amaretti (italienische Mandelkekse), zerbröselt

2 Tropfen Mandelaroma

1 EL Weinbrand

1 Eiweiß

50 g gehäutete Mandelkerne

1 Den Backofen auf 180 °C vorheizen. Die Pfirsiche halbieren und entsteinen. 8 Hälften mit den Schnittflächen nach oben in eine ofenfeste Form setzen; beiseitestellen. Die restlichen zwei Hälften fein würfeln.

2 Die Pfirsichwürfel mit Aprikosenwürfeln, Amarettibröseln, Mandelaroma, Weinbrand und Eiweiß verrühren.

4 Eine kleine Pfanne heiß werden lassen und die Mandeln darin ohne zusätzliches Fett unter ständigem Rühren und Wenden rösten, bis sie stellenweise Farbe angenommen haben. Herausnehmen und im Blitzhacker oder von Hand grob bis fein zerkleinern.

5 Die zerkleinerten Mandeln zur Obstmischung geben und gründlich untermischen. Mit der Masse die Vertiefungen in den Pfirsichen füllen, dabei kleine Hügel bilden und etwas zusammendrücken. Die Form mit einer Haube aus Alufolie bedecken.

6 Die Pfirsiche 25–30 Minuten backen, dann die Folie entfernen. Ofentemperatur auf 200 °C erhöhen und die Früchte weitere 5–10 Minuten backen, bis die Füllung leicht gebräunt ist. Die Pfirsiche schmecken warm am besten, sind aber auch gekühlt sehr lecker.

Varianten

Ersetzen Sie einmal die Pfirsiche durch Nektarinen und die Mandeln durch Pistazienkerne.

Statt der Amaretti können Sie Mandelmakronen verwenden, die Menge hängt von der Größe ab.

Für **gefüllte Äpfel oder Birnen** aus dem Ofen die getrockneten Aprikosen durch Rosinen ersetzen und die Füllung mit Zimt würzen. Die Folie erst nach 35–40 Minuten entfernen.

Die Füllung kann man auch in Quitten geben – die Backzeit ist dann 15 Minuten länger.

Das gesunde Plus

- Pfirsiche enthalten viel Vitamin C (31 mg pro 100 g). Dieses erleichtert dem Körper die Aufnahme von Eisen aus anderen Nahrungsmitteln – in diesem Fall aus den getrockneten Aprikosen. Aprikosen liefern außerdem Betakarotin und Kalium. Letzteres reguliert den Blutdruck.
- Mandeln sind nicht nur köstlich und aromatisch, sondern liefern auch Eiweiß und viel Vitamin E.

Foto Seite 255

Nährwerte pro Portion 100 kcal, 3 g Eiweiß, 4,5 g Fett (0,5 g davon gesättigte Fettsäuren), 12 g Kohlenhydrate (2 BE, 2,5 KE), 2,5 g Ballaststoffe. Reich an Vitamin C, Vitamin E. Liefert auch Kalium, Kupfer, Niazin, Vitamin B_2.

Schwarzwälder Biskuitkuchen

Dieser leichte Kuchen ist so gut wie fettfrei. Der Teig besteht überwiegend aus Eischnee mit etwas Mehl, Zucker und Kakaopulver. Letzteres liefert Schokoladengeschmack ohne die sonst dazugehörigen Fettkalorien.

Vorbereitung **15 Minuten,** plus Abkühlzeit   Garzeit **20–25 Minuten**   *Für 6 Portionen*

45 g Mehl

5 EL Kakaopulver

100 g Zucker

Salz

5 große Eiweiß

1 Messerspitze gemahlene Vanille

350 g süße dunkle Kirschen, entsteint und halbiert

1 EL Puderzucker

Zum Anrichten (nach Belieben)

3 EL Magerquark

1 EL Kirschaufstrich

1–2 EL Kirschwasser (nach Belieben)

1 Den Backofen auf 180 °C vorheizen. Den Boden einer Springform (23 cm Ø) mit Backpapier belegen.

2 Mehl, Kakao, die Hälfte des Zuckers sowie eine Prise Salz in eine Schüssel sieben.

3 Die Eiweiße in einer absolut fettfreien großen Schüssel zu halbsteifem Schnee schlagen. Teelöffelweise restlichen Zucker und Vanille zugeben, dabei ständig weiterschlagen, bis der Eischnee steif ist und glänzt.

4 Mehl-Kakao-Mischung auf den Eischnee streuen und behutsam, aber gründlich unterheben. Die Mischung in die Form geben und vorsichtig glatt streichen. Die Kirschen gleichmäßig auf dem Teig verteilen.

5 Den Kuchen 20–25 Minuten backen, bis er aufgegangen ist und sich fest anfühlt, aber oben noch feucht ist. (Ein Holzstäbchen hineinstechen: Ist es nach dem Herausziehen sauber, ist der Kuchen gar.) Aus dem Ofen nehmen und abkühlen lassen.

6 Den Kuchen vor dem Servieren mit Puderzucker bestauben. Falls zum Kuchen eine Quarkcreme gereicht werden soll, dafür Quark, Kirschaufstrich und – nach Belieben – Kirschwasser glatt verrühren.

Varianten

Außerhalb der Kirschsaison können Sie entsteinte Kirschen aus dem Glas verwenden.

Nehmen Sie doch einmal statt Kirschen Himbeeren, kleine Erdbeeren oder eine Beerenmischung.

Für einen **Vanillekuchen** das Kakaopulver durch die gleiche Menge Speisestärke ersetzen und die gemahlene Vanille durch 2 Tropfen Mandelaroma.

Das gesunde Plus

- Eiklar liefert Eiweiß (9 g je 100 g), enthält aber im Gegensatz zum Dotter weder Fett noch Cholesterin.
- Kakaopulver hat viel weniger Fett als Schokolade, dafür aber fünfmal so viel Eisen. Es wird vom Körper nicht so leicht aufgenommen wie das aus Fleisch, das Vitamin C aus den Kirschen erleichtert aber den Vorgang.
- Der Kuchen enthält recht viel Zucker und sollte deshalb besonderen Anlässen vorbehalten bleiben.

Nährwerte pro Portion

180 kcal, 6 g Eiweiß, 3 g Fett (2 g davon gesättigte Fettsäuren), 34 g Kohlenhydrate (2,5 BE, 3,1 KE), 2 g Ballaststoffe. Reich an Kupfer. Liefert auch Eisen.

Schwarzwälder Biskuitkuchen *Seite 254*

Gratinierte Pfirsiche mit Mandelfüllung *Seite 253*

Feigenröllchen *Seite 257*

Feiner Vanillekuchen *Seite 252*

Cranberry-Mandel-Biscotti

Biscotti bedeutet Zwieback – das bezieht sich auf die Zubereitungsart, der diese italienischen Kekse ihre Härte verdanken: Man backt sie zweimal. Üblicherweise genießt man sie nach dem Essen mit einem Glas Vin Santo zum Tunken, doch zu Obstsalat oder einer Tasse Kaffee sind sie auch jederzeit willkommen.

Vorbereitung **30 Minuten** Backzeit **40–55 Minuten** *Für 20 Stück*

50 g gehäutete Mandelkerne

1 großes Ei

85 g Zucker

140 g Mehl

½ TL Backpulver

1 TL gemahlener Zimt

55 g getrocknete Cranberrys

1 Den Backofen auf 180 °C vorheizen. Die Mandeln in einer ofenfesten Form verteilen und im Ofen etwa 10 Minuten rösten, bis sie hellbraun sind. Zum Abkühlen beiseitestellen.

2 Das Ei mit dem Zucker in einer Schüssel mit dem Handrührgerät hell und cremig aufschlagen. Beim Herausziehen der Quirle sollte eine Spur sichtbar bleiben. (Wenn Sie mit einem Schneebesen arbeiten, setzen Sie die Schüssel auf einen Topf mit wenig schwach kochendem Wasser – es darf den Schüsselboden aber nicht berühren.)

3 Mehl, Backpulver und Zimt erst auf ein Stück Backpapier, dann auf die Eicreme sieben und mit einem Löffel vorsichtig unterheben. Die gerösteten Mandeln und die Cranberrys zugeben.

4 Den recht festen Teig auf ein gefettetes Backblech streichen und mit bemehlten Händen zu einem Block (25 × 6 × 2 cm) formen. 25–35 Minuten backen, bis er goldbraun ist. 5 Minuten auf dem Blech abkühlen lassen, dann auf ein Brett heben.

5 Den Block mit einem Sägemesser leicht schräg quer in 20 Scheiben schneiden. Diese flach auf das Backblech legen und 10–15 Minuten backen, dann auf ein Kuchengitter geben und auskühlen lassen. Luftdicht verpackt halten sich die Biscotti bis zu 2 Wochen lang frisch.

Varianten

Statt der Cranberrys können Sie Rosinen oder getrocknete Kirschen nehmen.

Für **Schokoladenbiscotti** die Cranberrys durch 55 g grob gehackte Bitterschokolade (mindestens 70 % Kakaoanteil) ersetzen, Ei und Zucker mit 1 Messerspitze gemahlener Vanille cremig schlagen.

Das gesunde Plus

- Mandeln liefern Eiweiß und wertvolles Fett. Sie enthalten einige Vitamine und Mineralstoffe, darunter Vitamin E, diverse B-Vitamine, Magnesium, Kupfer, Zink, Eisen und Phosphat. Für Menschen, die keine Milchprodukte essen, sind sie ein wichtiger Kalziumlieferant, und sie sollten für Diabetiker Teil einer gesunden Ernährung sein.
- Frische und getrocknete Cranberrys sind gute Vitamin-C-Lieferanten.

Nährwerte pro Stück 70 kcal, 1 g Eiweiß, 2 g Fett (0 g gesättigte Fettsäuren), 12 g Kohlenhydrate (0,9 BE, 1,1 KE), 0,5 g Ballaststoffe.

Feigenröllchen

Knuspriger Mürbeteig umhüllt hier eine köstliche Füllung aus getrockneten Feigen. Die sind von Natur aus süß – mehr als einen Spritzer Zitronensaft zum Abrunden braucht es da nicht.

Vorbereitung **35 Minuten,** plus **30 Minuten** Kühlzeit Backzeit **12–15 Minuten** *Für 20 Stück*

- 115 g Mehl
- 115 g Vollkornmehl
- 150 g Butter, in Stückchen geschnitten
- 65 g brauner Zucker
- 1 Messerspitze gemahlene Vanille
- 2 Eigelb
- 250 g welche getrocknete Feigen, fein gehackt
- 2 EL Zitronensaft

1 Mehl und Vollkornmehl in eine Schüssel sieben, die Rückstände aus dem Sieb dazuschütten. Mehl und Butter mit den Fingerspitzen vermengen, bis Streusel entstanden sind.

2 Zucker, Vanille und Eigelbe zugeben. Alles zu einem festen Teig verarbeiten, falls nötig 1–2 EL Wasser zugeben. Alternative: Mehl und Butter in der Küchenmaschine mischen, dann Zucker, Vanille und Eigelbe zugeben und alles kurz zu einem Teig vermischen. Teig in Frischhaltefolie wickeln, 30 Minuten kühlen.

3 Die Feigen mit 6 EL Wasser in einen Topf mit schwerem Boden geben. Aufkochen; bei schwacher Hitze zugedeckt 3–5 Minuten köcheln lassen, bis die Feigenstückchen aufgequollen sind und das Wasser aufgenommen haben. In eine Schüssel geben und mit einer Gabel etwas zerdrücken. Zitronensaft unterrühren; abkühlen lassen.

4 Den Backofen auf 190 °C vorheizen. Den Teig auf einer bemehlten Arbeitsfläche 50 × 15 cm groß ausrollen. Teigrechteck längs in der Mitte durchschneiden, damit 2 gleich große Streifen entstehen.

5 Auf jeden Teigstreifen an einer langen Kante entlang die Feigenpaste auftragen. Die andere Längsseite darüberklappen, die Ränder fest zusammendrücken.

6 Teigpakete etwas flach drücken. Jedes mit einem scharfen Messer quer in 10 Stücke schneiden und diese auf ein gefettetes Backblech setzen. Jede Rolle mit einer Gabel ein paarmal einstechen. Rollen 12–15 Minuten backen, bis sie etwas dunkler geworden sind.

7 Zum Auskühlen auf ein Kuchengitter legen. Luftdicht verpackt, hält sich das Gebäck 2–3 Tage frisch.

Variante

Für **Kirsch-Apfel-Röllchen** 1 Apfel vom Kerngehäuse befreien und fein hacken. Mit 100 g getrockneten Kirschen und 5 EL Wasser in einen Topf geben und köcheln lassen, bis die Flüssigkeit aufgenommen wurde. Die Masse statt der Feigenpaste verwenden.

Das gesunde Plus

- Getrocknetes Obst ist recht eisenhaltig – wichtig für all jene, die kein oder nur wenig dunkles Fleisch essen. Feigen liefern darüber hinaus viel Kalzium: Bereits drei getrocknete Feigen (50 g) bringen es auf knapp 10 % des empfohlenen Tagesbedarfs an Kalzium und 10 % der für Frauen zwischen 15 und 51 Jahren empfohlenen Eisenmenge.

Foto Seite 255

Nährwerte pro Stück 130 kcal, 2 g Eiweiß, 7 g Fett (4 g davon gesättigte Fettsäuren), 17 g Kohlenhydrate (1,3 BE, 1,7 KE), 1,5 g Ballaststoffe. Liefert auch Vitamin A, Vitamin B_6.

Echter Pudding mit Kirschkompott

Was wir üblicherweise Pudding nennen, also die Creme aus Pulver und Milch, ist in Wahrheit ein Flammeri – der echte Pudding kommt aus dem Ofen. Dieser hier lässt sich wunderbar im Voraus zubereiten, schmeckt fein nach Vanille und gefällt Naschkatzen jeden Alters. Vorsicht, nicht zu lange backen!

Vorbereitung **15 Minuten** Garzeit **30–35 Minuten** *Für 6 Portionen*

600 ml fettarme Milch

½ Vanilleschote, aufgeschlitzt

2 Eier

2 Eigelb

40 g Zucker

½ TL Speisestärke

Kirschkompott

1 EL brauner Zucker

500 g Kirschen, entsteint

2 TL Pfeilwurzelmehl

1 Die Milch mit der Vanilleschote in einen Topf geben; bis kurz unter dem Siedepunkt erhitzen. Vom Herd nehmen, zudecken und 15 Minuten durchziehen lassen.

2 Backofen auf 160 °C vorheizen. Eier, Eigelbe, Zucker und Stärke in eine Schüssel geben, mit dem Schneebesen verrühren.

3 Die Milch erneut erhitzen, Vanilleschote entfernen. Die heiße Milch unter ständigem Schlagen mit dem Schneebesen zur Eimischung gießen, die Mischung durch ein Sieb in eine Kanne gießen, dann auf 6 dünn ausgebutterte Auflaufförmchen (je 120 ml Inhalt) verteilen.

4 Die Förmchen in einen Bräter oder das tiefe Backblech stellen. So viel Wasser in Bräter oder Blech gießen, dass die Förmchen zur Hälfte darin stehen. Puddings 30–35 Minuten backen, bis sie gestockt sind. Sie sollten noch ein bisschen „wackelig“ sein, weil sie etwas nachgaren. Förmchen aus dem Wasser heben und zum Abkühlen auf ein Kuchengitter setzen. Abgekühlte Puddings bis zum Servieren im Kühlschrank aufbewahren.

5 Für das Kirschkompott den Zucker mit 6 EL Wasser in einen Topf geben und erhitzen, bis er sich aufgelöst hat. Aufkochen lassen, dann die Hitze reduzieren. Die Kirschen in den Sirup geben. Zugedeckt unter gelegentlichem Rühren 4–5 Minuten köcheln lassen, bis die Früchte weich sind. Die Kirschen mit einem Schaumlöffel aus dem Sirup heben und in eine Schüssel geben.

6 Pfeilwurzelmehl mit 1 EL kaltem Wasser verrühren. In den Topf zum Kirschsirup geben und die Flüssigkeit 1 Minute unter Rühren köcheln lassen, bis sie angedickt und klar ist. Kurz abkühlen lassen; über die Kirschen gießen. Warm oder kalt (aber nicht eiskalt) servieren. Auf jeden Pudding etwas Kirschkompott schöpfen, restliches Kompott dazu reichen.

Varianten

Wenn Sie vorhaben, die Puddings zum Servieren zu stürzen, sollten Sie die Förmchenböden mit kreisförmig zugeschnittenem Backpapier belegen und für die Creme ein Eigelb mehr verwenden. Die Puddings nach dem Backen für mindestens 4 Stunden, besser noch über Nacht, kalt stellen. Zum Stürzen mit den Fingern die Puddingränder jeweils vom Förmchenrand wegziehen, dann mit einem Messer am Rand entlangfahren. Auf jedes Förmchen einen umgedrehten Dessertteller legen und beides miteinander umdrehen, dabei fest zusammenhalten. Zum Schluss die Förmchen abheben.

Nährwerte pro Portion 178 kcal, 7 g Eiweiß, 6 g Fett (2 g davon gesättigte Fettsäuren), 26 g Kohlenhydrate (1,9 BE, 2,5 KE), 1 g Ballaststoffe. Reich an Vitamin B_{12}. Liefert auch Kalzium, Vitamin A, Vitamin B_2, Vitamin C, Zink.

Für **Schokoladenpudding mit Birnenkompott** die Milch nicht mit Vanille, sondern mit einem Streifen Orangenschale aromatisieren. Im Schritt 2 den weißen durch braunen Zucker ersetzen und 1 EL gesiebtes Kakaopulver zufügen. Wie beschrieben fortfahren. Für das Kompott 300 ml Wasser mit 85 g Zucker und 1 aufgeschlitzten Vanilleschote erhitzen, bis der Zucker aufgelöst ist, dann aufkochen und 2–3 Minuten köcheln lassen. 4 feste Birnen schälen und in Scheiben schneiden. Die Scheiben in den Sirup geben. Zugedeckt 12–15 Minuten kochen, bis sie weich sind, dabei gelegentlich wenden. Die Birnen mit einem Schaumlöffel aus dem Sirup heben und in eine Schüssel füllen. Sirup in 5 Minuten etwas einkochen, dann 5 Minuten abkühlen lassen. Die Vanille entfernen, den Sirup zu den Birnen gießen.

Das gesunde Plus

- Durch die zusätzlichen Eigelbe erhöht sich der Gehalt an Vitamin A, Vitamin D und B-Vitaminen – diese befinden sich beim Ei überwiegend im Dotter und nicht im Eiklar.
- Kirschen sind kaliumreich und liefern viel Vitamin C.

Fruchtige Müslikekse

Diese nussigen, saftigen Plätzchen versüßen die Frühstücks- oder Kaffeepause. Sie schmecken super und stecken voll gesunder Sachen – da geht der Energiepegel auch ohne viel Zucker wieder nach oben. Gerstenflocken sind knuspriger als Haferflocken. Sie bekommen sie im Naturkostladen.

Vorbereitung **20 Minuten** Backzeit **10–15 Minuten** *Für 16 Stück*

50 g Haselnusskerne, fein gehackt

50 g Sonnenblumenkerne, fein gehackt

50 g weiche getrocknete Aprikosen, fein gehackt

50 g entsteinte getrocknete Datteln, fein gehackt

1 EL brauner Zucker

50 g Gerstenflocken

50 g Vollkornmehl

1 gestrichener TL Backpulver

2 EL Sonnenblumenöl

4 EL Apfelsaft

1 Den Backofen auf 190 °C vorheizen. Gehackte Nüsse, Sonnenblumenkerne, Aprikosen und Datteln in einer Schüssel mischen. Zucker, Gerstenflocken, Mehl und Backpulver zugeben und alles gut mischen.

2 Das Sonnenblumenöl mit dem Apfelsaft verrühren und zur Nussmischung gießen. Rühren, bis sich die Zutaten gerade eben miteinander verbunden haben.

3 Für jeden Keks einen gehäuften Teelöffel voll von dem Teig abnehmen und diesen mit angefeuchteten Händen zu einer walnussgroßen Kugel formen. Diese zu einem 5–6 cm großen Kreis flach drücken. Den Rand mit den Fingern glätten. Kekse auf ein großes gefettetes Backblech legen.

4 Die Müslikekse 10–15 Minuten backen, bis sie etwas aufgegangen sind und Farbe angenommen haben. Zum Auskühlen auf ein Kuchengitter setzen. Luftdicht verpackt, halten sich die Kekse bis zu 4 Tage.

Varianten

Nehmen Sie ungesalzene Cashewkerne anstelle von Haselnüssen.

Sie können die Gerstenflocken durch Hafer- oder Weizenflocken ersetzen.

Das gesunde Plus

- Sonnenblumenkerne sind reich an Vitamin E, das u. a. die Zellwände vor zerstörerischen Angriffen durch freie Radikale schützt. Die Kerne enthalten außerdem viel mehrfach ungesättigte Fettsäuren und ansehnliche Mengen an Vitamin B_1 sowie den Mineralstoffen Kupfer, Eisen, Magnesium, Phosphor, Selen und Zink.

Nährwerte pro Stück 90 kcal, 2 g Eiweiß, 5 g Fett (1 g davon gesättigte Fettsäuren), 9 g Kohlenhydrate (0,5 BE, 0,8 KE), 1 g Ballaststoffe. Liefert auch Kupfer.

Orangen-Pekannuss-Kekse

Hier brauchen Sie nichts auszustechen – der Teig wird einfach zu einer Rolle geformt und in den Kühlschrank gelegt. Wann immer Sie Lust auf Plätzchen haben, schneiden Sie ein paar Scheiben ab, belegen sie mit Nüssen, und ab damit in den Backofen.

Vorbereitung **15 Minuten,** plus **2 Stunden** Kühlzeit Backzeit **8–10 Minuten** *Für 24 Stück*

55 g Vollkornmehl, mehr für die Arbeitsfläche

55 g Mehl

1 Messerspitze Backpulver

85 g brauner Zucker

50 g Speisestärke

30 g Pekannusskerne, gehackt

abgeriebene Schale von 1 Orange

4 EL Sonnenblumenöl

1 großes Ei

24 Pekannusskernhälften zum Garnieren

1 Mehl, Backpulver, Zucker, Speisestärke, gehackte Nüsse und Orangenschale in eine Schüssel geben und gut verrühren.

2 Öl und Eier in einer kleinen Schüssel mit einer Gabel verquirlen. Zur Mehlmischung geben und mit einer Gabel unterarbeiten, bis ein Teig entsteht.

3 Den Teig auf einer bemehlten Arbeitsfläche kurz durchkneten, bis er glatt ist. Zu einer etwa 30 cm langen Rolle formen. In Frischhaltefolie wickeln und für 2 Stunden in den Kühlschrank legen. (Der Teig bleibt im Kühlschrank 2–3 Tage frisch.)

4 Den Backofen auf 180 °C vorheizen. Die Teigrolle auspacken und, falls nötig, nachformen.

5 Die Teigrolle mit einem scharfen Messer quer in 24 Scheiben schneiden. 2 Backbleche mit Backpapier belegen (oder beschichtete Bleche verwenden) und die Teigscheiben mit ausreichend Abstand voneinander darauflegen. Auf jede der Scheiben 1 Nusskernhälfte drücken.

6 Die Kekse 8–10 Minuten backen, bis sie sich fest anfühlen und goldbraun sind. Zum Abkühlen auf ein Kuchengitter legen. Luftdicht verpackt, halten sich die Kekse bis zu 5 Tage lang.

Variante

Für **Mandel-Polenta-Kekse** 50 g Instant-Polenta mit 85 g Puderzucker, 120 g Mehl und 1 Messerspitze Backpulver mischen. Mit 50 g Butter verreiben, bis Streusel entstanden sind. 1 großes Ei mit 1 Tropfen Mandelaroma verquirlen. Zu den Streuseln geben und alles zu einem weichen Teig verarbeiten. Diesen wie beschrieben formen, einwickeln und kühlen. Die Scheiben vor dem Backen mit Mandelblättchen bestreuen.

Das gesunde Plus

- Pekannüsse enthalten, wie Mandeln und Nüsse überhaupt, sehr viel Fett – bis zu 70%. Das Meiste davon sind allerdings mehrfach ungesättigte Fettsäuren. Pekannüsse liefern außerdem Vitamin E.
- Wegen seines zurückhaltenden Eigengeschmacks lässt sich Sonnenblumenöl in der Küche vielseitig einsetzen. Beim Backen können Sie es statt Butter (die ja viele gesättigte Fettsäuren enthält) verwenden. Sonnenblumenöl enthält reichlich Vitamin E, ein wirksames Antioxidans, und vielfach ungesättigte Fettsäuren. Diese werden normalerweise schnell ranzig, was hier aber das Vitamin E verhindert.

Nährwerte pro Stück 106 kcal, 2 g Eiweiß, 7 g Fett (1 g davon gesättigte Fettsäuren), 9 g Kohlenhydrate (0,6 BE, 0,9 KE), 1 g Ballaststoffe. Reich an Vitamin E. Liefert auch Kupfer.

Mokka-Tiramisu mit Ricotta

Diese hinreißende Version des italienischen Dessertklassikers enthält wie das Original kaffee- und likörgetränkte Löffelbiskuits. Die Creme jedoch ist leicht und luftig und besteht aus Ricotta und Joghurt. Geriebene Edelbitterschokolade bildet den krönenden Abschluss.

Vorbereitung **20 Minuten,** plus **mindestens 30 Minuten** Kühlzeit *Für 4 Portionen*

8 Löffelbiskuits (zusammen etwa 65 g)

1 TL löslicher Kaffee

1 EL Kaffeelikör oder Weinbrand

1 TL Zucker

200 g Ricotta

200 g stichfester Magerjoghurt

15 g Puderzucker, gesiebt

1 Messerspitze gemahlene Vanille

25 g geriebene Bitterschokolade (mindestens 70 % Kakaoanteil) zum Garnieren

1 Die Löffelbiskuits jeweils in 3 Stücke brechen und diese auf 4 Whiskybecher oder Dessertschalen verteilen.

2 Das Kaffeepulver in einen Messbecher geben und 120 ml heißes Wasser zugießen. Likör oder Weinbrand und den Zucker zufügen und rühren, bis der Zucker sich aufgelöst hat. Die Biskuitstücke mit der Mischung tränken.

3 Ricotta und Joghurt mit Puderzucker und Vanille glatt und cremig aufschlagen. Die Creme auf die Löffelbiskuits geben.

4 Die Desserts mit geriebener Schokolade bestreuen. Zugedeckt für mindestens 30 Minuten, höchstens 3–4 Stunden in den Kühlschrank stellen.

Varianten

Statt Magerjoghurt können Sie Magerquark oder fettarmen Vanillejoghurt nehmen.

Bestauben Sie das Dessert einmal mit Kakaopulver, statt es mit Schokolade zu bestreuen.

Für eine **Amaretti-Himbeer-Speise** 28 Amaretti (zusammen etwa 75 g) auf 4 Gläser oder Schalen verteilen. 250 g Himbeeren darüber geben, 12 davon für die Garnitur zurückbehalten. Jedes Dessert mit 1 EL braunem Rum, Weinbrand oder Orangenlikör beträufeln. Aus 1 ½ EL Puddingpulver, 2 EL Zucker und 300 ml fettarmer Milch nach Packungsanleitung einen Pudding herstellen. Mit 1 TL Vanilleextrakt aromatisieren. Abkühlen lassen, dann 100 g stichfesten Joghurt unterrühren. Die Creme auf die Keks-Himbeer-Mischungen geben. 8 weitere Amaretti zerbröseln. Die Desserts damit bestreuen und mit den restlichen Himbeeren garnieren. Vor dem Servieren 30 Minuten in den Kühlschrank stellen.

Das gesunde Plus

- Ricotta enthält viel weniger Fett und Kalorien als der üblicherweise für dieses Dessert verwendete Mascarpone. Joghurt sorgt für Extra-Cremigkeit, ohne das Fettkonto zu belasten.
- Bitterschokolade liefert Kupfer. Dieser Mineralstoff hilft bei der Eisenverwertung. Wenn Sie die Schokolade fein reiben, brauchen Sie nur wenig davon.

Nährwerte pro Portion 228 kcal, 9 g Eiweiß, 8 g Fett (5 g davon gesättigte Fettsäuren), 24 g Kohlenhydrate (2,1 BE, 2,6 KE), 0,5 g Ballaststoffe. Reich an Kalzium, Vitamin A. Liefert auch Vitamin B_2, Vitamin B_{12}, Zink.

Apfelgrütze mit Stachelbeeren

Eine süß-säuerliche grüne Grütze, die nach dem gleichen Prinzip wie die beliebte Beerengrütze zubereitet wird. Verwenden Sie entweder selbst gekochtes Stachelbeerkompott oder eingemachte Stachelbeeren aus dem Glas oder aus der Dose. Rötliche Stachelbeeren schmecken etwas süßer als grüne.

Vorbereitung **etwa 30 Minuten,** plus Abkühlzeit und **2 Stunden** Kühlzeit Garzeit **10 Minuten** *Für 4 Portionen*

500 ml naturtrüber Apfelsaft

400 g Äpfel, geschält und in dünne Spalten geschnitten

30 g Speisestärke

1 TL Zitronensaft

250 g gekochte Stachelbeeren

Vanilleschaum

1 Messerspitze gemahlene Vanille

250 ml fettarme Milch

2 Eier

40 g Zucker

1 Den Apfelsaft bis auf 3 EL in einem Topf erhitzen. Die Apfelspalten zufügen und 5 Minuten darin kochen lassen.

2 Die Speisestärke im restlichen kalten Saft anrühren, in den Topf gießen und unter ständigem Rühren aufkochen lassen, bis die Flüssigkeit bindet. Zitronensaft untermischen.

3 Grütze in eine Schüssel füllen und unter gelegentlichem Rühren abkühlen lassen. Stachelbeeren untermischen. Die Grütze für 2 Stunden in den Kühlschrank stellen.

4 Für den Vanilleschaum die Vanille mit der Milch in einem Topf erhitzen. Eier trennen. Eigelbe und Zucker in einer Metallschüssel cremig rühren. Die heiße Vanillemilch dazugießen und alles über einem heißen Wasserbad mit einem Schneebesen von Hand schaumig schlagen; das dauert etwa 10 Minuten.

5 Den Vanilleschaum vom Wasserbad nehmen und unter gelegentlichem Aufschlagen abkühlen lassen. Die Eiweiße steif schlagen und unter die fast kalte Sauce ziehen. Grütze in hohe Gläser füllen und den Vanilleschaum darauf verteilen.

Varianten

Die Grütze schmeckt besonders fein, wenn Sie den Apfelsaft ganz oder zum Teil durch Apfelwein (Cidre) ersetzen.

Wer keinen Zucker verwenden möchte, kann den fertigen Vanilleschaum mit ein paar Tropfen flüssigem Süßstoff süßen.

Das gesunde Plus

- Stachelbeeren sind die einzigen heimischen Beeren, die man auch grün und unreif pflücken kann, um sie für Konfitüre, Kompott oder Kuchenbelag zu verwenden. Für den Frischverzehr werden allerdings vollreife Früchte geerntet. Diese weisen den höchsten Zuckergehalt aller bei uns wachsenden Beeren auf. Sie liefern Ballaststoffe, Mineralstoffe, besonders Kalium, und nennenswerte Mengen an Betakarotin und Vitamin C. Ihr angenehm säuerlicher Geschmack beruht vor allem auf dem Gehalt an Apfel- und Zitronensäure, die appetitanregend und verdauungsfördernd wirken.

Nährwerte pro Portion 260 kcal, 5,7 g Eiweiß, 4,3 g Fett (1,4 g davon gesättigte Fettsäuren), 47 g Kohlenhydrate (4,1 BE, 4,9 KE), 3,8 g Ballaststoffe. Reich an Vitamin C.

Lebensmittel einkaufen und aufbewahren

Supermärkte können richtig gemein sein. Hier Tortentürme, dort Würstchen, Schinken, Speck. So weit das Auge reicht, üppige, sahnige Cremes, salzig-fette Schnellgerichte und zuckersüße Frühstücksflocken. Es ist die Aufgabe der Ladenbesitzer, Sie, den Kunden, zum Kaufen zu verführen. Und dieser Aufgabe kommen sie wirklich gut und gewissenhaft nach.

Doch Sie durchschauen die Tricks. Nachdem Sie dies gelesen haben, erst recht. Ihr Ziel ist ja, gesunde, wohlschmeckende Lebensmittel einzukaufen, in den richtigen Mengen, zu angemessenen Preisen, und ohne ständig verlockenden Verführungen zu erliegen. Hier ist Ihr Wegweiser.

Grundregeln fürs Einkaufen

Nach Liste einkaufen. Erstellen Sie sich zuerst einen Speiseplan für die ganze Woche, anschließend eine Liste, um Zeit zu sparen und Spontankäufe so gut wie möglich zu unterbinden. Natürlich macht es Spaß, neue Geschäfte zu erkunden. Trotzdem sollten Sie sich für einen Laden entscheiden, in dem Sie sich wohl fühlen. Den kennen Sie bald in- und auswendig, sodass Sie die Einkaufsliste dem Aufbau des Ladens entsprechend anlegen können.

Nicht umherwandern. Konzentrieren Sie sich auf die Regale und Gänge, in denen Sie finden, was Sie brauchen. Beginnen Sie mit Obst und Gemüse, und arbeiten Sie sich dann vor, meist geht es so weiter: Fleisch, Fisch, Milch, Säfte, Brot.

Aktionsware aus dem Weg gehen. In jeder Branche wird zum Erzielen des Verkaufserfolgs Psychologie eingesetzt, ein Supermarkt ist da keine Ausnahme. Am Ende jedes Regals sind meist Fertigprodukte, nährwertlos, aber grandios aufgemacht. So sehr sie auch locken: Wenn die Angebote nicht auf Ihrer Liste stehen, gehen Sie weiter!

Erst essen, dann shoppen. Gehen Sie nie mit leerem Magen einkaufen. Zu groß ist die Versuchung, etwas Essbares spontan zu kaufen und gleich zu essen (was man später bereut) oder den Wagen mit Lebensmitteln vollzupacken, die man nicht braucht.

Vorsicht bei allem mit „vor“... Das heißt vorbereitet, vorgewürzt, vorgekocht; es handelt sich also meist um ein Fertigprodukt. Für das „vor“ zahlen Sie eine Menge Geld, Fertiggerichte sind fast immer zu salzig oder zu süß, und sie machen süchtig, z. B. nach künstlichen Aromastoffen. Nur in der Gemüseabteilung ist das Risiko gering. Geputzter, gewaschener Mischsalat aus dem Beutel ist zwar teuer, aber besser als gar kein Salat.

Systematisch vorgehen. Das könnte so aussehen: einmal pro Monat Grundnahrungsmittel einkaufen – Dosen, TK-Gemüse, Öl, Gewürze. In den Wochen dazwischen nur Frischprodukte kaufen, die noch in derselben Woche verbraucht werden – Fleisch, Fisch, Obst, Gemüse, Milch. So können Sie sich drei von vier Wochen von den Supermarktbereichen fernhalten, in denen Fertigprodukte angeboten werden.

Preisbewusst sein. Immer mehr Leute kaufen in Großmärkten Großpackungen zu vermeintlich kleinen Preisen ein. Doch viel heißt nicht immer billig. Oft sind No-Name-Produkte oder die Eigenmarken der Handelsketten auch in kleinen Mengen günstiger. Sehen Sie sich das Preisschild am Regal näher an: Dort steht meist der Preis pro Kilogramm/Stück. Nur so können Sie Preise wirklich vergleichen.

Maß halten. Kennen Sie das: Sie haben Mengen von Frischware eingekauft, und nach 10 Tagen müssen Sie das Meiste wegwerfen, weil es für den Verzehr nicht mehr geeignet ist? Das passiert vielen, und es passiert ständig. Lösung: Führen Sie eine Liste. Wenn Sie mehr Lebensmittel wegtun, als Sie essen, sollten Sie von nun an vielleicht verstärkt zu Obst und Gemüse aus Glas, Dose oder Tiefkühltruhe greifen.
So riesig sind die Nährwertunterschiede zwischen frischer, TK- und Dosenware nicht. Lesen Sie die Angaben auf der Packung – was zu viel Salz (bzw. Natrium) oder zu viel Zucker enthält, bleibt liegen.

Lieber nah als fern. Lebensmittel aus der Region sind meist schmackhafter und gesünder als solche, die schon eine lange Reise hinter sich haben. Und auch wenn manches Obst oder Gemüse inzwischen ganzjährig erhältlich ist, sollten Sie vorzugsweise das kaufen, was gerade im Inland Saison hat.

Obst und Gemüse einkaufen

Die Vielfalt und Abwechslung, die man in den meisten Obst-und Gemüseabteilungen der Supermärkte findet, sucht ihresgleichen. Vor lauter Wahlmöglichkeiten kann einem schwindelig werden. Lesen Sie hier, wie Sie bei Sinnen bleiben.

Sich Zeit lassen. Die meisten Leute eilen zum Einkaufen stets in dieselben langweiligen Abteilungen, kaufen rasch die gleichen langweiligen Sachen und setzen dann zügig ihren Weg durch den Laden fort. Wenn Sie Zeit haben und Ihr Speiseplan ein paar Veränderungen zulässt, dann machen Sie mal langsamer und schauen sich alles genauer an. Was

sieht knackig frisch aus? Was scheint interessant? Was ist im Angebot? Hier, in der Obst-Gemüse-Abteilung, dürfen Sie nach Herzenslust kreativ sein und nicht nach Liste, sondern nach Auge und Appetit einkaufen.

Neugierig sein. Legen Sie jede zweite Woche ein Ihnen unbekanntes Obst oder Gemüse in den Einkaufswagen. Abwechslung ist der Schlüssel zur gesunden Ernährung. Erkundigen Sie sich, was man mit all den tollen Sachen machen kann.

Recherchieren. Oft gibt es in der Gemüseabteilung Broschüren zum Mitnehmen mit Informationen über Nährstoffe in Obst und Gemüse. Häufig finden sich darin auch Rezepte zu „neuen“ oder für Sie ungewöhnlichen Sorten. Informieren Sie sich z. B. mithilfe der Heftchen.

Gemüse

Blattgemüse Dazu gehören Spinat, Grünkohl, Mangold, Chinakohl und Pak Choi. Blattgemüse sollten knackig sein und frisch aussehen, kräftig gefärbt und ohne dunkle Stellen oder vergilbende Blätter. Möglichst bald verwenden. Aufbewahrung: In einen Gefrierbeutel verpackt, im Gemüsefach des Kühlschranks, 2–4 Tage.

Blumenkohl Nehmen Sie nur feste, kompakte Köpfe mit weißen Röschen und kräftig grünen Blättern. Ware mit braunen Verfärbungen und welken Blättern lassen Sie besser liegen. Aufbewahrung: Im Gemüsefach des Kühlschranks, 2–4 Tage.

Bohnen Die Schoten von grünen Bohnen sollten glatt und knackig sein. Welke, runzlige oder überreife Schoten nehmen Sie besser nicht. Aufbewahrung: In einen Gefrierbeutel verpackt, im Gemüsefach des Kühlschranks, 1–3 Tage.

Brokkoli Die Köpfchen sollten grün und die Knospen fest geschlossen sein. Achten Sie auf saftige, feste Stiele und grüne Blätter ohne welke Stellen. Gelbe Knospen und gummiartige Stiele heißen für Sie: Finger weg. Aufbewahrung: In einen Gefrierbeutel verpackt, im Gemüsefach des Kühlschranks, 2–4 Tage.

Champignons Sie sollten fest, weiß und sauber sein. Exemplare mit Verfärbungen und Beschädigungen sollten Sie liegen lassen. Aufbewahrung: ungewaschen, locker abgedeckt oder in einer Papiertüte, im Kühlschrank, bis zu 4 Tage. Nicht ins Gemüsefach legen, dort werden die Champignons oft weich.

Erbsen und Zuckerschoten Die Schoten sollten fest und kräftig grün sein. Erbsen erst kurz vor der Verwendung enthülsen. Aufbewahrung: Im Kühlschrank, bis zu 5 Tage.

Frühlingszwiebeln Achten Sie auf feste weiße Knollen und knackiges Grün. Welkende oder gelbe Blattspitzen bedeuten: Hände weg. Aufbewahrung: In einen Gefrierbeutel verpackt, im Kühlschrank, 2–3 Tage.

Kartoffeln und Süßkartoffeln Die Knollen sollten gleichmäßig geformt sein, ohne Verletzungen, Keime oder tiefe Risse. Aufbewahrung: Kühl, trocken und dunkel, bis zu 2 Wochen.

Kohl Wählen Sie Kohlköpfe, die im Verhältnis zur Größe schwer sind und keine rissigen gelben Blätter haben. Aufbewahrung: Im Gemüsefach des Kühlschranks, 3–7 Tage.

Kürbisse Sie sollten fest sein und im Verhaltnis zur Größe schwer. Aufbewahrung: Ganze Kürbisse an einem kühlen, trockenen, luftigen Ort, am besten in einem hängenden Netz; dann halten sie sich monatelang. Stücke und Exemplare mit essbarer Schale (z. B. Hokkaido) kann man bis zu 5 Tage im Kühlschrank lagern.

Maiskolben Sie müssen feste, gedrungene Körner haben. Was trocken oder welk aussieht, ist nicht frisch. Aufbewahrung: Im Kühlschrank, bis zu 5 Tage.

Möhren Sie sollten gerade, fest und kräftig orange sein. Beschädigte oder gespaltene Exemplare meiden. Aufbewahrung: Im Gemüsefach des Kühlschranks, 1–4 Wochen.

Paprikaschoten (alle Farben) Sie sollten fest und wohlgeformt sein, die Schale sollte glänzen. Weiche, schrumplige Exemplare gehören nicht in Ihren Einkaufskorb. Aufbewahrung: Im Gemüsefach des Kühlschranks, 4–5 Tage.

Pastinaken Wählen Sie nur junge, gerade, feste und makellose Wurzeln. Große Exemplare können holzig sein. Aufbewahrung: In einer perforierten Tüte, im Kühlschrank, bis zu 1 Woche.

Rosenkohl Kaufen Sie nur feste, leuchtend grüne, fest geschlossene Röschen. Aufbewahrung: Im Kühlschrank, bis zu 3 Tage.

Rübchen Sie sollten klein, fest und rundlich sein. Große Exemplare sind oft aufdringlich im Geschmack und holzig. Aufbewahrung: Ungewaschen, im Kühlschrank, 1 Woche.

Schalotten Wählen Sie feste, wohlgeformte Exemplare, die schwer für ihre Größe sind. Die papierartige Hülle muss trocken sein und glänzen. Aufbewahrung: Kühl und trocken, monatelang.

Spargel Die Stangen sollten gerade und saftig sein. Ware mit angetrockneten, holzigen Enden ist nicht frisch. Aufbewahrung: Geschält oder ungeschält in ein feuchtes Geschirrtuch gewickelt, im Gemüsefach des Kühlschranks, 1–3 Tage. Saison: April bis Juni.

Stangen- oder Staudensellerie Die Stangen müssen knackig sein, die Blätter hell- bis mittelgrün. Ware mit welken Blättern liegen lassen. Aufbewahrung: Im Gemüsefach des Kühlschranks, bis zu 1 Woche.

Tomaten Reife Früchte sollten fest und prall, gleichmäßig rot und für ihre Größe schwer sein. Mit Raumtemperatur schmecken sie am besten. Kaufen Sie keine Tomaten, die in der Kühlung lagen. Aufbewahrung: Bei Raumtemperatur. Hauptsaison: Sommer und Herbst.

Zucchini Die jungen Früchte schmecken am besten. Wählen Sie 12–18 cm lange Exemplare. Sie sollten fest und schwer für ihre Größe sein, kräftig gefärbt und frei von Verletzungen oder braunen Stellen. Aufbewahrung: Locker in eine Papiertüte gepackt, im Kühlschrank, 2–3 Tage.

Zwiebeln Sie sollten schwer sein für ihre Größe. Kaufen Sie keine Zwiebeln, die bereits beginnen zu keimen. Aufbewahrung: Kühl und trocken, nicht im Kühlschrank.

Obst

Ananas Nehmen Sie nur große Früchte mit grünen Blättern. Die Farbe der Schale sagt nichts über den Reifegrad aus. Ananas können sofort gegessen werden. Bei Raumtemperatur oder im Kühlschrank aufbewahren. Ganzjährig erhältlich. Hauptsaison: März bis Juni.

Äpfel Sie sollten fest sein und sortentypisch gefärbt. Kühl und feucht lagern. Äpfel müssen frisch duften, solche, die muffig riechen, sind nicht in Ordnung. Zum Kochen eignen sich besonders Boskoop und Renetten. Ganzjährig erhältlich.

Avocados Die Farbe der Schale variiert von Lila und Schwarz bis Grün. Unregelmäßige braune Stellen auf der Schale sind nur oberflächlich und beeinträchtigen die Qualität nicht. Bei Raumtemperatur aufbewahren, bis die Frucht sich weich anfühlt, dann im Kühlschrank lagern. Ganzjährig erhältlich.

Bananen Wählen Sie gedrungene Früchte. Die Farbe der Schale variiert je nach Reifegrad von grün über gelb bis braun gesprenkelt. Graugelbe Früchte liegen lassen, sie haben einen Kühlschaden, weil sie nicht sachgerecht gelagert wurden. Sobald der gewünschte Reifegrad erreicht ist, die Banane verzehren oder im Kühlschrank lagern. Die Schale wird dann zwar braun, das Fruchtfleisch bleibt noch ein paar Tage essbar. Ganzjährig erhältlich.

Beeren Sie sollten innerhalb weniger Tage verbraucht werden. Suchen Sie pralle, feste, kräftig gefärbte Exemplare aus. Verdorbene oder beschädigte Beeren liegen lassen. Zu Hause im Kühlschrank aufbewahren. Hauptsaison: Juni bis August.

Birnen Ihre Färbung ist sortenabhängig. Birnen müssen nach dem Kauf meist nachreifen. Dafür bei Raumtemperatur lagern, bis das Stielende auf Druck nachgibt. Ganzjährig erhältlich.

Cantaloupemelonen Sie sollten keinen Stiel mehr haben und auf Fingerdruck etwas nachgeben. Sie lassen sich bei Raumtemperatur einige Tage lagern, gehören dann aber in den Kühlschrank und sollten bald verbraucht werden (das gilt für alle Zuckermelonen). Saison: Mai bis September.

Clementinen Hierbei handelt es sich um eine Mandarinenart, die überwiegend in Spanien angebaut wird. Clementinen sind klein und dünnschalig, ihr Fruchtfleisch ist süß und orange. Sie sollten wie Orangen im Kühlschrank aufbewahrt werden. Erhältlich überwiegend in den Wintermonaten. Spätclementinen sind oft süßer als frühe Früchte (das gilt im Allgemeinen auch für Orangen).

Cranberrys Wählen Sie rundliche, feste, glänzend rote oder schwarzrote Beeren. Im Kühlschrank aufbewahren und innerhalb von 2 Wochen verbrauchen. Cranberrys können in der Originalverpackung eingefroren werden. Erhältlich überwiegend von September bis Dezember.

Datteln Sie sollten weich und glänzend dunkelbraun sein. Nach dem Öffnen der Packung die Früchte im Kühlschrank aufbewahren. Fest einwickeln, damit sie nicht austrocknen und hart werden. Ganzjährig erhältlich.

Erdbeeren Sie sollten frisch, sauber, leuchtend rot und unversehrt sein. Wenn sie zudem noch aromatisch duften, treffen Sie eine gute Wahl. Am besten isst man Erdbeeren sofort, sie lassen sich aber auch ungeputzt im Kühlschrank 1–2 Tage aufbewahren. Ganzjährig, insbesondere von April bis Juni, erhältlich.

Granatäpfel Die Schale sollte rosa oder rot sein, das Fruchtfleisch zinnoberrot. Trocken wirkende Früchte lassen Sie besser liegen. Kühl und feucht lagern. Erhältlich überwiegend im September und im November.

Grapefruits Sie sollten fest sein, dürfen nicht aufgebläht wirken oder eine zu lockere Schale haben. Wenn sie im Verhältnis zur Größe schwer sind, sind sie auch saftig. Grüne Flecken haben nichts mit Reifegrad und Qualität zu tun. Im Kühlschrank oder bei Raumtemperatur aufbewahren. Ganzjährig erhältlich.

Kirschen Süßkirschen haben blanke Schalen, ihre Farbe variiert von kräftigem Rot bis Schwarz. Sie sollten frische grüne Stiele haben. Kaufen Sie keine harten, klebrigen und blassen Kirschen. Die reifen Früchte im Kühlschrank aufbewahren und innerhalb weniger Tage verbrauchen. Erhältlich von Mai bis August.

Kiwis Nehmen Sie feste Früchte, die auf Druck kaum nachgeben. Beschädigte oder weiche Exemplare sind nicht mehr in Ordnung. Die Früchte bei Raumtemperatur lagern, bis sie reif sind, dann bis zum Verzehr in den Kühlschrank legen. Ganzjährig erhältlich.

Mangos Die Schale sollte fest und unbeschädigt sein. Früchte mit grauen Verfärbungen, Warzen oder schwarzen Flecken liegen lassen. Reife Früchte geben auf Fingerdruck nach. Bei Raumtemperatur aufbewahren, bis sie weich sind, dann im Kühlschrank lagern. Hauptsaison: Mai bis August.

Orangen Sie sollten fest und schwer sein, ihre Schale fein strukturiert. Grüne Schale sagt nichts über die Qualität aus. Bei Raumtemperatur oder im Kühlschrank lagern. Ganzjährig erhältlich.

Papayas Nehmen Sie nur mittelgroße, gut gefärbte Früchte – sie sollten zumindest etwas gelb sein. Bei Raumtemperatur nachreifen lassen, bis die Schale überwiegend goldgelb ist, dann im Kühlschrank aufbewahren. Hauptsaison: Oktober bis Dezember.

Pfirsiche und Nektarinen Die Grundfarbe sollte gelblich oder creme sein. Reife Nektarinen sind gelblich orange. Die Früchte sollten sich fest anfühlen und entlang der „Naht" weich. Grüne, grünliche oder harte, matte und beschädigte Früchte nicht nehmen. Hauptsaison: Juni bis September.

Pflaumen/Zwetschen Sie können je nach Sorte sehr unterschiedlich aussehen. Bei Raumtemperatur lagern, bis sie sich weich anfühlen. Hauptsaison: Juni bis September.

Wassermelonen Ohne sie anzuschneiden, lässt sich kaum sagen, wie reif sie wirklich sind. Kaufen Sie feste Früchte mit glatter Schale, die Unterseite sollte gelblich oder cremeweiß sein. Meiden Sie Früchte mit reinweißer oder grünlicher Unterseite. Werden die Melonen aufgeschnitten verkauft, wählen Sie rote, saftige Stücke mit schwarzen Kernen.

Weintrauben Die Beeren sollten rundlich und gleichmäßig gefärbt sein und an grünen, biegsamen Stielchen sitzen. Trauben werden beim Lagern nicht süßer, es gibt also keinen Grund, sie nachreifen zu lassen. Die Trauben im Kühlschrank aufbewahren und die Beeren innerhalb von 1 Woche verbrauchen. Erhältlich überwiegend von Juni bis Februar.

Zitronen/Limetten Eine fein strukturierte Schale lässt auf viel Saft schließen. Die Früchte sollten schwer für ihre Größe sein. Bei Raumtemperatur oder im Kühlschrank aufbewahren. Ganzjährig erhältlich.

Tiefkühlkost einkaufen

Wer nicht regelmäßig einkaufen kann, für den ist es sinnvoll, sich mit Tiefkühlkost zu bevorraten. Inzwischen gibt es in diesem Bereich viele gesunde Sachen.

Gemüse Häufig wird die Meinung vertreten, dass frisches Gemüse das einzig Wahre sei. Doch TK-Gemüse steht – was den Geschmack angeht – frischem in nichts nach, und sein Nährstoffgehalt ist meist sogar höher als der von frisch gekauftem Gemüse. TK-Gemüse wurde gleich nach der Ernte bei sehr tiefen Temperaturen sehr schnell eingefroren (schockgefroren) –

das schützt Nährstoffe. Frischgemüse liegt oft tagelang beim Händlier im Regal, und auch Sie lagern es vielleicht noch ein paar Tage zu Hause, bis es endlich zubereitet wird. Während all dieser Zeit gehen Vitamine und Mineralstoffe verloren.

- Kaufen Sie TK-Gemüse pur, also ohne Zusätze wie Sahne, Butter oder Sauce.
- Beutel sind praktischer als Schachteln, weil sie sich nach der Entnahme besser verschließen lassen.
- TK-Gemüse sollte man innerhalb von 4 Monaten verbrauchen. Packen Sie das Gefrierfach um, wenn Sie neues TK-Gemüse gekauft haben: Die älteren Sachen kommen nach vorn, die neuen nach hinten.

Obst Wenn Beeren und anderes Obst gerade keine Saison haben, können Sie diese wunderbar tiefgekühlt kaufen. Achten Sie darauf, dass kein Zucker zugesetzt wurde. Beeren liefern viel Vitamin C und Ballaststoffe – gut, wenn man sie das ganze Jahr lang genießen kann.

Fertiggerichte Natürlich wäre es großartig, jeden Abend „richtig" zu kochen, doch wer hat schon die Zeit dazu? TK-Fertiggerichte sind praktisch und schmecken oft recht gut, und sie sparen Zeit und Abwasch. Achten Sie beim Einkauf auf die Angaben der Inhaltsstoffe (Kalorien, Fett, Salz bzw. Natrium). Kaufen Sie nichts, was viel Fett enthält oder stark gesalzen ist. Wie sieht es mit der Größe der Portionen aus? Vielleicht kochen Sie doch lieber noch ein paar Nudeln? Ergänzen Sie TK-Hauptgerichte mit frischem Salat oder Gemüse.

Desserts Eiscreme ist und bleibt etwas Leckeres. Und zur Freude aller Diabetiker gibt es mehr und mehr Diätprodukte, z. B. mit Fruchtzucker, wenig Zucker oder überhaupt zuckerfrei. Lesen Sie die Angaben auf der Packung, und vergleichen Sie die Fett- und Kalorienwerte.

Vorräte einkaufen

Heutzutage stehen in den Regalen so viele Produkte wie noch nie zuvor – vertraute und „neue" aus vielen Ländern der Welt. Gehen Sie doch einmal die Gänge auf und ab und entdecken Sie, was es so gibt.

Obst- und Gemüsekonserven Konserven helfen Zeit sparen. Sie sollten den Inhalt innerhalb von einem Jahr verbrauchen. Achten Sie bei Obst darauf, dass es nicht gezuckert, sondern in Saft oder Wasser eingelegt ist. Früchte in Sirup reichern Ihre Mahlzeiten nur unnötig mit Zucker an. Bevorzugen Sie Dosengemüse, das ohne Salz konserviert wurde. Bekommen Sie das nicht, sollten Sie das Gemüse vor dem Verbrauch abspülen.

Bohnen in Dosen Sie sind nährstoffreich und insbesondere praktisch, weil das Einweichen und Garkochen entfällt. Man kann mit ihnen prima Fleischgerichte verlängern, z. B. beim Chili con carne (siehe S. 68) oder beim Spanischen Kaninchen-Kichererbsen-Topf (siehe S. 80).

Dosentomaten Für viele Köche sind Tomaten aus der Dose unentbehrlich. Sie

peppen Reis-, Pasta- und viele andere Gerichte auf. Außerdem haben Studien ergeben, dass gegarte Tomaten den sekundären Pflanzenstoff Lykopin liefern, der höchstwahrscheinlich zum Krebsschutz beiträgt. In welcher Form die Tomaten in den Dosen sind (im Ganzen, in Stücken, passiert, konzentriert), spielt keine Rolle.

Senf & Co. Senf, Saucen und Ketchup enthalten wenig bis gar kein Fett. Immer im Haus haben sollten Sie:

- Chilisauce
- Tomatenketchup
- Salatcreme
- Dijon-Senf
- Salsa
- Sojasauce (mit wenig Salz)
- Worcestersauce

Essig und Öl

Öle bestehen zu 100% aus Fett, 1 EL liefert 13 g. Doch Fett ist nicht gleich Fett. Nehmen Sie Öle mit überwiegend einfach ungesättigten Fettsäuren (Oliven-, Rapsöl). Empfehlenswert ist es auch, zwischen verschiedenen Ölen zu wechseln, da jedes Öl ein anderes Fettsäurenmuster hat. Je weniger gesättigte Fettsäuren Sie zu sich nehmen, desto besser. Essen Sie also insgesamt weniger Butter und andere tierische Fette.

Öle sollten kühl und lichtgeschützt (z. B. in einer dunklen Flasche) oder im Kühlschrank aufbewahrt werden. Dort werden sie meist trüb und etwas dickflüssiger – sie winterisieren; deshalb 15 Minuten vor der Verwendung aus dem Kühlschrank nehmen, dann wird das Öl wieder klar.

Essig würzt viele Speisen ganz vorzüglich. Meist handelt es sich um Weinessig. Essig wird auch aus anderem Obst als Trauben gewonnen, wie z. B. Apfelessig. Nach dem Öffnen der Flasche sollte Essig innerhalb eines Jahres verbraucht werden. Kühl und dunkel lagern.

Hier sind noch ein paar detailliertere Informationen zu Essig und Öl:

Öl zum Sprühen Ob Sie Öl in Sprühdosen oder -flaschen kaufen oder Ihr eigenes in Sprühflaschen umfüllen: Sie verwenden auf jeden Fall weniger, als wenn Sie es direkt aus der Flasche gießen.

Rapsöl Es eignet sich zum Kochen, Braten und Backen. Es ist neutraler im Geschmack als Olivenöl, liefert aber wie dieses einfach ungesättigte Fettsäuren.

Olivenöl Wegen seines Geschmacks ist es wohl das beliebteste aller Speiseöle. Es gibt verschiedene Qualitätsstufen: Die meisten Köche schwören auf natives Olivenöl extra; es stammt aus der ersten Pressung, hat den feinsten Geschmack und den geringsten Säuregehalt.

Aromatisierte Öle Öle mit Aromen von Zitrone, Knoblauch, Kräutern oder Gewürzen bringen schon in kleinen Mengen viel Geschmack.

Balsamico-Essig Dieser tiefdunkle Essig wird aus dunklen Trauben gewonnen und lagert mehrere Jahre in Holzfässern. Er ist süß, mild und sehr aromatisch und passt an Salate und in Marinaden, aber auch erstaunlich gut zu Erdbeeren.

Weinessig Er kann aus Weiß- oder Rotwein gewonnen werden, die Säure reicht von mild bis kräftig. Sherryessig ist besonders aromatisch und kann statt Balsamico-Essig verwendet werden.

Reisessig Er stammt aus Fernost und ist glasklar, sehr mild und schmeckt süßsäuerlich. Gut für Salate.

Kräuteressige Wenn Sie für Salate mit Kräutern und/oder Gewürzen angereicherten Essig verwenden, genügen oft ein paar Tropfen Öl, oder Sie können darauf sogar ganz verzichten.

Fertigsuppen

Suppe fertig zu kaufen ist sicher praktisch, wenn man keine Zeit hat, welche zu kochen. Die Auswahl ist groß, und nicht alle Suppen sind gut für Sie. Bevorzugen Sie Produkte ohne Geschmacksverstärker und Farbstoffe. Hier ist eine Einkaufshilfe – und vergessen Sie nicht, immer etwas Gemüse (ruhig TK) in die Fertigsuppe zu geben, das erhöht den Nährwert und bringt Ballaststoffe.

Tütensuppen Superpraktisch, weil man sie in der Schublade aufbewahren kann und sie sich leicht auf Reisen mitnehmen lassen. Wasser dazu, umrühren, fertig – oft in weniger als 7 Minuten. Es gibt inzwischen viele Light-Produkte und Tütensuppen mit extra viel Gemüse.

Fertigsuppen Wählen Sie solche mit viel Gemüse und/oder Bohnen und ohne Sahne. Deftige Suppen eignen sich als Hauptgericht.

Dosensuppen Greifen Sie wenn möglich zu fett- und salzarmen Produkten.

Brühen und Fonds Bedenken Sie, dass Fonds und Brühen aus Granulat, Würfel oder Paste meist viel Salz enthalten. Halten Sie sich deshalb beim Würzen der Speisen mit Salz zurück.

Nudeln, Reis, Getreide

Reis und Nudeln sind allseits beliebt, und die Auswahl ist riesig. Sie alle liefern komplexe Kohlenhydrate überwiegend in Form von Stärke, deshalb sollten Sie wählerisch sein und insbesondere auf die Portionsgröße achten. Grundsätzlich gilt: Stärkereiche Lebensmittel sollten Beilage, nicht Hauptzutat sein. Teilen Sie Ihren Teller vor Ihrem inneren Auge in Viertel. Auf einem hat Eiweißreiches seinen Platz, z. B. mageres Fleisch oder Fisch. Das zweite Viertel ist für eine gesunde, ballaststoffreiche Beilage wie Reis oder Nudeln. Den Rest des Tellers füllen Sie mit Gemüse wie grüne Bohnen oder Möhren.

Das sollten Sie wissen, damit Sie die richtige Auswahl treffen können:

Nudeln Vollkornnudeln liefern dreimal mehr Ballaststoffe als normale Nudeln. Bunte Nudeln werden meist mit Gemüsesäften gefärbt, gelten aber trotzdem nicht als Gemüseportionen. Gewöhnen Sie sich an, Nudelgerichte mit mindestens einer Gemüsesorte zuzubereiten, um die Mahlzeit mit Antioxidanzien anzureichern. Bewahren Sie Nudeln kühl und trocken auf, und verbrauchen Sie sie innerhalb eines Jahres. Kochen Sie Nudeln „al dente" (bissfest), nicht weich oder gar matschig.

Frische Pasta ist in 3 Minuten gar – das spart wirklich Zeit. Lose Frischware muss innerhalb von 24 Stunden nach dem Kauf gegessen sein; bei abgepackter Ware aus dem Kühlregal das aufgedruckte Mindesthaltbarkeitsdatum beachten. Frischnudeln enthalten meist mehr Eier als getrocknete Eiernudeln und daher auch mehr Kalorien. Bevorzugen Sie, wenn möglich, frische Vollkornnudeln.

Reis Verwenden Sie anstelle von normalem Langkorn- oder anderem Reis Basmatireis. Er hat einen niedrigeren glykämischen Index und ein herrliches Aroma. Naturrreis ist nähr- und ballaststoffreicher als weißer Reis. Wildreis ist eigentlich eine Grasart. Die Körner enthalten mehr Eiweiß, Zink und Riboflavin als Naturreis. Den Reis mehrmals kalt spülen, damit überschüssige Stärke entfernt wird. Gekochter Reis lässt sich gut einfrieren.

Noch mehr Getreide Couscous, Graupen, Quinoa, Weizenkörner – Getreide erlebt zur Zeit ein großes Comeback. Es eignet sich als gesunde, ballaststoffreiche Beilage. Meist müssen die Getreidekörner (je nach Sorte) mehr oder weniger lange in Flüssigkeit gegart werden, damit sie aufquellen und weich werden. Nehmen Sie dafür Wasser oder Hühnerbrühe mit wenig Salz. Während des Kochens nicht umrühren, das löst die Stärke, und das Getreide würde zäh. Die Garzeiten sind unterschiedlich. Hirse braucht etwa 20 Minuten, größere, härtere Körner benötigen eine Stunde und mehr. Getreidekörner zum Aufbewahren in Vorratsbehälter füllen und im Kühlschrank oder an einem kühlen, dunklen Ort aufbewahren.

Einen Speiseplan erstellen

Wussten Sie, dass die meisten von uns am späten Nachmittag noch nicht wissen, was sie am nächsten Tag zu Mittag essen werden? Klingt erstaunlich, zeigt aber, dass andere keinesfalls alles besser im Griff haben als man selbst.

In Wirklichkeit sind die meisten Menschen den ganzen Tag so beschäftigt, dass die Frage „Was gibt's zu essen?" zweitrangig wird.

Es spricht vieles dafür, einen Speiseplan für die ganze Woche zu erstellen. Das Einkaufen geht schneller und ist seltener nötig, und Sie sparen zudem Geld, weil Sie nur kaufen, was Sie wirklich brauchen. Nicht zu vergessen ist der Gesundheitsaspekt: Vor allem für Diabetiker ist die richtige Zusammenstellung der Mahlzeiten von großer Bedeutung. Nicht ab und zu, sondern jeden Tag.

Keine Sorge – ein Speiseplan bedeutet nicht, dass Sie sich am Sonntagmorgen schon darauf festlegen müssen, was es die nächsten sieben Tage zum Frühstück, zum Mittag und zum Abendessen gibt. So streng ist die Sache gar nicht. Sorgen Sie dafür, dass frische, gesunde Zutaten im Haus sind, und legen Sie die Hauptzutaten fest – Hühnchen am Montag, Rindfleischeintopf am Mittwoch, Fisch am Freitag, dazu jeweils frisches oder TK-Gemüse – dann ist eine ausgewogene Ernährung kein Problem.

Entscheidend für den Speiseplan sind Abwechslung und die Wahl der Lebensmittel. Nehmen Sie solche, die Sie mögen, die sich schnell und ohne Aufwand zubereiten lassen und die reich an unterschiedlichsten Nährstoffen sind.

Strenge Speise- oder Diätpläne sind nicht jedermanns Sache, aber es kann für den einen oder anderen hilfreich sein, sich gemeinsam mit einer Ernährungs- oder Diabetesberaterin einen Plan zu erarbeiten, der auf die individuellen Bedürfnisse zugeschnitten ist. Doch eigentlich ist ein spezieller Diätplan bei Diabetes nicht nötig, es geht einfach nur darum, gesund zu essen – das bietet viel mehr Möglichkeiten. Sie lernen, was gut für Sie ist und was nicht. Steht auf Ihrem Plan „Gemüse", dann können Sie entscheiden, ob das Brokkoli bedeutet, grüne Bohnen oder Artischocken. Diese Freiheit ist oft von Vorteil, weil jeder von uns andere Essgewohnheiten hat.

Notieren Sie sich am besten, was Sie den ganzen Tag gegessen und getrunken haben – dann sind Sie strenger mit sich selbst und kaufen zielgerichteter ein. Aus Ihren Aufzeichnungen entsteht so ein Ernährungstagebuch, aus dem Sie ersehen können, wie die Ernährung Ihr Gewicht, Ihre Laune, Ihre Gesundheit und natürlich Ihren Blutzuckerspiegel beeinflusst (siehe S. 277 und S. 278–279). Ihr Ernährungstagebuch verrät auf einen Blick, wovon Sie mehr und wovon Sie weniger essen sollten. Es unterstützt Sie bei der Planung – schließlich erkennen Sie, ob Sie einen Imbiss eher am Vormittag als am Nachmittag (oder sowohl als auch) brauchen. Wenn Sie insulinpflichtig sind, können Sie aus Ihrem Plan ablesen, wie viel Sie an Insulin benötigen und ob Sie eine Mahlzeit nach vorn oder nach hinten verschieben sollten.

Wenn bei Ihnen erst vor Kurzem Diabetes diagnostiziert wurde, sollten Sie an einer Diabetesschulung teilnehmen oder sich von einem Diabetesberater entsprechend unterstützen lassen. So lernen Sie, welche Lebensmittel gut für Sie sind und wie Sie die Mahlzeiten am besten über den Tag verteilen, damit Sie den Blutzuckerspiegel im Griff behalten. In einem Speiseplan werden auch individuelle Anforderung wie Schichtarbeit, Kochen für die Familie oder Außer-Haus-Essen berücksichtigt. Sie können einen Vordruck benutzen (siehe S. 280) oder den Plan am Computer erstellen. Egal wie, entscheidend ist, dass Sie Ihre Planung schriftlich festhalten und nicht nur im Kopf durchgehen. Mit einer geschriebenen Liste, die Sie immer wieder zur Hand nehmen und lesen können, behalten Sie Ihre Ernährungssituation gut im Auge.

Gesund essen ist keine Strafe. Es bedeutet, heute die Weichen für eine bessere Zukunft zu stellen.

Regelmäßig essen

Als Hauptregel gilt: Essen Sie regelmäßig, und verzehren Sie zu jeder Mahlzeit stärkereiche Lebensmittel wie Brot, Nudeln, Kartoffeln, Reis und Zerealien. So behalten Sie den Blutzuckerspiegel im Griff, besonders wenn diese Lebensmittel einen niedrigen glykämischen Index haben (siehe S. 8). Wählen Sie, wann immer möglich, z.B. bei Nudeln, Brot und Frühstücksflocken, die ballaststoffreichere Version aus Vollkorn. Ballaststoffe halten den Verdauungstrakt gesund und beugen Verstopfung vor.

Frühstücken Sie täglich, und nehmen Sie, falls nötig, ein zweites Frühstück ein. Das Mittagessen sollte leicht sein. Wer in der Kantine isst, sollte sich gegen Fettes und Salziges, für Gemüse, Geflügel und Salate entscheiden. Ansonsten können Sie sich etwas von zu Hause mitnehmen. Ein Imbiss am Nachmittag lässt Sie bis zum Abendbrot durchhalten. Gibt es als Hauptmahlzeit ein Fertiggericht, werten Sie es mit Gemüse oder Salat auf. Als Nachtisch sollten Sie zu Obst greifen.

Bei Diabetes sollte der Speiseplan abwechslungsreich, ausgewogen und auf die jeweilige Verfassung und Therapie abgestimmt sein. Bedenken Sie, dass es bei der Planung immer mehrere Möglichkeiten gibt. Wenn Sie sich für Ihr Wohlbefinden entscheiden, dann wirkt sich das auf Körper und Seele positiv aus. Ein Speiseplan, den Sie mit einem erfahrenen Ernährungsberater ausgetüftelt haben, ist sicher das Optimum. Doch die folgenden Beispiele zeigen, was jeder, der sich gesund und abwechslungsreich ernähren will, essen und trinken könnte.

Frühstück

- Ein kleines Glas Fruchtsaft oder eine Portion frisches, getrocknetes oder eingemachtes Obst ohne Zuckerzusatz
- Ballaststoffreiche Frühstückszerealien wie Vollkornflocken, Müslimischungen (ohne Zuckerzusatz) oder Haferbrei
- Fettarme oder entrahmte Milch
- Süßstoff oder etwas Zucker oder Honig
- Brot und Brötchen aus Vollkornmehl (nach Belieben mit Samen/Körnern)
- Diätmargarine oder fettarmer Aufstrich
- Konfitüre mit wenig Zucker oder Fruchtaufstrich

Zweites Frühstück

- Vollkorn- oder Müslikekse und frisches Obst oder
- eine Scheibe Vollkornbrot mit Frischkäse (20 % Fett i. Tr.) und Rohkost

Mittagessen

- Reis, Nudeln, Kartoffeln
- Gemischter Salat oder eine große Portion Gemüse
- Mageres Fleisch, Fisch, Eier, Käse oder Hülsenfrüchte, fettarm gegart
- Obstdessert, z.B. Gratinierte Pfirsiche mit Mandelfüllung (siehe S. 253)
- Pudding (mit entrahmter Milch zubereitet) oder Obst, oder fettarmer Joghurt oder eine Kugel Eiscreme mit eingemachtem Obst ohne Zuckerzusatz

Nachmittagsimbiss

- Studentenfutter, fettarmer Joghurt mit Obst oder Obstsalat oder Milchshake

Abendessen

- Brot und Brötchen aus Vollkornmehl (nach Belieben mit Samen/Körnern), dazu Käse (30 % Fett i. Tr.), magerer Schinken und Rohkost (z. B. Gurken, Tomaten, Radieschen). Ebenfalls möglich sind:
- Nudel-, Reis-, Kartoffel- oder Brotsalat, Wurstsalat mit Putenwurst
- Blattsalate mit fettarmem Dressing oder fettreduzierter Salatcreme; oder Gemüsesalat mit leichter Salatsauce (z. B. Tomatensalat)

Spätimbiss

- Frisches Obst (z. B. Aprikose, Nektarine, Wassermelone, Kirschen, Erdbeeren und andere Beeren)

Was steht auf dem Etikett?

Bei verpackten Lebensmitteln und Getränken finden sich auf dem Etikett oft Angaben über die Nährwerte. Sie beziehen sich auf je 100 g/ml, manchmal auch auf eine Portion (in g).

Energiegehalt oder der Brennwert wird in kcal (Kilokalorien) und kJ (Kilojoule) angegeben – 1 kcal entspricht 4,184 kJ. 1 kcal entspricht 1000 Kalorien. Wenn umgangssprachlich von Kalorien die Rede ist, sind meist Kilokalorien gemeint.

Kohlenhydrate Dazu gehören Einfachzucker (z. B. Glukose) und Mehrfachzucker (z. B. Stärke). Vor allem bei speziellen Produkten für Diabetiker stehen zusätzlich Angaben zu Broteinheiten (BE) und/oder Kohlenhydrateinheiten (KE) auf dem Etikett.

Fett Neben dem Gesamtfettgehalt können auch die Anteile an gesättigten sowie einfach und mehrfach ungesättigten Fettsäuren aufgelistet sein. Meiden Sie Lebensmittel mit einem hohen Gehalt an ungesunden ungesättigten Fettsäuren. (Siehe auch S. 9).

Empfohlener Tagesbedarf
Frauen und Männer haben einen unterschiedlichen Nähstoffbedarf, hinzu kommen Faktoren wie Alter, Größe, Gewicht und Lebensweise (wer sich viel bewegt, braucht mehr Energie als jemand, der sich kaum bewegt). Normalgewichtigen Frauen mit durchschnittlicher Größe, die zwischen 25 und 51 Jahre alt sind, wird eine Energiezufuhr von 2300 kcal am Tag empfohlen, Frauen zwischen 51 und 65 nur 2000 kcal. Männer zwischen 25 und 51 brauchen am Tag 2900 kcal, Männer zwischen 51 und 65 nur noch 2500 kcal. Höchstens 30 % der Kalorien sollten aus Fett stammen – das entspricht im Durchschnitt etwa 0,9 g Fett pro kg Körpergewicht. Wer 65 kg wiegt, sollte am Tag also nicht mehr als rund 60 g Fett zu sich nehmen.

Was bedeutet eigentlich „light"?

Bei Light-Produkten sollte man wissen, dass „light" allein nichts über den Brennwert eines Lebensmittels aussagt, sondern sich möglicherweise auf den Alkohol- oder Salzgehalt bezieht, vielleicht sogar auch nur auf die Streichfähigkeit.

- **Zuckerfrei** – das Produkt enthält keinen Zucker, kann aber fettreich sein, also viele Kalorien liefern.
- **Kalorienreduziert oder brennwertvermindert** – das Produkt muss 30 % weniger Kalorien enthalten als ein vergleichbares Produkt.
- **Light-Milchprodukte** – ein Light-Käse darf höchstens 32 % Fett enthalten, Light-Joghurt darf es maximal auf 1,8 % Fett bringen.

Von Natur aus light
Man muss nicht zu teuren Kunstprodukten greifen, wenn man sich kalorienarm ernähren möchte. Die meisten Obst- und Gemüsesorten enthalten wenig Kalorien,

sind wohlschmeckend und preiswert. Und kalorienreiche Speisen lassen sich mit ein paar einfachen Tricks „light" machen. Ersetzen Sie einfach beim Kochen Sahne zum Teil durch fettarme Milch, strecken Sie Mayonnaise mit Joghurt, und nehmen Sie saure Sahne (10 % Fett) statt Crème fraîche (40 % Fett).

Zusammenfassung

Sich vorzunehmen, gesund zu essen, ist eine Sache. Es durchzuhalten eine andere. Disziplin allein reicht nicht, man muss auch vernünftig entscheiden und dementsprechend handeln. Hier ist noch einmal alles, was wichtig ist, um dem Diabetes ein Schnippchen zu schlagen, zusammengefasst.

- **Essen Sie regelmäßig** – die Portionen sollten jeden Tag ungefähr gleich sein. Halten Sie sich an die Empfehlungen Ihres Arztes oder der Diabetesberaterin. Das Auslassen von Mahlzeiten führt zu einem Blutzuckerabfall, was Hungerattacken zur Folge hat.
- **Fünf Portionen am Tag** sollten Sie von Obst und/oder Gemüse essen; eine Portion entspricht 80 g. Das ist gut für die Gesundheit, und wer auf seine Linie achten muss, kann sich daran satt essen, ohne sich um Kalorien sorgen zu müssen.
- **Die richtige Planung hilft**, passende Lebensmittel im Haus zu haben und unerwünschte zu verbannen.
- **Fettbewusster essen** heißt, auf die Fettmenge und die Fettqualität zu achten. Einfach ungesättigte Fettsäuren aus Oliven- oder Rapsöl können das Herz schützen, außerdem helfen sie beim Abnehmen. Essen Sie seltener Butter, Margarine, Käse und fettes Fleisch. Bevorzugen Sie fettarme Milch und Milchprodukte wie Joghurt und Buttermilch. Kochen Sie fettarm: Garen im Ofen oder in der Mikrowelle, Braten mit wenig Fett, Dämpfen, Pochieren, Pfannenrühren, Grillen sind die Garmethoden der Wahl.
- **Verzehren Sie weniger Zucker** und gezuckerte Lebensmittel. Das muss nicht heißen, dass Sie auf Zucker ganz verzichten müssen. Greifen Sie aber bevorzugt zu zuckerfreien Getränken; Getränke mit Zuckerzusatz lassen den Blutzucker in die Höhe schnellen.
- **Essen Sie mehr Fisch**, am besten einmal pro Woche Fettfisch wie Hering, Lachs oder Makrele.
- **Der glykämische Index** (siehe S. 8) der ausgewählten Lebensmittel sollte niedrig sein. Sättigend, ballaststoff- und stärkereich sind Kartoffeln mit Schale, Nudeln, Naturreis sowie Vollkornbrot und -flocken.
- **Nehmen Sie ab** – und halten Sie das neue Gewicht.
- **Gelüste gehen vorbei**. Je länger Sie ihnen widerstehen, desto schwächer werden sie. Überlegen Sie, wie Sie eine Essattacke überlisten – Gemüse oder Obst zum Knabbern oder Naschen, ein Glas Tomatensaft, eiskalte zuckerfreie Limonade oder ein Becher kalorienarme Suppe können hilfreich sein.
- **Raffiniertes Würzen** unterstreicht den Eigengeschmack der Speisen. Kräuter, Gewürze, Knoblauch, Chili, Zitronen- oder Limettensaft, Tomatenmark, ein Schuss Wein, ein paar Oliven, etwas Senf – sie alle sorgen dafür, dass weniger Salz benötigt wird.
- **Alkohol in Maßen** – für Diabetiker gilt das Gleiche wie für Nichtdiabetiker: Frauen sollten nicht mehr als 15 g, Männer höchstens 30 g Alkohol am Tag zu sich nehmen (siehe S. 15). Am besten trinken Sie nicht täglich Alkohol. Aufgepasst: Alkohol auf nüchternen Magen kann zu einer Unterzuckerung führen.

Hypoglykämie

Ist der Blutzucker zu niedrig, spricht man von Hypoglykämie, auch Hypo genannt. Sie kommt am ehesten bei insulinpflichtigen Diabetikern vor. Eine ausgelassene Mahlzeit, mehr körperliche Anstrengung als üblich, zu viel Insulin oder Alkohol auf nüchternen Magen – all das kann den Blutzuckerspiegel abstürzen lassen. Oft ist der Grund aber nicht ersichtlich, und auch die Symptome sind vielfältig. Schwindel, Schwächegefühle, Schweißausbrüche, Zittern, Hunger und Verwirrtheit sind nur einige davon. Im schlimmsten Fall kann der Betroffene bewusstlos werden.

Als Gegenmaßnahme sollte sofort Traubenzucker gegessen, Zuckerwasser getrunken oder Würfelzucker gelutscht werden, um den Blutzuckerspiegel rasch anzuheben. Eine halbe Stunde später sollte etwas Substanzielleres – z. B. ein Glas Milch oder eine Scheibe Brot – folgen, um den Blutzuckerspiegel stabil zu halten.

Fit und in Form

Viel Bewegung sorgt dafür, dass Sie fit bleiben, und hilft auch noch beim Abnehmen. Darüber hinaus gibt unsere körpereigene Apotheke beim Sport Endorphine und Serotonin ins Blut ab. Diese natürlichen Schmerzmittel heben die Stimmung und sorgen für allgemeines Wohlbefinden. Treiben Sie Sport, wenn Sie sich müde und abgeschlagen fühlen. Sie werden sehen, bald geht es Ihnen körperlich und auch seelisch viel besser.

Sie brauchen nicht zehn Runden um den Block zu joggen, und 30 Minuten Sport am Stück sind auch nicht erforderlich; 10 Minuten intensiverer Sport ist völlig ausreichend. Statt Aufzug zu fahren, können Sie im Haus ein paarmal die Treppen rauf- und runterlaufen – das bringt in Sachen Fitness schon einiges. Integrieren Sie solche kleinen Aktivitäten regelmäßig in Ihren Alltag; Sie sollten – fünfmal die Woche – auf täglich insgesamt 30 Minuten kommen.

Tolles Essen

Eine gute, gesunde Mahlzeit erkennt man auf den ersten Blick. Sie ist bunt. Die Portion ist vernünftig. Es gibt viel Gemüse. Wenn auf dem Teller mehr Fleisch als Gemüse liegt, aber auch, wenn sich darauf überwiegend Nudeln, Kartoffeln oder Reis befinden, sollten Sie die Zusammenstellung noch mal überdenken – und die Proportionen verändern.

Wer weiß, wie gesundes Essen aussieht, der wird auch gesund essen. Und wenn das Angebot an Speisen einmal nicht optimal ist, dann erkennt das geschulte Auge, was man davon überhaupt essen sollte und was man besser liegen lässt.

Für noch etwas anderes sollten Sie ein Gespür entwickeln: dafür, wie Sie sich den ganzen Tag lang gesund ernähren. Für Diabetiker ist das besonders wichtig. Sie müssen vernünftig essen, damit der Blutzuckerspiegel konstant bleibt und das Nährstoffangebot vielseitig ist.

Die Bestandsaufnahme (siehe rechte Seite) und die Tagebuchvordrucke auf Seite 278 und 279 können Ihnen helfen, den ersten Schritt in die richtige Richtung zu gehen. Am besten machen Sie sich Kopien von den Seiten und heften diese ab. Sind die ersten ausgefüllt, können Sie sich einen Überblick über Ihre Essgewohnheiten verschaffen. Wenn Ihnen das eine gute Hilfe ist, machen Sie einfach ganz viele Kopien und gestalten sich daraus ein Tagebuch. Das ist auch bei der Planung der Mahlzeiten für die Woche (siehe S. 280–281) nützlich.

So unterstützt Sie dieses Buch

Die Rezepte in diesem Buch helfen Ihnen dabei, sich gesund ernähren zu können, ohne dafür stundenlang in der Küche stehen zu müssen. Bei der Wahl der Zutaten wurde auf angemessenen Fettgehalt und ausgewogenen Kohlenhydratanteil geachtet. Für die Zubereitung der Gerichte ist nur wenig Fett nötig, und dieses besteht überwiegend aus ungesättigten Fettsäuren. Alle Rezepte wurden im Hinblick auf ihren gesundheitlichen Nutzen konzipiert. Die Gerichte sind fettärmer als Standardgerichte und enthalten, wann immer möglich, lösliche Ballaststoffe.

Verwenden Sie beim Kochen möglichst wenig Salz – es besteht ein Zusammenhang zwischen Salzkonsum und hohem Blutdruck. Verwenden Sie hochwertiges beschichtetes Kochgeschirr.

Die Rezepte in diesem Buch sehen eine breite Palette an Obst und Gemüse vor, einige der Fleisch- und Fischgerichte enthalten bereits Gemüse.
Sie können Ihre täglichen Mahlzeiten aber noch aufwerten, indem Sie sie beispielsweise noch mit Obst und Gemüse ergänzen:

- Mischen Sie frisches oder getrocknetes Obst mit Frühstücksflocken und Joghurt (ein idealer Imbiss).
- Essen Sie Tomaten- und Gurkenscheiben zu einem belegten Brot.
- Belegen Sie Brot und Brötchen zur Abwechslung zuerst mit Rohkost und dann mit Wurst oder Käse.
- Mischen Sie klein geschnittenes Gemüse unters Rührei.
- Garen Sie Nudeln und Gemüse zusammen im Topf. (Dabei eventuell unterschiedliche Garzeiten beachten).
- Kreieren Sie Kartoffel-Gemüse-Pürees, indem Sie z. B. Möhren oder Sellerie mit Kartoffeln kochen und zerdrücken.
- Trinken Sie Gemüsesäfte (mit niedrigem Salzgehalt).

Bestandsaufnahme:

- Montag
- Dienstag
- Mittwoch
- Donnerstag
- Freitag
- Samstag
- Sonntag

So war der Tag

Obst und Gemüse gegessen (Portionen)

1 2 3 4 5 6 7 8 9 10

Wasser getrunken (Gläser)

1 2 3 4 5 6 7 8 9 10

Aus Langeweile, Stress, Gewohnheit gegessen (wie oft?)

1 2 3 4 5 6 7 8 9 10

War voller Energie

1 2 3 4 5 6

War positiv gestimmt

1 2 3 4 5 6

Fühlte mich gesund und fit

1 2 3 4 5 6

Habe mich gesund und vernünftig ernährt

1 2 3 4 5 6

Wie war das Frühstück?

- ☐ Nicht stattgefunden
- ☐ Ausgewogen
- ☐ Nicht so ausgewogen
- ☐ Vernünftige Portionen
- ☐ Zu viel

Wie war das Mittagessen?

- ☐ Nicht stattgefunden
- ☐ Ausgewogen
- ☐ Nicht so ausgewogen
- ☐ Vernünftige Portionen
- ☐ Zu viel

Wie war das Abendessen?

- ☐ Nicht stattgefunden
- ☐ Ausgewogen
- ☐ Nicht so ausgewogen
- ☐ Vernünftige Portionen
- ☐ Zu viel

Anmerkungen

Das habe ich heute geschafft

- ☐ Vollkornprodukt(e) gegessen
- ☐ Zum Nachtisch Obst statt Pudding gegessen
- ☐ Nur wenig Öl an Salat getan
- ☐ Geflügel ohne Haut verzehrt
- ☐ Nachschlag abgelehnt
- ☐ Keine gezuckerten Getränke zu mir genommen
- ☐ Spaziergang gemacht
- ☐ Im Fitnesscenter oder Sportverein angemeldet
- ☐ Blutwerte waren durchgängig gut
- ☐ Kontrolltermin beim Arzt eingehalten

Gab es noch etwas Besonderes?

ESS-TAGEBUCH UND

Diese Tabelle soll Ihnen dabei helfen, sich einen Überblick zu verschaffen über all das, was Sie am Tag essen und trinken. Sie können damit auch einen Zusammenhang zwischen Essen und Ihrer Stimmung feststellen. Beispielsweise kreuzen Sie an einem Tag „Arbeitstag" an und notieren, dass Sie um 8 Uhr eine Scheibe Weißbrot mit etwas Butter und Konfitüre, dazu eine Banane und ein Glas Orangensaft als Frühstück hatten. Vielleicht schreiben Sie auf, dass Sie noch schläfrig waren und sich zum Essen zwingen mussten. Um 10 Uhr haben Sie eventuell zwei Schokokekse gegessen und

Tag ______________ Arbeitstag ☐ Freier Tag ☐

Uhrzeit	Was und wie viel gegessen	Obst und Gemüse	Getränk

LAUNE-BAROMETER

angemerkt, dass Sie diese dringend nach einer Besprechung „brauchten“, weil Sie unter Druck immer Schokolade brauchen. (Tatsächlich wären ein paar Nüsse besser gewesen.) Die Obst- und Gemüsespalte unterstützt Sie dabei, mindestens fünf Portionen am Tag zu sich zu nehmen.

Fotokopieren Sie diese Seiten, um Ihr Ess-Tagebuch und Laune-Barometer führen zu können. Vergleichen Sie, was Sie wann essen und wie Sie sich dabei fühlen. Ihre Aufzeichnungen können eine große Hilfe dabei sein, in Zukunft gesündere Ess-Entscheidungen zu treffen.

Gefühle und Stimmungen, z. B. müde, hungrig, bedrückt	Kommentare und Schlussfolgerungen

Wochenplaner

Mahlzeiten

Einkaufsliste

Einkauf 1

*Wann*____________________

Liste

____

____

____

____

____

____

____

____

____

Einkauf 2

*Wann*____________________

Liste

____

____

____

____

____

____

____

____

____

Montag	Dienstag	Mittwoch
Frühstück	Frühstück	Frühstück
Zwischenmahlzeit	Zwischenmahlzeit	Zwischenmahlzeit
Mittagessen	Mittagessen	Mittagessen
Zwischenmahlzeit	Zwischenmahlzeit	Zwischenmahlzeit
Abendessen	Abendessen	Abendessen

Donnerstag	Freitag	Samstag	Sonntag
Frühstück	Frühstück	Frühstück	Frühstück
Zwischenmahlzeit	Zwischenmahlzeit	Zwischenmahlzeit	Zwischenmahlzeit
Mittagessen	Mittagessen	Mittagessen	Mittagessen
Zwischenmahlzeit	Zwischenmahlzeit	Zwischenmahlzeit	Zwischenmahlzeit
Abendessen	Abendessen	Abendessen	Abendessen

Glossar

Acesulfam K Ein kalorienfreier Süßstoff, der 200-mal süßer als Zucker ist.

Allergen Eine körperfremde Substanz, die eine allergische Reaktion auslösen kann.

Allizin Die chemische Verbindung, die für den Knoblauchgeruch verantwortlich ist und zahlreiche positive gesundheitliche Wirkungen hat.

Aminosäuren Die Bausteine der Eiweiße (Proteine). Neun Aminosäuren sind essenziell, das heißt, sie müssen mit der Nahrung aufgenommen werden. Die restlichen elf können vom Körper nach Bedarf selbst gebildet werden, sie sind deshalb nicht essenziell.

Anämie Blutarmut, die aufgrund eines Mangels an roten Blutkörperchen oder an Hämoglobin (der rote Blutfarbstoff, der Sauerstoff transportiert) entsteht. Hauptursache ist ein Eisenmangel.

Anthozyane Flavonoide mit antioxidativer Wirkung, die in vielen Pflanzen vorkommen.

Antikarzinogene Verbindungen, die möglicherweise krebsauslösenden Substanzen entgegenwirken können.

Antioxidans Eine Substanz, die Zellen vor schädlichen Angriffen durch freie Radikale schützt. Einige Antioxidanzien entstehen im Körper, andere, wie Vitamin C und E, müssen mit der Nahrung aufgenommen werden.

Asparaginsäure Eine nicht essenzielle Aminosäure, die in bestimmten Pflanzen, vor allem in Hülsenfrüchten, vorkommt.

Aspartam Ein künstlicher Süßstoff, der 200-mal süßer ist als Zucker.

Bakterien Einzellige Mikroorganismen, die überall leben, auch im Menschen. Nützliche Bakterien unterstützen die körpereigenen Darmbakterien, indem sie vor Infektionen schützen und Vitamine bilden. Andere Bakterien können Krankheiten auslösen.

Ballaststoffe Unverdauliche Nahrungsbestandteile, die die Darmperistaltik anregen.

Betaglukane Lösliche Ballaststoffe in Gerste und Haferkleie.

Betakarotin Ein das Immunsystem stärkendes und hochwirksames Antioxidans aus der großen Gruppe der Karotinoide. Betakarotin neutralisiert freie Radikale, die Zellen schädigen und Krankheiten auslösen können.

Biotin Ein B-Vitamin.

Broteinheiten (BE) Ein Schätzwert, der Diabetikern den Umgang mit Kohlenhydraten erleichtern soll. 1 BE entspricht 12 g anrechnungspflichtigen Kohlenhydraten. Lebensmittel, die einen sehr hohen Wassergehalt und einen niedrigen Kohlenhydratgehalt haben, erhöhen den Blutzuckerspiegel unwesentlich und müssen bei der BE-Berechnung nicht berücksichtigt werden. Dazu gehören zahlreiche Gemüse, Pilze und Blattsalate. Als Hilfestellung gibt es verschiedene BE- oder Kohlenhydrataustauschtabellen.

B-Vitamine Chemisch betrachtet, gehören diese Vitamine nicht zusammen, aber sie kommen oft gemeinsam in ein und demselben Lebensmittel vor, und ihre Funktionen hängen eng miteinander zusammen. B-Vitamine werden mit Ziffern oder chemischem Namen oder beidem genannt: Vitamin B_1 oder Thiamin; Vitamin B_2 oder Riboflavin; Vitamin B_3 oder Niazin; Vitamin B_5 oder Pantothensäure; Vitamin B_6 oder Pyridoxin; Vitamin B_{12} oder Cobalamin; Biotin und Folsäure.

Capsanthin Ein Karotinoid. Capsanthin ist das Hauptfarbpigment in roten Paprikaschoten.

Chrom Ein Spurenelement, das am Glukosestoffwechsel entscheidend beteiligt ist.

Cobalamin siehe B-Vitamine; Vitamin B_{12}.

Cyclamat Ein künstlicher Süßstoff, der 35-mal süßer ist als Zucker.

Diabetes (Diabetes mellitus) Eine Störung des Kohlenhydratstoffwechsels, der sich durch einen erhöhten Blutzuckerspiegel und Zucker im Urin äußert. Bei Typ-1-Diabetes sind die insulinproduzierenden Zellen der Bauchspeicheldrüse zerstört, was dazu führt, dass sich zu viel Glukose im Blut ansammelt. Bei Typ-2-Diabetes wird zwar Insulin produziert, aber die Körperzellen sind mehr oder weniger unempfindlich gegenüber Insulin – man spricht von einer Insulinresistenz. Das führt dazu, dass nicht genügend Glukose in die Zellen gelangt und der Blutzucker stark erhöht ist.

Diuretikum Eine Substanz, die entwässernd wirkt, indem vermehrt Urin gebildet wird.

E. coli (Escherichia coli) Bakterien, die natürlicherweise im Verdauungstrakt leben und zur gesunden Darmflora gehören. Einige E-coli-Stämme bilden Giftstoffe, die den Darm angreifen. Infektionen mit diesen Stämmen sind der häufigste Grund für Durchfallerkrankungen.

Einfache Kohlenhydrate (siehe Kohlenhydrate). Glukose und Fruktose sind einfache Kohlenhydrate, die schnell vom Körper aufgenommen werden.

Eisen Mineralstoff, der für die Bildung von Hämoglobin und den Transport von Sauerstoff im Körper benötigt wird.

Elektrolyte Substanzen, die in elektrisch geladene Teilchen (Ionen) zerfallen, sobald sie in Wasser oder einer anderen Flüssigkeit gelöst sind. Natrium, Kalium und Chlorid sind lebenswichtige Elektrolyte. Sie sind unerlässlich für die Nerven- und Muskelfunktion sowie für die Aufrechterhaltung des Flüssigkeitshaushalts und des Säure-Basen-Gleichgewichts in Körperzellen und Gewebe.

Essenzielle Fettsäuren Bausteine, aus denen im Körper Lipide (Fette) gebildet werden. Lipide benötigt der Körper vor allem für den Aufbau von Zellmembranen.

Fette Hauptnährstoffe. Liefern etwa doppelt so viel Energie (kcal) wie Kohlenhydrate und Eiweiß (Protein). Alle Nahrungsfette sind nach dem gleichen Prinzip aufgebaut: Ein Glyzerinmolekül und drei Fettsäuren sind miteinander verbunden. Der Gesundheitswert eines Fettes wird durch die Art der Fettsäuren bestimmt. Ernährungsexperten empfehlen, verschiedene Fette mit unterschiedlichen Fettsäurenmustern zu sich nehmen. Insgesamt sollte die Fettzufuhr 30–35 % der täglichen Kalorienzufuhr nicht übersteigen.

Fettsäuren Jedes Fett enthält Fettsäuren. Man unterscheidet aufgrund ihrer chemischen Struktur zwischen gesättigten, einfach und mehrfach ungesättigten Fettsäuren. Die Omega-3-Fettsäure und die Omega-6-Fettsäure gehören z. B. zu den mehrfach ungesättigten Fettsäuren. Art und Menge der jeweiligen Fettsäuren in einem Fett – also die Fettsäurenzusammensetzung oder das Fettsäurenmuster –

bestimmen die Qualität eines Fettes. Fettsäuren erfüllen verschiedene Aufgaben im Organismus und haben z. B. eine unterschiedliche Wirkung auf den Cholesterinspiegel. Die drei verschiedenen Fettsäuregruppen sollten zu etwa gleichen Teilen aufgenommen werden.

Flavonoide Pflanzenpigmente mit antioxidativer Wirkung.

Freie Radikale Aggressive Sauerstoffmoleküle, die Zellen schädigen können.

Fruktose Natürlich vorkommender Fruchtzucker (Einfachzucker).

Glukose Ein Einfachzucker (Monosaccharid), das der Körper direkt zur Energiegewinnung nutzt; der Blutzuckerspiegel wird über mehrere Hormone reguliert, dazu gehört Insulin.

Glukosinolate Sekundäre Pflanzenstoffe, die in Kreuzblütlern vorkommen.

Glykämischer Index Gibt an, wie schnell kohlenhydrathaltige Nahrungsmittel zu einem Anstieg des Blutzuckerspiegels führen.

Gramm (g) Gewichtseinheit; 1 g entspricht 1000 Milligramm.

Grundumsatz Die Energie, die der Körper benötigt, um alle lebensnotwendigen Funktionen wie Atmung, Herzschlag sowie Stoffwechselvorgänge aufrechtzuerhalten.

HDL (high density lipoproteins) Die kleinsten und kompaktesten Lipoproteine. HDL transportiert Cholesterin aus den Zellen in die Leber, wo es zur Bildung von Gallensäuren benötigt wird. HDL wird auch als „gutes" Cholesterin bezeichnet, weil ein hoher HDL-Blutwert das Herzinfarktrisiko nicht erhöht.

Hormone Körpereigene Substanzen, die von endokrinen Drüsen oder Zellen gebildet werden; sie sind an allen Vorgängen im Körper beteiligt, einschließlich Wachstum, Entwicklung und Fortpflanzung. Es gibt auch Pflanzenstoffe mit hormonähnlicher Wirkung, die Phytoöstrogene (z. B. in Leinsamen und Soja).

Hydrierung Fetthärtung unter Verwendung von Wasserstoff. Die Fettsäuren, die dabei entstehen, ähneln gesättigten Fettsäuren und werden mit einem erhöhten Risiko für Herzerkrankungen in Verbindung gebracht.

Hypoglykämie Ein extrem niedriger Blutglukosespiegel, der im schlimmsten Fall zu Bewusstlosigkeit führen kann.

Indole Stickstoffverbindungen, die in Gemüse entdeckt wurden. Man vermutet, dass sie vor hormonabhängigen Tumoren schützen können, indem sie bestimmte Östrogene unschädlich machen.

Insulin Hormon, das den Blutzuckerspiegel reguliert.

Insulinresistenz siehe Diabetes.

Jod Mineralstoff, der an der Bildung der Schilddrüsenhormone beteiligt ist.

Kalium Ein Spurenelement, das den Flüssigkeitshaushalt reguliert und viele andere Funktionen im Organismus hat (siehe Elektrolyte).

Kalorie Die Maßeinheit, mit der der Energiewert von Lebensmitteln und der Energiebedarf des Körpers gemessen wird. Weil 1 Kalorie ein sehr kleiner Wert ist, wird die Energiemenge normalerweise in Kilokalorien (Abkürzung: kcal) angegeben. 1 kcal entspricht 1000 Kalorien.

Kalzium Der Mineralstoff, der am häufigsten im Körper vorkommt. Er ist Hauptbestandteil von Knochen und Zähnen, wird aber genauso auch für Nerven- und Muskelfunktion sowie für die Blutgerinnung und viele Stoffwechselvorgänge gebraucht.

Karotinoide Gelbe und rote Farbpigmente, die in orangerotem und dunkelgrünem Obst und Gemüse vorkommen. Sie gehören zu den Antioxidanzien. Diese können Alterungsprozesse verlangsamen und vor Krankheiten schützen. Betakarotin ist ein Karotinoid, das der Körper in Vitamin A umwandeln kann.

Karzinogen Eine Substanz, die Krebs auslöst.

Kohlenhydrate Man unterscheidet je nach chemischer Struktur zwischen Einfachzuckern (z.B. Glukose), Zweifachzuckern (z. B. Saccharose) oder Mehrfachzuckern. Je kleiner (kürzer) Zuckermoleküle sind, desto schneller gelangen sie nach dem Verzehr ins Blut. Komplexe Kohlenhydrate sind langkettige Kohlenhydrate wie Stärke. Sie kommen hauptsächlich in Getreide und Gemüse vor. Nach dem Verzehr steigt der Blutzucker nur langsam an, weil sie erst in kleinere Einheiten gespalten werden.

Kohlenhydrateinheiten (KE oder KHE) Genau wie die Broteinheit (BE) ein Schätzwert, der Diabetikern den Umgang mit Kohlenhydraten erleichtern soll. 1 KE oder KHE entspricht 10 g anrechnungspflichtigen Kohlenhydraten.

Komplexe Kohlenhydrate siehe Kohlenhydrate.

Kreuzblütler Zu dieser botanischen Familie gehören Brokkoli, Kohl, Blumenkohl, Kresse, Senf, Rettich, Radieschen und Rübchen.

Kupfer Ein Spurenelement, das für die Bildung von roten Blutkörperchen, Bindegewebe und Nervenfasern gebraucht wird. Bestandteil verschiedener Enzyme.

Laktose Milchzucker.

LDL (low density lipoproteins) Diese sogenannten „schlechten" Lipoproteine transportieren den größten Teil des Blutcholesterins. Hohe Werte werden mit Arteriosklerose und Herzerkrankungen in Verbindung gebracht.

Lipide Chemische Verbindungen, die aus Wasserstoff, Kohlenstoff und Sauerstoff zusammengesetzt sind. Lipide sind nicht in Wasser löslich. Zur großen Familie der Lipide gehören Fette, Fettsäuren, Karotinoide, Cholesterin, Öle und Wachse.

Lipoproteine Eine Kombination aus einem Lipid und einem Protein, das Cholesterin im Blut transportiert. Man unterscheidet zwischen HDL (high density), LDL (low density) und VLDL (very low density).

Lutein Sekundärer Pflanzenstoff, der in Spinat und anderen dunklen Blattgemüsen vorkommt.

Lykopin Am häufigsten vorkommendes Pigment in Früchten wie Tomaten und Paprikaschoten.

Lysin Essenzielle Aminosäure.

Magnesium Spurenelement, das für gesunde Knochen, Reizweiterleitung, Eiweiß- und DNA-Synthese sowie die Freisetzung von Energie aus den Glykogenspeichern benötigt wird und viele andere Aufgaben hat.

Makronährstoffe Nährstoffe, die in großen Mengen zur Energiegewinnung nötig sind: Kohlenhydrate, Eiweiß und Fett.

Mikrogramm (mcg oder µ) Gewichtseinheit, die 1/1000 Milligramm entspricht.

Mikronährstoffe Essenzielle Nährstoffe, die nur in Spuren benötigt werden.

Milligramm (mg) 1/1000 Gramm.

Monosaccharide siehe Fruktose; Glukose.

Natrium Spurenelement, das zur Regulierung des Flüssigkeitshaushalts notwendig ist (Gegenspieler von Kalium); mit Chlorid verbunden, kommt es als Speisesalz auf den Tisch.

Niazin siehe B-Vitamine; Vitamin B_3.

Omega-3-Fettsäuren siehe auch Essenzielle Fettsäuren. Mehrfach ungesättigte Fettsäuren, die vermutlich Cholesterin- und Triglyzeridwerte senken, Blutgerinnseln vorbeugen und allergische Reaktionen abschwächen können. Außerdem sind Omega-3-Fettsäuren notwendig für eine gesunde Netzhaut. Man konnte Lipide in der Tränenflüssigkeit nachweisen. Fischfett ist reich an Omega-3-Fettsäuren.

Östrogen Weibliches Geschlechtshormon, das in beiden Geschlechtern produziert wird, am meisten aber im weiblichen Körper.

Oxalsäure Eine Substanz, die in bestimmten Pflanzen (z. B. in Spinat und Rhabarber) vorkommt und die Aufnahme von Kalzium, Eisen, Zink und anderen Mineralstoffen hemmt. Kann die Entstehung von Oxalsäuresteinen (Nieren) verursachen.

Oxidation Eine chemische Reaktion mit Sauerstoff, bei der Energie freigesetzt wird. Eine typische Oxidation ist das Rosten (Metall plus Sauerstoff).

Pantothensäure siehe B-Vitamine.

Pektin Löslicher Ballaststoff, der verdauungsfördernd wirkt und hilft, erhöhte Cholesterinwerte zu senken.

Phosphor Mineralstoff, der u. a. für starke Knochen und Zähne sowie für die Nerven- und Muskelfunktion notwendig ist.

Phthalide Eine Gruppe sekundärer Pflanzenstoffe. In Stangensellerie wurde ein Phthalid nachgewiesen, das dieser Pflanze ihren typischen Geschmack und Geruch verleiht.

Polyphenole Chemische Verbindungen, zu denen auch Tannine gehören. Tannine können die Aufnahme von Eisen blockieren. Sie kommen z. B. in Tee und Rotwein vor.

Proteine heißen auch Eiweiße. Sie bestehen aus Aminosäuren und werden zum Aufbau von allen Zellen benötigt. Protein steckt in Pflanzen (Hülsenfrüchte, Nüsse, Gemüse, Getreide), Fleisch, Fisch, Milch und Milchprodukten. Je nach Aminosäurenmuster wird Eiweiß bewertet. Je mehr essenzielle Aminosäuren in einem Protein sind, desto wertvoller ist es. Aus Lebensmitteln mit weniger wertvollen Proteinen kann ein Gericht mit hochwertigem Eiweiß entstehen, weil sich die Aminosäuren ergänzen. Ein gutes Beispiel dafür ist die Kombination von Hülsenfrüchten mit Getreide.

Pyridoxin siehe B-Vitamine; Vitamin B_6.

Resveratrol Sekundärer Pflanzenstoff in der Schale von Trauben.

Riboflavin siehe B-Vitamine; Vitamin B_2.

Saccharin Ein (fast) kalorienfreier Süßstoff, der nicht verstoffwechselt wird. Saccharin ist etwa 500-mal süßer als Zucker.

Sekundäre Pflanzenstoffe Substanzen in Pflanzen, von den angenommen wird, dass sie zum Teil hochwirksam vor Krebs und der Entstehung von Herzerkrankungen schützen sowie Alterungsprozesse aufhalten können.

Selen Spurenelement mit antioxidativer Wirkung.

Serotonin Ein Neurotransmitter (Botenstoff), der für gute Stimmung und guten Schlaf sorgt.

Stärke Komplexe Kohlenhydrate, die der Hauptenergiespeicher in Pflanzen sind. Hauptquelle für Kohlenhydrate in unserer Ernährung.

Stoffwechsel Alle biochemischen Prozesse, die im Körper ablaufen, um ihn am Leben zu halten. Dazu gehört auch die Energiegewinnung aus Nahrung.

Sucralose Der einzige Süßstoff, der aus Zucker hergestellt wird. Sucralose ist 600-mal süßer als Zucker.

Sulforaphan Sekundärer Pflanzenstoff mit antioxidativer Wirkung.

Süßstoffe (siehe Acesulfam K, Aspartam, Cyclamat, Saccharin, Sucralose, Thaumatin).

Tannin Pflanzlicher Wirkstoff mit adstringierender Wirkung.

Thaumatin Ein natürlicher Süßstoff, der 3000-mal süßer als Zucker ist. Wird überwiegend in der Lebensmittelindustrie eingesetzt.

Thiamin siehe B-Vitamine; Vitamin B_1.

Triglyceride Die Form, in der Fett im Körper transportiert wird.

Tryptophan Essenzielle Aminosäure, die in zahlreichen tierischen Produkten vorkommt. Vorstufe von Serotonin.

Vitamine Nährstoffe, die lebensnotwendig sind und mit der Nahrung zugeführt werden müssen. Man unterscheidet zwischen wasserlöslichen und fettlöslichen Vitaminen. Die Vitamine A, D und E sind fettlöslich, alle anderen wasserlöslich.

VLDL (very low density lipoprotein) Lipoprotein, das im Blut Fett – überwiegend Triglyceride – transportiert.

Zink Ein Spurenelement, das an zahlreichen Stoffwechselprozessen beteiligt ist. Fördert die Wundheilung und stärkt das Immunsystem.

Zuckeraustauschstoffe So werden die Zuckeralkohole genannt, zu denen u.a. Sorbit, Isomalt, Mannit und Xylit zählen. Für Diabetiker gehört auch der Fruchtzucker dazu. Zuckeraustauschstoffe beeinflussen den Blutzucker- und Insulinspiegel nur wenig.

Register

Bildnachweis

Alle Bilder: Reader's Digest

Fotografen: Sue Atkinson, Martin Brigdale, Gus Filgate, Amanda Heywood, Graham Kirk, William Lingwood, Sean Myers, Simon Smith